W0225510

Kindler
Taschenbücher

Geist und Psyche

Georg Groddeck
Das Buch vom Es

Psychoanalytische Briefe an eine Freundin

Dritte Auflage

Kindler
Taschenbücher

GEIST UND PSYCHE
Herausgegeben von Nina Kindler

Die Erstausgabe dieses Buches erschien 1923
im Internationalen Psychoanalytischen Verlag, Wien

Kindler Verlag GmbH, München
Ungekürzte Ausgabe
3. Auflage
Lizenzausgabe mit Genehmigung des Limes Verlags, Wiesbaden
Korrekturen: A. Wernicke
Gesamtherstellung: Richterdruck Würzburg
Printed in Germany 1975
ISBN 3 463 02040 8

VORWORT

Dies außerordentliche Buch hat heute ein zweifaches Anrecht auf unsere Aufmerksamkeit. Ist es doch nicht allein ein glorreiches literarisches Werk: Es ist auch ein aus erster Hand gegebener Bericht vom Vater der psycho-somatischen Medizin über die Entwicklung seiner Gedanken zu Gesundheit und Krankheit. Aber nein, dem Thema zutrotz handelt es sich nicht um eine wissenschaftliche Abhandlung!

Groddeck entfaltet seine Ideen im Verlauf einer Reihe von zwanglosen Briefen an eine Patientin – Briefen voll Geist, Poesie und Schalkheit. Wie jeder Dichter ist er unsystematisch, undogmatisch, undidaktisch – und eben das ist vielleicht der Grund, weshalb man ihm in medizinischen Kreisen so wenig Beachtung schenkt. Er verfährt mittels ausgewählter »Einsichten« und der Gewandtheit des geborenen Schriftstellers. Doch ... »Vergebens«, schreibt Freud, »beteuert Georg Groddeck, mit der Wissenschaft nichts zu tun zu haben.« Ja, vergebens! Aber Groddeck war mehr Heiler und Weiser als Arzt; er vermochte nicht innerhalb der Grenzen eines so starren psychologischen Determinismus zu bleiben, wie ihn Freud vertrat. Er liebte und verehrte Freud als seinen Meister, und in der Tat verdankt er diesem großen Mann alles – sein Blickwinkel aber ist völlig neu und einzigartig. Er war der erste, der den Freudschen Hypothesen ihre volle Bedeutung auf dem Gebiet der organischen Krankheiten einräumte; in seiner berühmten Klinik in Baden-Baden bekämpfte er Krebs und Schwindsucht, nicht Neurosen. Seine Hauptwaffen waren Diät, Massage und psychologische Erforschung nach Freudschen Grundsätzen. Seine Verfahrensweise entwickelte sich aus dem Gedanken, daß die Krankheiten des Menschen eine Art symbolisches Abbild seiner seelischen Prädisposition seien und daß in vielen Fällen ihr Sitz, ihr typologisches Muster mittels der Freudschen Methoden, in Verbindung mit Massage und Diät, ebenso erfolgreich aufzuhellen sei wie bei irgendeiner gewöhnlichen Zwangsneurose. Er weigerte sich, die Trennung von Seele und Körper in zwei in sich abgeschlossene Teile zu akzeptieren; für ihn waren sie verschiedene Seinsweisen. Wir fabrizieren unsere geistigen und körperlichen Krankheiten auf ein und dieselbe Weise. Das scheint heute ein solcher Gemeinplatz, daß es dem Leser schwerfallen wird, sich klarzumachen, wie einzigartig diese Einstellung war, als Groddeck sie zum erstenmal erläuterte. Doch er braucht nur einen Blick auf das Erstpublikationsjahr dieses Buches, das auf der Rückseite des Titelblattes vermerkt ist, zu werfen!

Wie aber ist es dazu gekommen, daß Groddecks Werk einer so unverdienten Vergessenheit anheimfiel? Teilweise erklärt es sich daraus, daß er es ablehnte, langatmige wissenschaftliche Abhandlungen zu verfassen, hauptsächlich aber daraus, daß er sich in seiner Bescheidenheit dem Wunsch seiner Schüler und Bewunderer verschloß, nach dem Muster der Gesellschaften, die uns mit dem Werk Freuds, Jungs, Adlers und anderer vertraut gemacht haben, eine Groddeck-Gesellschaft zu gründen.

Ihm war der ganze Horror des Dichters vor Schülern eigen, vor Essays und Zeitungen und Exegesen ... vor all dem unfruchtbaren Staub, der um einen schöpferischen Menschen und einen neuen Gedanken aufgewirbelt wird. Er wollte nicht zum Archimandriten oder Bonzen gemacht werden. Sein Leben war ein Leben des Heilens. Tatsächlich ließe sich seine gesamte denkerische Position in ein paar hundert Worten zusammenfassen; aber Groddecks Bedeutung für uns liegt nicht allein in seiner Gedankenwelt, sondern vielmehr in der Wucht der dichterischen Mitteilung. Er war der erste, der der modernen Medizin eine neue Richtung, weg von der Körper-Seele-Trennung, gab; manche seiner Entdeckungen mögen selbst heutzutage phantastisch scheinen, doch ich bin sicher, daß sie sich als richtig erweisen werden. Seinen Büchern eignet die magische Gewißheit ihrer Poesie – die letzten Endes die Gabe des Sehens ist ...

Für einen englischen Autor (der diesem bewunderungswürdigen deutschen Genie viel verdankt) ist es eine große Ehre und Freude, wenn man ihn bittet, die Neuausgabe dieses zu Unrecht vergessenen Buches einzuleiten. Ich denke mit großem Vergnügen an die jungen deutschen Leser, die diesen enigmatischen (und oft schelmischen) deutschen Poeten der geistigen Gesundheit wiederentdecken werden – doch hätte ich der geistig-körperlichen Gesundheit schreiben sollen, denn Groddeck würde eine derart verstümmelte Wendung verschmäht haben! Es ist unwesentlich, ob sie der einen oder anderen seiner Ideen zustimmen oder widerstreiten; Groddeck reißt uns mit durch seine Lust am Dasein, durch die Drehungen und Wendungen seines zärtlichen und ironischen Geistes. Wie sehr wünschte ich, ihn gekannt zu haben, einfach nur, um ihm die Hand zu drücken!

Norman Douglas teilte die Schriftsteller in zwei Klassen ein, ihrer Einstellung zum Leben entsprechend: Nach seiner Bewertungsskala waren sie entweder Lebensbejaher oder -verneiner. Groddeck ist ein Lebensbejaher reinsten Wassers. Seine Kraft und Zärtlichkeit sollten einen jeden von uns heute bewegen, denn wir bedürfen seiner noch immer. Hier ist er!

Lawrence Durrell

I

Liebe Freundin, Sie wünschen, daß ich Ihnen schreibe, nichts Persönliches, keinen Klatsch, keine Redensarten, sondern ernst, belehrend, womöglich wissenschaftlich. Das ist schlimm.

Was habe ich Armer mit Wissenschaft zu tun? Das bißchen, was man als praktischer Arzt nötig hat, kann ich Ihnen doch nicht vorführen, sonst sehen Sie, wie löchrig das Hemd ist, das unsereiner unter dem Staatsgewand der Approbation als Arzt trägt. Aber vielleicht ist Ihnen mit der Erzählung gedient, warum ich Arzt wurde und wie ich zu der Abneigung gegen das Wissen gekommen bin.

Ich besinne mich nicht, daß ich als Knabe besondere Neigung für das Arztsein gehabt hätte, vor allem weiß ich bestimmt, daß ich nie, auch später nicht, mit diesem Beruf menschenfreundliche Gefühle verbunden hätte; und wenn ich mich, was wohl geschehen ist, mit solchen edlen Worten zierte, so verzeihe mir ein mildes Gericht mein Lügen. Arzt wurde ich, weil mein Vater es war. Er hatte all meinen Brüdern verboten, diese Laufbahn einzuschlagen, vermutlich weil er sich und andern gern einreden wollte, seine finanziellen Schwierigkeiten seien durch die schlechte Bezahlung des Arztes bedingt, was durchaus nicht der Fall war, da er bei alt und jung als ein guter Arzt gerühmt und dementsprechend entlohnt wurde. Aber er liebte es, wie sein Sohn auch und wie wohl ein jeder, nach außen zu blicken, wenn er wußte, daß in ihm selber etwas nicht stimmte. Eines Tages fragte er mich – warum, weiß ich nicht –, ob ich nicht Arzt werden wolle, und weil ich in dieser Frage eine Auszeichnung meinen Brüdern gegenüber sah, sagte ich ja. Damit war mein Schicksal entschieden, sowohl für meine Berufswahl, als auch für die Art, wie ich diesen Beruf ausgeübt habe. Denn von da an habe ich meinen Vater bewußt nachgeahmt, so stark, daß eine alte Freundin von ihm, als sie mich viele Jahre später kennenlernte, in die Worte ausbrach: »Ganz der Vater, nur keine Spur von seinem Genie.«

Bei jener Gelegenheit erzählte mir mein Vater etwas, was mich später, als die Zweifel an meinen ärztlichen Fähigkeiten kamen, an meiner Arbeit festhielt. Vielleicht kannte ich die Geschichte schon vorher, aber ich weiß, daß sie mir in der gehobenen Stimmung des Joseph, der besser war als seine Brüder, tiefen Eindruck machte. Er habe mich, erzählte er mir, als dreijährigen Jungen mit meiner etwas älteren Schwester, meiner ständigen Spielkameradin, beim Puppenspielen beobachtet. Lina verlangte, daß der Puppe noch ein Kleid angezogen werden solle, und ich gab nach langem Kampf mit den Worten zu: »Gut, aber du wirst sehen, sie erstickt.« Daraus habe er den Schluß gezogen, daß ich ärztliche Begabung hätte. Und ich selber habe diesen so wenig begründeten Schluß auch gezogen.

Ich erwähne dieses kleine Ereignis, weil es mir Gelegenheit gibt, von einem Zug meines Wesens zu sprechen, von einer seltsamen Ängstlichkeit geringfügigen Dingen gegenüber, die mich plötzlich und scheinbar unmotiviert befällt. Angst ist, wie Sie wissen, die Folge eines verdrängten Wunsches; es muß in jenem Augenblick, als ich den Gedanken äußerte, die Puppe werde ersticken, der Wunsch in mir lebendig gewesen sein, irgendein Wesen, dessen Stelle die Puppe vertrat, zu töten. Wer dieses Wesen war, weiß ich nicht, vermute nur, daß es eben diese meine Schwester war; ihrer Kränklichkeit halber wurde ihr von meiner Mutter manches zugeteilt, was ich als Jüngster für mich beanspruchte. Da haben Sie nun, was das Wesentliche des Arztes ist: ein Hang zur Grausamkeit, der gerade so weit verdrängt ist, daß er nützlich wird, und dessen Zuchtmeister die Angst ist, weh zu tun. Es lohnte sich, diesem feingefügten Widerspiel von Grausamkeit und Angst im Menschen nachzugehen, weil es gar wichtig im Leben ist. Aber für den Zweck eines Briefes genügt es wohl festzustellen, daß das Verhältnis zu meiner Schwester viel mit der Entwicklung und Bändigung meiner Lust am Wehtun zu tun hat. Unser Lieblingsspiel war Mutter und Kind spielen, wobei es darauf ankam, daß das Kind unartig war und Schläge bekam. Daß alles milde verlief, war durch die Kränklichkeit der Schwester bedingt und spiegelt sich in der Art wider, wie ich meinen Beruf ausgeübt habe. Neben der Scheu vor dem blutigen chirurgischen Handwerk habe ich die Abneigung gegen das Giftmischen der Apotheke und bin so zur Massage und zur psychischen Behandlung gekommen; beide sind nicht weniger grausam, aber sie lassen sich besser der individuellen menschlichen Lust am Leiden anpassen. Aus den täglich wechselnden Anforderungen heraus, die Linas Herzleiden an mein unbewußtes Taktgefühl stellte, wuchs dann die Neigung, mich mit chronisch Kranken zu beschäftigen, während mich die akute Erkrankung ungeduldig macht.

Das ist so ungefähr, was ich vorläufig über die Wahl meines Berufes mitteilen kann. Wenn Sie es nur ein wenig in Ihrem Herzen bewegen, wird Ihnen schon allerlei über meine Stellung zur Wissenschaft einfallen. Denn wer von Kindheit an auf den einzelnen Kranken eingestellt ist, wird schwerlich systematisch rubrizieren lernen. Aber auch da ist wohl das Wichtigste die Nachahmung. Mein Vater war ein Ketzer unter den Ärzten; war sich selbst Autorität, ging eigene Wege und Irrwege, und von Respekt vor der Wissenschaft war weder in Worten noch in Taten viel bei ihm zu spüren. Ich besinne mich noch, wie er über die Hoffnungen spottete, die sich an die Entdeckung des Tuberkel- und Cholerabazillus knüpften, und mit welchem Hochgenuß er erzählte, daß er gegen alle physiologischen Lehrsätze ein Wickelkind ein Jahr lang nur mit Bouillon gefüttert habe. Das erste medizinische Buch, das er mir in die Hände gab – ich war damals noch Gymnasiast –, war die Erfahrungsheillehre *Rademachers,* und da darin die Kampfstellen wider die Wissenschaft dick angestrichen und reichlich mit Randbemerkungen versehen waren, so ist es wohl kein Wunder, wenn ich schon vor Beginn meines Studiums geneigt war zu zweifeln.

Diese Lust am Zweifel war noch anders bedingt. Als ich sechs Jahre alt war, verlor ich zeitweise die ausschließliche Freundschaft meiner Schwester. Sie wendete ihre Neigung einer Schulkameradin zu, die den Namen Alma trug, und was besonders schmerzlich war, sie übertrug unsere kleinen sadistischen Spiele auf diese neue Freundin und schloß mich von der Teilnahme daran aus. Es gelang mir ein einziges Mal, die beiden Mädchen beim Geschichtenerzählen, was sie besonders liebten, zu belauschen. Alma phantasierte von einer bösen Mutter, die ihr unartiges Kind zur Strafe in eine Abtrittsgrube steckte – man muß sich dabei einen ländlichen primitiven Abtritt vorstellen. Noch heutigen Tages geht es mir nach, daß ich diese Geschichte nicht zu Ende gehört habe. Die Freundschaft der beiden Mädchen ging vorüber, und meine Schwester kehrte zu mir zurück. Aber jene Zeit der Einsamkeit hat genügt, um mir eine tiefe Abneigung gegen den Namen Alma einzuflößen.

Und nun darf ich Sie wohl daran erinnern, daß die Universität sich Alma mater nennt. Das hat mich stark gegen die Wissenschaft eingenommen, noch mehr, weil das Wort Alma mater auch für das Gymnasium angewendet wird, in dem ich meine humanistische Bildung erhielt und in dem ich viel gelitten habe, von dem ich viel erzählen müßte, wenn es darauf ankäme, Ihnen meine menschliche Entwicklung begreiflich zu machen. Aber darauf kommt es ja nicht an, sondern nur auf die Tatsache, daß ich all den Haß und das Leid meiner Schulzeit auf die Wissenschaft übertrug, weil es bequemer ist, Trübungen der Seele aus dem äußeren Geschehen herzuleiten, statt sie in den Tiefen des Unbewußten zu suchen.

Später, erst sehr spät, ist mir klargeworden, daß das Wort Alma mater, »nährende Mutter«, an die ersten und schwersten Konflikte meines Lebens erinnert. Meine Mutter hat nur das älteste ihrer Kinder genährt; sie bekam damals schwere Brustentzündungen, durch die die Milchdrüsen verödeten. Meine Geburt muß wohl ein paar Tage früher stattgefunden haben, als berechnet war. Jedenfalls war die Amme, die für mich bestimmt war, noch nicht im Haus, und ich bin drei Tage kümmerlich von einer Frau gestillt worden, die zweimal am Tag kam, um mir die Brust zu geben. Es hat mir nichts geschadet, sagte man mir, aber wer kann die Gefühle eines Säuglings beurteilen? Hungernmüssen ist kein freundlicher Willkommensgruß für einen Neugeborenen. Ich habe hier und da Leute kennengelernt, denen es ähnlich gegangen ist, und wenn ich auch nicht beweisen kann, daß sie Schaden an ihrer Seele gelitten haben, so ist es mir doch wahrscheinlich. Und im Vergleich zu ihnen glaube ich noch gut weggekommen zu sein.

Da ist zum Beispiel eine Frau – ich kenne sie viele, viele Jahre –, deren Mutter sich von dem neugeborenen Kind abwandte, sie nährte es nicht, obwohl sie es bei den andern Kindern tat, und überließ es dem Kindermädchen und der Flasche. Das Kind aber hungerte lieber, als daß es am Gummipfropfen sog, es kränkelte dem Tod entgegen, bis ein Arzt die Mutter aus ihrer Antipathie aufrüttelte. Da wurde aus der fühllosen Mutter eine besorgte. Eine Amme kam ins Haus, und die Mutter ließ keine Stunde vergehen, ohne nach dem kleinen Mädchen zu sehen. Das Kind gedieh nun und ist zu einer kräftigen Frau herangewachsen. Sie wurde der Verzug der Mutter, die bis zu ihrem Tod werbend hinter der Tochter herlief. Aber in der Tochter blieb der Haß. Ihr Leben ist eine stahlharte Kette der Feindschaft, deren einzelne Glieder von der Rache geschmiedet sind. Sie hat die Mutter gequält, solange sie lebte, sie ist vom Sterbebett der Mutter fortgereist, sie verfolgt, ohne daß sie es weiß, jeden, der an die Mutter erinnert, und sie wird bis an ihr Lebensende den Neid behalten, den ihr der Hunger eingeflößt hatte. Sie ist kinderlos. Menschen, die ihre Mutter hassen, sind kinderlos, und das ist so wahr, daß man bei unfruchtbaren Ehen ohne weiteres annehmen kann, einer von beiden Teilen ist Feind seiner Mutter. Wer seine Mutter haßt, der fürchtet sich vor dem eigenen Kind; denn der Mensch lebt nach dem Satz: Wie du mir, so ich dir. Dabei wird sie verzehrt von dem Wunsch, ein Kind zu gebären. Ihr Gang ist der einer Schwangeren. Wenn sie einen Säugling sieht, schwellen ihre Brüste, und wenn ihre Freundinnen schwanger werden, bekommt sie einen dicken Bauch. Jahrelang ist sie, die vom Leben und Reichtum Verwöhnte, täglich als Hilfsschwester in eine Entbindungsanstalt gegangen, hat die Kinder gereinigt, Windeln gewaschen und Wöchnerinnen versorgt und in wahnsinniger Begierde die Neugeborenen, verstohlen wie eine Verbrecherin, an ihre milchlosen Brüste gelegt. Aber sie hat zweimal Männer geheiratet, von denen sie vorher wußte, daß sie zeugungsunfähig waren. Sie lebt vom Haß, der Angst, dem Neid und der lüsternen Qual des Hungerns nach Unerreichbarem.

Da ist eine andere, die hungerte auch in den ersten Tagen nach der Geburt. Sie hat sich nie entschließen können, sich den Haß gegen die Mutter einzugestehen, aber das Gefühl, die frühverstorbene Mutter gemordet zu haben, quält sie unablässig, so irrsinnig dieser Gedanke ihr auch scheint. Denn diese Mutter starb während einer Operation, von der das Mädchen vorher nichts wußte. Seit vielen Jahren sitzt sie einsam und krank in ihrem Zimmer, nährt sich von Haß gegen alle Menschen, sieht niemanden, neidet und haßt.

Was mich selbst betrifft, so ist schließlich die Amme gekommen, und sie ist drei Jahre bei uns im Haus geblieben. Haben

Sie sich schon einmal mit den Erlebnissen eines kleinen Kindes beschäftigt, das von der Amme genährt wird? Die Sache ist etwas kompliziert, wenigstens wenn das Kind von der Mutter geliebt wird. Da ist eine Mutter, in deren Leib hat man neun Monate gesessen, sorglos, warm und in allen Freuden. Sollte man sie nicht lieben? Und dann ist da ein zweites Wesen, an dessen Brust man täglich liegt, deren Milch man trinkt, deren warme frische Haut man fühlt und deren Geruch man einatmet. Sollte man sie nicht lieben? Zu wem aber soll man halten? Der Säugling, der von der Amme gestillt wird, ist in den Zweifel hineingestellt und wird den Zweifel nie verlieren. Seine Glaubensfähigkeit ist im Fundament erschüttert, und das Wählen zwischen zwei Möglichkeiten ist für ihn schwerer als für andere. Und was kann einem solchen Menschen, dessen Gefühlsleben man von Beginn an halbiert hat, den man um die volle Kraft der Leidenschaft betrügt, das Wort Alma mater anderes sein als ein Hohn und eine Lüge? Das Wissen aber wird ihm von vornherein unfruchtbar erscheinen. Er weiß, die eine dort, die dich nicht nährt, ist deine Mutter, und sie beansprucht dich als ihr Eigentum, die andere aber nährt dich, und doch bist du nicht ihr Kind. Man steht vor einem Problem, das sich durch Wissen nicht lösen läßt, vor dem man fliehen muß, gegen dessen aufdringliche Frage man am besten in das Reich der Phantasie flüchtet. Und wer in diesem Reich heimisch ist, erkennt irgendwann einmal, daß alle Wissenschaft nichts anderes ist als eine Abart der Phantasie, ein Spezialfach sozusagen, mit allen Vorzügen und mit allen Gefahren der Spezialität ausgestattet.

Es gibt auch Menschen, die sich im Reich der Phantasie nicht heimisch fühlen, und von einem solchen will ich Ihnen kurz berichten. Er sollte nicht geboren werden, wurde aber doch geboren, trotz Vater und Mutter. Da versiegte die Milch der Frau, und eine Amme kam ins Haus. Das Söhnchen wuchs inmitten seiner glücklicheren Geschwister, die an der Mutterbrust lagen, heran, aber er blieb zwischen ihnen ein Fremdling, so wie er auch den Eltern fremd blieb. Und ohne es zu wollen oder auch nur zu wissen, hat er allmählich die Bande zwischen den Eltern gesprengt. Sie sind unter dem Druck halbbewußter Schuld, die fremden Augen aus der seltsamen Behandlung des Sohnes deutlich wurde, voreinander geflohen und wissen nichts mehr voneinander. Der Sohn aber wurde ein Zweifler, sein Leben wurde halb. Und weil er nicht wagte, phantastisch zu sein – denn er sollte ein ehrbarer Mensch werden, und seine Träume waren die des ausgestoßenen Abenteurers –, begann er zu trinken, ein Schicksal, das manchem begegnet, der in den ersten Lebenswochen Liebe entbehren mußte. Aber wie alles, ist auch die Trinksucht bei ihm halb. Nur zeitweise, für einige Wochen oder Monate, kommt es über ihn, daß er trinken muß. Und weil ich ein wenig seinen Irrgängen nachgespürt habe, weiß ich, daß immer diese kindische Ammensache auftaucht, ehe er zum Glas greift. Das gibt mir die Gewißheit, daß er genesen wird. Und nun etwas Seltsames: Dieser Mann wählte ein Mädchen zum Weib, das ebensotief im Haß gegen die Eltern steckt wie er, das ebenso wie er kindernärrisch ist und doch das Kinderkriegen wie den Tod fürchtet. Und weil das seiner zerrissenen Seele noch keine Sicherheit gab, ob ihm nicht doch ein Kind geboren werden könnte, das ihn strafte, erwarb er sich eine Ansteckung und gab sie seinem Weib weiter. Es steckt im Menschenleben viel unbekannte Tragik!

Mein Brief ist zu Ende. Aber darf ich die Geschichte meiner Amme weitererzählen? Ich besinne mich nicht mehr, wie sie aussah, weiß nichts mehr als ihren Namen: Berta, die Glänzende. Aber ich habe eine deutliche Erinnerung an den Tag, an dem sie wegging. Sie schenkte mir zum Abschied einen kupfernen Dreier, und ich weiß genau, daß ich, statt wie sie wollte, Zuckerzeug dafür zu kaufen, mich auf die steinerne Treppe der Küche setzte und das Dreierstück auf den Stufen rieb, damit es glänzte. Seitdem hat mich die Zahl Drei verfolgt. Wörter wie Dreieinigkeit, Dreibund, Dreieck haben etwas Anrüchiges für mich und nicht nur die Wörter, auch die Begriffe, die damit verbunden sind, ja ganze Ideenkomplexe, die ein eigensinniges Knabengehirn darum herum gebaut hat. So ist der Heilige Geist als Dritter schon in früher Kindheit von mir abgelehnt worden, die Lehre von den Dreieckskonstruktionen ist mir in der Schule eine Plage gewesen, und die einst vielgepriesene Dreibundpolitik wurde von mir von vornherein getadelt. Ja, die Drei ist eine Art Schicksalszahl für mich geworden. Wenn ich mein Gefühlsleben rückschauend betrachte, so sehe ich, daß ich, sooft mein Herz sprach, als

Dritter in ein bestehendes Neigungsverhältnis zweier Menschen eingedrungen bin, daß ich stets den einen, dem meine Leidenschaft galt, von dem anderen getrennt habe und daß meine Neigung erkaltete, sobald mir das gelungen war. Ja, ich kann verfolgen, wie ich, um diese schwindende Neigung am Leben zu erhalten, von neuem einen Dritten zugezogen habe, um ihn wieder zu verdrängen. So sind in einer und gewiß keiner unwichtigen Richtung die Affekte des Doppelverhältnisses zu Mutter und Amme und der Kampf des Abschiedes ohne Absicht, ja, ohne Wissen von mir wiederholt worden; eine nachdenkliche Sache, die zumindest zeigt, daß in der Seele eines dreijährigen Kindes seltsam verworrene und doch einheitlich gerichtete Dinge vor sich gehen.

Ich habe meine Amme später – etwa mit acht Jahren – noch einmal für wenige Minuten wiedergesehen. Sie war mir fremd, und ich hatte ein schweres Gefühl des Bedrücktseins in ihrer Gegenwart.

Von dem Wort Dreier muß ich noch zwei kleine Geschichten erzählen, die Bedeutung haben. Als mein älterer Bruder anfing, Latein zu lernen, fragte ihn mein Vater beim Mittagessen, was die Träne heiße. Er wußte es nicht; aus irgendeinem Grund hatte ich mir das Wort Lacrima vom Abend vorher, als Wolf seine Vokabeln laut memorierte, gemerkt und beantwortete nun an seiner Statt die Frage. Ich bekam zum Lohn ein Fünfgroschenstück. Nach Tisch aber boten mir meine beiden Brüder an, dieses Fünfgroschenstück gegen einen blankgeputzten Dreier einzutauschen, was ich mit Freuden tat. Neben dem Wunsch, die überlegenen Knaben ins Unrecht zu setzen, müssen dumpfe Gefühlserinnerungen mitgesprochen haben. – Wenn Sie es wünschen, erzähle ich Ihnen später einmal, was das Wort Lacrima und Träne für mich bedeutete.

Das zweite Ereignis bringt mich in heitere Stimmung, sooft ich daran denke. Ein Menschenalter später habe ich für meine Kinder ein kleines Stück geschrieben, in dem eine vertrocknete, dürre, alte Jungfer vorkommt, ein gelehrtes Wesen, das griechischen Unterricht gibt und weidlich verlacht wird. Und diesem Kind meiner Phantasie, brüstelos und kahl wie sie war, gab ich den Namen Dreier. So hat die Flucht vor dem ersten unerinnerbaren Abschiedsschmerz aus dem leben- und liebestrotzenden Mädchen, das mich stillte und an dem ich hing, das Abbild dessen gemacht, was mir die Wissenschaft ist.

Es ist wohl ernst genug, was ich Ihnen schrieb, ernst für mich. Aber ob es das ist, was Sie für unseren Briefwechsel wünschen, wissen die Götter. Sei dem wie ihm sei, ich bin wie immer Ihr ganz getreuer

Patrik Troll

2

Liebe Freundin, Sie sind nicht zufrieden; es ist zu viel Persönliches in meinem Brief; und Sie wollen mich objektiv haben. Ich glaubte, ich sei es gewesen.

Lassen Sie uns sehen: Ich schrieb über Berufswahl, Abneigungen und inneren Zwiespalt, der von Kindheit an besteht. Allerdings sprach ich von mir selber; aber diese Erlebnisse sind typisch. Übertragen Sie sie auf andere Menschen, so wissen Sie über vieles Bescheid. Vor allem das eine wird Ihnen klar, daß unser Leben auch von Kräften regiert wird, die nicht offen zutage liegen, die erst mühsam aufgesucht werden müssen. Ich wollte an einem Beispiel, an meinem Beispiel zeigen, daß sehr vieles in uns vorgeht, was außerhalb unseres gewohnten Denkens liegt. Aber vielleicht sage ich Ihnen besser gleich, was ich mit meinen Briefen beabsichtige. Sie können dann entscheiden, ob der Gegenstand ernst genug ist. Wenn ich einmal in Klatsch oder in Redensarten versinke, sagen Sie es; dann ist uns beiden geholfen.

Ich bin der Ansicht, daß der Mensch vom Unbekannten gelebt wird. In ihm ist ein Es, irgendein Wunderbares, das alles, was er tut und was mit ihm geschieht, regelt. Der Satz »ich lebe« ist nur bedingt richtig, er drückt ein kleines Teilphänomen von der Grundwahrheit aus: Der Mensch wird vom Es gelebt. Mit diesem Es werden sich meine Briefe beschäftigen. Sind Sie damit einverstanden?

Und nun noch eins. Wir kennen von diesem Es nur das, was innerhalb unseres Bewußtseins liegt. Weitaus das meiste ist unbetretbares Gebiet. Aber wir können die Grenzen unseres Bewußtseins durch Forschung und Arbeit erweitern, und wir können tief in das Unbewußte eindringen, wenn wir uns entschließen, nicht mehr wissen zu wollen, sondern zu phantasieren. Wohlan, mein schöner Doktor Faust, der Mantel ist zum Flug bereit. Ins Unbewußte ...

Ist es nicht merkwürdig, daß wir von unseren drei ersten Lebensjahren nichts mehr wissen? Hier und da kramt einer noch eine schwache Erinnerung an ein Gesicht, eine Tür, eine Tapete oder sonst irgend etwas aus, was er in seiner frühesten Kindheit gesehen haben will. Aber ich habe noch nie jemanden getroffen, der sich an seinen ersten Schritt erinnert hätte oder an die Art, wie er sprechen, essen, sehen, hören gelernt hat. Und das alles sind doch Erlebnisse. Ich könnte mir vorstellen, daß ein Kind, wenn es zum erstenmal durch die Zimmer rutscht, tiefere Eindrücke bekommt als ein Erwachsener durch eine Reise nach Italien. Ich könnte mir vorstellen, daß ein Kind, das zum erstenmal erkennt, der Mensch dort mit dem gütigen Lächeln ist die Mutter, tiefer davon ergriffen wird als ein Mann, der seine Geliebte heimführt. Warum vergessen wir das alles?

Darauf läßt sich vieles sagen; aber eine Erwägung muß erst erledigt werden, ehe man an die Antwort gehen kann. Die Frage ist falsch gestellt. Wir vergessen jene drei ersten Jahre nicht, die Erinnerung daran scheidet nur aus unserem Bewußtsein aus, im Unbewußten lebt sie fort, bleibt sie so lebendig, daß alles, was wir tun, aus diesem unbewußten Erinnerungsschatz gespeist wird: Wir gehen, wie wir es damals lernten, wir essen, wir sprechen, wir empfinden in der Art, wie wir es damals taten. Es gibt also Dinge, die vom Bewußtsein verworfen werden, obwohl sie lebensnotwendig sind, die, weil sie notwendig sind, in Regionen unseres Wesens aufbewahrt werden, die man das Unbewußte genannt hat. Warum aber vergißt das Bewußtsein Erlebnisse, ohne die der Mensch nicht bestehen kann?

Darf ich die Frage offenlassen? Ich werde sie noch oft stellen müssen. Aber jetzt liegt mir mehr daran, von Ihnen als Frau zu erfahren, warum die Mütter so wenig von ihren eigenen Kindern wissen, warum auch sie das Wesentliche dieser drei Jahre vergessen. Vielleicht tun die Mütter auch nur so, als ob sie es vergäßen. Oder vielleicht kommt auch ihnen das Wesentliche nicht zum Bewußtsein.

Sie werden schelten, daß ich mich wieder über die Mütter lustig mache. Aber wie soll ich mir anders helfen? In mir lebt die Sehnsucht. Wenn ich trübe bin, ruft mein Herz nach der Mutter und findet sie nicht. Soll ich mit Gott und der Welt grollen? Da ist es besser, über sich selbst zu lachen, über dieses Kindsein, aus dem man nie herauskommt. Denn mit dem Erwachsensein ist es solch eine Sache; man ist es selten, nur auf der Oberfläche, spielt es nur, wie das Kind auch Großsein spielt. Sobald wir tief leben, sind wir Kind. Für das Es gibt es kein Alter, und das Es ist unser eigentliches Leben. Sehen

Sie sich doch den Menschen in den Augenblicken tiefsten Leidens, tiefster Freude an: Das Gesicht wird kindlich, die Bewegungen werden es, die Stimme bekommt die Biegsamkeit wieder, das Herz klopft wie in der Kindheit, die Augen glänzen oder trüben sich. Gewiß, wir suchen das alles zu verstekken, aber es ist doch deutlich da, und wir bemerken es nur nicht ohne weiteres, weil wir die kleinen Zeichen, die so laut reden, an uns selbst nicht wahrnehmen wollen und sie deshalb auch bei anderen übersehen. Man weint nicht mehr, wenn man erwachsen ist? Doch bloß, weil es nicht Sitte ist, weil irgendein dummer Teufel es aus der Mode brachte. Mir hat es immer Spaß gemacht, daß Ares wie zehntausend Männer schrie, als er verwundet wurde. Und daß Achill Tränen über Patroklos vergießt, setzt ihn nur in den Augen der Gernegroße herab. Wir heucheln, das ist das Ganze. Wir getrauen uns nicht einmal, aufrichtig zu lachen. Aber das hindert doch nicht, daß wir, wenn wir etwas nicht können, wie Schuljungen aussehen, daß wir denselben Ausdruck der Angst haben, den wir als Knaben hatten, daß uns kleine Gewohnheiten des Gehens, Liegens, Sprechens unablässig begleiten und jedem, der es sehen will, sagen: Sieh da, ein Kind. Beobachten Sie jemanden, der allein zu sein glaubt, sofort kommt das Kind zum Vorschein, manchmal in sehr komischer Form, man gähnt, man kratzt sich ungeniert am Kopf und Hintern, man popelt gar in seiner Nase und – ja, es muß gesagt sein – man pupt. Die feinste Dame pupt. Oder beobachten Sie Menschen, die ganz versenkt in irgendeiner Tätigkeit, in irgendein Denken sind, schauen Sie sich Liebende an oder Kranke oder Greise; sie alle sind hier und da Kinder.

Wenn man es sich ein wenig zurechtlegt, kommt einem das Leben wie ein Maskenfest vor, zu dem man sich verkleidet, vielleicht zehn-, zwölf-, hundertmal verkleidet, aber man geht doch hin als das, was man ist, bleibt unter der Verkleidung inmitten der Masken, was man ist, und geht wieder davon, genauso wie man hinging. Das Leben beginnt mit dem Kindsein und geht auf tausend Wegen durch das Mannesalter hin nach dem einen Ziel, wieder Kind zu werden, und nur der einzige Unterschied ist zwischen den Menschen, ob sie kindisch werden oder kindlich.

Dasselbe Phänomen, daß in uns etwas ist, das nach eigenem

Belieben in allen möglichen Altersstufen auftritt, können Sie auch bei Kindern sehen. Das Greisenhafte im Säuglingsantlitz ist bekannt und oft besprochen. Aber gehen Sie über die Straße und sehen Sie sich die kleinen drei-, vierjährigen Mädchen an – bei ihnen ist es deutlicher als bei den Knaben, wofür sich wohl ein Grund angeben ließe –; sie sehen mitunter aus, als ob sie ihre eigenen Mütter wären. Und zwar alle, nicht nur hier und da eine, die früh vom Leben angefaßt ist, nein, eine jede und ein jeder hat diesen seltsam alten Ausdruck zu Zeiten. Da ist eine, die hat den zänkischen Mund der verbitterten Frau, dort eine, deren Lippen die Neigung zum Klatsch verraten, dort wieder sehen Sie die alte Jungfer und dort die Kokette. Und dann, wie oft sieht man die Mutter schon im kleinsten Kind. Es ist nicht Nachahmung allein, es ist das Es, das waltet. Das wird zuweilen Herr über das Alter, verfügt darüber, wie wir heute dieses oder morgen jenes Kleid anziehen.

Vielleicht ist es auch Neid, der mich über die Mutter spotten läßt, Neid, daß ich nicht selbst Weib bin und Mutter werden kann.

Lachen Sie nur nicht, es ist wirklich wahr und nicht nur mir geht es so, sondern allen Männern, selbst denen, die sich gar männlich vorkommen. Die Sprache beweist es schon, der männlichste Mann scheut sich nicht zu sagen, daß er mit dem oder jenem Gedanken schwanger geht, er spricht von seinem Geisteskind und nennt die mühevoll beendete Tat eine schwere Geburt.

Und das sind nicht nur Wortklänge. Sie schwören ja auf die Wissenschaft. Nun, daß der Mensch aus Mann und Weib entsteht, ist doch wohl eine wissenschaftlich begründete Tatsache, wenn man sie auch nicht im Denken und Reden berücksichtigt, wie das so oft bei einfachen Wahrheiten vorkommt. Also ist im Wesen, das sich Mann nennt, Weib vorhanden, im Weib Mann, und an der Idee des Mannes, ein Kind zu bekommen, ist das einzig Seltsame, daß sie hartnäckig geleugnet wird. Aber das Leugnen tut dem Geschehen keinen Abbruch.

Diese Mischung von Mann und Weib ist manchmal verhängnisvoll. Es gibt Menschen, deren Es im Zweifel steckenbleibt, die alles von zwei Seiten sehen, die Sklaven eines doppelten Kindheitseindrucks sind. Als solche Zweifler nannte ich

Ihnen die Ammenkinder. Und tatsächlich alle vier, von denen ich Ihnen berichtete, besitzen ein Es, das zu Zeiten nicht weiß, ist es Mann oder Weib. Von mir wissen Sie längst aus eigener Erinnerung, daß mir der Bauch unter irgendeinem Eindruck anschwillt und daß er plötzlich zusammensinkt, wenn ich Ihnen davon erzähle. Sie wissen auch, daß ich es meine Schwangerschaft nenne. Aber Sie wissen nicht – oder erzählte ich es Ihnen schon? – gleichgültig; hier erzähle ich es nochmals. Vor beinah zwanzig Jahren wuchs mir ein Kropf am Hals. Ich wußte damals noch nicht, was ich jetzt weiß oder zu wissen glaube. Genug, ich lief zehn Jahre lang mit einem dikken Hals durch die Welt und hatte mich damit abgefunden, dies Ding vor meiner Kehle mit ins Grab zu nehmen. Dann kam die Zeit, wo ich das Es kennenlernte, und ich sah ein – auf welchem Weg ist nicht nennenswert –, daß jener Kropf ein phantasiertes Kind sei. Sie haben sich selbst gewundert, wie ich jenes monströse Ding loswerden konnte, ohne Operation, ohne Behandlung, ohne Jod und Thyreoiden. Ich bin der Ansicht, daß der Kropf verschwand, weil mein Es einsehen lernte und mein Bewußtsein einsehen lehrte, daß ich wirklich wie jeder Mensch ein doppeltes Geschlechtswesen und -leben habe, daß es unnötig ist, das handgreiflich durch eine Geschwulst zu beweisen. Weiter, jene Frau, die ohne Not im Wöchnerinnenheim die Wonne fremder Entbindungen genoß, hat Zeiten, in denen ihre Brüste ganz verkümmern; dann wacht in ihr das Mannsein auf und treibt sie unwiderstehlich dazu, im Liebesspiel den Mann unter sich zu legen und auf ihm zu reiten. Das Es der dritten jener Einsamen ließ zwischen ihren Schenkeln ein Gewächs entstehen, das wie ein Schwänzchen aussah, und – seltsam zu denken – sie pinselte es mit Jod, wie sie glaubte, um es zu beseitigen, in Wahrheit um dem Kopf des Gebildes den roten Schein der Eichel zu geben. Dem letzten Ammenkind, das ich erwähnte, geht es wie mir, ihm schwillt der Bauch in phantastischer Schwangerschaft. Und dann hat er Gallenkoliken, Entbindungen, wenn Sie wollen, vor allem aber hat er mit dem Blinddarm zu tun – wie alle, die gern kastriert werden, Weib werden wollen; denn das Weib entsteht – so glaubt das kindische Es – aus dem Mann durch Abschneiden der Geschlechtsteile. Drei Anfälle von Blinddarmentzündung kenne ich bei ihm. Bei allen dreien ließ sich der Wunsch, Weib zu sein, nachweisen. Oder habe ich ihm den Wunsch nur eingeredet, Weib zu sein? Das ist schwer zu sagen.

Ich muß Ihnen noch von einem fünften Ammenkind erzählen, einem mit Talent reich begabten Mann, der aber als Wesen mit zwei Müttern in allem halb ist und der Halbheit mit Pantopon Herr zu werden sucht. Aus Aberglauben, behauptet die Mutter, hat sie ihn nicht genährt; zwei Söhne waren ihr gestorben, diesen dritten hat sie nicht an die Brüste gelegt. Er aber weiß nicht, ob er Mann oder Weib ist, sein Es weiß es nicht. In früher Kindheit wurde das Weib in ihm lebendig, da lag er lange krank an einer Herzbeutelentzündung, einer phantasierten Herzschwangerschaft. Und später hat sich das wiederholt als Brustfellentzündung und homosexueller unwiderstehlicher Zwang.

Lachen Sie ruhig über mein abenteuerliches Märchenerzählen. Ich bin gewöhnt, verlacht zu werden, und habe es gern, mich ab und zu von neuem dagegen abzuhärten.

Darf ich Ihnen noch eine kleine Geschichte erzählen? Ich habe sie von einem Mann, der längst begraben ist, vom Krieg verschlungen. Er ist fröhlich in den Tod hineingesprungen, denn er gehörte zu dem Typus der Helden. Er erzählte davon, wie der Hund seiner Schwester, ein Pudel, eines Tages, er mochte damals siebzehn Lebensjahre zählen, sich an seinem Bein gerieben, onaniert habe. Er habe interessiert zugesehen, als dann aber der Samen über sein Bein geflossen sei, habe ihn plötzlich die Idee gepackt, daß er nun junge Hunde gebären werde, und diese Idee sei ihm Wochen und Monate lang nachgegangen.

Wenn Sie Lust hätten, könnten wir uns jetzt ein wenig ins Märchenland begeben, von den Königinnen sprechen, denen statt der echten Söhne neugeborene Hunde in die Wiege gelegt werden, und könnten daran allerlei Betrachtungen über die seltsame Rolle knüpfen, die der Hund im verschwiegenen Leben des Menschen spielt, Betrachtungen, die ein helles Licht auf den pharisäischen Abscheu des Menschen vor perversem Empfinden und Handeln werfen. Aber vielleicht wäre das ein wenig zu intim. Bleiben wir lieber bei der Schwangerschaft des Mannes. Sie ist recht häufig.

Das Auffällige bei einer Schwangeren ist der dicke Bauch.

Was sagen Sie dazu, daß ich vorher behauptete, auch beim Mann sei der dicke Bauch als Schwangerschaftserscheinung zu deuten? Selbstverständlich hat er nicht wirklich ein Kind im Leib. Aber sein Es schafft sich diesen dicken Bauch an, durch Essen, Trinken, durch Blähungen oder sonstwie, weil es schwanger zu sein wünscht und infolgedessen schwanger zu sein glaubt. Es gibt symbolische Schwangerschaften und symbolische Geburten, sie entstehen im Unbewußten und dauern mehr oder weniger lange, sie verschwinden aber unbedingt, wenn die unbewußten Vorgänge in ihrer symbolischen Bedeutung aufgedeckt werden. Das ist nicht ganz einfach, aber hier und da gelingt es, namentlich bei Auftreibungen des Bauches durch Luft oder bei irgendwelchen symbolischen Entbindungsschmerzen in Leib, Kreuz, Kopf. Ja, so sonderbar ist das Es, daß es sich gar nicht um die anatomisch-physiologische Wissenschaft kümmert, sondern selbstherrlich die alte Sage von Athenes Geburt aus dem Haupt des Zeus wiederholt. Und ich bin Phantast genug anzunehmen, daß dieser Mythus – ähnlich wie andere – dem Walten des Unbewußten entsprungen ist. Der Ausdruck, mit Gedanken schwanger gehen, muß wohl tief drin im Menschen sitzen, ihm besonders wichtig sein, daß er ihn zur Sage umgestaltet hat.

Selbstverständlich kommen solche symbolische Schwangerschaften und Geburtswehen auch bei gebärfähigen Frauen vor, vielleicht sind sie bei ihnen noch häufiger; sie entstehen aber ebensogut bei alten Frauen, scheinen sogar während und nach dem Klimakterium eine große Rolle in den verschiedensten Krankheitsformen zu spielen; ja, auch Kinder geben sich mit solchen Phantasiefortpflanzungen ab, selbst solche, von denen ihre Mütter annehmen, sie glaubten an den Storch.

Soll ich Sie noch ein wenig mehr durch abenteuerliche Behauptungen ärgern? Soll ich Ihnen sagen, daß auch die Nebenerscheinungen der Gravidität, die Übelkeit, die Zahnschmerzen – ab und zu – symbolische Wurzeln haben? Daß Blutungen aller Art, vor allem natürlich unzeitgemäße Gebärmutterblutungen, aber auch Blutungen aus Nase, After, Lungen, in engem Zusammenhang mit Geburtsvorstellungen stehen? Oder daß die Plage der kleinen Mastdarmwürmer, die manchen Menschen sein ganzes Leben hindurch verfolgt, häufig in der Assoziation Wurm und Kind ihren Ursprung hat und verschwindet, sobald den Würmchen der Nährboden des unbewußten symbolischen Wunsches entzogen ist?

Ich kenne eine Frau – sie gehört auch zu den kinderliebenden, kinderlosen, denn sie haßt ihre Mutter –, die verlor für fünf Monate ihre Periode, ihr Leib schwoll an und ihre Brüste, und sie hielt sich für schwanger. Eines Tages sprach ich lange mit ihr über den Zusammenhang der Würmer mit Schwangerschaftsideen bei einem gemeinsamen Bekannten. Am selben Tag gebar sie einen Spulwurm, und in der Nacht bekam sie ihr Unwohlsein, und der Bauch flachte ab.

Damit wäre ich schon auf die Gelegenheitsursachen solcher Gedankenschwangerschaften gekommen. Sie gehören – man kann wohl sagen alle – in das Gebiet der Assoziation, von der ich eben als Beispiel Wurm und Kind nannte. Meist sind diese Assoziationen sehr weitläufig, vielgestaltig und, weil sie aus der Kindheit stammen, nur mühsam in das Bewußtsein zu bringen. Aber es gibt auch einfache schlagende Assoziationen, die sofort einem jeden einleuchten. Einer meiner Bekannten erzählte mir, daß er in der Nacht vor der Entbindung seiner Frau dieses nach seiner Ansicht qualvolle Erlebnis auf eine eigentümliche Art auf sich zu nehmen suchte. Er träumte nämlich, daß er selbst das Kind bekäme, träumte es in allen Einzelheiten, wie er sie bei früheren Geburten kennengelernt hatte, wachte im Moment, als das Kind zur Welt kam, auf und hatte, wenn auch nicht ein Kindchen, doch etwas Lebenswarmes aus sich herausbefördert, wie er es seit seiner frühen Knabenzeit nicht mehr getan hatte.

Nun, das war ein Traum; aber wenn Sie sich bei ihren Freunden und Freundinnen umhören, werden Sie zu Ihrer Überraschung entdecken, wie gewöhnlich es ist, daß Ehemänner oder Großmütter oder Kinder die Entbindung ihrer Verwandten gleichzeitig am eigenen Leib mit durchmachen.

So deutliche Beziehungen sind jedoch nicht nötig. Es genügt oft der Anblick eines kleinen Kindes, einer Wiege, einer Milchflasche. Es genügt auch, bestimmte Dinge zu essen. Sie werden ja selbst genug Menschen kennengelernt haben, die einen aufgetriebenen Leib nach Kohl bekommen oder nach Erbsen, Bohnen, nach Möhren oder Gurken. Mitunter stellen sich dann auch Geburtswehen in Gestalt von Bauchschmerzen ein, ja die Geburt selbst in der Form des Erbrechens oder des

Durchfalls kommt zustande. Die Verbindungen, die das Es, für unseren hochgeschätzten Verstand töricht genug, im Unbewußten macht, sind geradezu lächerlich. So findet es zum Beispiel im Kohlkopf Ähnlichkeiten mit dem Kindskopf, Erbsen und Bohnen liegen in ihren Hülsen wie das Kind in der Wiege oder im Mutterleib, Erbsensuppe und Erbsenbrei erinnern es an Windeln, und nun gar Möhren und Gurken: Was denken Sie von denen? Sie kommen nicht darauf, wenn ich Ihnen nicht helfe.

Wenn Kinder mit einem Hund spielen, ihn beobachten und ihn in allen seinen Tätigkeiten mit lebhaftem Interesse verfolgen, sehen sie zuweilen, daß dort, wo der Apparat für seine kleinen Geschäfte angebracht ist, ein spitzes rotes Ding zum Vorschein kommt, das wie eine Möhre aussieht. Sie zeigen dieses seltsame Phänomen der Mutter oder wer gerade in der Nähe ist, und erfahren durch Worte oder verlegenen Blick des Erwachsenen, daß man von so etwas nicht spricht, es überhaupt nicht bemerkt. Das Unbewußte hält dann den Eindruck fest, mehr oder minder deutlich, und weil es Möhre und des Hundes rote Spitze einmal identifiziert hat, bleibt es hartnäckig bei der Idee, auch die Möhren seien verbotene Dinge, und es antwortet auf das Angebot, sie zu essen, mit Abneigung, Ekel oder mit symbolischer Schwangerschaft. Denn auch darin ist das kindliche Unbewußte seltsam dumm im Vergleich zu unserem hochgelobten Verstand, daß es glaubt, die Keime zum Kind kämen durch den Mund, durch Essen in den Bauch, in dem sie dann wachsen; etwa wie Kinder auch glauben, daß aus einem verschluckten Kirschkern ein Kirschbaum im Leib wächst. Daß aber das rote Ding des Hundes etwas mit dem Kinderkriegen zu tun hat, das wissen sie in ihrer dunklen Kinderunschuld ebenso gut oder ebenso verworren, wie daß der Keim zum Brüderchen oder Schwesterchen, ehe er in die Mutter hineingeriet, irgendwie und irgendwo in dem merkwürdigen Anhängsel des Mannes oder Knaben sitzen muß, das so aussieht wie ein an falscher Stelle angebrachtes Schwänzchen, an dem ein Säckchen mit zwei Eiern oder Nüssen hängt und von dem man auch nur mit Vorsicht spricht, das man nur beim Pipimachen anfassen darf und mit dem zu spielen nur der Mutter erlaubt ist.

Sie sehen, der Weg, der von der Mohrrübe zur Phantasieschwangerschaft führt, ist ein wenig lang und nicht leicht zu finden. Wenn man ihn jedoch kennt, weiß man auch, was die Unbekömmlichkeit der Gurken bedeutet, denn die Gurke hat ja außer ihrer fatal spaßhaften Ähnlichkeit mit Vaters Glied auch noch in ihrem Innern Kerne, die die Keime zukünftiger Kinder sinnig symbolisieren.

Ich bin arg weit von meinem Thema abgekommen, aber ich wage zu hoffen, daß Sie, liebe Freundin, aus persönlicher Zuneigung zu mir, solche verworrenen Briefe, wie der heutige einer ist, zweimal lesen. Dann wird Ihnen klarwerden, was ich mit all meinen Ausführungen sagen wollte, daß das Es, jenes Ding, von dem wir gelebt werden, auch die Geschlechtsunterschiede nicht ohne weiteres anerkennt, ebensowenig wie die Altersunterschiede. Und damit glaube ich Ihnen wenigstens eine Ahnung von der Unvernunft dieses Wesens gegeben zu haben. Vielleicht begreifen Sie auch, warum ich mitunter so weibisch bin, ein Kind gebären zu wollen. Wenn es mir aber nicht gelungen ist, mich deutlich zu machen, werde ich das nächste Mal klarer zu sein versuchen.

Herzlichst Ihr

Patrik Troll

3

Also ich bin nicht klar gewesen, es geht in meinem Brief alles durcheinander, Sie wollen die Dinge hübsch geordnet haben, vor allem belehrende, wissenschaftliche, feststehende Tatsachen hören und nicht meine abstrusen Ideen, die teilweise, wie zum Beispiel die Geschichte von den dicken Leuten, die schwanger sein sollen, schon beinahe verrückt sind.

Ja, liebste Freundin, wenn Sie belehrt sein wollen, würde ich Ihnen raten, eins von den Lehrbüchern in die Hand zu nehmen, wie sie an Universitäten üblich sind. Für meine Briefe gebe ich Ihnen hiermit den Schlüssel: Was vernünftig oder nur ein wenig seltsam klingt, stammt von Professor *Freud* in Wien und dessen Mitarbeitern; was ganz verrückt ist, beanspruche ich als mein geistiges Eigentum.

Meine Behauptung, die Mütter wüßten nicht mit ihren Kindern Bescheid, finden Sie gesucht. Gewiß könne sich auch das Mutterherz irren, irre sich wahrscheinlich öfter, als die Mutter selbst es ahne, irre sich sogar zuweilen in den wichtigsten Lebensfragen, aber wenn es überhaupt ein sicheres Gefühl gäbe, so sei es die Mutterliebe, dieses tiefste aller Geheimnisse.

Wollen wir uns ein wenig von der Mutterliebe unterhalten? Ich gebe nicht vor, dieses Geheimnis, das auch ich für tief halte, lösen zu können; doch es läßt sich allerlei darüber sagen, was gewöhnlich nicht gesagt wird. Man beruft sich meist auf die Stimme der Natur, aber diese Stimme spricht oft eine seltsame Sprache. Man braucht nicht erst auf das Phänomen der Abtreibungen einzugehen, die von jeher gang und gäbe gewesen sind und die aus der Welt zu schaffen nur irgendwie gewissensgepeinigte Gehirne sich ausdenken; es genügt schon, eine Mutter vierundzwanzig Stunden lang im Verkehr mit ihrem Kind zu beobachten, man bekommt dann ein gut Teil Gleichgültigkeit, Überdruß, Haß zu sehen. Es lebt eben außer der Liebe zum Kind in jeder Mutter auch die Abneigung gegen das Kind. Der Mensch steht unter dem Gesetz, das lautet: Wo Liebe ist, da ist auch Haß, wo Achtung ist, da ist Verachtung, wo Bewunderung ist, da ist Neid. Dieses Gesetz gilt unverbrüchlich, und auch die Mütter machen keine Ausnahme davon.

Wußten Sie um dieses Gesetz? Daß es auch für die Mütter gilt? Wenn Sie die Mutterliebe kennen, kennen Sie auch den Mutterhaß?

Ich wiederhole meine Frage: Woher kommt es, daß die Mutter so wenig von ihrem Kind weiß? Bewußt weiß? Denn das Unbewußte kennt dieses Gefühl des Hasses, und wer das Unbewußte zu deuten versteht, wird an der Allgewalt der Liebe irre; er sieht, daß der Haß ebenso groß ist wie die Liebe und daß zwischen beiden die Gleichgültigkeit als Norm steht. Und voller Erstaunen, dem nie endenden Gefühl dessen, der sich in das Leben des Es vertieft, geht er den Spuren nach, die hier und da von den begangenen Wegen abführen, um im rätselhaften Dunkel des Unbewußten zu verschwinden. Vielleicht leiten diese leicht und oft übersehenen Spuren zu der Antwort hin, warum die Mutter nichts von dem Haß gegen das Kind weiß oder nichts wissen will, vielleicht sogar, warum wir alle unsere ersten Lebensjahre vergessen.

Zunächst, liebe Freundin, muß ich Ihnen erst sagen, worin sich diese Abneigung, dieser Mutterhaß zeigt. Denn so ohne weiteres, bloß aus Freundschaft, werden Sie es nicht glauben.

Wenn im Roman, der nach den Regeln des lesenden Publikums gebaut ist, das Liebespaar nach vielen Fährlichkeiten endlich vereint ist, kommt eine Wendung, daß sie errötend ihren Kopf an seiner breiten Brust birgt und ihm ein holdes Geheimnis anvertraut. Das ist sehr hübsch; aber im Leben meldet sich die Schwangerschaft, abgesehen von dem Ausbleiben der Periode, auf eine recht eklige Weise, durch Übelkeit und Erbrechen; nicht immer, um diesen Einwand gleich zu erledigen, und ich will hoffen, daß die Dichter und Dichterinnen in ihren Ehen dieses Erbrechen der Schwangeren ebensowenig erleben wie in ihren Romanen. Aber Sie werden mir zugeben, es ist recht häufig. Und die Übelkeit entsteht aus dem Widerwillen des Es gegen irgend etwas, was im Innern des Organismus ist. Übelkeit drückt den Wunsch aus, dieses Widerwärtige zu entfernen, und Erbrechen ist der Versuch, es fortzuschaffen. In diesem Fall also der Wunsch und Versuch der Abtreibung. Was sagen Sie dazu?

Ich kann Ihnen vielleicht später einmal meine Erfahrungen über das Erbrechen, wie es außerhalb der normalen Schwangerschaft vorkommt, mitteilen, es bestehen da wieder beachtenswerte symbolische Zusammenhänge, kuriose Assoziationen des Es. Hier möchte ich Sie aber darauf hinweisen, daß sich bei diesen Übelkeiten wieder der Gedanke meldet, der Keim zum Kind werde in den Mund der Frau eingeführt, und darauf deutet auch das andere Schwangerschaftszeichen, das von dem Widerwillen der Frau gegen das Kind geschaffen wird, der Zahnschmerz.

Mit der Erkrankung des Zahns sagt das Es mit der leisen, aber aufdringlichen Stimme des Unbewußten: Kaue nicht; nimm dich in acht, spuck aus, was du gern essen möchtest! Nun ist allerdings beim Zahnschmerz der Schwangeren die Vergiftung durch den Samen des Mannes schon Tatsache, aber vielleicht hofft das Unbewußte, mit dem bißchen Gift noch fertig zu werden, wenn nur kein neues dazukommt. Tatsächlich sucht es auch schon das lebendige Gift der Schwängerung zu töten, eben durch den Zahnschmerz. Denn – hier kommt wieder einmal der völlige Mangel an Logik zum Vorschein, durch den das Es sich als tief unter dem denkenden Verstand stehend erweist – das Unbewußte verwechselt Zahn und Kind. Für das Unbewußte ist der Zahn ein Kind. Ja, wenn ich es mir recht überlege, kann ich diese Idee des Unbewußten nicht einmal dumm finden; sie ist nicht alberner als der Gedanke Newtons, der im fallenden Apfel das Weltall sah. Und für mich ist es noch sehr fraglich, ob nicht die Assoziation des Es Zahn-Kind viel wichtiger und wissenschaftlich fruchtbarer war und ist als Newtons astronomische Folgerungen. Der Zahn ist das Kind des Mundes, der Mund ist die Gebärmutter, in der er wächst, genauso wie der Fötus im Mutterleib wächst. Sie wissen ja, wie stark diese Symbolik im Menschen wurzelt, sonst könnte er nicht auf den Ausdruck Gebärmuttermund, Schamlippen gekommen sein.

Der Zahnschmerz ist also der unbewußte Wunsch, daß der Keim des Kindes erkranken, sterben soll. Woher ich das weiß? Nun, unter anderem – es gibt viele Wege zu solchem Wissen – daher, daß Erbrechen und Zahnschmerz verschwinden, wenn man der Mutter den unbewußten Wunsch nach dem Tod des Kindes zum Bewußtsein bringt. Sie sieht dann ein, wie wenig diese Mittel zum Zweck dienen, gibt sogar oft genug den von Gesetz und Sitte getadelten Zweck auf, wenn sie ihn in seiner krassen Nacktheit vor sich sieht.

Auch die seltsamen Gelüste und Abneigungen der Frauen in guter Hoffnung stammen teilweise von dem Haß gegen das Kind. Jene führen auf die Idee des Unbewußten zurück, mit bestimmten Speisen den Kindeskeim zu vernichten; diese haben ihren Grund darin, daß sie durch irgendwelche Assoziationen an das Faktum der Schwangerschaft oder der Schwängerung erinnern. Denn so stark ist zu Zeiten die Abneigung – bei jeder Frau, was ihrer Liebe zu dem kommenden Kind keinen Abbruch tut –, so stark ist sie, daß selbst der bloße Gedanke daran erdrückt werden soll.

So geht es ins Unendliche weiter. Wollen Sie mehr hören? Ich sprach vorhin von der Abtreibung, einem Verfahren, das der sittliche Mensch mit aller nur möglichen Verachtung verwirft – öffentlich. Aber das Vermeiden der Schwängerung ist doch, wissenschaftlich betrachtet und im Resultat, dasselbe. Und darüber brauche ich Sie wohl nicht aufzuklären, wie gebräuchlich das ist. Auch über die Weise, wie man das macht, ist Belehrung nicht nötig. Höchstens lohnt es sich, Sie darauf aufmerksam zu machen, daß das Ledigbleiben auch eine Art ist, das verhaßte Kind zu vermeiden, was sich recht häufig als Grund der Ehelosigkeit und Tugend nachweisen läßt. Und wenn denn doch einmal die Ehe geschlossen ist, so kann man immer noch versuchen, den Mann von sich abzuschrecken. Es genügt dazu, immer wieder in Wort und Tat – oder vielmehr Untätigkeit – zu betonen, welch Opfer das Weib dem Mann bringt. Es gibt genug Männer, die diese Dummheit glauben und voll scheuer Ehrfurcht diese höheren Wesen anstaunen, die entsagend den Schmutz des Unterleibs dulden um der lieben Kinder und des lieben Mannes willen. Gottes Gedanken sind für den edlen Menschen darin nicht verständlich; aber er will, daß das Kind im Sumpf der Schweinerei gezüchtet wird, und also muß man sich fügen. Aber zeigen darf man dem Mann, wie man das alles verachtet, zeigen muß man es ihm, sonst kommt er gar dahinter, daß es manchen Ersatz für seine Liebesbezeugungen gibt, Ersatz, auf den man nicht gern verzichtet. Und hat man den Mann erst so weit, daß er den armseligen Genuß aufgibt, in der Scheide seines angetrauten Weibes Onanie zu treiben, so kann man ihm die Schuld für jede schlechte Stimmung und für die freudlose Kindheit der Sprößlinge, für das Unglück der Ehe zuschreiben.

Und dann weiter, wozu gibt es Krankheiten? Besonders Unterleibsleiden? Sie sind in vielen Richtungen angenehm. Da ist zunächst die Möglichkeit, das Kind zu vermeiden. Da ist weiter die Genugtuung, vom Arzt zu hören, daß man durch den Mann, durch dessen liederliches Vorleben krank geworden ist; denn man kann nie genug Waffen in der Ehe haben. Da ist vor allem – wenn ich zu intim werde, bitte ich es offen zu sagen –, da ist vor allem die Möglichkeit, einem fremden Mann sich zu zeigen. Man erlebt die schönsten Sensationen auf dem Untersuchungsstuhl, Sensationen, die so mächtig sind, daß sie das Es verführen, Krankheiten in mannigfacher Form hervorzubringen.

Mir lief kürzlich ein Weiblein über den Weg, das ehrlicher Laune war. »Vor Jahren«, erzählte sie mir, »sagten Sie einmal, man gehe zum Frauenarzt, weil man gern einmal eine andere Hand als die des Geliebten spüren möchte, ja, man werde zu diesem Zweck wirklich krank. Ich bin seitdem nie wieder untersucht worden und nie wieder krank gewesen.« So etwas zu hören ist hübsch und lehrreich. Und weil es lehrreich ist, teile ich es Ihnen mit. Denn das Merkwürdige dabei ist, daß ich jener Frau die zynische Wahrheit nicht mit der Absicht sagte, ihr ärztlich zu helfen, sondern um sie zum Lachen zu bringen oder sie zu ärgern. Das Es des Weibleins aber machte ein Heilmittel daraus, tat damit eine Arbeit, die weder ich noch sechs andere Ärzte fertiggebracht hätten. Was soll man solchen Tatsachen gegenüber vom Helfenwollen des Arztes sagen? Man schweige beschämt und denke: Alle Dinge gehen zum Besten.

Alles Wesentliche geht auch bei der Gynäkologie außerhalb des Bewußtseins vor sich; mit dem Verstand läßt sich der Arzt aussuchen, vor dem man liegen will, läßt sich das Wäschestück daraufhin prüfen, ob es hübsch genug ist, läßt sich Bidet und Seife brauchen, aber schon bei der Art, wie man sich hinlegt, versagt die Absicht, und das Unbewußte regiert; und nun gar erst bei der Wahl der Erkrankung, bei dem Wunsch, krank zu werden. Das ist lediglich Sache des Es. Denn das unbewußte Es, nicht der bewußte Verstand schafft die Krankheiten. Sie kommen nicht von außen als Feinde, sondern sind zweckmäßige Schöpfungen unseres Mikrokosmos, unseres Es, genauso zweckmäßig wie der Aufbau der Nase und des Auges, die ja auch vom Es geschaffen werden. Oder finden Sie es unmöglich, daß ein Wesen, das aus Samenfaden und Ei einen Menschen mit Menschengehirn und Menschenherz macht, einen Krebs oder eine Lungenentzündung oder eine Gebärmuttersenkung hervorrufen kann?

Das nur nebenbei zur Erklärung, daß ich nicht etwa annehme, die Frau erfinde sich ihr Unterleibsleiden aus Bosheit oder Gier. Das ist nicht meine Meinung. Sondern das Es, das Unbewußte, zwingt ihr diese Erkrankung auf, gegen ihren bewußten Willen, weil das Es gierig ist, boshaft ist und sein Recht verlangt. Erinnern Sie mich doch gelegentlich daran, daß ich Ihnen etwas darüber sage, wie sich das Es sein Recht auf Genuß verschafft, im Guten wie im Bösen.

Nein, meine Meinung von der Macht des Unbewußten und der Ohnmacht des bewußten Willens ist so groß, daß ich sogar die simulierten Erkrankungen für Äußerungen des Unbewußten halte, daß mir das bewußte Sichkrankstellen eine Maske ist, hinter der sich weite und unübersichtliche Gebiete der dunklen Lebensgeheimnisse verbergen. In diesem Sinn ist es für den Arzt gleichgültig, ob er belogen wird oder die Wahrheit hört, wenn er nur ruhig und sachlich die Aussage des Kranken, seiner Zunge sowohl, wie seiner Gebärde, wie seiner Symptome prüft und daran herumarbeitet, schlecht und recht, wie er es vermag.

Aber ich vergesse, daß ich Ihnen vom Haß der Mutter gegen das Kind erzählen wollte. Und da muß ich noch ein seltsames Verfahren des Unbewußten erwähnen. Denken Sie an, es kann sein – und es ist oft so –, daß eine Frau sich mit allen Neigungen ihres Herzens ein Kind wünscht und doch unfruchtbar bleibt, nicht weil der Mann oder sie selbst steril ist, sondern weil eine Strömung im Es ist, die hartnäckig dabei bleibt: Es ist besser, wenn du kein Kind kriegst. Und diese Strömung wird jedesmal, wenn die Möglichkeit der Schwängerung gegeben ist, wenn der Same in der Scheide ist, so mächtig, daß sie die Befruchtung verhindert. Sie verschließt etwa den Muttermund, oder sie läßt ein Gift entstehen, das die Samentierchen umbringt, oder sie tötet das Ei, oder wie Sie sich das nun denken mögen. Das Resultat ist jedenfalls, daß keine Schwangerschaft zustande kommt, lediglich weil das Es es nicht will. Man könnte fast sagen, weil die Gebärmutter es nicht will, so unabhängig sind diese Vorgänge vom hehren Gedanken des Menschen. Auch darüber muß ich gelegentlich ein Wort sagen. Genug, die Frau bekommt kein Kind, bis – ja, bis das Es durch irgendein Ereignis, vielleicht durch eine Behandlung, davon überzeugt wird, daß seine Abneigung gegen die Schwangerschaft irgendein Rest von kindischen Gedanken aus dem frühesten Lebensalter ist. Sie glauben gar nicht, liebste Freundin, was für seltsame Ideen bei der Erforschung solcher Verweigerungen der Mutterschaft zum Vorschein kommen. Ich kenne eine Frau, der spukt es im Kopf herum, daß sie ein doppelköpfiges Kind bekommen werde; durch eine Mischung früher Jahrmarktserinnerungen und heißer, das Gewissen belastender Gedanken an zwei Männer gleichzeitig.

Ich nannte die Ideen unbewußt; aber das trifft nicht ganz zu; denn diese Frauen, die das Kind ersehnen und alles tun, um zu dem Glück der Mutter zu gelangen, die nicht wissen, und wenn man es ihnen sagt, durchaus nicht glauben wollen, daß sie selbst das Kind verweigern, diese Frauen haben ein schlechtes Gewissen; nicht etwa weil sie unfruchtbar sind und deshalb sich verachtet vorkommen; heutigen Tages wird keine Frau mehr verachtet, weil sie unfruchtbar ist. Das schlechte Gewissen verschwindet nicht mit der Schwangerschaft. Es verschwindet nur, wenn es gelingt, die verdreckten Herde tief im Innern der Seele aufzufinden und zu reinigen, die Giftherde, von denen aus das Unbewußte verdorben wird.

Was für ein mühseliges Geschäft ist es, über das Es zu reden. Man schlägt irgendeine Saite an, und statt eines einzigen Tones erklingen viele, tönen durcheinander und verstummen wieder oder lassen neue aufwachen, immer neue, bis ein wüstes Brausen und Heulen entsteht, in dem das Gestammel des Sprechens untergeht. Glauben Sie mir, über das Unbewußte läßt sich nicht sprechen, nur stammeln oder besser nur leise dieses oder jenes andeuten, damit die Höllenbrut der unbewußten Welt nicht aus den Tiefen mit wüsten Mißklängen hervorbricht.

Muß ich es noch sagen, daß, was vom Weib gilt, auch vom Mann gegen die Schwangerschaft vorgebracht wird, daß er Junggeselle, Mönch, Keuschheitsschwärmer aus diesem Grund bleiben kann oder daß er sich irgendwo ansteckt, mit Syphilis, mit Tripper und Hodenentzündung, um keine Kinder zu zeugen? Daß er seinen Samen unfähig macht, sein Glied nicht zur Erektion kommen läßt, und was dergleichen Dinge mehr sind. Glauben Sie nur ja nicht, daß ich den Frauen alles aufbürden will. Wenn es so aussieht, ist es nur, weil ich selbst Mann bin und deshalb dem Weib Schuld aufzubürden suche, die mich selber drückt; denn auch das ist eine Eigentümlichkeit des Es, daß jede Schuld, die denkbar ist, einen jeden drückt, daß er vom Mörder, Dieb, Heuchler und Verräter sagen muß: Das bist du selber.

Im Moment spreche ich ja noch vom Haß des Weibes gegen das Kind, und ich muß eilen, um den Brief nicht allzusehr zu belasten. Bisher sprach ich von der Verhütung der Empfängnis. Aber nun beachten Sie folgendes: Eine Frau, die sich ein Kind wünscht, erhält während einer Badereise den Besuch ihres Mannes. Sie verkehren miteinander, und in froher Hoffnung und dumpfer Angst harrt sie der nächsten Menstruation. Sie bleibt aus, und am zweiten Tag des Fortbleibens stolpert die Frau über eine Treppenstufe, fällt, und der jauchzende Gedanke durchzuckt sie: Jetzt bin ich das Kind wieder los. Diese Frau hat ihr Kind behalten, denn der Wunsch des Es war stärker als die Abneigung. Aber wie tausendfach tötet ein solches Fallen den kaum befruchteten Keim. Lassen Sie sich nur von Ihren Bekannten erzählen, in wenigen Tagen haben Sie eine ganze Sammlung ähnlicher Vorkommnisse, und wenn Sie, was freilich zwischen Menschen selten ist und erst erworben werden muß, das Vertrauen dieser Freundinnen haben, werden Sie hören: Es war mir lieb, daß es so kam. Und wenn Sie tiefer darauf eingehen, werden Sie erfahren, daß unabweisbare Gründe gegen die Schwangerschaft vorlagen und daß das Fallen beabsichtigt war, nicht vom Bewußtsein, versteht sich, sondern vom Unbewußten. Und so ist es mit dem Heben, mit dem Gestoßenwerden, so ist es mit allem. Sie mögen es mir glauben oder nicht, es ist noch nie eine Fehlgeburt zustande gekommen, die nicht absichtlich aus gut erkennbaren Gründen vom Es herbeigeführt worden wäre. Noch nie. Das Es treibt in seinem Haß, wenn der die Übermacht gewinnt, das Weib dazu, zu tanzen oder zu reiten oder zu reisen oder zu Menschen zu gehen, die freundliche Nadeln oder Sonden oder Gifte gebrauchen, oder zu fallen oder sich stoßen und sich mißhandeln zu lassen oder zu erkranken. Ja, es kommen komische Sachen dabei vor, bei denen das Unbewußte selber nicht weiß, was es tut. So pflegt die edle Frau, die das höhere Leben oberhalb des Unterleibs führt, heiße Fußbäder zu brauchen, um schuldlos zu abortieren. Aber das heiße Bad ist für den Keim nur angenehm, fördert sein Wachstum. Sie sehen, ab und zu lacht das Es über sich selbst.

Ich kann zum Schluß nur schwer überbieten, was ich an verruchten und verrückten Ansichten heute geschrieben habe. Aber ich will es doch versuchen. Hören Sie: Ich bin der Überzeugung, daß das Kind aus Haß geboren wird. Die Mutter hat es satt, dick zu sein und eine Last von vielen Pfunden zu tragen, und deshalb wirft sie das Kind hinaus, recht unsanft übrigens. Tritt dieser Überdruß nicht ein, so bleibt das Kind im Leib und versteinert; das kommt vor.

Um gerecht zu sein, muß ich hinzufügen, daß auch das Kind nicht mehr im dunklen Gefängnis sitzen will und seinerseits zur Entbindung mithilft. Aber das gehört in anderen Zusammenhang. Hier genügt die Feststellung, daß ein übereinstimmender Wunsch von Mutter und Kind zur Trennung da sein muß, damit es zur Geburt kommt.

Genug für heute. Ich bin allzeit Ihr

Patrik Troll

4

Liebe Freundin, Sie haben recht, ich wollte von der Mutterliebe schreiben und habe vom Mutterhaß geschrieben. Aber Liebe und Haß sind immer gleichzeitig da. Sie bedingen sich gegenseitig. Und weil von der Mutterliebe so viel geredet wird und jeder damit Bescheid zu wissen glaubt, hielt ich es für gut, einmal die Wurst am andern Zipfel anzuschneiden. Im übrigen bin ich nicht überzeugt, daß Sie sich schon einmal mit der Frage der Mutterliebe anders beschäftigt haben, als sie zu empfinden und einige Redensarten lyrischer oder tragischer Art anzuhören oder zu äußern.

Die Mutterliebe ist selbstverständlich, ist jeder Mutter von vornherein eingepflanzt, ist ein eingeborenes heiliges Gefühl des Weibes. Das mag ja sein, aber mich sollte es doch sehr wundern, wenn die Natur sich ohne weiteres auf das weibliche Gefühl verlassen hätte oder gar mit Empfindungen arbeitete, die wir Menschen heilig nennen. Sieht man näher zu, so lassen sich auch einige, wenn auch gewiß nicht alle Quellen dieses Urgefühls finden. Sie haben, scheint es, mit dem so beliebten Fortpflanzungstrieb wenig zu tun. Lassen Sie einmal alles beiseite, was über die Mutterliebe geredet worden ist, und sehen Sie sich an, was zwischen diesen beiden Wesen, Mutter und Kind, vor sich geht.

Da ist zunächst der Moment der Empfängnis, die bewußte oder unbewußte Erinnerung an einen seligen Augenblick. Denn ohne dieses wahrhaft himmlische Gefühl – himmlisch deshalb, weil der Glaube an Seligkeit und Himmelreich letzten Endes damit zusammenhängt –, ohne dieses Gefühl kommt es zu keiner Empfängnis. Sie glauben das nicht und berufen sich auf die tausendfachen Erfahrungen des verabscheuten Ehebettes, der Vergewaltigungen, der Schwängerungen in bewußtlosem Zustand. Aber all diese Fälle beweisen nur, daß das Bewußtsein an dem Rausch nicht teilzunehmen braucht; für das Es, das Unbewußte beweisen sie gar nichts. Um dessen Empfindungen festzustellen, müssen Sie sich an die Organe wenden, mit denen es spricht, an die Wollustorgane des Weibes. Und Sie würden erstaunt sein, wie wenig sich die Scheidenwände oder die Schamlippen, der Kitzler oder die Brustwarzen um den Abscheu des Bewußtseins kümmern. Sie antworten auf die Reibung, auf die zweckmäßige Erregung in ihrer eigenen Weise, ganz gleich, ob der Geschlechtsakt dem denkenden Menschen lieb ist oder nicht. Fragen Sie Frauenärzte oder Richter oder Verbrecher; Sie werden meine Behauptung bestätigt finden. Sie können auch von den Frauen, die ohne Lust empfangen haben, die vergewaltigt oder bewußtlos mißbraucht wurden, die richtige Antwort hören, nur müssen Sie zu fragen verstehen oder besser, Vertrauen erwecken. Erst wenn der Mensch sich überzeugt hat: Der, der fragt, ist frei von verachtenden Gedanken, macht wirklich ernst mit dem Wort: »Richtet nicht«, erst dann öffnet er die Pforten seiner Seele ein wenig. Oder lassen Sie sich von diesen geschlechtskalten Opfern männlicher Gier ihre Träume erzählen; der Traum ist die Sprache des Unbewußten, und in ihm läßt sich mancherlei lesen. Am einfachsten ist, Sie gehen mit sich selber zu Rat, ehrlich, wie es Ihre Gewohnheit ist. Sollte es Ihnen noch nicht aufgefallen sein, daß der Mann, den Sie lieben, mitunter nicht fähig ist, eine Erektion zustande zu bringen? Wenn er an Sie denkt, steht seine Mannheit so kräftig zur Verfügung, daß es eine Lust ist, und wenn er neben Ihnen ist, sinkt alle Herrlichkeit schlaff zusammen. Das ist ein merkwürdiges Phänomen; es bedeutet, daß der Mann wohl tausendfach und unter den seltsamsten Verhältnissen liebesfähig ist, daß er aber unter gar keinen Umständen eine Erektion bekommt in Gegenwart einer Frau, die diese Erektion verhindern will. Es ist eine von den tief versteckten Waffen des Weibes, eine Waffe, die sie unbedenklich braucht, wenn sie den Mann demütigen will, oder vielmehr, das Unbewußte der Frau braucht die Waffe, so nehme ich an, weil ich nicht gern ein Weib solch bewußter Bosheit für fähig halte und weil es mir wahrscheinlicher ist, daß zur Verwendung dieses Fluidums, das den Mann schwächt, unbewußte Vorgänge im Organismus des Weibes stattfinden. Mag es nun so sein oder so, jedenfalls ist es ganz unmöglich, daß ein Mann ein Weib nehmen kann, wenn sie nicht irgendwie einverstanden ist. Sie tun gut daran, die Kälte der Frau zu bezweifeln und lieber an ihre Rachsucht und unausdenkbar heimtückische Gesinnung zu glauben.

Haben Sie nie die Phantasie des Vergewaltigtwerdens gehabt? Sagen Sie nicht gleich nein, ich glaube Ihnen doch nicht.

Vielleicht haben Sie keine Angst wie so viele Frauen, und gerade angeblich kalte, allein im Wald oder in dunkler Nacht zu gehen; ich sagte es Ihnen schon, Angst ist ein Wunsch; wer sich vor der Notzucht fürchtet, wünscht sie. Wahrscheinlich, so wie ich Sie kenne, schauen Sie auch nicht unter die Betten und in die Schränke; aber wie viele tun es, stets in der Angst und in dem Wunsch, den Mann zu entdecken, der gewaltig genug ist, sich nicht vor dem Gesetz zu fürchten. Sie kennen doch die Geschichte von jener Dame, die, als sie den Mann unter dem Bett sieht, in die Worte ausbricht: »Endlich, seit zwanzig Jahren warte ich darauf.« Und wie bezeichnend ist es, daß dieser Mann mit einem blanken Messer phantasiert wird, mit dem Messer, das in die Scheide gesteckt werden soll. Nun, über all das sind Sie erhaben. Aber Sie waren einmal jünger, suchen Sie nur nach. Sie werden den Augenblick finden – was sage ich? Den Augenblick – nein, Sie werden sich einer ganzen Reihe von Momenten erinnern, wo es Sie kalt überlief, weil Sie hinter sich einen Schritt zu hören glaubten; wo Sie plötzlich in der Nacht in irgendeinem Gasthaus erwachten mit dem Gedanken: Habe ich auch die Tür verschlossen? Wo Sie fröstelnd unter die Decke krochen, fröstelnd, weil Sie die innere Hitze abkühlen mußten, um nicht zu verbrennen. Haben Sie nie mit Ihrem Geliebten gerungen, Notzucht gespielt? Nein? Ach, was sind Sie für eine Törin, daß Sie sich um die Freuden der Liebe bringen, und was sind Sie für eine Törin, daß Sie annehmen, ich glaube Ihnen. Ich glaube nur an Ihr schlechtes Gedächtnis und an Ihr feiges Ausweichen vor der Selbstkenntnis. Denn, daß ein Weib diesen höchsten Liebesbeweis, diesen einzigen, kann man sagen, nicht begehren sollte, ist unmöglich. So schön sein, so verführerisch sein, daß der Mann alles andere vergißt und nur liebt, das will eine jede, und die es leugnet, irrt sich oder lügt bewußt. Und wenn ich Ihnen einen Rat geben darf, so suchen Sie diese Phantasie in sich lebendig zu machen. Es ist nicht gut, mit sich selber Versteck zu spielen. Was gilt die Wette? Schließen Sie die Augen und träumen Sie frei, ohne Absicht und Vorurteil! In wenigen Sekunden sind Sie von den Bildern des Traums gefesselt, hingerissen, so daß Sie kaum wagen, weiter zu denken, weiter zu atmen. Da ist das Knacken der Äste, der jähe Sprung und der Griff an die Gurgel, das Niederwerfen und das blinde Zerreißen der Kleider, und die wahnsinnige Angst. Und nun fassen Sie den Menschen, der rast, ins Auge, fest und unbeirrbar. Ist er groß, klein, schwarz, blond, bärtig, glatt? Den bannenden Namen! O ja, ich wußte, daß Sie ihn schon kennen. Sie sahen ihn gestern oder ehegestern oder vor vielen Jahren, auf der Straße oder der Eisenbahnfahrt oder auf dem Pferd dahinjagen oder beim Tanz. Und der Name, der Ihnen durch den Kopf schoß, macht Sie zittern. Denn nie hätten Sie geglaubt, daß gerade dieser Mensch Ihre tiefste Begierde weckte. Er war Ihnen gleichgültig? Sie verabscheuten ihn? Er war ekelhaft? – Hören Sie doch hin: Ihr Es kichert über Sie. – Nein, stehen Sie nicht auf, schauen Sie nicht nach Uhr und Schlüsselbund, träumen Sie, träumen Sie! Von dem Märtyrertum, der Schande, dem Kind in Ihrem Schoß, vom Gericht und dem Wiedersehen mit dem Verbrecher in Gegenwart der schwarzen Richter und von der Qual zu wissen, daß Sie wünschten, was er tat und wofür er büßt. Furchtbar, unfaßbar und unentrinnbar fesselnd. – Oder ein anderes Bild, wie das Kind geboren wird, wie Sie arbeiten und die Hände mit der Nadel zerstechen, während der Kleine sorglos zu Ihren Füßen spielt und Sie nicht wissen, wie ihn ernähren. Armut, Not, Elend. Und dann kommt der Prinz, der edle, herrlich gute, der Sie liebt, den Sie lieben und dem Sie entsagen. Hören Sie nur, wie das Es kichert über die schöne Geste. – Und noch ein Bild, wie das Kind in Ihrem Leib wächst und mit ihm die Angst, wie es geboren wird und Sie es erwürgen, im Teich versenken und wie Sie selbst vor den dunklen Richtern als Mörderin stehen. Auf einmal tut sich die Märchenwelt auf, ein Scheiterhaufen wird gehäuft, die Kindesmörderin steht darauf an den Pfahl gefesselt, und die Flammen lecken an ihren Füßen. Hören Sie nur, was das Es flüstert, wie es den Pfahl deutet und das züngelnde Feuer und wie es Ihnen zuraunt, wessen Füße es sind, die Ihr tiefstes Wesen mit der Flamme verbindet. Ist es nicht Ihre Mutter? – Das Unbewußte ist rätselhaft, und zwischen Wald, gewaltig und Gewalt schlummern Engel und Teufel.

Nun der bewußtlose Zustand. Wenn Sie Gelegenheit dazu haben, sehen Sie sich bitte irgendeinen hysterischen Krampfanfall an. Er wird Ihnen klarmachen, wie viele Menschen die Bewußtlosigkeit bei sich hervorrufen, um die Wollust zu empfinden; gewiß, es ist ein dummes Verfahren, aber schließlich ist alle Heuchelei dumm. Oder gehen Sie in eine chirurgische Klinik, sehen Sie sich ein Dutzend Narkosen mit an; da können Sie merken und hören, wie genußfähig der Mensch auch im bewußtlosen Zustand ist. Und dann nochmals, achten Sie auf Träume; die Träume des Menschen sind wunderliche Dolmetscher der Seele.

Nochmals also: Ich nehme an, daß eine der Wurzeln der Mutterliebe der Genuß bei der Empfängnis ist. Ich übergehe nun, ohne dadurch ihre Wichtigkeit herabsetzen zu wollen, eine Reihe verwickelter Gefühle, wie die Neigung zum Mann, die auf das Kind übertragen wird, den Stolz auf die Leistung; – so merkwürdig es auch für unseren hochmögenden Verstand ist, daß man sich auf Dinge etwas einbildet, die wie die Schwängerung nur vom Es geleistet werden, mit dem, was wir als edles Werk anzuerkennen pflegen, also ebensowenig zu tun haben wie Schönheit oder ererbter Reichtum oder große Geistesgaben, das Weib ist eben stolz darauf, über Nacht durch so lustige Arbeit ein lebendiges Wesen geschaffen zu haben. – Ich rede nicht davon, wie die Bewunderung und der Neid der Nächsten zur Ausbildung der Mutterliebe verwendet werden oder wie das Gefühl, für ein Lebewesen ausschließlich verantwortlich zu sein – denn an die ausschließliche Verantwortung glaubt die Mutter gern, wenn es glatt geht, ungern und nur vom Schuldbewußtsein gezwungen, wenn es schief geht –, wie dieses Gefühl die Neigung zum kommenden Kind erhöht, das Gefühl großer Wichtigkeit, das aus eigenen und fremden Quellen genährt wird; oder wie der Gedanke, ein hilfloses Menschlein zu schützen, mit dem eigenen Blut zu nähren – was ja eine beliebte und gegen die Kinder später oft verwendete Redensart ist, an die das Weib zu glauben vorgibt, obwohl sie die Lüge darin fühlt –, wie dieser Gedanke der Mutter eine Art Gottähnlichkeit gibt und daher ihr eine fromme Gesinnung gegen das Muttergotteskind einflößt.

Ich möchte Sie vielmehr auf etwas Einfaches und anscheinend Unbedeutendes aufmerksam machen, nämlich, daß der weibliche Körper einen hohlen leeren Raum hat, der durch die Schwangerschaft, durch das Kind ausgefüllt wird. Wenn Sie sich vorstellen, wie beunruhigend das Gefühl des Leerseins ist und wie wir beim Sattsein ein »anderer Mensch« sind, ahnen Sie ungefähr, was in dieser Richtung die Schwangerschaft für das Weib bedeutet. Ungefähr, nicht ganz. Denn es handelt sich bei den Unterleibsorganen der Frau nicht nur um ein Gefühl der Leere, es ist vor allem die von Kindheit an bestehende Empfindung des Mangels, die bald mehr, bald weniger die Selbstachtung des Weibes niederdrückt. Zu irgendeiner Zeit, jedenfalls sehr früh, sei es durch Beobachtung, sei es auf anderem Weg, erfährt das kleine Mädchen, daß ihm etwas fehlt, was der Knabe, der Mann besitzt. – Nebenbei bemerkt, ist es nicht zu verwundern, daß niemand weiß, wann und wie ein Kind die Geschlechtsunterschiede kennenlernt? Obwohl diese Entdeckung, man könnte sagen, das wichtigste Ereignis im Menschenleben ist. – Das kleine Ding, sage ich, bemerkt dieses Fehlen eines Bestandteils des Menschen und faßt es als einen Fehler seines Wesens auf. Sonderbare Ideengänge knüpfen sich daran an, von denen wir uns gelegentlich unterhalten können, die alle das Gepräge der Beschämung und des Schuldgefühls tragen. Anfangs hält noch die Hoffnung, der Fehler werde sich durch Nachwachsen ausgleichen, einigermaßen dem Gefühl des Niedrigseins die Waage, aber diese Hoffnung erfüllt sich nicht, es bleibt nur das in seiner Begründung immer undeutlicher werdende Schuldgefühl und die unbestimmbare Sehnsucht, beides Erscheinungen, die wohl an Klarheit nachlassen, aber an Gefühlskraft wachsen. Das geht durch lange Jahre mit in dem tiefen Leben der Frau als immer brennende Qual. Und nun kommt der Moment der Empfängnis, die Herrlichkeit der Sättigung, das Verschwinden der Leere, des verzehrenden Neides und der Scham. Und dann lebt eine neue Hoffnung auf, die Hoffnung, daß in ihrem Leib ein neuer Teil ihres Wesens, eben das Kind, wächst, das diesen Fehler nicht haben, das ein Junge sein wird.

Es bedarf eigentlich keines Beweises, daß die Schwangere wünscht, einen Knaben zu gebären. Wer die Fälle, in denen der Wunsch auf ein Mädchen geht, erforscht, der wird manches Geheimnis gerade dieser einen Mutter erfahren, die allgemeine Regel aber, daß das Weib den Sohn zur Welt bringen will, wird sich ihm bestätigen. Wenn ich Ihnen trotzdem von einer persönlichen Erfahrung erzähle, so geschieht es, weil ein Nebenumstand mir charakteristisch vorkommt und Sie vielleicht zum Lachen bringt, zu dem heiteren, göttlichen Lachen, mit dem man in der Komik die tiefe Wahrheit begrüßt. Ich habe eines Tages die kinderlosen Mädchen und Frauen meiner Bekanntschaft gefragt, es waren natürlich nicht sehr viele, aber doch etwa fünfzehn bis zwanzig, was sie sich für ein Kind wünschten. Sie haben alle geantwortet: einen Jungen. Aber nun kam das Seltsame. Ich fragte weiter, wie alt sie sich wohl diesen Knaben vorstellten und wie sie ihn gerade in dem Moment beschäftigt dächten. Bis auf drei haben sie alle dieselbe Antwort gegeben; zwei Jahre, auf der Wickelkommode liegend und den Strahl in hohem Bogen unbekümmert in die Welt spritzend. Von den drei Abseitigen gab die eine den ersten Schritt an, die zweite das Spielen mit einem Schäfchen und die dritte: drei Jahre, stehend und pinkelnd.

Verstehen Sie wohl, verehrte Freundin? Da ist eine Gelegenheit, in die Tiefe des Menschen zu blicken, für einen kurzen Moment mitten im Lachen zu gewahren, was den Menschen bewegt. Vergessen Sie es bitte nicht. Und überlegen Sie sich, ob hier nicht eine Möglichkeit ist, weiter zu fragen und zu erkunden.

Das Entstehen des Kindes im Unterleib, sein Wachsen und Schwererwerden bemächtigt sich noch in einer anderen Richtung der weiblichen Seele, verflicht sich mit festgewurzelten Gewohnheiten und nutzt, um die Mutter an das Kind zu fesseln, Neigungen aus, die, von versteckten Schichten des Unbewußten aus, das Menschenherz und das Menschenleben beherrschen. Sie werden beobachtet haben, daß das Kind, das auf dem Töpfchen sitzt, nicht gleich willig hergibt, was der Erwachsene, dem diese Beschäftigung weniger Wonne gibt, erst zart und nach und nach immer dringender von ihm verlangt. Wenn Sie Interesse dafür haben, dieser absonderlichen Neigung zur freiwilligen Verstopfung, aus der nicht selten eine Lebensgewohnheit wird, nachzugehen, was ja allerdings ein seltsames Interesse ist, so bitte ich Sie, sich daran zu erinnern, daß in dem Unterleib in der Gegend von Mastdarm und Blase fein und lüstern tätige Nerven verlaufen, deren Reizung artige Gefühle weckt. Sie werden dann weiter daran denken, wie oft die Kinder bei Spiel und Arbeit unruhig auf dem Stuhl rutschen – vielleicht taten Sie es selbst in Ihrer

Kindheit unschuldigen Tagen –, mit den Beinen wippeln und zappeln, bis das verhängnisvolle Wort der Mutter ertönt: »Hans oder Liesel, geh auf das Klosett!« Warum wohl das? Ist es wirklich, daß der Knabe, daß das Mädchen sich verspielt haben, wie es Mama in Rücksicht auf eigene längst verworfene Neigungen nennt, oder daß sie gar zu stark von der Schularbeit gefesselt sind? Ach nein, es ist die Wollust, die solches zustande bringt, eine eigenartige Form der Selbstbefriedigung, von Kindheit auf geübt und bis zur Vollendung später ausgebildet in der Verstopfung; nur daß dann leider der Organismus nicht mehr mit der Wollust antwortet, sondern nur, im Schuldgefühl der Onanie, Kopfschmerzen oder Schwindel oder Leibweh schafft und wie die tausend Folgen der Gewohnheit, sich dauernd einen Druck auf die genitalen Nerven zu erhalten, heißen mögen. Ja, und dann fallen Ihnen noch Menschen ein, die gewohnheitsmäßig ausgehen, ohne vorher sich zu entleeren, dann auf der Straße, von der Not befallen, schwere Kämpfe durchmachen, bei denen sie sich nicht bewußt werden, wie süß sie sind. Nur wem die Regelmäßigkeit und der völlige Mangel an Notwendigkeit dieser Kämpfe zwischen Mensch und After auffällt, der kommt allmählich zu dem Schluß, daß hier das Unbewußte schuldlose Onanie treibt. Nun, die Schwangerschaft ist solche schuldlose Onanie in noch viel stärkerer Weise, hier ist die Sünde heilig. Aber alle heilige Mutterschaft verhindert nicht, daß der schwangere Uterus die Nerven reizt und Wollust bringt.

Sie meinen, Wollust müsse vom Bewußtsein empfunden werden. Das ist eine falsche Meinung. Das heißt, Sie können diese Meinung haben, aber Sie müssen mir verzeihen, wenn ich ein wenig lache.

Und da wir nun einmal bei dem heiklen Thema der Wollust sind, der geheimen, unbewußten, nie deutlich benannten, darf ich auch gleich davon sprechen, was die Kindsbewegung für die Mutter ist. Sie ist ja auch vom Dichter mit Beschlag belegt und rosarot geputzt und zart parfümiert. In Wahrheit ist diese Empfindung, wenn man ihr den Strahlenkranz der Verklärung nimmt, eben dieselbe, die stets entsteht, wenn etwas im Leib des Weibes bewegt wird. Sie ist dieselbe, die sie vom Mann her kennt, nur jeden Sündengefühls bar, gepriesen statt verworfen.

Schämen Sie sich nicht? werden Sie sagen. Nein, ich schäme mich nicht, meine Gnädigste, so wenig schäme ich mich, daß ich die Frage zurückgebe. Regt sich in Ihnen keine Scham, werden Sie nicht überwältigt von Leid und Scham über das menschliche Wesen, das den höchsten Wert des Lebens, die Vereinigung von Mann und Weib, in den Schmutz gezogen hat? Denken Sie nur zwei Minuten darüber nach, was diese Wollust zu zweit bedeutet, wie sie Ehe, Familie, Staat geschaffen hat, Haus und Hof gegründet, die Wissenschaft, die Kunst, die Religion aus dem Nichts hervorgerufen, wie sie alles, alles, alles, was Sie verehren, gemacht hat, und wagen Sie es dann noch, den Vergleich zwischen Begattung und Kindsbewegung abscheulich zu finden.

Nein, Sie sind viel zu verständig, um den Zorn über meine von tugendprangenden Kinderwärterinnen verbotenen Worte länger zu pflegen, als bis Sie Zeit gefunden haben, sich zu besinnen. Und dann werden Sie mir willig weiter zu einer noch schärfer von Herz- und Geistesbildung verpönten Behauptung folgen, daß vor allem die Entbindung selbst ein Akt der höchsten Wollust ist, dessen Eindruck als Liebe zum Kind, als Mutterliebe weiterlebt.

Oder reicht Ihre Gutwilligkeit nicht so weit, mir auch das zu glauben? Es widerspricht ja aller Erfahrung, der Erfahrung von Jahrtausenden. Nun, einer Erfahrung, und ich halte sie für die Grundtatsache, von der man ausgehen muß, widerspricht sie nicht, das ist die, daß immer wieder neue Kinder geboren werden, daß also all die Schrecken und Leiden, von denen man seit unvordenklichen Zeiten spricht, nicht so groß sind, um nicht von der Lust, irgendeinem Lustgefühl überboten zu werden.

Haben Sie schon einmal eine Entbindung mitangesehen? Es ist eine merkwürdige Sache; die Kreißende jammert und schreit, aber ihr Gesicht glüht in fieberhafter Erregung, und ihre Augen haben den seltsamen Glanz, den kein Mann vergißt, wenn er ihn einmal in eines Weibes Augen hervorgerufen hat. Das sind seltsame Augen, seltsam verschleierte Augen, die Wonne erzählen. Und was ist Wunderbares, Unglaubliches daran, daß der Schmerz Wollust sein kann, höchste Wollust? Nur die Perversions- und Unnaturschnüffler wissen nicht oder geben vor, nicht zu wissen, daß die größte Lust den Schmerz verlangt. Machen Sie sich doch frei von dem Eindruck, den der Wehlaut der Gebärenden und die blöden Erzählungen neidischer Gevatterinnen auf Sie gemacht haben. Versuchen Sie, ehrlich zu sein. Das Huhn gakkert auch, wenn es ein Ei gelegt hat. Aber der Hahn kümmert sich nicht anders darum, als daß er von neuem das Weibchen tritt, deren Grauen vor dem Schmerz des Eierlegens sich sonderbar in dem verliebten Ducken vor dem Herrn des Hühnerhofes äußert.

Die Scheide des Weibes ist ein unersättlicher Moloch. Wo ist denn die weibliche Scheide, die damit zufrieden wäre, ein kleinfingerdickes Glied in sich zu haben, wenn sie eins haben kann, das stark wie ein Kinderarm ist. Die Phantasie des Weibes arbeitet mit mächtigen Instrumenten, hat es von jeher getan und wird es immer tun.

Je größer das Glied ist, um so höher ist die Wonne, das Kind aber arbeitet mit seinem dicken Schädel während der Entbindung im Scheideneingang, dem Sitz der Freude des Weibes, genau wie das Glied des Mannes, in derselben Bewegung des hin und her und auf und ab, genauso hart und gewaltig. Gewiß, er schmerzt, dieser höchste und deshalb unvergeßliche und stets von neuem begehrte Geschlechtsakt, aber er ist der Gipfelpunkt aller weiblichen Freuden.

Warum aber ist, wenn die Entbindung wirklich ein Wollustakt ist, die Stunde der Wehen als Leiden unvergeßlicher Art verschrien? Ich kann die Frage nicht beantworten; fragen Sie die Frauen. Ich kann nur sagen, daß ich hier und da einer Mutter begegnet bin, die mir sagte: Die Geburt meines Kindes war trotz aller Schmerzen oder vielmehr wegen all der Schmerzen das Schönste, was ich erlebt habe. Vielleicht darf man das eine sagen, daß die Frau, von jeher zur Verstellung gezwungen, nie ganz aufrichtig über ihre Empfindungen sprechen kann, weil sie das Gebot des Abscheus vor der Sünde mit auf den Lebensweg bekommt. Woher aber diese Gleichsetzung von Geschlechtslust und Sünde kommt, das wird niemals ganz ergründet werden.

Es gibt auch Gedankengänge, die sich durch das Labyrinth dieser schwierigen Fragen verfolgen lassen. So erscheint es mir natürlich, daß ein Mensch, der all sein Leben lang, selbst unter Benutzung der Religion, gelehrt worden ist, die Entbindung ist schrecklich, gefährlich, schmerzhaft, selbst daran glaubt, auch über die eigene Erfahrung hinaus. Es ist mir klar, daß eine Menge dieser Schadenerzählungen erdacht wurden, um das unverheiratete Mädchen von dem unehelichen Verkehr zurückzuschrecken. Der Neid derer, die nicht entbunden werden, vor allem der Neid der Mutter auf die eigene Tochter, der anheimfällt, was für sie selber längst Vergangenheit ist, spricht dabei mit. Der Wunsch, den Mann einzuschüchtern, der erkennen soll, was er der Liebsten zuleide tat, welches Opfer sie bringt, wie sie Heldin ist, die Erfahrung, daß er sich tatsächlich einschüchtern läßt und aus dem mürrischen Tyrannen, wenigstens für eine Zeit, ein dankbarer Vater wird, treiben in dieselbe Richtung. Und vor allem die innere Gewalt, sich selbst als groß, edel, Mutter zu erscheinen, verführt zur Übertreibung, zur Lüge. Und Lüge ist Sünde. Zuletzt aber steigt aus dem Dunkel des Unbewußten die Mutterimago empor; denn alles Begehren und jede Wollust ist durchtränkt von der Sehnsucht, wieder in den Schoß der Mutter zu gelangen, ist gezeitigt und vergiftet von dem Wunsch der Geschlechtsvereinigung mit der Mutter. Der Inzest, die Blutschande. Ist es nicht genug, um sich sündig zu fühlen?

Was aber gehen diese geheimnisvollen Gründe uns beide im Augenblick an? Ich wollte Sie überzeugen, daß die Natur sich nicht auf die edlen Gefühle der Mutter verläßt, daß sie nicht glaubt, ein jedes Weib werde, nur weil sie Mutter wird, das aufopferungsfähige, geliebte Wesen, dessengleichen wir nicht kennen, die uns nie ersetzt wird und deren Namen zu nennen uns schon beglückt. Ich wollte Sie überzeugen, daß die Natur in tausendfacher Weise die Glut schürt, deren Wärme uns durch das Leben begleitet, daß sie alles und jedes benutzt -- denn was ich sagte, ist nur ein winziger Teil all der Wurzeln, aus denen die Mutterliebe wächst –, benutzt, um der Mutter jede Möglichkeit zu nehmen, sich von dem Kind abzuwenden.

Ist es mir gelungen? Dann würde sich von Herzen freuen

Ihr alter Freund

Patrik Troll

5

Ich habe mich also nicht getäuscht, liebe Freundin, wenn ich annahm, daß Sie nach und nach Interesse für das Unbewußte bekommen würden. Daß Sie über meine Sucht, zu übertreiben, spotten, bin ich gewöhnt. Aber warum suchen Sie sich dazu gerade meine Entbindungswollust aus? In der Sache habe ich recht.

Sie haben neulich geäußert, daß Ihnen meine kleinen eingestreuten Erzählungen zusagen. »Es macht die Sache lebendig«, meinen Sie, »und man ist fast versucht, Ihnen zu glauben, wenn Sie so gediegene Tatsachen vorbringen.« Nun, ich könnte sie ja auch erfinden oder wenigstens frisieren. Das kommt innerhalb und außerhalb der Gelehrsamkeit vor. Gut, Sie sollen Ihre Geschichte haben.

Vor einigen Jahren gebar eine Frau nach längerer Unfruchtbarkeit ein Mädchen. Es war eine Steißgeburt, und die Frau wurde im Wöchnerinnenheim von einem bekannten Geburtshelfer unter Beihilfe zweier Assistenten und zweier Hebammenschwestern in der Narkose künstlich entbunden. Zwei Jahre darauf kam es zu einer zweiten Schwangerschaft, und da ich inzwischen mehr Einfluß auf die Frau gewonnen hatte, wurde verabredet, bei der Entbindung nichts ohne mein Wissen zu tun. Die Schwangerschaft verlief im Gegensatz zu der ersten ohne alle Beschwerden. Es wurde beschlossen, die Geburt zu Hause vor sich gehen zu lassen und nur eine Hebammenschwester zuzuziehen. Kurz vor der Entbindung wurde ich auf Wunsch der Hebammenschwester zu der Dame, die in einer anderen Stadt wohnte, gerufen. Das Kind läge in Steißlage, und was nun geschehen solle. Als ich hinkam, lag tatsächlich das Kind mit dem Steiß voran, die Wehen hatten noch nicht begonnen. Die Schwangere war in großer Angst und wünschte in die Klinik geschafft zu werden. Ich habe mich zu ihr gesetzt, ein wenig in ihren mir schon ziemlich bekannten Verdrängungskomplexen geforscht und ihr schließlich in glühenden Farben – ich denke, Sie wissen, ob mir so etwas gelingt – die Lust der Entbindung geschildert. Frau X. wurde vergnügt, und ein eigentümlicher Ausdruck in den Augen sagte, daß der Funke zündete. Dann suchte ich herauszubekommen, weshalb das Kind wieder in die Steißlage gekommen war. »Dann ist die Geburt leichter«, sagte sie mir. »Der kleine Popo ist weich und erweitert den Weg sanfter und gemächlicher als der dicke, harte Kopf.« Nun habe ich ihr die Geschichte von dem dicken und dünnen, harten und schlaffen Instrument in der Scheide erzählt, ungefähr so, wie ich es Ihnen neulich beschrieb. Das machte Eindruck, aber es blieb noch ein Rest Mißvergnügen. Schließlich sagte sie, sie möchte mir ja gern glauben, aber alle anderen hätten ihr so viel Schreckliches von dem Schmerz der Geburt gesagt, daß sie doch lieber narkotisiert werden möchte. Und wenn das Kind mit dem Steiß voran läge, würde sie betäubt, das wisse sie aus Erfahrung. Also sei die Steißlage doch vorzuziehen. Darauf habe ich ihr gesagt, wenn sie so dumm sei, sich durchaus um das höchste Vergnügen ihres Lebens bringen zu wollen, so solle sie es nur tun. Ich hätte nichts dagegen, wenn sie sich betäuben ließe, sobald sie es nicht mehr aushalten könne. Dazu sei aber die Steißlage nicht nötig. »Ich gebe Ihnen die Erlaubnis zur Narkose, auch wenn der Kopf vorliegt. Sie sollen selbst darüber entscheiden, ob narkotisiert werden soll oder nicht.« Damit bin ich abgereist, und schon am nächsten Tag erhielt ich die Nachricht, daß das Kind eine halbe Stunde nach meinem Weggehen mit dem Kopf nach unten gelegen habe. Die Entbindung ist dann glatt vor sich gegangen. Die Wöchnerin schilderte mir in einem hübschen Brief den Verlauf. »Sie haben ganz recht gehabt, Herr Doktor, es ist wirklich ein hoher Genuß gewesen. Da neben mir auf dem Tisch die Ätherflasche stand und ich die Erlaubnis zur Narkose hatte, hatte ich nicht die mindeste Angst und konnte jeden Vorgang genau beobachten und hemmungslos werten. Einen Augenblick wurde der Schmerz, der bis dahin etwas aufregend Reizvolles gehabt hatte, übergroß, und ich schrie: Äther! – setzte aber gleich hinzu: Es ist nicht mehr nötig. Das Kind schrie schon. Wenn ich etwas zutiefst bedaure, ist es nur, daß mein Mann, den ich jahrelang mit meiner dummen Angst gequält habe, diesen höchsten Genuß nicht selbst erleben kann.«

Wenn Sie skeptisch sind, können Sie das nun eine glückliche Suggestion nennen, die keine Beweiskraft hat. Mir ist das gleichgültig. Ich bin überzeugt, wenn Sie das nächste Mal ein Kind bekommen, werden Sie auch »hemmungslos« beobachten, ein Vorurteil loswerden und etwas kennenlernen, wovor Dummheit Sie eingegrault hat.

Sie sind dann, liebe Freundin, zaghaft auf das heikle Thema der Selbstbefriedigung eingegangen, deuten an, wie sehr Sie dieses geheime Laster verachten, und äußern Ihre Unzufriedenheit mit meinen abscheulichen Theorien über die schuldlose Onanie der töpfchensitzenden Kinder, verstopften Menschen und Schwangeren und finden schließlich meine Ansichten über die Mutterliebe zynisch. »Auf diese Weise kann man alles auf Selbstbefriedigung zurückführen«, sagen Sie.

Gewiß, und Sie gehen nicht fehl in der Annahme, daß ich, wenn nicht alles, so doch recht viel von der Onanie herleite. Die Art, wie ich zu dieser Ansicht gekommen bin, ist vielleicht noch interessanter als die Ansicht selbst, und deshalb will ich Sie ihnen hier mitteilen.

Ich habe in meinem Beruf und sonst auch oft Gelegenheit gehabt, bei dem Waschen kleiner Kinder zugegen zu sein, Sie werden mir aus eigener Erfahrung bestätigen, daß das nicht immer ohne Heulerei vor sich geht. Aber wahrscheinlich wissen Sie nicht – es ist nicht der Mühe wert, bei kleinen Kindern solche Kleinigkeiten zu beachten –, daß dieses Heulen bei ganz bestimmten Prozeduren einsetzt und bei anderen aufhört. Das Kind, das eben noch schrie, als ihm das Gesicht gewaschen wurde – wenn Sie wissen wollen, warum es schreit, lassen Sie sich selber das Gesicht von irgendeiner lieben Person waschen, mit einem Schwamm oder Lappen, der so groß ist, daß er Ihnen gleichzeitig Mund, Nase und Augen zudeckt –, dieses Kind, sage ich, wird plötzlich still, wenn der weiche Schwamm zwischen den Beinen hin und her geführt wird. Ja, dieses Kind bekommt sogar einen fast verzückten Ausdruck im Gesicht, und es hält ganz still. Und die Mutter, die kurz vorher noch ermahnend oder tröstend dem Kindchen über das unangenehme Waschen hinweghelfen mußte, hat auf einmal einen zarten, liebenden, fast möchte ich sagen verliebten Ton in ihrer Stimme, auch sie ist für Augenblicke in Verzückung versunken, und ihre Bewegungen sind andere, weichere, liebendere. Sie weiß nicht, daß sie dem Kind Geschlechtslust gibt, daß sie das Kind Selbstbefriedigung lehrt, aber ihr Es fühlt es und weiß es. Die erotische Handlung erzwingt den Ausdruck des Genusses bei Kind und Mutter.

So also liegen die Dinge. Die Mutter selbst gibt ihrem Kind Unterricht in der Onanie, sie muß es tun, denn die Natur häuft den Dreck, der abgewaschen werden will, dort an, wo die Organe der Wollust liegen; sie muß es tun, sie kann nicht anders. Und, glauben Sie mir, vieles, was unter dem Namen Reinlichkeit geht, das eifrige Benutzen des Bidets, das Waschen nach den Entleerungen, die Ausspülungen, ist nichts weiter als ein vom Unbewußten erzwungenes Wiederholen dieser genußreichen Lehrstunden bei der Mutter.

Diese kleine Beobachtung, die Sie jederzeit auf ihre Richtigkeit nachprüfen können, wirft das ganze Schreckensgebäude, das dumme Menschen um die Selbstbefriedigung errichtet haben, auf einmal um. Denn wie soll man eine Gewohnheit Laster nennen, die von der Mutter erzwungen wird? Zu deren Erlernung sich die Natur der Mutterhand bedient? Oder wie sollte es möglich sein, ein Kind zu reinigen, ohne seine Wollust zu erregen? Ist eine Notwendigkeit, der jeder Mensch vom ersten Atemzug an unterworfen ist, unnatürlich? Welche Berechtigung hat der Ausdruck »geheimes Laster« für eine Angelegenheit, deren typisches Vorbild täglich mehrmals offen und unbefangen dem Kind von der Mutter eingeprägt wird? Und wie kann man es wagen, die Onanie schädlich zu nennen, die in den Lebensplan des Menschen als etwas Selbstverständliches, Unvermeidliches aufgenommen ist? Ebensogut kann man das Gehen lasterhaft nennen, oder das Essen unnatürlich, oder behaupten, daß der Mensch, der sich die Nase schnaubt, unfehlbar daran zugrunde gehen müsse. Das unentrinnbare Muß, mit dem das Leben die Selbstbefriedigung dadurch erzwingt, daß es den Schmutz und Gestank des Kots und Urins an den Ort des Geschlechtsgenusses legte, beweist, daß die Gottheit diesen verworfenen Akt angeblichen Lasters zu bestimmten Zwecken dem Menschen als Schicksal mitgegeben hat. Und wenn Sie Lust dazu haben, will ich Ihnen gelegentlich ein paar dieser Zwecke nennen, Ihnen zeigen, daß allerdings unsere Menschenwelt, unsere Kultur zum großen Teil auf der Selbstbefriedigung aufgebaut ist.

Wie ist es nun gekommen, werden Sie fragen, daß diese natürliche und notwendige Verrichtung in den Ruf gekommen ist, ein schmachvolles, für Gesundheit und Geisteskraft gleich gefährliches Laster zu sein, ein Ruf, der überall gilt. Sie tun besser, sich um eine Antwort an gelehrtere Leute zu wenden, aber einiges kann ich Ihnen mitteilen. Zunächst stimmt es nicht, daß man allgemein von der Schädlichkeit der Onanie überzeugt ist. Ich weiß mit exotischen Sitten aus eigener Erfahrung nicht Bescheid, habe aber allerlei gelesen, was mir eine andere Meinung gegeben hat. Und dann ist mir bei Spaziergängen aufgefallen, daß hier und da ein Bauernbursch hinter dem Pflug stand und ganz ehrlich und allein seiner Lust frönte, und bei Landmädchen kann man es auch sehen, wenn man nicht durch das Kindheitsverbot für diese Dinge blind gemacht worden und blind geblieben ist; solch ein Verbot wirkt unter Umständen lange Jahre, vielleicht ein Leben lang, und mitunter ist es spaßhaft zu beobachten, was alles die Menschen nicht sehen, weil Mama es verboten hat. – Sie brauchen aber nicht erst zu den Bauern zu gehen. Ihre eigenen Erinnerungen werden Ihnen genug erzählen. Oder wird die Onanie dadurch unschädlich, daß der Geliebte, der Ehemann an den reizbaren, ihm so befreundeten Plätzen spielt? Es ist gar nicht nötig, an die tausend Möglichkeiten der versteckten, schuldlosen Onanie zu denken, an das Reiten, Schaukeln, Tanzen, an das Stuhlverhalten; der Liebkosungen, deren tieferer Sinn die Selbstbefriedigung ist, gibt es auch so genug.

Das ist nicht Onanie, meinen Sie. Vielleicht nicht, vielleicht doch, es kommt darauf an, wie man es auffaßt. Nach meiner Meinung ist es kein großer Unterschied, ob die eigene oder die fremde Hand zärtlich ist, ja am Ende braucht es keine Hand zu sein, auch der Gedanke reicht aus und vor allem der Traum. Da haben Sie ihn wieder, diesen unangenehmen Deuter versteckter Geheimnisse. Nein, liebe Freundin, wenn Sie wüßten, was alles unsereiner – und mindestens mit dem Schein des Rechts – zur Onanie rechnet, Sie würden wirklich nicht mehr von ihrer Schädlichkeit sprechen.

Haben Sie denn schon einmal jemanden kennengelernt, dem sie geschadet hat? Die Onanie selbst, nicht die Angst vor den Folgen, denn die ist wahrlich schlimm. Und gerade weil sie so schlimm ist, sollten sich wenigstens ein paar Menschen davon freimachen. Nochmals, haben Sie schon jemanden gesehen? Und wie denken Sie sich die Sache? Ist es das bißchen Samen, der beim Mann verlorengeht, oder gar die Feuchtigkeit beim Weib? Das glauben Sie wohl selbst nicht, wenigstens nicht mehr, wenn Sie eins der auf Universitäten gangbaren Lehrbücher der Physiologie aufgeschlagen und da nachgelesen haben. Die Natur hat reichlich, unerschöpflich für Vorrat gesorgt und – außerdem – der Mißbrauch verbietet sich von selbst; beim Knaben und Mann wird die Erholung durch das Aussetzen der Erektion und Ejakulation erzwungen, und beim Weib tritt auch ein Überdruß ein, der ein paar Tage oder Stunden dauert; mit dem Geschlechtssinn ist es wie mit dem Essen. Ebensowenig wie sich jemand den Bauch durch vieles Essen sprengt, ebensowenig erschöpft jemand seine Geschlechtskraft durch Onanie. Wohlverstanden, durch Onanie; ich spreche nicht von der Onanieangst, die ist etwas anderes, die untergräbt die Gesundheit, und deshalb liegt mir daran, zu zeigen, was für Verbrecher die Leute sind, die von dem geheimen Laster reden, die die Menschen einängstigen. Da alle Menschen, bewußt oder unbewußt, Onanie treiben und auch die unbewußte Befriedigung als solche empfinden, ist es ein Verbrechen gegen die ganze Menschheit, ein ungeheures Verbrechen. Und eine Narrheit, genauso närrisch, als wenn man aus der Tatsache des aufrechten Ganges gesundheitsschädliche Folgen ableitete.

Nein, der Substanzverlust ist es nicht, sagen Sie. Ja, aber viele Menschen glauben das, glauben selbst jetzt noch, daß die Samenflüssigkeit aus dem Rückgrat käme und das Rückenmark durch den berüchtigten Mißbrauch ausgedörrt würde, ja, daß schließlich auch das Gehirn austrockne und die Menschen verblödeten.

Auch die Bezeichnung Onanie deutet darauf hin, daß der Gedanke des Samenverlustes für die Menschen das Erschrekkende ist. Kennen Sie die Geschichte von Onan? Sie hat eigentlich nichts mit Selbstbefriedigung zu tun. Bei den Juden war es Gesetz, daß der Schwager, falls sein Bruder kinderlos gestorben war, mit dessen Witwe Beilager hielt; das Kind, das so entstand, galt als Nachkömmling des Toten. Ein nicht ganz dummes Gesetz, das auf die Erhaltung der Traditionen ging, auf das Weiterbestehen des Stammes, wenn auch der Weg uns Modernen ein wenig sonderbar vorkommt. Unsere Vorfahren haben ähnlich gedacht, noch aus der Zeit kurz vor der Reformation bestand in Verden eine ähnliche Verordnung. Nun, also Onan kam in diese Lage durch den Tod seines Bruders, da er aber seine Schwägerin nicht leiden konnte, ließ er den Samen statt in ihren Leib auf die Erde fallen, und für diese Gesetzesübertretung strafte ihn Jehova mit dem Tod. Das Unbewußte der Masse hat aus dieser Erzählung nur das Auf-den-Boden-Spritzen des Samens herausgenommen und jede ähnliche Handlung mit dem Namen Onanie gebrandmarkt, wobei denn wohl der Gedanke an den Tod durch Selbstbefriedigung den Ausschlag gab.

Gut, daß Sie es nicht glauben. Aber die Phantasie der wollüstigen Vorstellungen, die sind das Schlimmste. Ach, liebste Freundin, haben Sie denn in der Umarmung keine wollüstigen Vorstellungen? Und vorher auch nicht? Vielleicht jagen Sie sie fort, verdrängen Sie sie, wie der Kunstausdruck lautet; ich komme gelegentlich auf den Begriff des Verdrängens zu sprechen. Aber da sind die Vorstellungen doch; sie kommen und müssen kommen, weil Sie Mensch sind und nicht einfach die Mitte Ihres Körpers ausschalten können. Mir fällt bei solchen Leuten, die nie wollüstige Gedanken zu haben glauben, immer eine Art Menschen ein, die die Reinlichkeit so weit treiben, daß sie sich nicht nur waschen, sondern auch täglich den Darm ausspülen. Harmlose Leutchen, nicht? Sie denken gar nicht daran, daß oberhalb des Stückchens Darm, das sie mit Wasser reinigen, noch ein stubenlanges Stück ist, das ebenso dreckig ist. Und um es gleich zu sagen, ihre Klistiere machen sie, ohne es zu wissen, weil es symbolische Begattungsakte sind; die Reinlichkeitssucht ist nur der Vorwand, mit dem das Unbewußte das Bewußte betrügt, die Lüge, die ermöglicht, dem Verbot der Mutter buchstäblich treu zu sein. Genauso ist es mit den Verdrängungen der erotischen Phantasien. Gehen Sie tiefer auf den Menschen ein, kommt die Erotik in jeder Form hervor.

Haben Sie schon einmal ein zartes, ätherisches, völlig unschuldiges Mädchen geisteskrank werden sehen? Nein? Schade, Sie würden von dem Glauben an das, was die Menschheit rein nennt, für Lebenszeit kuriert sein und diese Reinheit und Unschuld mit dem ehrlichen Wort Heuchelei bezeichnen. Darin liegt kein Vorwurf. Das Es braucht auch die Heuchelei zu seinen Zwecken, und gerade bei dieser verpönten und doch so oft geübten Gewohnheit liegt der Zweck nicht tief verborgen.

Vielleicht kommen wir der Frage, warum die Onanie das Entsetzen von Eltern, Lehrern und sonstigen aus ihrer Stellung heraus autoritativen Leuten erregt, näher, wenn wir uns die Geschichte dieses Entsetzens ansehen. Ich bin nicht sehr belesen, aber mir ist es so vorgekommen, als ob erst gegen Ende des achtzehnten Jahrhunderts das Geschrei gegen die Onanie losgegangen sei. In dem Briefwechsel zwischen Lavater und Goethe sprechen die beiden von geistiger Onanie noch so harmlos, als ob sie sich von irgendeinem Spaziergang etwas erzählten. Nun ist das auch die Zeit, in der man anfing, sich mit den Geisteskranken zu beschäftigen, und Geisteskranke, vor allem Blödsinnige, sind sehr eifrige Freunde der Selbstbefriedigung. Es wäre wohl denkbar, daß man Ursache und Wirkung verwechselt hat, daß man glaubte, weil der Blödsinnige onaniert, ist er durch Onanie blödsinnig geworden.

Aber letzten Endes werden wir doch wohl den Grund für den merkwürdigen Abscheu des Menschen gegen etwas, wozu er durch seine Mutter vom ersten Lebenstag an abgerichtet wird, anderswo suchen müssen. Darf ich die Antwort verschieben? Ich habe vorher noch so viel zu sagen, und der Brief ist ohnehin lang genug geworden. In aller Kürze möchte ich nur noch auf eine seltsame Verdrehung der Tatsachen aufmerksam machen, die selbst bei sonst überlegenen Menschen sich findet. Man nennt die Selbstbefriedigung einen Ersatz für den »normalen« Geschlechtsakt. Ach, was ließe sich alles über dieses Wort »normaler« Geschlechtsakt sagen. Aber ich habe es hier mit dem Ersatz zu tun. Wie mögen die Menschen auf solch einen Unsinn kommen? Die Selbstbefriedigung geht in dieser oder jener Form durch das ganze Leben mit dem Menschen mit; die sogenannte normale Geschlechtstätigkeit tritt aber erst in einem bestimmten Alter auf und verschwindet oft zu einer Zeit, wo die Onanie von neuem die kindliche Form des bewußten Spielens an den Geschlechtsteilen annimmt. Wie kann man einen Vorgang als Ersatz für einen anderen auffassen, der erst fünfzehn bis zwanzig Jahre später beginnt? Viel eher lohnte es sich, einmal festzustellen, wie oft der normale Geschlechtsakt eine reine bewußte Selbstbefriedigung ist, bei der Scheide und Glied des anderen nur ein ebensolches Werkzeug des Reibens ist wie Hand und Finger.

Ich bin dabei zu merkwürdigen Resultaten gekommen und zweifle nicht daran, daß es Ihnen auch so gehen wird, wenn Sie der Sache nachgehen.

Nun, und die Mutterliebe? Was hat die mit all dem zu tun? Doch wohl einiges. Ich deutete schon darauf hin, daß die Mutter seltsam sich verändert, wenn sie ihr Kind an den Geschlechtsteilen reinigt. Sie ist sich dessen nicht bewußt, aber gerade die gemeinsam genossene unbewußte Lust bindet am stärksten, und einem Kind Lust zu geben, in welcher Form es auch sei, weckt in dem Erwachsenen Liebe. Noch eher als zwischen Liebenden ist im Verhältnis von Mutter und Kind Geben mitunter seliger als Nehmen.

Ich habe nun noch über den Einfluß der Selbstbefriedigung einen Punkt nachzutragen, dessen Erörterung bei Ihnen Kopfschütteln hervorrufen wird. Ich kann ihn Ihnen aber nicht ersparen, er ist wichtig und gibt wieder eine Möglichkeit, in das Dunkel des Unbewußten hineinzublicken. Das Es, das Unbewußte, denkt symbolisch, und unter anderen hat es ein Symbol, demzufolge es Kind und Geschlechtsteil identifiziert, gleichbedeutend braucht. Der weibliche Geschlechtsteil ist ihm das kleine Ding, das Mädchen, Töchterchen oder Schwesterchen, die kleine Freundin, der männliche das kleine Männchen, das Jungchen, das Söhnchen, Brüderchen. Das klingt absonderlich, ist aber so. Und nun bitte ich Sie, sich einmal ohne alberne Prüderie und falsche Scham klarzumachen, wie sehr ein jeder Mensch seinen Geschlechtsteil liebt, lieben muß, weil er ihm letzten Endes alle Lust und alles Leben verdankt. Sie können sich diese Liebe nicht groß genug vorstellen, und diese große Liebe überträgt das Es – das Übertragen ist auch eine seiner Eigentümlichkeiten – auf das Kind, es verwechselt sozusagen Geschlechtsteil und Kind. Ein gut Teil der Mutterliebe zum Kind stammt aus der Liebe, die die Mutter für ihren Geschlechtsteil hat, und aus Onanie-Erinnerungen.

War es sehr arg? Ich habe für heute nur noch eine Kleinigkeit zu sagen, die vielleicht ein wenig erklärt, warum das Weib im allgemeinen mehr kinderlieb ist als der Mann. Erinnern Sie sich an das, was ich von dem Reiben der Geschlechtsteile beim Waschen erzählte, und wie ich den daraus entstehenden Genuß unter Benutzung des unbewußten Symbolisierens in Zusammenhang mit der Liebe zum Kind brachte? Können Sie sich vorstellen, daß die Reibung des Waschens dem kleinen Knaben so viel Freude gibt wie dem kleinen Mädchen? Ich nicht.

Ich bin Ihr ganz ergebener

Patrik Troll

Sie finden, liebe und gestrenge Richterin, daß meine Briefe zu viel von der Freude verraten, mit der ich all meine erotischen Kleinigkeiten vorbringe. Das ist eine richtige Bemerkung. Aber ich kann es nicht ändern, ich freue mich und kann meine Freude nicht verstecken, sonst würde ich platzen.

Wenn man sich selber lange Zeit in ein enges, schlechterleuchtetes, stickiges Zimmer eingesperrt hat, nur aus Angst, die Menschen draußen könnten einen schelten oder auslachen, nun ins Freie kommt und merkt, daß niemand sich um einen kümmert, höchstens jemand einen Moment aufblickt und ruhig seines Weges weiterzieht, dann wird man fast toll vor Freude.

Sie wissen, ich war der Jüngste in meiner Familie, aber Sie ahnen nicht, wie spott- und necklustig diese Familie war. Man brauchte bloß eine Dummheit zu sagen, so bekam man sie alle Tage aufs Butterbrot geschmiert; und daß der Kleinste in einer Geschwisterschar mit ziemlich großen Altersunterschieden die meisten Dummheiten sagt, ist begreiflich. Da habe ich es mir frühzeitig abgewöhnt, Meinungen zu äußern; ich habe sie verdrängt.

Bitte nehmen Sie den Ausdruck wörtlich; was verdrängt wird, verschwindet nicht, es bleibt nur nicht an seinem Platz; es wird an irgendeine Stelle geschoben, wo ihm sein Recht nicht wird, wo es sich eingeengt und benachteiligt fühlt. Es steht dann immer auf den Fußspitzen, drückt mit aller Kraft von Zeit zu Zeit nach vorn zu dem Ort hin, wo es hingehört, und sobald es eine Lücke in dem Wall vor sich sieht, sucht es sich da durchzuquetschen. Das gelingt vielleicht auch, aber wenn es nach vorn gekommen ist, hat es all seine Kraft verbraucht, und der nächste beste Stoß irgendeiner herrischen Gewalt schleudert es wieder zurück. Es ist eine recht unangenehme Situation, und Sie können sich vorstellen, was für Sprünge solch ein verdrängtes, zerstoßenes, gequetschtes Wesen macht, wenn es endlich frei geworden ist. Haben Sie nur Geduld. Noch einige überlaute Briefe, und dieses trunkene Wesen wird ebenso gesetzt und brav sich benehmen wie ein wohldurchdachter Aufsatz irgendeines Fachpsychologen. Nur freilich, die Kleider sind im Gedränge verschmutzt, zerrissen und zerlumpt, die bloße Haut schimmert überall durch, nicht immer sauber, und ein eigentümlicher Geruch nach Masse menschelt darin herum. Dafür hat es aber etwas erlebt und kann erzählen.

Ehe ich es aber erzählen lasse, will ich noch rasch ein paar Ausdrücke erklären, die ich hier und da brauchen werde. Haben Sie keine Angst, ich will keine Definitionen geben, könnte es meiner zerfahrenen Sinnesart halber gar nicht. Ähnlich wie ich es eben mit dem Wort »verdrängen« getan habe, will ich es nun auch mit den Wörtern »Symbol« und »Assoziation« versuchen.

Ich schrieb Ihnen früher einmal, daß es schwer sei, über das Es zu sprechen. Ihm gegenüber werden alle Wörter und Begriffe schwankend, weil es seiner Natur nach in jede Bezeichnung, ja in jede Handlung eine ganze Reihe von Symbolen hineinlegt und aus anderen Gebieten Ideen daranheftet, assoziiert, so daß etwas, was für den Verstand einfach aussieht, für das Es sehr kompliziert ist. Für das Es existieren in sich abgegrenzte Begriffe nicht, es arbeitet mit Begriffsgebieten, mit Komplexen, die auf dem Weg des Symbolisierungs- und Assoziationszwanges entstehen.

Um Sie nicht kopfscheu zu machen, will ich an einem Beispiel zeigen, was ich unter Symbol- und Assoziationszwang verstehe. Als Symbol der Ehe gilt der Ring; nur sind sich die wenigsten klar darüber, wieso dieser Reif den Begriff der ehelichen Gemeinschaft ausdrückt. Die Sprüche, daß der Ring eine Fessel ist oder die ewige Liebe ohne Anfang und Ende bedeutet, lassen wohl Schlußfolgerungen auf Stimmung und Erfahrung dessen zu, der solch eine Redewendung braucht, sie klären aber das Phänomen nicht auf, warum von unbekannten Gewalten gerade ein Ring gewählt wurde, um das Verheiratetsein kenntlich zu machen. Geht man jedoch davon aus, daß der Sinn der Ehe die Geschlechtstreue ist, so ergibt sich die Deutung leicht. Der Ring vertritt das weibliche Geschlechtsorgan, während der Finger das Organ des Mannes ist. Der Ring soll über keinen anderen Finger gestreift werden als über den des angetrauten Mannes, er ist also das Gelöbnis, nie ein anderes Geschlechtsorgan im Ring des Weibes zu empfangen als das des Ehegatten.

Dieses Gleichsetzen von Ring und weiblichem Organ, Finger und männlichem ist nicht willkürlich erdacht, sondern vom Es des Menschen erzwungen, und jeder kann den Beweis dafür an sich und anderen täglich führen, wenn er das Spielen mit dem Ring am Finger bei den Menschen beobachtet. Unter dem Einfluß bestimmter, leicht zu erratender Gefühlsregungen, die meist nicht voll ins Bewußtsein treten, beginnt dieses Spiel, dieses Aufundabbewegen des Ringes, dieses Drehen und Winden. Bei verschiedenen Wendungen der Unterhaltung, bei dem Hören und Aussprechen von einzelnen Worten, beim Erblicken von Bildern, Menschen, Gegenständen, bei allen möglichen Sinneswahrnehmungen werden Handlungen vorgenommen, die uns gleichzeitig versteckte Seelenvorgänge aufdecken und bis zum Überdruß beweisen, daß der Mensch nicht weiß, was er tut, daß ein Unbewußtes ihn zwingt, sich symbolisch zu offenbaren, daß dieses Symbolisieren nicht dem absichtlichen Denken entspringt, sondern dem unbekannten Wirken des Es. Denn welcher Mensch würde absichtlich unter den Augen anderer Bewegungen ausführen, die seine sexuelle Erregung verraten, die den heimlichen, stets versteckten Akt der Selbstbefriedigung öffentlich zur Schau stellen? Und doch spielen selbst die, die das Symbol zu deuten verstehen, weiter am Ring, sie müssen spielen. Symbole werden nicht erfunden, sie sind da, gehören zum unveräußerlichen Gut des Menschen; ja, man darf sagen, daß alles bewußte Denken und Handeln eine unentrinnbare Folge unbewußten Symbolisierens ist, daß der Mensch vom Symbol gelebt wird.

Ebenso menschlich unvermeidbar wie das Symbolschicksal ist der Zwang zur Assoziation, der ja im Grund dasselbe ist, da beim Assoziieren stets Symbole aneinandergereiht werden. Schon aus dem ebenerwähnten Ringspiel ergibt sich, daß die unbewußte Symbolisierung des Ringes und des Fingers als Weib und Mann eine augenfällige Darstellung des Beischlafes erzwingt. Geht man im einzelnen Fall den dunklen Wegen nach, die von dem halbbewußten Wahrnehmen eines Eindruckes zu der Handlung des Aufundabschiebens des Ringes führen, so findet man, daß blitzartig bestimmte Ideen durch das Denken schießen, die sich bei anderen Individuen in anderen Fällen wiederholen. Es finden zwangsläufige Assoziationen statt. Auch die symbolische Verwendung des Ringes als Abzeichen der Ehe ist durch unbewußte zwangsmäßige Assoziationen entstanden. Tiefeingreifende Beziehungen des Ringspieles zu uralten religiösen Vorstellungen und Sitten sowie zu wichtigen Komplexen des persönlichen Lebens tauchen bei solchen Betrachtungen auf und nötigen uns, unter Verzicht auf die Illusionen ichgewollter Planmäßigkeit den geheimnisvoll verschlungenen Pfaden der Assoziation nachzuspüren. Sehr bald erkennen wir dann, daß sich die Auffassung des Eheringes als Fessel oder als Bund ohne Anfang und Ende aus Verstimmungen oder romantischen Regungen erklärt, die aus dem der Menschheit gemeinsamen Gut der Symbole und Assoziationen ihre Äußerungen nehmen und nehmen müssen.

Wir begegnen solchem Assoziationszwang überall, auf Schritt und Tritt. Man braucht bloß Augen und Ohren zu öffnen. Schon in der Redewendung »Schritt und Tritt« finden Sie den Zwang: Das Wort Schritt fordert den Reim Tritt. Tummeln Sie sich ein wenig in der Sprache: Da haben Sie Liebe und Lust, Liebe und Leid. Da ist Lust und Brust und Herz und Schmerz; Wiege und Grab; Leben und Tod; hin und her; auf und ab; Weinen und Lachen; Angst und Schrekken; Sonne und Mond; Himmel und Hölle. Die Einfälle überstürzen sich, und wenn Sie darüber nachdenken, wird Ihnen zu Mut, als ob plötzlich das Sprachgebäude vor Ihnen entstünde, als ob Säulen, Fassaden, Dächer, Türme, Türen, Fenster und Wände wie aus Nebelmassen sich unter Ihren Augen formten. Das Innerste wird Ihnen erschüttert, das Unbegreifliche rückt Ihnen näher und erdrückt Sie fast.

Vorüber, Liebe, rasch vorbei! Wir dürfen nicht dabei verweilen. Fassen Sie ein paar Dinge auf, etwa wie der Assoziationszwang den Reim benutzt oder den Rhythmus oder Alliterationen oder Gefühlsfolgen. – Alle Sprachen der Welt lassen die Bezeichnung des Erzeugers mit dem verächtlichen Laut P beginnen, die der Gebärerin mit dem billigenden Laut M. – Oder wie dieser Zwang mit dem Gegensatz arbeitet, eine wichtige Sache, denn jedes Ding hat seinen Gegensatz in sich, und das sollte niemand jemals vergessen. Sonst glaubt er gar, es gäbe in Wahrheit ewige Liebe, unverbrüchliche Treue, unerschütterliche Hochachtung. Auch Assoziationen lügen zuweilen. Aber das Leben ist ohne das Wissen um die Bedingtheit aller Erscheinungen durch ihre Gegensätze nicht zu verstehen.

Es ist nicht leicht, Assoziationen zu finden, die unter allen Umständen und überall gelten; denn das Leben ist bunt, und bei der Auswahl der Assoziationen ist der individuelle Mensch und sein jeweiliger Zustand mitbeteiligt. Aber es ist wohl anzunehmen, daß das Gefühl des Zugwindes, sobald es unangenehm ist, den Gedanken wachruft, das Fenster zu schließen, daß die Stickluft des Zimmers einem jeden den Wunsch eingibt, das Fenster zu öffnen, daß der Anblick von nebeneinanderstehendem Brot und Butter das Wort Butterbrot hervorruft. Und wer einen anderen trinken sieht, dem pflegt der Gedanke durch den Kopf zu huschen: Solltest du nicht auch trinken. Der Volksmund, von der Kraft dumpfer Logik zur Schlußfolgerung aus zahllosen halbverstandenen Beobachtungen getrieben, faßt das tiefe Geheimnis der Assoziation in den derben Spruch: Wenn eine Kuh schifft, schifft die andere. Und nun halten Sie einen Augenblick ein und suchen Sie zu begreifen, welch ein unendliches Gebiet menschlichen Lebens, menschlicher Kultur und Entwicklung in der Tatsache liegt, daß aus irgendwelchen Gründen tausend- und abertausendmal vom Urinlassen Assoziationsbrücken zum Meer geschlagen wurden, bis endlich die Schiffahrt erzwungen war, bis der Mast im Boot als Symbol der Manneskraft stand und die Ruder sich taktgemäß in der Bewegung der Liebe regten. Oder suchen Sie den Weg nachzugehen, der vom Vogel zum Vögeln führt, dieser Weg, der von der Erektion, der Aufhebung des Schwergewichtes, dem Schwebegefühl der höchsten Lust, dem durch die Luft schießenden und spritzenden Urinstrahl und Samen zu dem beflügelten Eros und Todesgott führt, der zu dem Glauben an Engel und zur Erfindung des Flugzeuges hinleitet. Des Menschen Es ist ein wunderlich Ding.

Am wunderlichsten sind die Wege wissenschaftlichen Denkens. Wir sprechen in der Medizin längst von Assoziationsbewegungen, und die Psychologie lehrt eifrig dieses und jenes von den Assoziationen. Als aber *Freud* und die um ihn sind und waren mit der Beobachtung der Assoziationen Ernst machten, sie aus dem Triebleben des Menschen ableiteten und bewiesen, daß Trieb und Assoziation Urphänomene menschlichen Lebens und Grundsteine alles Wissens und Denkens, aller Wissenschaft sind, ging ein Geschrei des Hasses durch die Länder, und man tat so, als ob jemand das Gebäude der Wissenschaft einreißen wollte, weil er feststellt, auf welchem Boden es errichtet ist. Ängstliche Seelen. Die Fundamente der Wissenschaft sind dauernder als Granit und ihre Wände, Räume und Treppen bauen sich von selbst wieder, wenn hier und da ein wenig kindisch gefügtes Mauerwerk einstürzt.

Wollen Sie einmal mit mir assoziieren? Ich begegnete heute einem kleinen Mädchen mit roter Kapuze. Es sah mich erstaunt an, nicht unfreundlich, denke ich, aber erstaunt, denn ich trug der Kälte wegen eine schwarze Pelzmütze tief über die Ohren gezogen. Irgend etwas muß mich bei diesem Blick des Kindes getroffen haben; ich sah plötzlich mich selbst als sechs- oder siebenjährigen Jungen mit einem roten Baschlik. Rotkäppchen fiel mir ein, und dann schoß mir der Vers durch den Kopf: Ein Männlein steht im Wald so ganz allein; von da ging es zum Zwerg und seiner Kapuze und zum Kapuziner, und schließlich ward mir bewußt, daß ich schon eine Weile durch die Kapuzinerstraße ging. Die Assoziationen liefen also in sich selbst zurück wie ein Ring. Warum aber taten sie es, und wie kamen sie in solcher Folge? Durch die Kapuzinerstraße mußte ich gehen, das war gegeben. Dem Kind begegnete ich zufällig, daß ich aber auf das Kind achtete und daß sein Anblick in mir solche Gedankengänge weckte, wie war das zu erklären? Als ich von Hause wegging, zogen zwei Frauenhände meine Pelzmütze tief über die Ohren, und ein Frauenmund sagte: »So, Pat, nun wirst du nicht frieren.« Mit solchen Worten band mir meine Mutter vor vielen Jahren den Baschlik um den Kopf. Die Mutter erzählte auch vom Rotkäppchen, und dort stand es leibhaftig vor mir. Rotkäppchen, das kennt ein jeder. Das rote Köpfchen guckt bei jedem Urinlassen neugierig aus seinem Vorhautmantel heraus, und wenn die Liebe kommt, reckt es den Kopf nach den Blumen der Wiese, steht wie der Pilz, wie das Männchen im Wald mit roter Kapuze auf einem Bein, und der Wolf, in den es hineingerät, um nach neun Monden wieder aus seinem Bauch geschnitten zu werden, ist ein Symbol kindlicher Empfängnis- und Geburtstheorien. Sie werden sich besinnen, daß Sie einst selbst an dieses Aufschneiden des Bauches geglaubt haben. Freilich, dessen werden Sie sich nicht mehr erinnern, daß Sie auch einmal fest überzeugt davon waren, daß alle Menschen, auch die Frauen, solch Ding mit rotem Käppchen hätten, daß es ihnen aber abgenommen würde und sie es irgendwie essen müßten, um Kinder daraus wachsen zu lassen. Bei uns Assoziationsmenschen wird diese Theorie in den Kastrationskomplex eingereiht, von dem Sie noch allerlei hören werden. Vom Käppchen und dem Humperdinckschen Pilz geht es leicht über zum Zwerg und seiner Kapuze, und von da ist es nicht weit bis zum Mönch und Kapuziner. In beiden Ideen klingt der Kastrationskomplex noch nach, denn der uralte Zwerg mit langem Bart ist runzlige Altersimpotenz, und der Mönch versinnbildlicht die freiwillig unfreiwillige Entsagung. Soweit sind die Dinge wohl klar, wie aber kommt die Kastrationsidee in meinen Kopf? Der Ausgangspunkt von allem, besinnen Sie sich nur, war eine Szene, die an meine Mutter erinnerte, und das Schlußglied war die Kapuzinerstraße. In jener Kapuzinerstraße lag ich vor vielen Jahren krank an einem Nierenleiden, todeskrank, und wenn ich recht die Tiefen meines Unbewußten erforsche, glaube ich, daß jene Wassersucht aus dem Gespenst der Onanieangst bestand, die letzten Endes mit irgendwelchen Regungen zusammenhängt, die meiner Mutter galten, wenn sie mir sorglich das Zwerglein aus seiner Höhle nahm, um es Urin spritzen zu lassen. Ich vermute es, ich weiß es nicht. Aber der einsam stehende Pilz mit der roten Kappe, der giftige Fliegenpilz, weist auf die Onanie hin, und der rote Baschlik auf den Inzestwunsch.

Wundern Sie sich über die gewundenen Wege, die meine Sucht, Assoziationen zu deuten, geht? Es ist nur der Beginn, denn nun wage ich zu behaupten, daß das Märchen aus dem Assoziations- und Symbolisierungszwang entstand, entstehen mußte, weil das Rätsel der Begattung, Empfängnis, Geburt und des Mädchentums die Menschenseele mit Affekten quälte, bis sie dichterisch gestaltete, was unbegreiflich ist; wage zu behaupten, daß das Liedchen vom Männlein im Wald bis in die Einzelheiten dem Phänomen der Schambehaarung und der Erektion entnommen ist, aus unbewußten Assoziationen, daß der Glaube an Zwerge ebenso aus der Assoziation Wald, Schamhaar, Erschlaffung, runzliger Zwerg entstehen mußte und daß das Klosterleben mitsamt dem Kuttenkleid eine unbewußte Folge der Flucht vor dem Mutterinzest ist. So weit gehe ich mit meinem Glauben an die Assoziation und das Symbol und noch viel weiter.

Darf ich noch ein Beispiel vom Assoziationszwang geben? Es ist wichtig, weil es ein wenig in die Sprache des Unbewußten, in den Traum einführt, ein Lebensgebiet des Es, das uns Ärzten manches Rätsel aufgibt. Es ist ein kurzer Traum, ein Traum eines einzigen Wortes, des Wortes »Haus«. Die Dame, die ihn träumte, kam vom Wort »Haus« auf das Wort »Eßzimmer« und von da auf »Eßbesteck« und dann auf »Operationsbesteck«. Vor einer schweren Operation, einer Operation der Leber nach Talma, stand ihr Mann. Sie war in Sorge um ihn. Von dem Namen Talma ging sie über auf Talmi, das sie auf ihr Eßbesteck bezog: es sei nicht Silber, sondern Christoffle. Talmi sei auch ihre Ehe, denn ihr Mann, der der Operation nach Talma entgegenging, war von jeher impotent. Talmi, falsch sei sie gegen mich, der ich sie behandelte. Es kam heraus, daß sie mich belogen hatte, daß sie wirklich ein Talmibesteck war.

An all dem ist nichts Besonderes; höchstens der Wunsch, den Talmigatten loszuwerden und einen echt silbernen statt seiner zu erwerben, ist noch erwähnenswert. Aber die ganze Erzählung mit ihrer raschen Assoziationsfolge hatte ein merkwürdiges Resultat. Jene Frau war seit zwei Tagen von einer großen Angst gequält, ihr Herz jagte in raschen Schlägen, und ihr Bauch war von Luft gebläht. Etwa zwanzig Minuten hatte sie gebraucht, um zu dem Wort »Haus« zu assoziieren. Als sie zu Ende erzählt hatte, war der Leib weich, das Herz ganz ruhig, und die Angst war fort.

Was soll ich davon denken? War ihre Angst, ihre akute Herzneurose, die Blähung ihres Darms, ihres »Eßzimmers«, Angst um den kranken Mann, Gewissensbisse wegen des Todeswunsches gegen ihn, war es, weil sie das alles verdrängte, nicht ins Bewußtsein kommen ließ, oder bekam sie alle diese Leiden, weil ihr Es sie zum Assoziieren zwingen wollte, weil es ein tiefes Geheimnis emporzuschicken suchte, das von der Kindheit her versteckt war? All das mag gleichzeitig gewirkt haben, für meine Behandlung aber, für das schwere Leiden, das sie zu einem elenden Krüppel mit gichtischen Gliedern gemacht hatte, scheint mir das Wichtigste die letzte Beziehung zu sein, der Versuch des Es, ein Kindheitsgeheimnis auf dem Weg der Assoziation auszusprechen. Denn ein Jahr später kam sie auf jenen Traum zurück, und erst dann erzählte sie mir, daß das Wort Talmi allerdings mit der Impotenz zusammenhing, aber nicht mit der ihres Mannes, sondern mit ihrer eigenen, tiefgefühlten, und daß die Operationsangst nicht dem Mann galt, sondern dem eigenen Onaniekomplex, der ihr Ursache der Unfruchtbarkeit, Ursache ihrer Erkrankung zu sein schien. Seit dieser Erklärung verlief ihre Genesung glatt. Soweit man von Gesundheit sprechen kann, ist diese Frau gesund.

So viel von den Assoziationen.

Wenn ich Sie, liebe Freundin, nach alledem, was ich eben auseinandergesetzt habe, noch darauf aufmerksam mache, daß ich für mich persönlich das allgemein menschliche Recht unklarer Ausdrucksweise beanspruche, glaube ich ungefähr die Vorstellung geweckt zu haben, daß sich dem Sprechen über das Es schwere Hindernisse entgegenstellen. Als einzigen Weg zur Verständigung sah ich den Sprung mitten in die Dinge hinein an.

Da ich nun einmal beim Definieren bin, will ich auch gleich versuchen, Ihnen das Wort »Übertragung« zu erklären, das hier und da in meinen Äußerungen vorgekommen ist.

Sie erinnern sich, daß ich von dem Einfluß meines Vaters auf mich erzählt habe, wie ich bewußt und unbewußt ihn nachahmte. Zur Nachahmung bedarf es eines Interesses für das, was man nachahmt, für den, den man nachahmt. Tatsächlich lebte in mir ein sehr starkes Interesse an meinem Vater – lebt noch jetzt eine Bewunderung, die durch ihre Leidenschaftlichkeit charakterisiert ist. Mein Vater starb, als ich achtzehn Jahre alt war. Der Hang zur leidenschaftlichen Bewunderung blieb aber in mir, und da aus tausend und einem Grund, über die wir sprechen können, meine Begabung für Totenkultus gering ist, warf ich die freigewordene Leidenschaftlichkeit im Bewundern auf das nunmehrige Haupt der Familie, auf meinen ältesten Bruder, ich übertrug sie auf ihn. Denn so etwas nennt man Übertragung. Es scheint aber, daß seine Persönlichkeit für die Bedürfnisse meiner jungen Seele nicht ausreichte, denn wenige Jahre später entstand, ohne daß sich die Neigung zum Bruder verminderte, in mir eine gleich intensive Bewunderung für meinen ärztlichen Lehrer Schweninger. Ein Teil der Affekte, die meinem Vater gegolten haben, waren in diesen Jahren frei zu meiner Verfügung geblieben und wurden nun auf Schweninger übertragen. Daß sie wirklich zu meiner Verfügung standen, geht daraus hervor, daß ich während der Zeit zwischen dem Tod des Vaters und dem Kennenlernen Schweningers zu vielen Menschen in ein solches Bewunderungsverhältnis trat, es dauerte aber immer bloß kurze Zeit, und dazwischen waren Pausen, in denen meine so gerichteten Affekte anscheinend unbeschäftigt waren oder sich auf Männer der Geschichte, auf Bücher, Kunstwerke, kurz alles mögliche bezogen.

Ich weiß nicht, ob Ihnen jetzt schon klargeworden ist, welche große Bedeutung der Begriff der Übertragung für meine Anschauungen hat. Ich darf also wohl die Sache, von einem anderen Ende beginnend, nochmals auseinandersetzen. Vergessen Sie aber nicht, daß ich über das Es spreche, daß also alles nicht so scharf umgrenzt ist, wie es dem Wortlaut nach scheint, daß es sich um Dinge handelt, die ineinanderfließen und sich nur künstlich trennen lassen. Sie müssen sich das Reden über das Es etwa vorstellen wie die Gradeinteilung der Erdkugel. Man denkt sich Linien, die in der Längs- und Querrichtung verlaufen, und teilt danach die Erdoberfläche ein. Aber die Fläche selbst kümmert sich darum nicht; wo östlich des sechzigsten Längengrades Wasser ist, da ist auch westlich welches. Es sind eben Orientierungswerkzeuge. Und für das Erdinnere lassen sich diese Linien nur sehr bedingt zu Erkundungszwecken brauchen.

Unter solchem Vorbehalt möchte ich nun sagen, daß der Mensch in sich ein gewisses Quantum Affektfähigkeit hat – Neigungs- oder Abneigungsfähigkeiten, das spricht augenblicklich nicht mit. Ich weiß auch nicht, ob dieses Quantum stets gleich groß ist, das weiß kein Mensch, und vermutlich wird es auch nie jemand erfahren. Aber kraft meiner Autorität als Briefschreiber schlage ich vor, anzunehmen, die Gefühlsmenge, die dem Menschen zur Verfügung steht, sei stets gleich groß. Was macht er damit?

Nun, über eins besteht kein Zweifel, den größten Teil dieser Gefühlsmasse, beinahe alles, verwendet er auf sich selbst; ein im Vergleich geringer, im Leben aber recht erheblicher Teil kann nach außen hin gerichtet werden. Dieses Außen ist nun sehr verschieden; da sind Personen, Gegenstände, Örtlichkeiten, Daten, Gewohnheiten, Phantasien, Tätigkeiten aller Art; kurz alles, was zum Leben gehört, kann vom Menschen verwendet werden, um seine Neigung und Abneigung unterzubringen. Das Wichtige ist, daß er die Objekte seiner Gefühle wechseln kann; das heißt, eigentlich kann er es nicht, sondern sein Es zwingt ihn, sie zu wechseln. Aber es sieht so aus, als ob er, sein Ich das tue. Nehmen Sie einen Säugling: Es ist wahrscheinlich, daß er Neigung für Milch hat. Nach einigen Jahren ist ihm Milch gleichgültig oder gar unangenehm geworden, er bevorzugt Bouillon oder Kaffee oder Reisbrei oder was es sonst ist. Ja, wir brauchen so lange Zeiträume nicht; jetzt eben ist er ganz Neigung zum Trinken, zwei Minuten darauf ist er müde, wünscht zu schlafen, oder er wünscht zu schreien oder zu spielen. Er entzieht dem einen Objekt, der Milch, seine Gunst und wendet sie dem anderen, dem Schlaf, zu. Nun wiederholen sich aber bei ihm eine ganze Reihe von Affekten immer wieder, und er findet Geschmack gerade an diesen Affekten, er sucht sich die Möglichkeit, gerade dieses oder jenes Gefühl stets von neuem zu verschaffen; bestimmte Neigungen sind ihm Lebensbedürfnisse, sie begleiten ihn durch sein ganzes Leben. Dahin gehört etwa die Liebe zum Bett, zum Licht oder was Ihnen noch einfallen mag. Nun ist, wenigstens von den Lebewesen, die das Kind umgeben, eines, das die Gefühlswelt des Kindes in höchstem Maß auf sich zieht, das ist die Mutter. Ja, man kann mit einem gewissen Recht behaupten, daß diese Neigung zur Mutter – die immer auch ihr Gegenteil, die Abneigung, bedingt – ähnlich unveränderlich ist wie die zu sich selbst. Jedenfalls ist sie bestimmt die erste, da sie sich schon im Mutterleib ausbildet. Oder gehören Sie zu den absonderlichen Menschen, die annehmen, ungeborene Kinder hätten keine Gefühlstätigkeit? Ich hoffe doch nicht.

Nun also, auf dieses eine Wesen, die Mutter, häuft das Kind, mindestens eine Zeit lang, so viel von seinem Gefühl, daß alle anderen Menschen nicht in Betracht kommen. Aber diese Neigung ist wie jede Neigung, ja mehr als jede andere, reich an Enttäuschungen. Sie wissen, die Gefühlswelt sieht die Dinge und Menschen anders, als sie sind, sie macht sich ein Bild von dem Gegenstand der Neigung und liebt dieses Bild, nicht eigentlich den Gegenstand. Ein solches Bild – eine Imago nennen es die Leute, die diesen Dingen jüngst mit vieler Mühe nachgegangen sind – macht sich das Kind auch zu irgendeiner Zeit von seiner Mutter; vielleicht macht es sich auch verschiedene solche Bilder, wahrscheinlich macht es sie sich. Aber der Einfachheit halber wollen wir bei einem Bild bleiben und es, weil es so Brauch geworden ist, Mutterimago nennen. Nach dieser Mutterimago strebt nun das Gefühlsleben des Menschen sein Leben lang, so stark strebt es danach, daß beispielsweise die Sehnsucht nach Schlaf, die Sehnsucht nach dem Tod, nach Ruhe, nach Schutz sich gut als Sehnsucht nach der Mutterimago auffassen lassen, was ich in meinen Briefen verwerten werde. Diese Imago der Mutter hat also gemeinsame Züge, beispielsweise die, die ich eben erwähnte. Daneben bestehen aber auch ganz persönliche individuelle Eigentümlichkeiten, die nur der einen, vom individuellen Kind erlebten Imago angehören. So hat diese Imago etwa blondes Haar, sie trägt den Vornamen Anna, sie hat eine etwas gerötete Nase oder ein Mal auf dem linken Arm, ihre Brust ist voll, und sie besitzt einen bestimmten Geruch, sie geht gebückt oder hat die Gewohnheit, laut zu niesen, oder was es sonst sein mag. Für dieses imaginierte, der Phantasie angehörende Wesen behält sich das Es bestimmte Gefühlswerte vor, hat sie sozusagen auf Lager. Nun nehmen Sie an, irgendwann begegnet dieser Mann – oder diese Frau, das ist gleichgültig – einem Wesen, das Anna heißt, das blond und voll ist, das laut niest, ist da nicht die Möglichkeit gegeben, daß die schlummernde Neigung zur Mutterimago aufgerührt wird? Und wenn die Umstände günstig sind – wir werden auch darüber uns gegenseitig verständigen –, nimmt dieser Mann plötzlich alles, was er an Gefühl für die Mutterimago hat, und überträgt es auf diese eine Anna. Sein Es zwingt ihn dazu, er muß es übertragen.

Haben Sie verstanden, was ich mit der Übertragung meine? Fragen Sie bitte, wenn es nicht der Fall ist. Denn wenn ich mich nicht klar genug ausgedrückt habe, ist alles weitere Reden unnütz. Sie müssen die Bedeutung der Übertragung in sich aufnehmen, sonst ist es unmöglich, weiter über das Es zu reden.

Seien Sie gut, und beantworten Sie diese Frage Ihrem treuergebenen

Patrik Troll

7

Liebe Freundin, der letzte Brief ist Ihnen zu trocken. Das ist er mir auch. Aber geben Sie das Kritisieren auf. Sie reden doch nicht in mich hinein, was Sie gern hören möchten. Entschließen Sie sich ein für allemal, in meinen Briefen nicht die Liebhabereien und Freuden Ihres Ichs zu suchen, lesen Sie sie, wie man eine Reisebeschreibung liest oder einen Detektivroman. Das Leben ist ernst genug, und weder Lektüre noch Studium, noch Arbeit, noch irgend etwas sonst sollte man absichtlich ernst auffassen.

Sie schelten auch über Mangel an Klarheit. Weder die Übertragung noch die Verdrängung sei Ihnen so lebendig geworden, wie Sie und ich es wünschen. Es sind für Sie noch leere Worte.

Darin kann ich Ihnen nicht beistimmen. Darf ich Sie auf eine Stelle in Ihrem letzten Brief hinweisen, die das Gegenteil beweist? Sie berichten von Ihrem Besuch bei Geßners, um dessen Komik ich Sie übrigens beneide, und erzählen von einer jungen Studentin, die den Zorn Schulvater Geßners nebst Familienzubehör auf sich lud, weil sie dem allgewaltigen Lenker der Prima widersprochen hat und sogar im Übereifer an der Zweckmäßigkeit des griechischen Unterrichtes zu zweifeln wagte. »Ich muß hinterher zugeben«, fahren Sie fort, »daß sie recht ungezogen gegen den alten Herrn war, aber ich weiß nicht, wie es kam, alles an ihr gefiel mir. Vielleicht war es, weil sie mich an meine verstorbene Schwester erinnerte – Sie wissen, Suse starb mitten im Staatsexamen. Die konnte auch so sein, scharf, beinahe bärbeißig, und wenn sie in Eifer war, verletzend. Zum Überfluß hatte das junge Ding bei Geßners eine Narbe über dem linken Auge, genau wie meine Schwester Suse.« Da haben Sie ja eine Übertragung reinsten Wassers. Weil irgend jemand Ähnlichkeit mit Ihrer Schwester hat, mögen Sie sie gern, obwohl Sie selbst fühlen, daß das nicht mit rechten Dingen zugeht. Und was das Netteste an der Sache ist, Sie geben in dem Brief, ohne es zu wissen, das Material, wie die Übertragung zustande gekommen ist. Oder irre ich mich, stammt der Topasring, von dessen Verlust und Wiederfinden Sie kurz vorher, ganz gegen Ihre Briefgewohnheiten, ausführlich berichten, nicht von Ihrer

Schwester? Sie sind einfach schon, ehe Sie das junge Mädchen sahen, in Ihren Gedanken mit Suse beschäftigt gewesen, die Übertragung war vorbereitet.

Und nun die Verdrängung: Nachdem Sie schriftlich festgelegt haben, Ihre ungezogene junge Freundin habe über dem linken Auge eine Narbe, »genau wie meine Schwester Suse«, fahren Sie fort: »Ich weiß übrigens nicht, ob Suse die Narbe links oder rechts hatte.« Ja, warum wissen Sie das nicht, bei einem Menschen, der Ihnen so nahe stand, den Sie zwanzig Jahre täglich gesehen haben und der diese Narbe Ihnen verdankt? Es ist doch dieselbe, die Sie ihr als Kind »aus Versehen« beigebracht haben, mit der Schere, beim Spielen? Nach meinem Dafürhalten ist es wohl nicht nur ein Versehen gewesen – Sie erinnern sich, wir sprachen schon einmal darüber, und Sie gaben zu, daß eine Absicht darin gelegen habe; eine Tante hatte die schönen Augen Suses gelobt und Ihre Augen neckend mit denen der Hauskatze verglichen. Daß Sie nicht wissen, ob Suses Narbe rechts oder links gesessen hat, ist die Wirkung der Verdrängung. Das Attentat auf die schönen Augen der Schwester ist Ihnen unangenehm gewesen, schon des mütterlichen Entsetzens und der Vorwürfe halber. Sie haben die Erinnerung daran fortzuschaffen versucht, haben sie verdrängt, und das ist Ihnen nur teilweise gelungen; nur die Erinnerung, wo die Narbe saß, haben Sie aus dem Bewußtsein vertrieben. Ich kann Ihnen aber sagen, daß die Narbe wirklich links gesessen ist. Woher ich es weiß? Weil Sie mir erzählt haben, daß Sie seit dem Tod Ihrer Schwester genau wie diese an einem linksseitigen Kopfschmerz leiden, der vom Auge ausgeht, und weil Ihr linkes Auge ab und zu ein wenig – es steht Ihnen gut, aber es ist doch wahr – ein wenig vom rechten Weg abweicht, gleichsam hilfesuchend nach außen schielt. Sie haben seinerzeit – durch Erfindung des Wortes »Versehen« – aus dem Unrecht Recht zu machen versucht, die Wunde in Ihrer Phantasie von der bösen, unrechten, linken Seite nach der guten, rechten verschoben. Aber das Es läßt sich nicht betrügen; zum Zeichen, daß Sie Böses taten, schwächte es den einen Augenmuskelnerv, warnte Sie damit, nicht wieder vom Rechten abzubiegen. Und als die Schwester starb, erbten Sie zur Strafe deren linksseitigen Kopfschmerz, der Ihnen immer so fürchterlich war. Sie sind damals als Kind nicht bestraft worden, vermutlich haben Sie aus Angst vor der Rute so gezittert, daß die Mutter Mitleid bekam; aber das Es will seine Strafe haben, und wenn es um die Freude des Leidens gebracht wird, rächt es sich irgendwann, oft sehr spät, aber es rächt sich, und manche rätselhafte Erkrankung gibt ihr Geheimnis preis, wenn man das Es der Kindheit nach versäumten Schlägen fragt.

Darf ich Ihnen gleich noch ein Beispiel der Verdrängung aus Ihrem Brief geben? Es ist sehr kühn, wenn Sie wollen, an den Haaren herbeigezogen, aber ich halte es für richtig. Ich sprach in meinem letzten Brief von drei Dingen: der Übertragung, der Verdrängung und dem Symbol. In Ihrer Antwort erwähnen Sie Übertragung und Verdrängung, aber das Symbol lassen Sie fort. Und dieses Symbol war ein Ring. Aber siehe da, statt das Symbol im Brief zu nennen, verlieren Sie es in Gestalt Ihres Topasringes. Ist das nicht komisch? Nach meinen Berechnungen – und Ihre Antwort scheint mir das zu bestätigen – haben Sie meinen Brief mit dem Ringspielscherz am selben Tag erhalten, wo Sie den Ring der Schwester verloren. Nun seien Sie einmal gut und wahrhaftig! Sollte Schwester Suse – sie stand doch im Alter Ihnen am nächsten, und mir ist es beinahe sicher, daß Sie beide gemeinsam die sexuellen Aufklärungen sich erworben haben, über deren Anfänge man nichts weiß oder nichts wissen will –, sollte Suse nicht mit dem Spiel am Ring des Weibes, mit dem Erlernen der Selbstbefriedigung etwas zu tun haben? Ich komme darauf, weil Sie auf meine Ausführungen über die Onanie so kurz und streng geantwortet haben. Ich glaube, Sie sind vor lauter Schuldbewußtsein ungerecht gegen diese harmlose Freude der Menschen. Aber bedenken Sie doch, daß die Natur dem Kind Geschwister und Gespielen gibt, damit es von ihnen die Sexualität lernt.

Darf ich wieder auf jenes merkwürdige menschliche Erlebnis zurückgreifen, bei dem ich neulich abgebrochen habe, auf die Entbindung? Es ist mir aufgefallen, daß Sie meine Behauptung, der Schmerz erhöhe die Wollust, ohne Erwiderung hingenommen haben. Ich erinnere mich eines lebhaften Streites mit Ihnen über die Lust des Menschen am Wehtun und Wehleiden. Es war in der Leipziger Straße in Berlin; ein Droschkenpferd war gestürzt, und die Menschenmasse hatte sich gestaut, Männer, Weiber, Kinder, gutgekleidete Leute und solche im Arbeiterkittel; sie alle verfolgten mit mehr oder minder lauter Genugtuung die vergeblichen Anstrengungen des Tieres, sich aufzurichten. Sie haben mich damals gefühlsroh geheißen, weil ich solche Unfälle wünschenswert nannte und sogar so weit ging, das Interesse der Damen an Schwurgerichtsverhandlungen gegen Mörder, an Bergwerksunglücken, Titanicunfällen erklärlich und natürlich zu finden.

Wir können, wenn es Ihnen recht ist, den Streit wieder aufnehmen; vielleicht kommen wir diesmal zu einer Entscheidung.

Die beiden wichtigen Ereignisse des weiblichen Lebens, und weiter genommen des Lebens jedes Menschen, da ohne diese Ereignisse niemand existieren würde, sind mit Schmerzen verbunden, der erste Geschlechtsakt und die Entbindung. Die Übereinstimmung darin ist so auffallend, daß ich mir nicht anders zu raten weiß, als einen Sinn darin zu suchen. Über die Wollust der Geburtswehen läßt sich ja auf Grund des Geschreis streiten, aber über den Lustcharakter der Brautnacht besteht kein Zwiespalt der Meinungen. Das ist's, wovon die jungen Mädchen wachend und schlafend träumen, was der Knabe und Mann sich in tausend Bildern vorstellt. Es gibt Mädchen, die angeblich Angst vor dem Schmerz haben; forschen Sie nach, Sie werden andere Gründe für diese Angst finden, Gründe der Gewissensnot, die sich aus verdrängten Onaniekomplexen und tiefverborgenen Kindheitsvorstellungen vom Kampf der Eltern, Gewalttat des Vaters und blutenden Wunden der Mutter zusammensetzen. Es gibt Frauen, die nur mit Schaudern an die erste Nacht mit dem Mann zurückdenken: Fragen Sie nach, Sie werden auf die Enttäuschung stoßen, darauf, daß alles hinter den Erwartungen, die man gehegt hatte, zurückblieb, und in dunklerer Tiefe werden Sie wieder das mütterliche Verbot der Geschlechtslust und die Angst vor der Verwundung durch den Mann finden. Es hat Zeiten gegeben, und zwar Zeiten höchster Kultur, wie bei den Griechen, in denen der Mann scheu der Entjungferung seines Weibes auswich und sie durch Sklaven ausführen ließ, aber all das berührt den – alle Tiefen des Menschen aufreizenden – Wunsch nach dem ersten Liebesakt nicht. Verschaffen Sie dem ängstlichen Mädchen einen klugen Geliebten, der ihr das

Schuldgefühl wegspielt und sie in Ekstase zu bringen versteht, sie wird den Schmerz jauchzend genießen, geben Sie der enttäuschten Frau einen Spielgefährten, der trotz des schon zerrissenen Hymens die Phantasie des Weibes so zu erregen weiß, daß sie den ersten Akt noch einmal zu erleben glaubt, ihre Scheide wird sich verengen, sie wird mit Wonne den Schmerz erleben, um den sie einmal betrogen wurde, ja sie wird selbst die Blutung hervorbringen, um sich zu täuschen. Die Liebe ist eine seltsame Kunst, die nur zum Teil erlernt werden kann, und wenn irgend etwas, so wird sie vom Es regiert. Schauen Sie in die heimlichen Vorgänge der Ehe hinein, Sie werden erstaunt sein, wie oft selbst langverheiratete Menschen plötzlich eines Tages, ohne zu wissen, woher es kommt, die Brautnacht noch einmal erleben, nicht nur phantastisch, sondern mit allen Freuden und Schrecken. Und auch der Mann, der nur mit Schaudern daran denkt, der Geliebten Schmerz zuzufügen, wird es mit Freuden tun, wenn die rechte Gefährtin ihn zu locken versteht.

Mit anderen Worten, der Schmerz gehört zu diesem höchsten Augenblick der Lust. Und alles, ausnahmslos alles, was gegen diesen Satz zu sprechen scheint, ist begründet in der Angst, dem Schuldbewußtsein des Menschen, die in den Tiefen seines Wesens ruhen; und je größer sie sind, um so gewaltsamer bricht es im Moment der Erfüllung aller Wünsche hervor, verkleidet als Angst vor Schmerz; in Wahrheit ist es Angst vor längstverdienter Strafe.

Es ist also nicht wahr, daß der Schmerz ein Hindernis der Lust ist; es ist aber wahr, daß er eine Bedingung der Lust ist. Es ist also nicht wahr, daß der Wunsch, Schmerz zuzufügen, unnatürlich, pervers ist. Es ist nicht wahr, was Sie über Sadismus und Masochismus gelesen und gelernt haben. Diese beiden, jedem Menschen ohne Ausnahme eingepflanzten, unentbehrlichen menschlichen Neigungen, die zu seinem Wesen gehören, wie Haut und Haare, als Perversionen zu brandmarken, ist die kolossale Dummheit eines Gelehrten gewesen. Daß sie nachgeschwatzt wird, ist verständlich. Jahrtausendelang wurde der Mensch zur Heuchelei erzogen; sie ist ihm zweite Natur geworden. Sadist ist jeder Mensch, Masochist ist jeder Mensch; ein jeder muß von Natur aus wünschen, Schmerz zuzufügen und Schmerz zu erleiden: Der Eros zwingt ihn dazu.

Denn das ist das zweite: Es ist nicht wahr, daß der eine Mensch Schmerzen geben, der andere empfangen will, daß der eine Sadist ist, der andere Masochist. Jeder Mensch ist beides. Wollen Sie den Beweis dafür haben?

Es ist sehr leicht, von der Roheit des Mannes zu sprechen und von der Zartheit des Weibes, und alle alten Schachteln männlichen und weiblichen Geschlechts und alle Muckerseelen tun es unter dem Beifall der Gleichgesinnten, zu denen wir uns, in tausend Stunden der Heuchelei, alle rechnen müssen. Aber bringen Sie irgendein weibliches Wesen in mänadische Raserei – nein, das ist gar nicht nötig, würde sich auch, so sagt man, für Sie als Frau nicht schicken –, nein, geben Sie ihr nur die Freiheit, den Mut, sich gehen zu lassen, wirklich und wahrhaftig zu lieben, ihre Seele nackt zu zeigen, und sie wird beißen und kratzen wie ein Tier, sie wird weh tun und Wonne dabei empfinden.

Besinnen Sie sich noch, wie Ihr Kind aussah, als es geboren war? Verschwollen, zerquetscht, ein mißhandeltes Würmchen? Haben Sie sich je gesagt: Das tat ich? O nein, alle Mütter und die, die es werden wollen, begnügen sich damit, mit den eigenen Schmerzen zu prahlen; daß sie aber ein wehrloses, armselig zartes Geschöpf mit dem Kopf vornweg durch einen engen Gang hindurchquetschen, stundenlang es hindurchpressen, als ob es nicht die Spur einer Empfindung hätte, das kommt den Müttern nicht in den Sinn. Ja, sie haben die Stirn zu sagen, das Kind empfindet den Schmerz nicht. Aber wenn der Vater oder sonst jemand das Neugeborene unsanft anfaßt, schreien sie: »Du tust dem Kind weh«, »der ungeschickte Peter«, und wenn es ohne Atem zur Welt kommt, klopft die Hebamme es hinten drauf, bis es zum Beweis, daß es Schmerz empfindet, schreit. Es ist nicht wahr, daß das Weib zart empfindet, die Roheit verachtet und haßt. Das tut sie nur, wenn andere roh sind. Die eigene Roheit nennt sie heilige Mutterliebe. Oder glauben Sie, daß irgendein Caligula oder irgendein sonstiger Sadist so leicht und harmlos diese ausgesuchte Folter, jemanden mit dem Schädel durch ein enges Loch zu quetschen, sich ausdenken würde? Ich habe einmal ein Kind gesehen, das seinen Kopf durch ein Gitter gesteckt hatte und nun weder vor noch zurück konnte. Ich vergesse sein Schreien nicht.

Die Grausamkeit, der Sadismus, wenn Sie es so nennen wollen, liegt den Frauen durchaus nicht fern; man braucht nicht Rabenmutter zu sein, um die eigenen Kinder zu quälen. Es ist noch gar nicht so lange her, daß Sie mir von Ihrer Freundin erzählten, mit welchem Vergnügen sie sich an dem erstaunt beleidigten Gesicht ihres Kindes weidete, wenn sie ihm plötzlich die Brustwarze aus dem saugenden Mündchen nahm. Ein Spiel, gewiß, leichtverständlich und von uns allen in dieser oder jener Form des Neckens kleiner Kinder geübt. Aber es ist ein Spielen mit der Qual, und – ja, ich muß Ihnen erst sagen, was es bedeutet, obwohl Sie es sich selbst zusammenreimen müßten, wenn Sie sich der Symbole erinnerten. Die Mutter ist während des Säugens der gebende Mann, das Kind das empfangende Weib, oder um es deutlicher auszudrücken: Der saugende Mund ist der weibliche Geschlechtsteil, der die Brustwarze als männliches Glied in sich aufnimmt. Es besteht eine symbolische Verwandtschaft, eine sehr enge Verwandtschaft zwischen Saugakt und Begattung, eine Symbolik, die im Dienst und zur Verstärkung der Bande zwischen Mutter und Kind gebraucht wird. Das Spiel Ihrer Freundin ist – ich nehme an, ihr unbewußt – erotisch betont.

Und wie das Weib, dessen Feld angeblich das Leiden ist, ebenso lüstern Schmerzen bereitet, so sucht der gewalttätige Mann den Schmerz auf. Die Lust des Mannes ist die Mühe, die Qual der Aufgabe, die Lockung der Gefahr, der Kampf, und wenn Sie wollen, der Krieg. Der Krieg im Sinn des Heraklit, der Krieg mit Menschen, Dingen, Gedanken, und der Gegner, der ihn am schwersten leiden läßt, die Aufgabe, die ihn fast erdrückt, die liebt er. Vor allem liebt er das Weib, das ihm tausend Wunden schlägt. Wundern Sie sich doch nicht über den Mann, der einer herzlosen Kokette nachläuft, wundern Sie sich über den, der es nicht tut. Und wo Sie einen Mann heiß lieben sehen, ziehen Sie ruhig den Schluß, daß seine Geliebte von Herzen grausam ist, im Tiefsten grausam, von jener Art grausam, die gütig erscheint und spielend verwundet.

Das alles klingt Ihnen paradox, scheint Ihnen echter Trollenscherz. Aber es sind Ihnen, während Sie nach der Widerlegung suchen, schon tausend Dinge eingefallen, die bestätigen, was ich sage. Der Mensch wird empfangen im Schmerz –

denn die wahre Empfängnis ist die der ersten Nacht –, und er wird geboren im Schmerz. Und noch eins sollte man nicht vergessen: Er wird empfangen und geboren im Blut. Soll das denn keinen Sinn haben?

Überlegen Sie es sich, Sie sind klug genug dazu. Vor allem gewöhnen Sie sich an den Gedanken, daß der neugeborene Mensch empfindet, ja daß er vermutlich tiefer empfindet als der Erwachsene. Und wenn Sie das erfaßt haben, betrachten Sie nochmals, was bei der Geburt vor sich geht. Wie sagt man doch: Das Kind erblickt das Licht der Welt; und dieses Licht liebt der Mensch; sucht es und schafft es sich selbst im Dunkel der Nacht. Aus engem Gefängnis kommt er hinaus in die Freiheit, und die Freiheit liebt der Mensch über alles. Zum erstenmal atmet er, kostet er den Genuß, die Luft des Lebens in sich zu ziehen; sein ganzes Leben lang ist freies Atmen für ihn das Schönste. Angst, Angst des Erstickens leidet er während der Geburt, und Angst bleibt ihm all seine Lebtage als Begleiterin jeder höchsten Freude, jeder, die sein Herz klopfen läßt. Schmerzen empfindet er in dem Drängen nach Freiheit; Schmerzen gibt er der Mutter mit seinem dicken Schädel, und beides sucht er in ewig neuer Wiederholung. Und das erste, was seine Sinne trifft, ist der Geruch des Blutes, vermischt mit den seltsam aufregenden Dünsten des Frauenschoßes. Sie sind ja gelehrt, Sie wissen ja, daß in der Nase ein Punkt ist, der in nahem Verhältnis zur Geschlechtszone steht. Der Säugling hat diesen Punkt so gut wie der ausgewachsene Mensch, und Sie glauben nicht, wie weise die Natur das Geruchsvermögen des Kindes ausnutzt. Das Blut aber, das der Mensch vergießt, wenn er geboren wird, dessen Wesen er mit dem ersten Atemzug einatmet, so daß es ihm unvergeßlich wird, ist das Blut der Mutter. Sollte er diese Mutter nicht lieben? Sollte er nicht auch noch in anderem Sinn, als man gewöhnlich nennt, ihr blutsverwandt sein? Und tief im Verborgenen lauert hinter dem allen noch etwas, was dieses Kind mit götterstarken Händen an die Mutter bindet, die Schuld und der Tod. Denn wer Blut vergießt, des Blut soll wieder vergossen werden.

Ach, liebe Freundin, die menschliche Sprache und das menschliche Denken sind ein schwaches Werkzeug, wenn sie Kunde vom Unbewußten geben sollen. Aber nachdenklich wird man bei den Worten Mutter und Kind. Die Mutter ist die Wiege und das Grab, gibt Leben und Sterben.

Und wenn ich nicht gewaltsam schließe, werde ich den Brief nie beenden.

Patrik Troll

8

Liebe Freundin, ich habe nicht daran gezweifelt, daß Sie mir in vielem recht geben würden, ja, ich bin so kühn, anzunehmen, daß Sie mir nach und nach, wenn nicht in allen Einzelheiten, doch in den Hauptsachen beistimmen werden. Vorläufig spotten Sie ja noch, sind der Meinung, drei Viertel meiner Behauptungen entsprängen meinem Widerspruchsgeist und von dem Rest sei mindestens die Hälfte darauf berechnet, meine sadistische Seele zu retten. »Um Ihnen Glauben zu schenken«, schreiben Sie, »müßte man die Überzeugung aufgeben, daß es unnatürliche Laster gibt und daß, was wir Perversionen zu nennen gewöhnt sind, Selbstbefriedigung, Homosexualität, Sadismus, Sodomie und wie diese Dinge alle heißen mögen, selbstverständliche Neigungen des Menschen, Allgemeingut unserer Seele sind.«

Haben wir uns nicht schon einmal über das Wort »unnatürlich« unterhalten? Für mich ist es der Ausdruck menschlichen Größenwahns, der sich selber als Herrn der Natur empfinden möchte. Man teilt die Welt in zwei Teile; was dem Menschen jeweilig paßt, ist ihm natürlich, was ihm zuwider ist, nennt er unnatürlich. Haben Sie schon einmal irgend etwas gesehen, was außerhalb der Natur liegt? Denn das bedeutet doch das Wort unnatürlich. Ich und die Natur, so denkt der Mensch, und es wird ihm bei dieser angemaßten Gottähnlichkeit nicht einmal bange. Nein, liebe Spötterin, was ist, ist natürlich, wenn es Ihnen auch noch so regelwidrig vorkommt, noch so sehr gegen die Naturgesetze verstößt. Diese Naturgesetze sind Schöpfungen des Menschen, das sollte man nicht vergessen, und wenn etwas nicht damit übereinstimmt, so ist das der Beweis, daß das Naturgesetz falsch ist. Streichen Sie die Bezeichnung unnatürlich aus Ihren Sprachgewohnheiten; Sie werden dann eine Dummheit weniger sagen.

Und nun die Perversionen. Ein von mir hochverehrter Forscher hat nachgewiesen, daß das Kind alle nur denkbaren perversen Neigungen hat; er sagt, das Kind ist multipel pervers. Gehen Sie einen Schritt weiter und sagen Sie, jeder Mensch ist multipel pervers, jeder Mensch hat jede perverse Neigung in sich, so haben Sie meine Ansicht. Aber dann ist es unnötig und unpraktisch, den Ausdruck pervers weiter zu gebrauchen, weil dadurch der Eindruck geweckt wird, als ob diese jedem Menschen eigentümlichen, unveräußerlichen und lebenslänglichen Neigungen etwas Ausnahmsweises, Sonderbares, Auffallendes wären. Wenn Sie durchaus schimpfen wollen, brauchen Sie doch das Wort Laster oder Schweinerei, oder was Ihnen sonst zur Verfügung steht. Netter wäre es schon, Sie strebten dem Satz nach: Nichts Menschliches sei uns fremd, ein Ideal, das wir freilich nie erreichen, das aber berechtigt ist und dem unsereiner als Arzt mit Haut und Haaren sich verpflichtet fühlt. Wir werden noch öfter über diese Neigungen, die Sie pervers nennen und die ich bei jedem Menschen voraussetze, sprechen müssen, auch über die Gründe, warum der Mensch in diesen Dingen so gegen sich selbst lügt.

Einen schönen Triumph haben Sie mir gegönnt, auf den ich stolz bin. Neulich haben Sie mich noch ruchlos gescholten, weil ich vom Haß der Mutter gegen ihr Kind gesprochen habe, und heute erzählen Sie mir – man merkt Ihnen Genugtuung dabei an – von der jungen Frau Dahlmann, die bittere Tränen vergießt, weil schon das erste Unwohlsein nach der Hochzeitsreise ausbleibt. Wie anschaulich Sie beschreiben können! Ich sah förmlich die verbissene Wut, mit der die kleine Weltdame ihr Korsett anlegt und aus allen Kräften zuschnürt, um das junge Leben zu ersticken. Es ist ja auch traurig, wenn man sich die ganze Brautzeit hindurch auf den Moment gefreut hat, wo man als Gattin des Vorsitzenden an dem Arm dieses Eintagskönigs in den Ballsaal eintritt, mit der Aussicht, am nächsten Tag vom Kopf bis zu Füßen als die reizende Frau Dahlmann beschrieben zu werden, es ist traurig, daß einem ein Tröpfchen Samen alles zerstört, einen zur unförmigen Masse verwandelt.

Finden Sie es schlimm, daß die menschliche Eitelkeit und Vergnügungssucht so groß sind? Daß ein kleiner Mordversuch eines Tanzvergnügens halber in Szene gesetzt wird? Denken Sie sich diese beiden mächtigen Hebel der Kultur weg, was würde aus Ihnen werden? In kurzer Zeit wären Sie verlaust und verwanzt, bald würden Sie das Fleisch mit den Fingern und Zähnen zerreißen und die Rüben, die Sie aus der Erde zerren, roh verschlingen, Ihre Hände würden Sie nicht mehr waschen und als Taschentuch Finger oder Zunge gebrauchen. Glauben Sie mir, meine Ansicht, daß auf dem Hang zur Selbstbefriedigung – denn in deren Dienst stehen Schönheitssinn und Reinlichkeit – die Welt ruht, ist nicht so dumm, wie Sie annehmen.

Mir ist die Abneigung der Mutter gegen ihr Kind sehr begreiflich. Daß es für die Frau heutzutage nicht angenehm ist, ein Kind zu erwarten, habe ich neulich wieder erlebt. Ich war in der Stadt, und etwa zwanzig Schritte vor mir ging eine hochschwangere Frau des Mittelstandes; zwei Schulmädchen, zwölf- bis dreizehnjährig mochten sie sein, begegneten ihr, musterten sie scharf, und kaum waren sie an ihr vorüber, so sagte die eine höhere Tochter zur anderen und kicherte das charakteristische alberne Backfischlachen: »Hast du gesehen? Den dicken Bauch? Die kriegt ein Kind.« Und die andere erwiderte: »Ach, laß doch die Schweinereien, ich mag nichts davon wissen.« Die Frau mußte die Worte gehört haben, sie drehte sich um, als ob sie etwas sagen wollte, ging dann aber stumm weiter. Wenige Minuten später – die Straße war einsam – kam ein Holzfuhrwerk angefahren. Der Fuhrknecht grinste das Weibchen an und rief ihr zu: »Sie laufen wohl Parade, um zu zeigen, daß der Mann noch bei Ihnen liegt.« Es wird den Frauen nicht leicht gemacht, das ist sicher. Der Ruhm großer Fruchtbarkeit, der früher der kinderreichen Frau die Mühen zu tragen half, gilt nichts mehr. Im Gegenteil, das Mädchen wächst in der Angst vor dem Kind auf. Recht betrachtet, besteht die Erziehung unserer Töchter darin, daß wir sie vor zwei Dingen zu hüten suchen, vor der geschlechtlichen Ansteckung und vor dem unehelichen Kind, und wir wissen zu diesem Zweck nichts anderes zu tun, als ihnen die Geschlechtsteile an sich als Sünde darzustellen und die Entbindung als große Gefahr. Es gibt Leute, die allen Ernstes die Todesaussichten der Geburt in Vergleich mit denen der Weltkriegsschlachten setzen. Das ist eine der Wahnsinnsäußerungen unserer von Gewissensangst schwer belasteten Zeit, die sich immer tiefer in die Schuld der Heuchelei verstrickt, der Heuchelei auf dem lebenschaffenden Gebiet, und deshalb immer rascher zugrunde geht.

Der Wunsch des Mädchens nach dem Kind entsteht in einer Heftigkeit, die nur wenige wahrnehmen, schon zu einer Zeit, wo es zwischen ehelich und unehelich noch nicht unterscheidet, und die versteckten halben Andeutungen der Erwachsenen, die sich gegen das uneheliche Kind richten, werden auf das Kind überhaupt bezogen, vielleicht nicht von dem Verstand, aber sicher von dem, was unterhalb des Verstandes liegt. Aber das sind ja Dinge, denen sich abhelfen ließe, denen tatsächlich dieses und jenes Volk, diese und jene Zeit, abzuhelfen sucht. Jedoch im Wesen des Weibes, des Menschen liegen Gründe zum Kinderhaß, die unabänderlich sind. Zunächst raubt das Kind dem Weib einen Teil der Schönheit, nicht nur während der Schwangerschaft; es bleibt auch nachher vieles zerstört, was nie wieder gutzumachen ist. Eine Narbe im Gesicht kann die Schönheit der Züge noch mehr hervorheben, und ich könnte mir denken, daß Ihre Schwester Ihnen im tiefsten Grund für die interessante Wunde am Auge dankbar gewesen ist. Aber hängende Brüste und ein welker Leib gelten als häßlich, und eine Kultur muß auf den Kinderreichtum gerichtet sein, um sie zu schätzen.

Das Kind bringt Mühe, Sorge, Arbeit, vor allem verlangt es Verzicht auf tausend Dinge, die lebenswert sind. Ich weiß, daß die Freuden der Mutterschaft alle diese Leiden aufwiegen können, aber es ist doch eben das Gegengewicht da, und wenn man sich solche Verhältnisse vorstellen will, so darf man nicht an die Waage denken, bei der die schwere Schale tief unten ruht, während die andere regungslos schwebt; es ist vielmehr ein ständiges Abwägen, bei dem die wägende Hand des täglichen Lebens eine Balleinladung, eine Reise nach Rom, einen interessanten Freund mit plumper Gewalt in die Schale wirft, so daß sie zeitweise niedersinkt. Es ist ein andauerndes Schwanken, ein immer neu wiederholtes Verzichten, das seine Wunden und Schmerzen bringt.

Immerhin ist es möglich, sich auf diesen Verzicht, diese Mühen und Sorgen vorzubereiten, sich dagegen zu wappnen. Es gibt aber Regungen, die die Mütter nicht klar kennen, die sie fühlen, aber nicht laut werden lassen, deren giftige Widerhaken sie, um nur nichts von dem Adel der Mütterlichkeit einzubüßen, tiefer und tiefer in sich hineindrücken.

Ich habe Sie einmal zu einer Entbindung mitgenommen. Besinnen Sie sich noch darauf? Geburtshelfer sein ist nicht mein Geschäft, aber es war eine besondere Sache mit jener Frau, weshalb sie gerade von mir entbunden sein wollte. Ich habe Ihnen damals nichts weiter darüber erzählt, aber jetzt will ich es nachholen. Jene Frau wurde von mir während der ganzen Schwangerschaft behandelt; erst hatte sie Erbrechen, dann kamen Schwindelanfälle, Blutungen, Schmerzen, dicke Beine und was es sonst noch für Überraschungen während solcher Zeit gibt. Das, worauf es mir im Augenblick ankommt, war ihre entsetzliche Angst, daß sie ein Kind mit einem verkrüppelten Fuß bekommen und selbst sterben werde. Sie wissen, das Kind kam ganz gesund zur Welt, die Frau lebt auch noch; aber noch lange blieb bei ihr die Idee, dem Kind müsse irgendwas an den Beinen zustoßen. Sie berief sich dabei, anscheinend mit Recht, auf die Tatsache, daß ihr ältestes Kind einige Wochen nach der Geburt auf rätselhafte Weise eine Eiterung des Schleimbeutels am linken Kniegelenk bekommen hatte, die recht unangenehm verlief, operiert werden mußte und eine tiefe, den Gebrauch des Kniegelenks ein wenig hindernde Narbe zurückließ. Ich muß Ihrem Gutdünken die Entscheidung überlassen, ob schon die Eiterung mit dem zusammenhing, was ich nun zu berichten habe; ich meinerseits glaube es, wenn ich auch nicht angeben kann, auf welche Weise die Mutter – unbewußt selbstverständlich – die Erkrankung herbeigeführt hat. – Die Frau, von der ich erzähle, war das erste von fünf Kindern. Mit den beiden ältesten vertrug sie sich gut, gegen das vierte, dessen Beaufsichtigung ihr bei den kärglichen Lebensverhältnissen der Eltern zeitweise übertragen wurde, hatte sie von vornherein eine starke Abneigung, die stets die gleiche geblieben ist und auch jetzt noch besteht. Als das fünfte Kind unterwegs war, änderte sich der Charakter des Mädchens, sie schloß sich mehr an den Vater an, wurde widerspenstig gegen die Mutter, quälte die jüngste Schwester, kurz, wurde ein rechter Tunichtgut. Als ihr eines Tages befohlen wurde, auf die Kleinste aufzupassen, geriet sie in Wut, heulte und stampfte mit den Füßen, und als sie von der Mutter bestraft und zum Gehorsam gezwungen wurde, hat sie sich zur Wiege gesetzt, die Kufen mit dem Fuß wild geschaukelt, so daß das Kind anfing zu schreien, und dazu vor sich hingesagt: Verfluchte alte Hexe, verfluchte alte Hexe. Eine Stunde darauf hat die Mutter sich plötzlich zu Bett gelegt und sie zur Hebamme geschickt. Dabei hat sie gesehen, daß die Mutter stark blutete. Das Kind ist in derselben

Nacht noch geboren worden, aber die Mutter hat viele Monate im Bett liegen müssen und ist nie wieder recht frisch geworden. In dem Mädchen aber wurde damals der Gedanke wach und lebt noch jetzt in ihr, sie habe durch ihren Fluch die Erkrankung der Mutter herbeigeführt, sei schuld daran. Nun, das ist ein Erlebnis, wie es häufig vorkommt, wichtig genug für die Beurteilung der Schicksale, Charakterbildung, Krankheitsdisposition und Todesangst dessen, dem es just zustößt, aber an sich reicht es nicht aus, um die Angst vor einer Beinverkrüppelung des erwarteten Kindes zu erklären. Das Stampfen mit den Füßen, das bösartige Treten der Wiege mit der halbbewußten Absicht, die kleine Schwester herausfallen zu lassen, gibt zwar Beziehungen; sie sind aber allein nicht kräftig genug. Es ist von einer anderen Seite eine Verstärkung des Schuldkontos hinzugekommen. In dem Dorf, in dem meine Wöchnerin aufwuchs, lebte ein Idiot mit verkrüppelten Beinen, der, sobald die Sonne erschien, vor dem Häuschen der Eltern in einen Stuhl gesetzt wurde und trotz seines Alters von achtzehn Jahren wie ein dreijähriges Kind mit Steinen und Klötzchen spielte. Seine Krücken hatte er neben sich, konnte sie aber ohne Hilfe nicht gebrauchen und schien sie nur dazuhaben, um den Dorfkindern, die ihn weidlich neckten, damit zu drohen, wobei er gleichzeitig wilde, unverständliche Laute ausstieß. Die kleine Frieda – das ist der Name der Frau, deren Entbindung Sie mitgemacht haben –, die sonst das Muster eines artigen Kindes war, beteiligte sich während ihrer bösen Zeit ein paarmal an den Hänseleien der anderen, bis eines Tages die Mutter dahinterkam, ihr eine große Strafpredigt hielt und ihr sagte: Der liebe Gott sieht alles, und er wird dich strafen, so daß du auch einmal ein solch verkrüppeltes Kind bekommst. Wenige Tage darauf traten die Ereignisse ein, von denen ich berichtete.

Jetzt liegt der Zusammenhang ziemlich klar zutage. In die Grundstimmung des Verdrusses über die Schwangerschaft der Mutter fallen zwei böse Erlebnisse hinein, die Drohung mit der Strafe Gottes für das Verspotten des Unglücks und die Erkrankung der Mutter, die als Folge des Ausrufs: Verfluchte alte Hexe! aufgefaßt wird. Beides sind für den Gläubigen – und Frieda ist streng katholisch erzogen worden – schwere Sünden. Sie werden in die Tiefe der Seele zurückgedrängt und erscheinen in der Form der Angst wieder, als die eigene Schwangerschaft eine äußerliche Verknüpfung an die Kindheitserlebnisse gibt. Beiden Ereignissen gemeinsam ist, daß die Füße eine Rolle dabei spielen, und dieses Nebenumstandes bemächtigt sich, wie so oft, das Schuldbewußtsein und schiebt ihn als Angst vor der Mißgeburt in den Vordergrund, während die gleichzeitige Todesangst tiefer in der Verdrängung bleibt und scheinbar eher verschwindet; nur scheinbar, denn einige Jahre darauf ist sie in seltsam interessanter Form als Krebsangst von neuem, wiederum an den Fluch der Mutter anknüpfend, aufgetreten. Aber das gehört nicht hierher.

Ich muß, um Ihnen verständlich zu machen, warum ich diese Geschichte gerade jetzt erzähle, wo es sich um den Haß der Mütter gegen ein Kind handelt, auf etwas hinweisen, was ich erwähnt habe, aber was vermutlich Ihrer Aufmerksamkeit entgangen ist. Frieda hat sich während der Schwangerschaft nicht nur von der Mutter abgewendet, sondern sich so auffallend an den Vater angeschlossen, daß sie es selbst noch nach vielen Jahren hervorhebt. Das ist der Ödipuskomplex, von dem Sie wohl schon gehört haben. Sicherheitshalber ist es aber wohl besser, ihn mit zwei Worten festzulegen. Man versteht darunter die Leidenschaft des Kindes zu dem gegengeschlechtlichen Elternteil, des Sohnes zur Mutter, der Tochter zum Vater, vereint mit dem Todeswunsch gegen den gleichgeschlechtlichen Elternteil, gegen den Vater vom Sohn aus, gegen die Mutter von der Tochter aus. Mit diesem Ödipuskomplex, der zu den unvermeidlichen Eigentümlichkeiten des Menschenlebens gehört, werden wir uns noch beschäftigen müssen. Hier kommt es nur auf die Tatsache an, daß Mutter und Tochter stets und ohne Ausnahme Nebenbuhlerinnen sind und infolgedessen auch den gegenseitigen Haß der Nebenbuhlerinnen haben. Der Ausdruck: verfluchte alte Hexe, hat noch eine viel tiefere Begründung als bloß Familienzuwachs. Die Hexe verhext den Geliebten, so ist es im Märchen und ist es im Unbewußten des Mädchens. Der Begriff der Hexe ist aus dem Ödipuskomplex abgeleitet, die Hexe ist die Mutter, die den Vater durch Zauberkünste an sich fesselt, obwohl er eigentlich der Tochter gehört. Mit anderen Worten: Mutter und Hexe sind für das Es der Märchen dichtenden Menschheitsseele dasselbe.

Sie sehen, da kommt ein Stück Haß des Kindes gegen die Mutter zum Vorschein, das erstaunlich ist, das nur einigermaßen sein Gegengewicht in dem Glauben an die jungen, schönen Hexen findet, die rothaarigen gottlosen Dinger, der aus dem Haß der alternden Mutter gegen die feurig leidenschaftliche, frisch menstruierte, das heißt rothaarige Tochter entsteht. Dieser Haß muß wahrlich stark sein, da er solche Früchte hervorbringt. In Friedas Fluch hat sich die Qual langjähriger Eifersucht verdichtet, er ist der Maßstab der einen Seite ihrer Gefühlsregungen gegen die Mutter, der Gefühlsregungen, die zur Wut gesteigert worden sind durch die Schwangerschaft. Denn um schwanger zu sein, muß die Mutter Liebkosungen vom Vater empfangen haben, die die Tochter für sich beansprucht. Sie hat das Kind zu Unrecht sich erzaubert, die Tochter darum betrogen.

Begreifen Sie nun, warum ich Ihnen Friedas Geschichte erzählte? Sie ist typisch. In jeder Tochter flammt während der Schwangerschaft der Mutter die Eifersucht auf; sie wird nicht immer laut, aber sie ist da. Und ob sie sich äußert oder tief im Verborgenen bleibt, stets wird sie durch die Gewalt des moralischen Gebotes: Du sollst Vater und Mutter ehren, sonst mußt du sterben, niedergedrückt, verdrängt, das eine Mal mehr, das andere Mal weniger, immer aber mit dem gleichen Erfolg, daß das Schuldgefühl entsteht.

Wie aber steht es mit dem Schuldbewußtsein? Das verlangt Strafe, und zwar die Strafe in derselben Form, die die Schuld hat. Frieda hat den Krüppel verspottet, also wird sie einen Krüppel zur Welt bringen. Sie hat ihre Mutter verflucht und beschimpft, das eigene Kind wird dasselbe mit ihr tun. Sie hat ihre Mutter gehaßt, das Kind, das sie jetzt im Schoß trägt, wird es vergelten. Sie hat der Mutter die Liebe des Vaters rauben wollen, dasselbe Los wird ihr das kommende Kind bereiten. Auge um Auge, Zahn um Zahn.

Finden Sie es nicht verständlich, daß diese Frieda, die ihr Leben und ihr Glück vom Kind bedroht fühlt, dieses Kind nicht immer liebt, daß, wenn die in der Tiefe von Kindheit her lagernden Gifte durch die Tagesereignisse aufgerührt werden, sie das Kind haßt, die junge Hexe, die schönere, aufblühende, der die Zukunft gehört?

Das Schuldbewußtsein, das jede Tochter der Mutter gegenüber hat, zwingt ihr von vornherein die Fähigkeit zum Haß gegen das eigene Kind auf; das ist so.

Vermutlich glauben Sie wieder, daß ich übertreibe, daß ich aus einem einzelnen Fall allgemeine Schlußfolgerungen ziehe, wie es so meine Art ist. Ach nein, liebe Freundin, diesmal ist es nicht übertrieben. Den tiefsten Grund des Schuldbewußtseins, das unfehlbar Angst und Abneigung erzwingen muß, habe ich noch nicht genannt, aber neulich habe ich ihn erwähnt. Der liegt darin, daß das Kind bei der Geburt, dadurch, daß es geboren wird, der Mutter Blut vergießt. Und wer Blut vergießt, des Blut soll wieder vergossen werden. Die Frau, die guter Hoffnung ist, kann nicht anders, als das Kind im Leib fürchten, denn es ist der Rächer. Und niemand ist gut genug, den Rächer immer zu lieben.

Ich habe dieses lange Schreiben unternommen, weil ich Ihnen gern einen Begriff von der Verwicklung aller Beziehungen zwischen Mutter und Kind geben wollte. Hoffentlich haben Sie es nicht verstanden; sonst muß ich fürchten, daß ich Ihnen die dunkelsten Ecken nicht gewiesen habe. Nach und nach werden wir uns aber wohl verständigen, entweder darin, daß Sie alles abweisen; nun, dann haben wir wenigstens eine Zeitlang korrespondiert, oder darin, daß Sie gleich mir allen menschlichen Verhältnissen gegenüber vorsichtig werden, duldsam und voll der Überzeugung, daß jedes Ding seine zwei Seiten hat.

Darf ich noch mit zwei Worten auf Friedas Erlebnisse zurückkommen? Ich sagte Ihnen, daß sie, wie alle kleinen Mädchen, das Kind der Mutter für sich beanspruchte; nicht nur dies eine Mal, sondern das Kind vom eigenen Vater zu empfangen, ist ein Wunsch, der auf rätselhafte Weise während des ganzen Lebens einer Frau im Unbewußten mitgeht. Und an diesen Wunsch der Blutschande heftet sich das Wort: Idiot. Sie werden keine Frau finden, die nicht irgendwann von der Idee befallen wird, ihr Kind wird idiotisch zur Welt kommen oder es wird verblöden. Denn der Glaube, daß dem Verkehr mit dem Vater ein mißratenes Kind entspringen müsse, sitzt tief im modernen Menschen. Die Tatsache, daß jener Krüppel idiotisch war, hat dahin gewirkt, daß die verdrängten Gefühle jener Zeit auch noch durch die dumpf empfundenen Wünsche und Ängste der Blutschande vergiftet wurden.

Es fehlt noch etwas, um das Bild vollständig zu überblikken. Ich habe Ihnen früher von der Symbolik der Geschlechtsteile gesprochen. Nun, das deutlichste Symbol des weiblichen Organs, das sich schon in dem Wort Gebärmutter kundgibt, ist die Mutter. Für das symbolisierende Es – und ich sagte Ihnen, das Es kann nicht anders als symbolisieren – ist der weibliche Geschlechtsteil die Gebärerin, die Mutter. Wenn Frieda ihrer Mutter flucht, so verflucht sie auch das Symbol, ihr Geschlechtsorgan, ihr eigenes gebärendes Wesen, ihr Frau- und Muttersein.

Habe ich nicht recht gehabt, als ich sagte, über das Es läßt sich nur stammeln? Ich mußte es sagen, muß es wieder sagen, sonst halten Sie mich am Ende doch noch für einen Narren. Aber wenn auch, Sie werden sehen, daß wenigstens Methode in der Narrheit ist.

Herzlichst Ihr

Patrik Troll

Sie sind ungerecht, liebe Freundin. Ich kann nichts dafür, daß das Leben verwickelt ist. Wenn Sie alles glatt verstehen wollen, so rate ich Ihnen nochmals, nehmen Sie Lehrbücher zur Hand. Da finden Sie die Dinge schön geordnet und klar auseinandergesetzt. Nebel und Dunkelheit gibt es da nicht, oder wenn es sie gibt, geht das tugendhafte Lehrbuch mit der Bemerkung daran vorbei: Dort ist es dunkel.

Die Schulwissenschaft ist wie ein Tapisseriewarenladen. Da liegt ein Knäuel neben dem anderen, Zwirn, Seide, Wolle, Baumwolle, in allen Farben, und jedes Knäuel ist sorgfältig aufgewickelt; wenn Sie das Ende des Fadens fassen, können Sie ihn rasch und ohne Mühe abwickeln. Aber ich besinne mich aus meiner Kindheit, was für eine Geschichte es war, wenn wir der Mutter über ihre Näh- und Stricksachen gekommen waren und das Garn verwirrt hatten. Das war eine Mühe, die verschlungenen und verknoteten, verfitzten Fäden wieder auseinanderzuklauben. Manchmal blieb als einzige Rettung die Schere übrig, die leicht den Knoten zerschnitt. Aber nun denken Sie sich die ganze Welt voll solch Wirrwarr von Garn. Dann haben Sie – vorausgesetzt, daß Sie Phantasie genug haben, um es sich vorzustellen, und nicht sofort ermattet sagen: Nein, so etwas will ich nicht einmal denken –, dann haben Sie, sage ich, das Arbeitsfeld vor sich, auf dem der forschende Mensch tätig ist. Dies Arbeitsfeld liegt hinter dem Laden, man sieht es nicht. Niemand, der nicht dazu gezwungen ist, begibt sich in diesen Raum, wo jeder ein Fädchenstück zwischen den Fingern hat und emsig daran herumbastelt. Da gibt es Streit und Neid und gegenseitiges Helfen und Verzweiflung, und nie findet einer, auch nicht einer, ein Ende. Nur ab und zu kommt ein Herrchen vorn aus dem Laden und fordert ein Stück rote Seide oder schwarze Wolle, weil eine Dame – vielleicht sind Sie es – gerade irgend etwas Niedliches stricken will. Dann weist ein müder Mann, der eben von der Aussichtslosigkeit seines Schaffens ermattet die Hände hat sinken lassen, die paar Meter Garn, die er mühsam in Jahrzehnten aus dem wirren Gewimmel herausgeholt hat, vor, der Ladendiener holt seine Schere, schneidet das glatte Stück heraus und wickelt es, während er nach vorn geht, wundervoll zum Knäuel. Und Sie kaufen es und glauben, ein Stück Menschheit zu kennen; ja, ja.

Nun, die Werkstatt, in deren Verkaufsraum ich diene – denn ich gehöre nicht zu den geduldigen Leuten, die ihr Leben lang an der Verwirrung herumklauben, ich verkaufe Knäuel –, also diese Werkstatt ist schlecht beleuchtet, und das Garn ist schlecht gesponnen und an tausend Stellen schon zerschnitten und zerfetzt. Man gibt mir nur immer kleine Stückchen, die muß ich zusammenknoten, muß selber hier und da die Schere gebrauchen und, wenn es nachher zum Verkauf kommt, ist alle Augenblicke der Faden zerrissen oder es ist rot und schwarz zusammengebunden, Baumwolle und Seide, kurz, es ist eigentlich keine Verkaufsware. Daran kann ich nichts ändern. Aber seltsam ist es, daß es immer noch Leute gibt, die so etwas kaufen; kindische Leute offenbar, die an der Buntheit und Regellosigkeit Gefallen finden. Und das Seltsamste ist, daß Sie zu diesen Leuten gehören.

Nun, wo wollen wir heute anfangen? Beim Kindchen, beim ganz kleinen Kindchen, das noch im Bauch der Mutter schläft. Vergessen Sie nicht, es ist Phantasiewolle, die ich Ihnen anbiete. Besonders merkwürdig im Leben des ungeborenen Kindes ist mir immer eine Tatsache gewesen: die, daß es allein mit sich ist, nicht nur eine Welt für sich hat, sondern eine Welt für sich ist. Wenn es ein Interesse hat – und wir haben gar keinen Grund anzunehmen, daß es interesselos, unverständig wäre, im Gegenteil, die anatomischen und physiologischen Verhältnisse erzwingen die Annahme, daß das Kind auch ungeboren denkt, und die Mütter bestätigen das aus den Wahrnehmungen, die sie am Kind in ihrem Leib machen –, wenn das ungeborene Kind ein Interesse hat, so kann es im wesentlichen nur das Interesse an sich selbst sein. Es denkt nur an sich, alle seine Affekte gehen auf den eigenen Mikrokosmos. Ist es zu verwundern, daß diese von Beginn an geübte Gewohnheit, diese erzwungene Gewohnheit, dem Menschen sein ganzes Leben hindurch bleibt? Denn wer ehrlich ist, der weiß, daß wir alles immer auf uns selbst beziehen, daß es ein mehr oder minder schön anzuschauender Irrtum ist, anzunehmen, wir lebten für andere oder für anderes. Das tun wir niemals, nicht einen Augenblick, niemals. Und der, auf den sich die Verkünder der edlen, ach so falschen und erdachten Gefühle der Aufopferung, Selbstverleugnung, Nächstenliebe berufen, Christus, wußte das; denn als höchstes Ideal, als ein unerreichbares Ideal, sprach er das Gebot aus: Liebe deinen Nächsten als dich selbst; wohlgemerkt nicht »mehr als dich selbst«, sondern so wie du dich liebst. Er nennt dieses Gebot gleich dem anderen: Liebe Gott von ganzer Seele, von ganzem Herzen, von ganzem Gemüt. Es fragt sich, ob dieses Gebot nicht in ganz anderem Sinn dem zweiten der Nächstenliebe gleich ist, gewissermaßen mit ihm identisch ist, was ich glaube und worüber wir später unsere Gedanken austauschen können. Jedenfalls aber hielt er fest an der Überzeugung, daß der Mensch sich selbst am meisten liebt, und das Geschwätz der guten Menschen nannte er pharisäisch und heuchlerisch, was es auch ist. Heutigen Tages nennt die Psychologie diesen Trieb bei Menschen zu sich selbst, diesen Trieb, der ausschließlich ist und in dem Alleinsein des Kindes im Mutterleib wurzelt, Narzißmus. Sie wissen, Narzissus war in sich selbst verliebt, ertrank in dem Bach, in dem er sein Spiegelbild sah; eine erstaunliche Umdichtung des Selbstbefriedigungstriebes.

Sie erinnern sich, daß ich behauptete, das Objekt für die Liebesfähigkeiten des Menschen sei zunächst und fast ausschließlich er selbst. Der neunmonatige Verkehr mit sich selbst, zu dem die Natur den Menschen während der vorgeburtlichen Zeit zwingt, ist ein achtbares Mittel, diesen Zweck zu erreichen.

Haben Sie schon einmal versucht, sich in die Gedankengänge eines ungeborenen Kindes hineinzuversetzen? Tun Sie es einmal. Machen Sie sich ganz klein, ganz klein und kriechen Sie in den Bauch zurück, aus dem Sie gekommen sind; es ist das gar nicht so eine sinnlose Aufforderung, wie Sie meinen, und das Lächeln, mit dem Sie meine Zumutung wegweisen, ist kindlich freundlich, ein Beweis, wie vertraut Ihnen der Gedanke ist. Tatsächlich wird ja auch unser ganzes Leben, ohne daß wir es wissen, von diesem Wunsch, in die Mutter zu gelangen, geleitet. Ich möchte in dich hineinkriechen, wie oft hört man dieses Wort! Nehmen wir an, es gelänge Ihnen, wieder in den Mutterschoß zurückzukehren. Ich denke mir, es müßte einem dabei zumute sein wie jemandem, der nach einem bunt verlebten Tag voll schöner und finsterer Gedanken und Erlebnisse, voll Sorgen, Mühe, Arbeit und Lust und

Gefahr zu Bett geht, allmählich schläfrig wird und mit dem angenehmen Empfinden, sicher und ungestört zu sein, einschläft. Nur tausendfach schöner, tiefer, ruhiger muß dieses Empfinden sein, vielleicht ähnlich dem, das hier und da ein sensitiver Mensch beschreibt, wenn er von einer Ohnmacht erzählt, oder dem, was wir so gern bei sachte in den Tod gleitenden Freunden als Einschlummern voraussetzen.

Muß ich es noch ausdrücklich sagen, daß das Bett ein Symbol des Mutterleibes ist, der Mutter selbst? Ja, ich gehe in meinen Behauptungen noch weiter. Sie besinnen sich, was ich Ihnen über das symbolische Denken und Handeln des Menschen schrieb, daß er dem Willen des Symbols unterworfen ist und gehorsam tun muß, was diese Schicksalskraft verlangt, daß er erfindet, was das Symbolisieren erzwingt. Um den Schein unserer Gottähnlichkeit zu wahren, preisen wir freilich unsere Erfindungen als Werke unseres bewußten Denkens, unseres Genius und vergessen ganz, daß die Spinne sich im Netz ein Werkzeug erfunden hat, das nicht minder genial ist als das Netz, mit dem wir Fische fangen, und daß der Vogel Nester baut, die den Vergleich mit unseren Bauten wohl aushalten. Es ist eben ein Irrtum, den Verstand des Menschen zu preisen, ihm das Verdienst alles Geschehens zuzuschreiben, ein begreiflicher Irrtum, da er auf dem Allmachtsgefühl des Menschen beruht. In Wahrheit sind wir Werkzeuge des Es, das mit uns macht, was es will, und es ist schon des Verweilens wert, gelegentlich dem dunklen Walten des Es nachzuspüren. Um es kurz zu sagen: Ich glaube, daß der Mensch das Bett erfinden mußte, weil er von der Sehnsucht nach dem Mutterleib nicht loskommt. Ich glaube nicht, daß er es sich erdacht hat, um bequemer zu liegen, gleichsam um seiner Faulheit zu frönen, sondern weil er seine Mutter liebt. Ja, mir ist es wahrscheinlich, daß die Faulheit des Menschen, die Freude am Bett, am langen Liegen in den hellen Tag hinein der Beweis einer großen Liebe zur Mutter ist, daß die faulen Menschen, die gern schlafen, die besten Kinder sind. Und wenn Sie bedenken, daß das Kind, je mehr es seine Mutter liebte, um so eifriger streben muß, von ihr loszukommen, so werden Ihnen Naturen wie Bismarck oder der Alte Fritz, deren emsiger Fleiß in seltsamem Gegensatz zu ihrer großen Faulheit steht, begreiflich werden. Ihr unablässiges Arbeiten ist eine

Auflehnung gegen die Fessel der Kindesliebe, die sie mitschleppen.

Diese Auflehnung ist begreiflich. Je wohler sich das Kind im Mutterleib gefühlt hat, um so tiefer muß es den Schrecken des Geborenseins empfinden, um so inniger muß es den Schoß lieben, in dem es ruhte, um so stärker muß das Grauen vor diesem Paradies der Faulheit sein, aus dem es noch einmal vertrieben werden könnte.

Liebste Freundin, ich warne Sie allen Ernstes, die Korrespondenz mit mir fortzusetzen. Ich führe Sie, wenn Sie auf mich hören, so weit weg von allem, was vernünftige Menschen meinen, daß es Ihnen nachher schwer werden wird, den richtigen gesunden Menschenverstand wiederzufinden. Soundso viele Gelehrte, historisch gebildete Leute, haben das Seelenleben Bismarcks nach allen Richtungen hin durchforscht und sind zu dem Schluß gekommen, daß er sich aus seiner Mutter nicht viel gemacht habe. Er erwähnt sie kaum und, wo er es tut, klingt ein Groll aus seinen Worten. Und nun komme ich daher und behaupte, die Mutter ist der Mittelpunkt seines Lebens gewesen, war das Wesen, das er am meisten geliebt hat. Und dafür bringe ich nur die eine Tatsache als Beweis, daß er stets sich nach Ruhe sehnte und doch vor der Untätigkeit floh, daß er die Arbeit haßte und doch stets arbeitete, daß er gern schlafen wollte und schlecht schlief. Es ist wirklich eine Zumutung, da Glauben zu erwarten. Aber gestatten Sie mir, ehe Sie das Wort »albern« aussprechen, noch zwei, drei Dinge aus Bismarcks Wesen herauszugreifen. Zunächst ist da das seltsame Phänomen, das zu erwähnen gewissenhafte Beobachter nie verfehlen: Er sprach – seltsam bei einem Mann von solch massigem Körperbau – mit hoher Stimme. Für unsereinen bedeutet das: Etwas in diesem Mann war Kind geblieben, stand der Welt gegenüber wie das Kind der Mutter, eine Behauptung, die sich leicht aus den Wesenszügen des »eisernen« Kanzlers, der in Wahrheit Nerven wie ein Knabe besaß, stützen ließe. Es braucht aber der individuellen Charaktereigenschaften nicht, um von jemandem, der solche hohe Stimmlage hat, zu sagen: Der ist kindlich und ein Muttersöhnchen.

Besinnen Sie sich noch – ach, es ist schon lange her –, wie wir zusammen im Deutschen Theater waren, um Joseph

Kainz als Romeo zu sehen? Wie wir uns wunderten, daß seine Stimmlage in den Liebesszenen so hoch wurde, mit welchem seltsam knabenhaften Klang das Wort Liebe von ihm ausgesprochen wurde? Ich habe später oft daran denken müssen, denn es gibt viele, die, so männlich sie sonst sind, das eine Wort Liebe hoch aussprechen. Warum? Weil bei dem einen Wort plötzlich in ihnen diese erste, tiefste, unvergängliche Liebe wieder wach wird, die sie als Kind für die Mutter empfanden, weil sie damit sagen wollen, sagen müssen, ohne es zu wollen: Ich liebe dich, wie ich die Mutter liebte, und alle Liebe, die ich geben kann, ist Abglanz der Liebe zu ihr. Es wird keiner leicht mit diesem Wesen Mutter fertig; bis an das Grab wiegt sie uns in ihren Armen.

Auch an einer anderen Stelle kommt das Mutterkind in Bismarck zum Vorschein: Er rauchte viel. Warum finden Sie es gleich komisch, daß ich das Rauchen als einen Beweis der Kindlichkeit und des Hängens an der Mutter anspreche? Ist Ihnen noch nie in den Sinn gekommen, wie ähnlich das Rauchen dem Saugen an der Mutterbrust ist? Sie haben Augen und sehen nicht. Achten Sie doch auf solch alltägliche Dinge; sie werden Ihnen manch Geheimnis offenbaren, nicht bloß das eine, daß der Raucher Mutterkind ist.

Für mich ist kein Zweifel – und ich könnte noch viel darüber plaudern: Dieser starke Mensch war im Tiefsten von der Mutterimago beherrscht. Sie kennen ja seine »Gedanken und Erinnerungen«. Ist es Ihnen nicht aufgefallen, daß dieser Tatsachenmensch es für nötig hält, einen Traum zu erzählen? Einen Traum, wie er mit der Gerte den Felsen sprengt, der ihm den Weg versperrt? Nicht der Traum ist das Merkwürdige; für jeden, der sich etwas mit Träumereien beschäftigt, ist es klar, daß der Inzestwunsch, der Ödipuskomplex, darin verborgen ist. Aber daß Bismarck ihn erzählt hat, das ist der Aufmerksamkeit wert. Nahe am Grab war er noch so in der Gewalt der Mutter, daß er dieses Geheimnis seines Lebens mitten in die Erzählung seiner größten Taten hineinstellen mußte.

Sie sehen, liebe Freundin, mit ein wenig gutem Willen läßt sich in jedes Menschen Leben die Wirkung der Mutterimago hineindeuten. Und diesen guten Willen besitze ich. Ob das, was ich denke, richtig ist, darüber mögen Sie je nach Ihrem

Gutdünken urteilen. Aber es kommt mir nicht darauf an, recht zu haben. Mir liegt daran, Ihnen eine kleine Regel in das Gedächtnis einzuprägen, weil ich finde, daß sie im Verkehr mit sich und den Menschen nützlich ist: Wen man schilt, den liebt man.

Achten Sie darauf, worüber die Menschen schelten, was sie verachten, wovor sie sich ekeln. Hinter dem Schelten, der Verachtung, dem Ekel, der Abneigung, steckt immer und ohne Ausnahme ein schwerer, noch nicht abgeschlossener Konflikt. Sie werden nie in der Annahme fehlgehen, daß der Mensch, was er haßt, einmal sehr geliebt hat und noch liebt, was er verachtet, bewundert hat und noch bewundert, wovor er sich ekelt, gierig gewünscht hat. Wer die Lüge verabscheut, ist sicher ein Lügner gegen sich selbst, wer sich vorm Schmutz ekelt, für den ist der Schmutz eine verführerische Gefahr, und wer einen anderen verachtet, der bewundert und beneidet ihn. Und es hat eine tiefe Bedeutung, daß die Frauen – und auch die Männer – sich vor Schlangen fürchten, denn es gibt eine Schlange, die die Welt und das Weib regiert. Mit anderen Worten: Die Tiefen der Seele, in denen die verdrängten Komplexe ruhen, verraten sich in den Widerständen. Zwei Dinge muß beachten, wer sich mit dem Es befaßt, die Übertragungen und die Widerstände. Und wer Kranke behandeln will, mag er Chirurg oder Geburtshelfer oder praktischer Arzt sein, hilft nur so weit, als es ihm gelingt, die Übertragungen des Kranken auszunutzen und die Widerstände zu lösen.

Ich habe nichts dagegen, wenn Sie dieser Regel gemäß beurteilen und verurteilen Ihren allzeit getreuen

Patrik Troll

10

Dank für die Mahnung, liebe Freundin. Ich werde versuchen, wieder festen Boden unter die Füße zu bekommen. Nur nicht schon heute.

Ich muß Ihnen etwas erzählen. In freundlich einsamen Stunden überfällt mich zuweilen eine Träumerei seltsamen Inhalts. Ich stelle mir dann vor, daß ich, von Feinden verfolgt, einem Abgrund zueile, dessen felsiger Rand, wie ein weit vorspringendes Dach, die jäh hinabführende Wand überragt. Lose um einen Baumstumpf geschlungen, hängt ein langes Seil in die Tiefe. Daran gleite ich nieder und schaukle mich hin und her, der Felswand zu und wieder weg davon, in immer größeren Schwingungen. Hin und her, hin und her schwebe ich über dem Abgrund, sorglich, mit den Beinen den Körper von dem Felsen abzustoßen, damit er nicht gequetscht wird. Es liegt ein verführerischer Reiz in diesem Schaukeln, und meine Phantasie dehnt es in die Länge. Endlich aber gelange ich zum Ziel. Eine Höhle, von der Natur geschaffen, liegt vor mir; sie ist aller Menschen Augen verborgen, nur ich kenne sie, und in weitem sanftem Schwung fliege ich in sie hinein und bin gerettet. Der Feind starrt von der Höhe des Felsens in die schwindelnde Tiefe hinab und geht seinen Weg zurück in der sicheren Annahme, daß ich unten zerschmettert liege.

Ich habe oft gedacht, daß Sie mich beneiden würden, wenn Sie wüßten, wie süß die Wonne dieser Phantasie ist. Darf ich sie deuten? Diese Höhle, deren Zugang nur ich allein kenne, ist der Leib der Mutter. Der Feind, der mich verfolgt, und, in seinem Haß befriedigt, mich zerschlagen im Abgrund wähnt, ist der Vater, der Mann dieser Mutter, der sich ihr Herr zu sein dünkt und doch das niebetretene, unbetretbare Reich ihres Schoßes nicht kennt. Letzten Endes will dieser Traum im Wachen nichts anderes sagen, als was ich als Kind zu antworten pflegte, wenn man mich fragte: Wen willst du heiraten? Es kam mir gar nicht in den Sinn, daß ich irgendein Weib heiraten könnte, außer der Mutter. Und ich verdanke es wohl nur der trostlosen Einsamkeit meiner Schuljahre, daß dieser tiefste Wunsch meines Wesens zu einer schwerverständlichen Symbolphantasie niedergedrückt wurde. Nur das nicht mitteilbare Wonnegefühl des Schaukelns verrät noch die Glut des Affekts. Und die Tatsache, daß ich so gut wie nichts mehr von der Zeit zwischen zwölf und siebzehn Jahren weiß, die ich getrennt von meiner Mutter verleben mußte, beweist, welche Kämpfe in mir stattgefunden haben. Es ist eine eigene Sache mit solcher Loslösung von der Mutter, und ich kann wohl sagen, daß das Schicksal gnädig über mir gewaltet hat.

Das ist mir heute wieder einmal recht klargeworden. Ich habe einen harten Strauß mit einem jungen Mann durchgefochten, der sich durchaus von mir behandeln lassen will, aber vor Angst bebt und kaum ein Wort vorbringen kann, sobald er mich sieht. Er hat es fertiggebracht, mich mit seinem Vater zu identifizieren, und wie ich es auch anfangen mag, er bleibt der Meinung – oder vielleicht sein Es bleibt der Meinung –, daß ich irgendwo ein großes Messer verborgen habe, daß ich ihn packen und des Abzeichens seiner Mannheit berauben werde. Und das alles, weil er seine Mutter, die längst tot ist, leidenschaftlich geliebt hat. In diesem Menschen lebte einmal – jahrelang oder nur für Augenblicke –, lebt vielleicht noch der tobende Wunsch, die eigene Mutter zur Geliebten zu nehmen, ihren Schoß zu besitzen. Und aus diesem Wunsch, dieser Begierde der Blutschande, wuchs die Angst vor der Rache des Vaters, der mit dem vernichtenden Messerschnitt das geile Glied abschneidet.

Daß ein Kranker im Arzt seinen Vater sieht, ist erklärlich. Die Übertragung des Affekts zu Vater oder Mutter auf den Arzt stellt sich bei jeder Behandlung ein; sie ist maßgebend für den Erfolg, und je nachdem der Kranke mit seinem Gefühlsleben auf den Vater oder auf die Mutter eingestellt war, wird er den starken oder den sanften Arzt bevorzugen. Wir Ärzte tun gut daran, uns dieser Tatsache bewußt zu bleiben; denn drei Viertel unserer Erfolge, wenn nicht viel mehr, beruhen auf der Fügung, die uns irgendwelche Wesensähnlichkeit mit den Eltern der Patienten gab. Und der größte Teil unserer Mißerfolge ist auch auf solche Übertragungen zurückzuführen, was uns einigermaßen über den Verdruß unserer Eitelkeit trösten mag, den ihr die Erkenntnis der Übertragung als des eigentlichen Arztes bereitet. »Ohn' all mein Verdienst und Würdigkeit«, mit diesem Lutherwort bleibt vertraut, wer mit sich selbst in Frieden leben will.

Darin ist also nichts Merkwürdiges, daß mein Patient in mir den Vater sucht; aber daß er, der an die Mutterimago gefesselt ist, sich einen Vaterarzt auswählt, fällt auf, und die Schlußfolgerung ist erlaubt, daß er, ohne es sich selbst klargemacht zu haben, am Vater ebenso hängt wie an der Mutter. Das gäbe eine gute Aussicht auf Erfolg. Oder sein Es trieb ihn zu mir, weil er sich durch seine mißlungene Kur zum soundsovielten Male beim soundsovielten Lehrer und Arzt beweisen will, daß der Vater ein armselig minderwertiges Geschöpf ist. Dann ist freilich wenig Hoffnung, daß gerade ich ihm helfen werde. Ich täte besser, ihm diesen Sachverhalt zu erklären und ihn auf die Suche nach einem Arzt der mütterlichen Art zu schicken. Aber ich bin ein unerziehbarer Optimist und nehme an, daß er trotz seiner Angst im Innersten ernstlich an mein Übergewicht glaubt und es liebt, wenn er auch gern ein bißchen Bosheit in die Behandlung hineinträgt. Solche Schabernack spielende Kranke sind nicht selten. Immerhin ist der Sachverhalt zweifelhaft, und erst der Ausgang der Behandlung wird mich lehren, was den Kranken bewog, gerade zu mir zu kommen.

Ich kenne ein Mittel, die verborgene Gesinnung eines Menschen gegen mich, wie sie im Augenblick da ist, ans Tageslicht zu ziehen, und weil Sie ein artig liebes Weibchen sind und Humor genug besitzen, um es ohne Verdrießlichkeit zu verwenden, will ich es Ihnen verraten. Fragen Sie den, dessen Herz Sie kennenlernen möchten, nach einem Schimpfwort. Und wenn er, wie zu erwarten steht, »Gans« sagt, dürfen Sie es auf sich beziehen und ohne Ärger feststellen, daß Sie ihm zu viel schnattern. Aber vergessen Sie nicht, daß Gans gebraten gut schmeckt, daß es also ebensogut ein Kompliment wie eine Beschimpfung sein kann.

Nun, ich habe bei passender Gelegenheit meinen Kranken auch nach einem Schimpfwort gefragt, und es kam, prompt, wie ich es erwartet hatte, das Wort »Ochse«. Damit wäre ja die Frage gelöst: Mein junger Freund hält mich für dumm, für horndumm. Aber das kann eine Empfindung des Augenblicks bei ihm sein, die – so hoffe ich – vorübergehen wird. Was mich an dem Wort interessiert, ist etwas anderes. Wie inmitten der Dunkelheit ein aufzuckendes Licht, erhellt es für einen Augenblick die Finsternis der Erkrankung. Der Ochse ist kastriert. Wenn ich, wie sich das für den wohlanständigen Arzt geziemt, den bösartigen Hohn überhöre, der mich zum Eunuchen degradiert, finde ich in dem Wort Ochse eine neue Erklärung für die Angst meines Patienten, ja, es bringt mich sogar der allgemeingültigen Lösung einer überaus wichtigen Frage näher, die wir in unserem seltsamen Medizindeutsch »Kastrationskomplex« nennen. Und wenn ich einmal diesen Kastrationskomplex in seinen Einzelheiten und seiner Gesamtheit beherrsche, werde ich mich Doktor Allwissend nennen und werde Ihnen von den vielen Millionen, die dann in meine Kasse fließen werden, großzügig eine schenken. Das Wort Ochse verrät mir nämlich, daß mein Klient einmal den Wunsch und die Absicht gehabt hat, seinen eigenen Vater zu kastrieren, aus dem Stier einen Ochsen zu machen, und daß er dieses frevelhaften Wunsches wegen nach dem Satz: Auge um Auge, Zahn um Zahn, Schwanz um Schwanz für seinen eigenen Geschlechtsteil bange ist. Was mag ihn zu diesem Wunsch bewogen haben?

Sie sind rasch mit der Antwort bei der Hand, liebe Freundin, und ich beneide Sie um diese entschlossene Raschheit. »Wenn«, sagen Sie, »dieser Mensch von der Begierde beherrscht ist, seine Mutter zur Geliebten zu haben, kann er nicht dulden, daß ein anderer – der Vater – sie besitzt, er muß den Vater töten wie Ödipus den Laios oder er muß ihn kastrieren, zum ungefährlichen Haremssklaven machen.« Leider sind die Dinge im Leben nicht so einfach, und Sie müssen sich jetzt mit Geduld für eine lange Auseinandersetzung wappnen.

Mein Kranker gehört zu den Menschen, die doppelgeschlechtlich eingestellt sind, die ihre Affekte dem eigenen männlichen Geschlecht ebenso zuwenden wie dem weiblichen; er ist, um mich wiederum meiner geliebten Medizinersprache zu bedienen, zugleich homosexuell und heterosexuell. Sie wissen, daß diese Doppelgeschlechtlichkeit für die Kinder allgemeingültig ist. Aus meinem Privatwissen füge ich hinzu, daß die doppelte Einstellung bei dem Erwachsenen eine Dauerhaftigkeit des kindlichen Es beweist, die der Aufmerksamkeit wert ist. Bei meinem Patienten wird die Sache noch dadurch kompliziert, daß er sich beiden Geschlechtern gegenüber als Mann oder als Weib fühlen kann, daß er also die verschiedensten Leidenschaftsmöglichkeiten hat. Es kann also sehr gut sein, daß er seinen Vater nur deshalb kastrieren will, um aus diesem Vater seine Geliebte zu machen und daß andererseits seine Angst, die Geschlechtsteile könnten ihm vom Vater weggeschnitten werden, ein verdrängter Wunsch ist, die Frau des Vaters zu sein.

Aber ich vergesse ganz, daß Sie ja gar nicht verstehen können, was ich meine, wenn ich sage, ein Mensch will durch Wegschneiden der männlichen Genitalien aus dem Mann ein Weib machen. Darf ich Sie bitten, mit in die Kinderstube zu kommen. Auf der Waschkommode sitzt Grete in ihrer dreijährigen Nacktheit und wartet auf das Kindermädchen, das warmes Wasser zum Abendwaschen holt. Vor ihr steht, mit neugierigen Augen zwischen die gespreizten Beinchen guckend, der kleine Hans, tippt mit dem Finger auf den roten klaffenden Spalt der Schwester und fragt: »Abgeschnitten?« »Nein, immer so gewesen.«

Wenn es mir nicht so unangenehm wäre zu zitieren – in meiner Familie war es Sitte und sowohl Mutter wie Brüder haben mich und meine Eitelkeit tausendfach damit gequält, daß sie besser zitieren konnten als ich armseliger Benjamin; es fehlt auch nicht an argen Blamagen, die ich bei falschem Zitieren auf mich geladen habe – wenn es mir nicht so dumm vorkäme, würde ich jetzt etwas vom tiefen Sinn des kindischen Spiels sagen. Statt dessen will ich Ihnen nüchtern mitteilen, was diese Geschichte vom Abgeschnitten bedeutet. Zu irgendeiner Zeit – es ist merkwürdig, daß kaum einer sich besinnen kann, wann das geschieht – und noch merkwürdiger ist es, daß ich so viel mit Unterbrechungen meiner Sätze denke und schreibe. Sie mögen daraus erfahren, wie schwer es mir wird, auf diese Dinge einzugehen, und ich überlasse es Ihnen, daraus Ihre Folgerungen über meinen persönlichen Kastrationskomplex zu ziehen.

Also, zu irgendeiner Zeit bemerkt das Knäblein den Unterschied beider Geschlechter. Bei sich und beim Vater und den Brüdern sieht er ein Anhängsel, das ganz besonders lustig anzusehen und zum Spielen ist. Bei Mutter und Schwester sieht er statt dessen ein Loch, aus dem das rohe Fleisch, der Wunde ähnlich, hervorschimmert. Er folgert daraus, dumpf und unbestimmt, wie es seinem jungen Gehirn zukommt, daß einem

Teil der Menschen das Schwänzchen, mit dem sie geboren wurden, weggenommen wird, ausgerissen, eingestülpt, abgequetscht oder abgeschnitten wird, damit es auch Mädchen und Frauen gibt; denn die braucht der liebe Gott zum Kinderkriegen. Und wiederum zu einer Zeit macht er in seiner seltsamen Verwirrtheit diesen unerhörten Dingen gegenüber für sich aus, das Schwänzchen wird abgeschnitten, denn die Mama macht ab und zu statt des hellgelben Pipis rotes Blut in das Töpfchen. Also wird ihr von Zeit zu Zeit der Pipimacher, das Hähnchen, aus dem das Wasser spritzt, abgeschnitten, und zwar nachts vom Papa. Und von diesem Moment an bekommt das Knäblein eine Art Verachtung für das weibliche Geschlecht, eine Angst für seine eigene Mannheit und eine mitleidige Sehnsucht, das Loch der Mama und weiterhin die Wunden anderer Mädchen und Frauen mit seinem Hähnchen auszufüllen, sie zu beschlafen.

Ach, liebe Freundin, ich bilde mir nicht ein, damit die Lösung der ewig rätselhaften Frage nach der Liebe gefunden zu haben. Der Schleier bleibt, an dem ich nur ein Eckchen zu lüften suche, und was ich dahinter sehe, ist dunkel. Aber es ist wenigstens ein Versuch. Und ich bilde mir auch nicht ein, daß der Knabe diese infantile Sexualtheorie – erschrecken Sie nicht über den gelehrten Ausdruck – klar denkt. Aber gerade weil er sie nicht klar denkt, nicht klar auszudenken wagt, weil er fünf Minuten später wieder eine andere Theorie aufstellt, um sie wieder zu verwerfen, kurz, weil er diese Dinge gar nicht in seinem Bewußtsein aufspeichert, sondern in die Tiefen des Unbewußten versenkt, gerade deshalb haben sie eine so unermeßlich große Wirkung auf ihn. Denn was unser Leben und Wesen gestaltet, ist nicht bloß der Inhalt unseres Bewußtseins, sondern in viel höherem Grad unseres Unbewußten. Zwischen beiden, der Region des Bewußten und der des Unbewußten, ist ein Sieb, und oben im Bewußten bleiben nur die groben Dinge zurück, der Sand für den Mörtel des Lebens fällt in die Tiefe des Es, oben bleibt nur die Spreu, während drunten das Mehl für das Brot des Lebens gesammelt wird, drunten im Unbewußten.

Herzliche Grüße und alles Gute

Patrik Troll

Ihnen zu schreiben, beste Freundin, ist angenehm. Andere, denen ich die Geschichte von der Kastration erzähle, werden bös, schelten mich und tun so, als ob ich an der Erbsünde und dem Erbfluch schuld sei. Sie aber ziehen sofort die Parallele mit der Schöpfungssage, und die Rippe Adams, aus der Eva gemacht wird, ist Ihnen der Geschlechtsteil des Mannes. Sie haben recht, und ich freue mich.

Darf ich Sie noch auf Kleinigkeiten aufmerksam machen? Zunächst, eine Rippe ist hart und starr. Es ist also nicht der Penis schlechthin, aus dem das Weib wird, sondern der hartgewordene, knochige, steife, der erigierte Phallus der Lust. Die Wollust gilt der Menschenseele als böse, als strafbar. Der Wollust folgt die Strafe der Kastration. Die Wollust macht aus dem Mann das Weib.

Machen Sie eine Pause im Lesen, liebe Schülerin, und träumen Sie ein wenig darüber, was es für das Menschengeschlecht und seine Entwicklung bedeutet hat und noch bedeutet, daß es den stärksten Trieb als Sünde empfindet, den Trieb, der unbezähmbar ist, vom Willen nur verdrängt, niemals vernichtet werden kann, daß ein unvermeidlicher Naturvorgang wie die Erektion mit Schande und Scham bedeckt ist. Aus der Verdrängung, aus dem Zwang, dieses und jenes zu verdrängen, wurde die Welt, in der wir leben.

Darf ich Ihnen ein wenig helfen? Was verdrängt wird, wird vom Platz gedrängt; in andere Form gepreßt und umgewandelt; zum Symbol gestaltet erscheint es wieder: Die Verschwendung wird zum Durchfall, die Sparsamkeit zur Verstopfung, die Gebärlust zum Leibweh, der Geschlechtsakt zum Tanz, zur Melodie, zum Drama, baut sich vor aller Menschen Augen auf als Kirche, mit ragendem Mannesturm und geheimnisvollem Mutterschoß des Gewölbes, wird zum Tender der Lokomotive und zum rhythmischen Stampfen des Straßenpflasterers oder zum Takt des Axtschwungs beim Holzfäller. Lauschen Sie dem Klang der Stimmen, dem Auf und Nieder im Tonfall, der Schönheit des Sprachlauts, wie das heimlich wohltut und leise unvermerkt alles erregt, lauschen Sie in Ihre tiefste Seele hinein und leugnen Sie noch, wagen Sie es noch zu leugnen, daß alles, was gut ist, Symbol der wogenden Menschenleiber im Himmel der Liebe ist! Und auch alles, was böse ist! Was aber wird aus der Verdrängung der Erektion, dieses Aufwärtsstrebens, das mit dem Fluch der Kastration bedroht ist? Aufwärts gen Himmel reckt sich der Mensch, er hebt sein Haupt, stellt sich auf eigene Füße, ragt empor und läßt die suchenden Augen über die Welt schweifen, umfaßt mit denkendem Hirn alles, was ist, wächst und wird größer und steht! Sieh nur, Liebe, er wurde ein Mensch, zum Herren geworden durch Verdrängung und Symbol. Ist es nicht schön? Und warum klingt unserem Ohr schlecht und Geschlecht so ähnlich?

Vor dem Wesen und heimlichen Denken des Es kann man sich fürchten, es staunend bewundern oder darüber lächeln. Auf die Mischung dieser drei Empfindungen kommt es an. Wer sie in Harmonie zusammenklingen läßt, den wird man lieben, denn er ist liebenswert.

Wie aber kommt es, daß der Mensch die Tatsache der Erektion als Sünde empfindet, daß er dumpf in sich fühlt: Nun wirst du zum Weib, nun schneidet man dir das Loch in den Bauch? Manches kennt unsereiner von der Menschenseele, einiges davon läßt sich sagen, vieles wird nie bis zur mittelbaren Klarheit gedacht, zwei Dinge aber kann ich Ihnen sagen. Das eine ist, was wir zusammen erlebten und was uns damals heiter und froh machte.

Wir hatten einen schönen Tag verlebt, die Sonne war warm gewesen und der Wald grün, die Vögel hatten gesungen, und der Lindenbaum summte von Bienen. Voll von der Frische der Welt, kamen wir zu Ihren Kindern gerade zur Zeit, um den kleinen Knaben zu Bett zu bringen. Da fragte ich ihn: »Wen wirst du einmal heiraten?« Er schlang die Arme um Ihren Hals und küßte Sie und sagte: »Die Mama, nur die Mama.« Nie vorher und nie später habe ich solchen Ton des Liebesgeständnisses gehört. Und in Ihren Augen war plötzlich das weiche Verschwimmen der Seligkeit, die völlige Hingabe ist. So ist es mit allen Knaben: Sie lieben ihre Mütter, nicht kindlich, unschuldig, rein, sondern heiß und leidenschaftlich, durchtränkt von Sinnlichkeit, mit der ganzen Kraft wollüstiger Liebe; denn was ist alle Sinnlichkeit des Erwachsenen gegen das Fühlen und Begehren des Kindes? Diese heiße Glut aller Liebe, die wohl begründet ist durch jahrelanges gemeinsames körperliches Genießen von Mutter und Kind, löst sich, unter dem Einfluß von Gesetz und Sitte und unter dem Schatten des sündigen Bewußtseins im Gesicht der Mutter, ihrer Lüge und Heuchelei, in Schuldbewußtsein und Angst auf, und hinter der Begierde blinkt das Messer hervor, das dem Knaben seine Liebeswaffe abschneiden will. Ödipus.

Es gibt Völker, die dulden die Ehe von Bruder und Schwester, es gibt Völker, deren Sitte die reife Tochter dem Vater auf das Lager gibt, bevor der Gatte sie berühren darf. Aber niemals, solange die Welt stand, niemals, solange sie stehen wird, ist dem Sohn gestattet, mit der Mutter zu schlafen. Die Blutschande mit der Mutter gilt als das schwerste Verbrechen, schlimmer als Muttermord, als Sünde der Sünden, als Sünde an sich. Warum ist das so? Geben Sie Antwort, Freundin. Vielleicht weiß die Frau darüber mehr zu sagen als der Mann.

Das also ist das eine: Weil jede Erektion Begierde nach der Mutter ist, jede, nach dem Gesetz der Übertragung ausnahmslos jede, darum ist sie von Angst vor der Kastration begleitet. Womit du sündigst, daran wirst du gestraft, das Weib mit Brustkrebs und Gebärmutterkrebs, weil sie mit Brüsten und Unterleib sündigte, der Mann mit Wunden, Blut und Verrücktheit, weil er Wunden schlug und Böses dachte, ein jeder aber mit dem Gespenst der Entmannung.

Das andere aber ist eine Erfahrung: Auf jede Erektion folgt die Erschlaffung. Und ist das nicht Entmannung? Diese Erschlaffung ist die natürliche Kastration und ist eine symbolische Quelle der Angst.

Ist es nicht merkwürdig, daß die Menschen immer davon reden, man könne sich durch Wollust selbst zerstören? Und hat doch die Natur durch die symbolische Warnung der Erschlaffung eine unüberwindliche Schranke für jede Vergeudung erschaffen. Ist dieses Gerede nur Angst, die dem Ödipuskomplex entspringt oder dem Onaniegespenst oder sonst einer Seltsamkeit der Menschenseele, oder ist es nicht auch vielleicht Neid? Der Neid des Impotenten, des Entbehrenden, der Neid, den jeder Vater gegen seinen Sohn, die Mutter gegen ihre Tochter, der Ältere gegen den Jüngeren hat?

Ich bin weit herumgeschweift und wollte doch von der Erschaffung des Weibes aus Adams Rippe sprechen. Beachten Sie bitte: Adam ist ursprünglich allein. Soll aus dem weichen

Fleisch, das er mehr hat, als dem Weib später gegönnt wird, eine harte Rippe werden, so muß die Begierde, die die Erektion hervorruft, der Verliebtheit in sich selbst entspringen, narzißtisch sein. Adam empfindet durch sich selbst die Lust, die Befriedigung, die Verwandlung von Fleisch in Rippe verschafft er sich selbst. Und die Erschaffung des Weibes, das Abschneiden der Rippe, so daß die Wunde des Weibes entsteht, diese Kastration ist letzten Endes die Strafe für die Onanie. Wie sollte der Mensch aber, wenn er erst den Gedanken hatte: Onanie ist strafwürdig, sich eine andere Strafe auswählen, um sich davor zu fürchten, als die Kastration, da ja auf jeden Onanieakt unbedingt die symbolische Kastration, die Erschlaffung, folgen muß?

So weit ist die Sache leidlich klar. Aber nun bleibt die Frage, warum der Mensch in der Onanie die Sünde sieht. Wenigstens eine halbe Antwort darauf ist leicht zu finden. Denken Sie sich einen kleinen Säugling, ein Knäblein. Zunächst muß es sich selbst kennenlernen, alles betasten, was betastbar ist, mit allem spielen, was zu ihm gehört, mit seinem Ohr, seiner Nase, seinen Fingern, den Zehen. Sollte er die kleine Troddel, die er unten am Bäuchlein hängen hat, aus angeborener Moralität beim Selbstkennenlernen und Spielen weglassen? Gewiß nicht. Was aber geschieht nun, wenn er spielt? Das Zupfen am Ohr, an der Nase, am Mund, an den Fingern und Zehen wird von der entzückten Mutter hervorgerufen, gefördert, in jeder Weise begünstigt. Sobald aber das Kindchen an der Troddel spielt, kommt eine große Hand, eine Hand, die von der Mythen schaffenden Kraft des Menschenkindes in die Hand Gottes verwandelt wird, und nimmt des Kindes Händchen fort. Vielleicht, sicher sogar, blickt dabei das Gesicht dieses Menschen, der die große Hand hat, der Mutter also, ernst, angstvoll, schuldbewußt. Wie tief muß das Erschrecken des Kindes sein, wie ungeheuer der Eindruck, wenn stets bei derselben Handlung, nur bei dieser einen einzigen Handlung, die Gotteshand hindernd kommt. Das alles geschieht zu einer Zeit, wo das Kind noch nicht spricht, ja, wo es das gesprochene Wort noch nicht einmal versteht. Es gräbt sich ein in die tiefste Tiefe der Seele, tiefer noch als Sprechen, Gehen, Kauen, tiefer als die Bilder von Sonne und Mond, von rund und eckig, von Vater und Mutter: Du darfst nicht mit dem Geschlechtsteil spielen; und gleich anschließend entsteht der Gedanke: Alle Lust ist schlecht. Und vielleicht bringt die Erfahrung: Wenn du mit dem Geschlechtsteil spielst, wird dir etwas weggenommen, notwendig die weitere Idee: Nicht nur das Händchen, auch das Schwänzchen wird dir genommen. Wir wissen ja nichts vom Kind, wissen nicht, wie weit es schon ein Persönlichkeitsgefühl hat, ob es mit dem Gefühl, Hand und Bein gehören zu mir, geboren wird oder es erst erwerben muß. Hat es schon von Beginn an das Empfinden, ein Ich zu sein, von der Umwelt abgegrenzt zu sein? Wir wissen es nicht, wissen nur das eine, daß es erst spät, erst mit drei Jahren beginnt, das Wörtlein Ich zu gebrauchen. Ist es so überkühn, anzunehmen, daß es ursprünglich sich selbst zeitweise als fremd, als den anderen betrachtet, da der Hans doch nicht sagt: Ich will trinken, sondern Hans will trinken? Wir Menschen sind närrische Käuze, die solche Fragen gar nicht zu stellen wagen, einfach weil unsere Eltern uns das viele Fragen verboten haben.

Es bleibt noch eine Schwierigkeit bei der Schöpfungssage, auf die ich kurz hinweisen möchte. Wir deuten beide die Entstehung aus der Rippe als Umwandlung des Mannes in ein Weib durch die Kastration. Dann fordert aber unser rationelles Denken zwei Adams, einen, der Adam bleibt, einen, der Eva wird. Aber das ist nur ein dummer rationalisierender Einwand. Denn wann hätte sich je die Dichtung daran gestoßen, aus einer Person zwei zu machen oder aus zweien eine? Das Wesen des Dramas beruht darauf, daß der Dichter sich selbst in zwei, ja in zwanzig Personen spaltet, der Traum verfährt so, jeder Mensch tut dasselbe; denn er nimmt in der Umwelt nur wahr, was er selbst ist, er projiziert sich selbst fortwährend in die Dinge. Das ist das Leben, das muß so sein, dazu zwingt uns das Es.

Verzeihung, Sie lieben solch Philosophieren nicht. Und vielleicht haben Sie recht. Kehren wir in das Reich der sogenannten Tatsachen zurück!

Es ist nicht gut, daß der Mensch allein sei, ich will ihm eine Gehilfin geben, sagt Gott der Herr und macht ein Wesen, das dort, wo der Mann einen Auswuchs hat, eine Öffnung besitzt, das sich dort, wo er flach ist, zwei Brüste wölben läßt. Das ist also das Wesentliche an ihrem Gehilfinsein. Es ist derselbe Gedanke, den das Kind hat: Damit geboren wird, muß aus dem Adam durch Wegnehmen der Rippe eine Eva werden. Ist solch eine Übereinstimmung von Volks- und Kinderseele nicht beachtenswert? Wenn Sie Lust haben, wollen wir selbst Märchen und Mythen, Baustile und technische Leistungen der Völker durchforschen; vielleicht finden wir allerhand Kindliches darin. Das wäre nicht unwichtig; es würde uns duldsam gegen die Kindlein machen, von denen Christus sagt: Ihrer ist das Himmelreich. Ja, vielleicht fänden wir auch unser längst verlorenes Staunen, unsere Anbetung des Kindes wieder, was immerhin in unserem malthusianischen Jahrhundert etwas bedeuten würde.

Aber achten Sie doch auf das Wort: Gehilfin. Es ist keine Rede davon, daß der Mann umgewandelt wird in all seinem Wesen und Streben; er bleibt trotz der Kastration derselbe, bleibt, was er war, ein Wesen, das auf sich selbst gerichtet ist, das sich selbst liebt, das seine eigene Lust sucht und findet. Nur jemand, der ihm dabei hilft, ist entstanden, jemand, der ihm einen Teil seiner Lust woanders als an seinem Körper unterzubringen ermöglicht. Der Trieb zum Verkehr mit sich selbst bleibt, der Penis ist nicht verschwunden, er ist noch da, Adam ist nicht verändert, er steht noch ebenso wie vordem unter dem Zwang, sich selbst Lust zu verschaffen. Das ist eine seltsame Sache.

Wie? Sollte es nicht möglich sein, daß all das, was die Weisen und Toren sagen: Die Onanie ist ein Ersatz des Geschlechtsverkehrs, entsteht aus dem Mangel eines Objekts, entsteht, weil die Begierde des Mannes kein Weib zur Hand hat und deshalb zur Eigenhilfe greift; sollte das alles falsch sein? Betrachten Sie die Tatsachen. Das kleine Kind, das neugeborene, treibt Selbstbefriedigung; das heranreifende Menschlein der Pubertät tut es wieder und – seltsam zu denken – der Greis und die Greisin greifen von neuem dazu. Und zwischen Kindheit und Alter liegt eine Zeit, da verschwindet die Onanie häufig und der Verkehr mit anderen Wesen erscheint. Sollte etwa der Geschlechtsverkehr Ersatz der Onanie sein? Und ist es wirklich so, wie es in der Bibel steht, daß der Geschlechtsverkehr nur Gehilfe ist?

Ja, beste Freundin, so ist es. Es ist wirklich wahr, die Selbstbefriedigung besteht ruhig weiter, trotz Liebe und Ehe, neben Liebe und Ehe, sie hört nie auf, ist immer da und bleibt bis zum Tod. Gehen Sie in Ihre Erinnerung hinein, Sie werden in vielen Tagen und Nächten, im Liebesspiel mit dem Mann und im Leben Ihrer Phantasie den Beweis finden. Und wenn Sie ihn gefunden haben, werden Ihre Augen sich für tausend Phänomene öffnen, die deutlich oder unklar ihre Zusammenhänge, ja ihre Abhängigkeit von der Selbstbefriedigung zeigen. Und werden sich hüten, die Onanie künftig unnatürlich und lasterhaft zu nennen, wenn Sie sich auch nicht zwingen können, sie als Schöpferin des Guten zu empfinden. Denn um so zu empfinden, müßten Sie die Gotteshand, die Hand der Mutter, die einst Ihr Spiel der Lust unterbrach, überwinden, innerlich überwinden. Und das kann niemand.

Herzlichst

Patrik Troll

Ich verstehe nicht, liebe Freundin, welcher Teufel in Sie gefahren ist. Neulich schrieben Sie in heller Freude von Ihrer Überzeugung, daß die Kastrationsideen beim Menschen immer und immer nachweisbar sind, und heute kommen Sie mit Einwänden. Aber warum wundere ich mich? Diese Dinge werden bei allen Menschen in tiefes Dunkel verdrängt, wieviel mehr also bei Ihnen, die Sie stolz sind und stets waren. Die Belastung durch den Kastrationsgedanken ist bei dem Weib an sich schwerer als bei dem Mann. Bei ihm gleicht die Tatsache, daß er noch Mann ist und das Zepter der Männlichkeit, des Herrseins, an seinem Leib trägt, einigermaßen das Gewicht der Kastration aus; er hat Wünsche und Ängste, aber er sieht doch mit eigenen Augen, daß er das Glied noch hat, für das er sich bangt. Das Mädchen aber sagt sich beim Anblick ihres Mangels: Ich bin schon kastriert; meine einzige Hoffnung ist, daß die Wunde vernarbt und ein neues Ende dieses Herrenfleisches daraus hervorwächst. Diese Hoffnung aufzugeben, sich mit dem Gefühl der eigenen Minderwertigkeit abzufinden, ja dieses Gefühl in ein ehrliches Bekenntnis zum Weibsein, in den Stolz und die Liebe zum Weibsein umzuwandeln, wie Sie es getan haben, erfordert heißeres Ringen, ehe es zur Verdrängung kommt; alles muß tiefer versenkt und verschüttet werden, und schon das leiseste Schwanken der verschütteten Massen bringt Umwälzungen hervor, die wir Männer nicht kennen. Man sieht das, und Sie empfanden es selbst bei jeder Periode; die monatliche Blutung, dieses Kainszeichen des Weibes, rührt den Kastrationskomplex auf, aus dem Sumpf des Unbewußten steigen die verdrängten Gifte empor und trüben im Verein mit vielen anderen Dingen die klare Naivität des Menschen.

Ist es nicht merkwürdig, daß Europäer bei dem Wort Periode, Menstruation, Regel sofort an die Blutung denken? Ja, daß im allgemeinen selbst dieses enge Interesse am Blut noch zu einem rohen Denken an Schmutz und Gestank, versteckte Beschämung, Schmerz und Kinderkriegen zusammengepreßt wird? Und hängt doch eine Welt von Lebenswerten an diesem Phänomen des rhythmischen Rausches.

Denn das ist das Wesentliche: Der Rausch, die Brunst, die

Geschlechtslust des Weibes ist während dieser Bluttage hochgradig gesteigert, und wie das Tier, das gewiß nicht niederer als der Mensch ist, lockt sie auf irgendeine Weise in dieser Zeit den Mann zu sich; und die Umarmung während der Blutung ist die heißeste, glücklichste, wäre es vielmehr, wenn die Sitte nicht ihr Verbot dagegen gesetzt hätte. Daß dem wirklich so ist, beweist uns eine seltsame Tatsache: Über drei Viertel aller Vergewaltigungen finden während der Periode statt. Mit anderen Worten: Irgendein geheimnisvolles Etwas am blutenden Weib zwingt den Mann in eine Raserei, die vor dem Verbrechen nicht mehr zurückschreckt. Eva verführt den Adam, so ist es, war es und wird es immer bleiben. Sie muß ihn verführen, weil sie brünstig blutet, weil sie selbst verlangt. Die Mütter erzählen ihren Töchtern, die Periode sei des Kinderkriegens wegen da. Das ist ein seltsamer Irrtum, eine verhängnisvolle Täuschung. Wie denn die Sucht, die Phänomene des Eros auf einen Fortpflanzungstrieb zurückzuführen, eine der großen Albernheiten unseres Jahrhunderts ist. Jeder blühende Apfelbaum, jede Blume und jedes Menschenwerk widerlegt solche enge Deutung der Ziele Gottnaturs. Von den zwanzigtausend befruchtungsfähigen Keimen, mit denen das Mädchen geboren wird, sind bei ihrer Mannbarkeit nur noch einige Hundert da, und von denen werden, wenn es hoch kommt, ein Dutzend befruchtet, und von den vielen Millionen Samentierchen des Mannes sterben unzählige Scharen, ohne auch nur in den Schoß des Weibes zu gelangen. Es wird viel geschwatzt unter den Menschen, und ich darf mich auch unter die Menschen rechnen.

Sehen Sie nicht die tollen Zusammenhänge, die wirren Fäden, die von einem Komplex zum anderen laufen: In der Mitte des Liebeslebens steht das Blut, die Lust am Blut. Was soll man tun, wenn man in das Leben und Denken der Menschen hineinsieht. Soll man über sie lachen, sie verachten, sie schelten? Vielleicht ist es besser, sich der eigenen Torheit bewußt zu bleiben, Zöllner zu sein: Gott sei mir Sünder gnädig. Aber sagen will ich es doch: Es ist nicht wahr, daß Grausamkeit pervers ist. Alljährlich feiert die Christenheit den Karfreitag, den Freudentag. Die Menschheit schuf sich einen Gott, der litt, weil sie fühlte, daß der Schmerz der Weg zum Himmel ist, weil das Leiden, die blutige Qual, für ihr Empfinden göttlich ist. Wurden Ihre Lippen nie wundgeküßt? War Ihre Haut nie blutunterlaufen vom heißen Saugen eines Mundes? Bissen Sie nie in einen umschlingenden Arm und ward Ihnen nicht wohl, zerdrückt zu werden? Und dann kommen Sie mir mit der Narrheit, man dürfe Kinder nicht schlagen. Ach, liebste Freundin, das Kind will geschlagen sein, es sehnt sich danach, es lechzt nach Keile, wie mein Vater es nannte. Und in tausendfältiger List sucht es die Strafe herbeizuführen. Die Mütter beruhigen ihr Kind auf dem Arm mit sanften Schlägen, und das Kind lächelt dazu; sie hat es gewaschen auf der Wickelkommode und küßt es auf die rosigen Bäckchen, die eben noch voll Dreck waren, und als letzte höchste Freude gibt sie dem strampelnden Wesen einen Klaps, den es krähend vor Freude empfängt.

Haben Sie sich nie mit Ihrem Liebsten gezankt? Aber bedenken Sie doch, wozu Sie es taten und wie alles verlief. Ein Stich von hüben und ein verletzendes Wort von drüben, und dann wird es schärfer, beißend, Hohn, Zorn, Wut. Was wollten Sie doch damit, daß Sie den Mann mutwillig in Harnisch brachten? Sollte er wirklich, wie er es tat, den Hut auf den Kopf setzen, den Stock in die Hand nehmen und die Tür zuknallen? Ach nein, er sollte eine Tür öffnen, die in Ihr eigenes Leibeszimmer führt, er sollte sein Männlein einlassen, es bedecken mit dem Hut des Mutterschoßes, es krönen mit Kranz und Krone Ihres Mädchenleibes, Natur hing ihm einen Stock an, den sollte er bei Ihnen gebrauchen, sollte Sie schlagen und grausam lieben. Nennen doch alle Sprachen das Manneszeichen Rute. Die Grausamkeit ist unlösbar mit der Liebe verknüpft, und das rote Blut ist der tiefste Zauber der roten Liebe.

Ohne Periode gäbe es keine Liebe zum Weib, wenigstens keine, die das Wort wahr machte, daß das Weib dem Mann zur Gehilfin geschaffen wurde. Und das ist das Wesentliche. Denn zu Ihrem Erstaunen und Ihrer Empörung werden Sie finden, daß sich vieles, wenn nicht alles, im Menschenleben aus der Liebe ableiten läßt, und die Tatsache, daß Eva nicht zum Kinderkriegen, sondern als Gefährtin dem Adam beigegeben wurde, paßt mir, um dem Geschrei der bibelunkundigen Menge wenigstens ein Wort entgegenhalten zu können.

So also liegen die Dinge für mich: Ich nehme an, daß die

Periode des Weibes, insbesondere auch die Blutung, ein Lockmittel für den Mann ist. Und damit stimmt wohl eine kleine Beobachtung überein, die ich hier und da gemacht habe. Viele Frauen, die lange von ihren Männern getrennt waren, bekommen am Tag des Wiedersehens die Periode. Sie denken, die räumliche Trennung habe doch vielleicht eine Entfremdung herbeigeführt, und um die zu überwinden, bereitet ihr Es den Zauber des Liebestrankes, der den Mann in ihre Arme führt.

Sie wissen, ich liebe es, die Dinge auf den Kopf zu stellen, und hier ist es mir hoffentlich gut gelungen. Aber um gerecht zu sein, will ich Ihnen auch noch zwei andere Absichten des Es bei dieser seltsamen Maßregel verraten, die bei Ihnen weniger Widerspruch finden werden. Wenn eine Frau ihre Regel hat, kann sie nicht schwanger sein. Das Es legt durch die Blutung dem Gatten lautes und beredtes Zeugnis für die Treue seines Weibes ab. »Siehe«, spricht es, »wenn jetzt ein Kind kommt, so stammt es von dir; denn als du kamst, blutete ich.« Wenn ich nun boshaft wäre und die Männer aufhetzen wollte – aber diese Briefe sind ja nur für Ihre Augen bestimmt, ich kann Ihnen also meine kleine Bosheit mitteilen, ohne die Ehegatten mißtrauisch zu machen. Das starke Betonen der Unschuld ist immer verdächtig, es versteckt sich dahinter das Schuldbekenntnis. Und wirklich, wenn ich in solchen Fällen nachforschte, fand ich den Treuebruch, der von dem roten Blut verborgen werden sollte. Freilich nicht ein wirkliches Schlafen mit einem fremden Mann; ich besinne mich nicht, das jemals erlebt zu haben; aber den Gedankentreuebruch, die halbverdrängte Sünde, die doppelt tief wirkt, weil sie vor der Tat im Morast der Seele steckenblieb. Sie glauben gar nicht, liebste Freundin, was für heimlichen Spaß solche Betrachtungen machen. Das Leben erzielt Kontraste eigener Art. Es weiß recht artig mit demselben Wort Unschuld zu beteuern und Schuld einzugestehen.

Ganz so ist auch die zweite Absicht des Es, von der ich sprach, ein doppelsinniges Spiel. »Locke den Mann«, so spricht das Es zum Weib, »locke ihn mit dem Blut deiner Liebe.« Das Weib horcht dieser Stimme, aber unschlüssig fragt es: Und wenn es mißglückt? »Ei«, sagt das Es und lacht ein wenig, »dann hast du ja für deine Eitelkeit die beste Entschuldigung. Denn wie sollte der Mann ein Weib berühren wollen, das unrein ist?« In der Tat, wie sollte er es wollen, da es seit Jahrtausenden verboten ist? Wenn also die Umarmung stürmisch wird, so ist es gut, doppelt gut, weil sie erfolgte, trotzdem die Sitte sie verwirft, und bleibt sie aus, so geschieht es, weil die Sitte sie verwirft.

Mit solcher Rückversicherung arbeitet das Es viel und mit Glück. So läßt es an dem liebenden Mund, der sich nach dem Kuß sehnt, ein entstellendes Ekzem erscheinen; werde ich trotzdem geküßt, so ist das Glück groß, bleibt der Kuß aus, so war es nicht Mangel an Liebe, nur Abscheu vor dem Ekzem. Das ist einer der Gründe, warum der Knabe in der Entwicklungszeit auf der Stirn Eiterbläschen trägt, warum das Mädchen beim Ball auf ihrer nackten Schulter oder am Brustansatz Pickel bekommt, die nebenbei auch noch den Blick zu leiten wissen; warum die Hand kalt und feucht wird, wenn sie sich dem Geliebten entgegenstreckt; warum der Mund, der den Kuß begehrt, übel riecht, warum Ausfluß aus den Geschlechtsteilen entsteht, warum Frauen plötzlich häßlich und launisch werden und Männer ungeschickt und kindisch verlegen.

Und damit komme ich ganz nahe an das große Rätsel: Warum verbot, wenn die Periode die Aufforderung zur Lust ist, unsere Menschensitte – soviel ich weiß, überall zu allen Zeiten – den Geschlechtsverkehr gerade während der Blutung?

Das ist nun schon das dritte Mal, daß ich in meinen Briefen von Verbot rede, einmal war es das Onanieverbot, dann das des Inzestes mit der Mutter und nun das des Geschlechtsverkehrs während der Periode. Wenn so den mächtigen Trieben, dem der Selbstliebe, dem zur Liebe zwischen Schöpfer und Geschöpf und dem zu dem Geschlechtsverkehr selbst, starke Hindernisse entgegengesetzt werden, darf man davon Wirkungen erwarten. Und in der Tat, aus diesen drei Verboten sind Folgen erwachsen, deren Umfang kaum zu ermessen ist. Wenn Sie gestatten, spiele ich ein wenig damit.

Da ist zunächst das älteste, am frühesten wirkende Verbot, das der Onanie. Die einmal gekostete Lust verlangt nach neuer Lust, und da der Weg zur Selbstlust versperrt ist, wirft sich der Trieb mit voller Kraft auf ähnliche Lustempfindungen, die von fremder Hand, von der Hand der Mutter, beim Waschen und Baden, beim Urinentleeren und sonstwie willig und unter der Begründung der Notwendigkeit und der alleserlaubenden Heiligkeit der Mutterliebe gewährt werden. Die erotische Bindung an die Mutter wird durch das Onanieverbot fester, die Leidenschaft zur Mutter wächst. Je stärker sie wird, um so stärker wird auch der Widerstand gegen diese rein körperlich geschlechtliche Liebe, bis er schließlich in dem ausdrücklichen Verbot der Blutschande mit der Mutter gipfelt. Ein neuer Ausweg wird gesucht, der über die Symbolgleichung Mutter = Gebärmutter zum Drang nach der Vereinigung mit irgendeinem Weib führt. Die rechte Zeit zu dieser Vereinigung ist die Brunstzeit der Gebärmutter, die Periode. Aber gerade in dieser Zeit tritt zwischen den Wunsch und die Erfüllung ein Nein, das in vielen Kulturen, so in der hebräischen, Gesetzeskraft hat. Offenbar braucht Gottnatur solche Verbote, die, je nach Bedürfnis, so oder so gestaltet werden. Unsere eigene Zeit hat zum Beispiel, statt den Verkehr während der Blutung zu verbieten, die Form gewählt, bestimmte Jahre, und zwar die der heißesten Leidenschaft, die Pubertätsjahre, durch das Strafgesetzbuch von jeder sexuellen Betätigung außer der Onanie auszuschließen. Vielleicht macht es Ihnen Vergnügen, den Folgen solcher Verbote nachzudenken.

Denn eins ist klar: Das Verbot kann wohl den Wunsch verdrängen, aus seiner Richtung drängen, aber es tötet ihn nicht. Es zwingt ihn nur, anderswie Erfüllung zu suchen. Die findet er auch in tausendfacher Weise, in jeder Lebenstätigkeit, die Sie sich ausdenken mögen: in Erfindungen von Schornsteinen oder Dampfschiffen, im Gebrauch des Pfluges oder des Spatens, im Dichten und Denken, in der Liebe zu Gott und Natur, im Verbrechen und der herrischen Tat, im Wohltun und in der Bosheit, in Religion und Gotteslästerung, im Beflecken des Tischtuches und im Zerschlagen eines Glases, im Herzklopfen und Schwitzen, in Durst und Hunger, Müdigkeit und Frische, Morphium und Temperenz, im Ehebruch und im Keuschheitsgelübde, im Gehen, Stehen, Liegen, im Schmerz und in der Freude, in Glück und Unzufriedenheit. Und damit doch endlich zum Vorschein kommt, daß ich Arzt bin, der verdrängte Wunsch erscheint in der Erkrankung, in jeder Art der Erkrankung, mag sie organisch oder funktionell sein, mag sie Lungenentzündung oder Melancholie benannt werden. Das ist ein langes Kapitel, zu lang, um es heute weiterzuführen.

Nur noch ein kleines Angelhäkchen will ich Ihnen zuwerfen, auf das Sie hoffentlich anbeißen.

Was wird aus dem Wunsch des Mannes, mit dem Weib während der Periode zusammenzukommen? Das, was ihn aufregt, ist das Blut. Der Grausamkeitstrieb, der von Beginn an in ihm ist, wird auflodern. Er erfindet Waffen, ersinnt Operationen, führt Kriege, errichtet Schlachthäuser, um Hekatomben von Rindern zu töten, besteigt Berge, fährt zur See, sucht den Nordpol oder das Innere Tibets, jagt, fischt, schlägt seine Kinder und donnert seine Frau an. Und was wird aus dem Wunsch des Weibes? Sie knüpft sich eine Binde zwischen die Schenkel, treibt unbewußt Onanie unter dem allgemein gebilligten Vorwand der Reinlichkeit. Und wenn sie reinlich ist, tut sie die Binde aus Vorsicht schon einen Tag vorher an und trägt sie aus Vorsicht einen Tag länger. Und wenn das nicht befriedigt, läßt sie die Blutungen länger dauern oder häufiger erscheinen. Der Trieb zur Selbstliebe bekommt freiere Bahn und erbaut durch die Begierde des Weibes die Grundlagen unserer Kultur, die Reinlichkeit und mit ihr die Wasserleitungen, Bäder und Kanalisationen, die Hygiene und die Seife, und weiterhin die Vorliebe für seelische Reinheit, geistigen Adel, innere Harmonie des höherstrebenden Menschen, während der Mann als Anbeter des Blutes in die geheimnisvollen Eingeweide der Welt eindringt und unablässig am Leben schafft.

Es gibt seltsame Läufe im Leben, die mitunter wie Kreisläufe aussehen. Aber letzten Endes bleibt uns Sterblichen nur eines: zu staunen.

Herzlichst Ihr

Patrik Troll

13

Ich bin Ihnen dankbar, liebe Freundin, daß Sie auf Kunstausdrücke und Definitionen verzichten. Es wird auch ohne sie gehen, und ich laufe wenigstens nicht Gefahr, mich zu blamieren. Denn im tiefsten Geheimnis will ich Ihnen anvertrauen, daß ich Definitionen, mögen sie von anderen oder von mir stammen, oft selber nicht verstehe.

Statt der Definitionen will ich Ihnen, Ihrem Wunsch gemäß, etwas mehr von den Wirkungen des Verkehrsverbotes während der Periode mitteilen. Und weil mich das Schicksal doch einmal zum Arztsein bestimmt hat, soll es etwas Medizinisches sein. Seit einem Jahrhundert ungefähr, seitdem man auch die sehr männlichen mythischen Symbole der Engel ins Weibliche umgestaltet hat, ist es Mode, den Frauen einen Seelenadel anzudichten, der sich in Abscheu vor aller Erotik äußert, sie als schmutzig empfindet und besonders die »unreine« Zeit des Weibes, worunter man die Periode versteht, als beschämendes Geheimnis behandelt. Und diese Tollheit – denn wie soll man anders eine Denkweise nennen, die den Frauen die Sinnlichkeit abspricht; als ob die Natur so dumm wäre, dem Teil der Menschheit, der die Last der Schwangerschaft trägt, weniger Begierde mitzugeben als dem anderen? Die Tollheit geht so weit, daß die von Ihnen so hochgepriesenen Lehrbücher allen Ernstes von der Existenz frigider Frauen sprechen, Statistiken darüber veröffentlichen, die sich auf die von der Zeitsitte erzwungene Heuchelei der Frauen gründen und so das Weib, wissenschaftlich unwissend, immer tiefer in Lug und Trug hineintreiben. Denn, denkt das arme, eingeängstigte Wesen, das man junge Dame nennt, warum sollte ich, wenn es die Mutter durchaus verlangt, der Vater es als selbstverständlich voraussetzt und der Geliebte meine Reinheit anbetet, nicht so tun, als ob ich wirklich zwischen Kopf und Füßen nichts hätte? Sie spielt die aufgezwungene Rolle im allgemeinen mit Geschick, ja sie strebt wirklich danach, das Anerzogene als echt zu leben, und nur die Raserei der vierten Woche geht über ihre Kraft. Sie braucht eine Hilfe, ein Band gewissermaßen, das die Maske festhält, und diese Hilfe findet sie in der Erkrankung, zunächst im Kreuzschmerz. Das Vor- und Zurückbewegen des Kreuzes ist die

Beischlafstätigkeit des Weibes; der Kreuzschmerz verbietet diese Bewegung, er verstärkt das Verbot der Brunst.

Glauben Sie nur ja nicht, liebe Freundin, daß ich mit solchen kleinen Bemerkungen irgendeine Frage zu lösen beabsichtige. Ich will Ihnen nur begreiflich machen, was Ihnen so oft unbegreiflich schien, warum ich immer wieder bei meinen Kranken nach dem Zweck ihrer Erkrankung frage. Ich weiß nicht, ob die Erkrankung einen Zweck hat, es ist mir auch gleichgültig. Aber ein solches Fragen hat sich mir bewährt, weil es auf irgendeine Weise das Es des Kranken in Bewegung setzt und nicht selten zum Verschwinden eines Symptoms beiträgt. Das Verfahren ist ziemlich roh, pfuscherhaft, wenn Sie wollen, und ich bin mir bewußt, daß jede Gelehrtenbrille geringschätzig darüber hinwegsieht. Aber Sie haben mich danach gefragt, und ich antworte.

Ich pflege im Lauf einer Behandlung zu irgendeiner Zeit den Kranken darauf aufmerksam zu machen, daß aus Menschensamen und Menschenei stets ein Mensch wird, nicht ein Hund, nicht eine Katze, daß eine Kraft in diesen Keimen steckt, die imstande ist, eine Nase, einen Finger, ein Gehirn zu formen, daß also diese Kraft, die so Erstaunliches leistet, wohl auch einen Kopfschmerz oder einen Durchfall oder einen geröteten Hals erschaffen kann, ja daß ich es nicht für zu kühn halte anzunehmen, daß sie auch eine Lungenentzündung oder Gicht oder Krebs fabrizieren kann. Ich gehe sogar so weit, dem Kranken gegenüber zu behaupten, diese Kraft tue das wirklich, mache den Menschen nach ihrem Belieben krank zu bestimmten Zwecken, wähle nach ihrem Belieben zu bestimmten Zwecken Ort, Zeit und Art der Erkrankung aus. Und dabei kümmere ich mich gar nicht darum, ob ich das, was ich behaupte, selber glaube oder nicht, ich behaupte es einfach. Und dann frage ich den Kranken, wozu hast du eine Nase? Zum Riechen, antwortet er mir. Also, folgere ich, hat dein Es dir den Schnupfen gegeben, damit du irgend etwas nicht riechen sollst. Suche, was du nicht riechen solltest. Und ab und zu findet der Patient wirklich einen Geruch, den er vermeiden wollte, und – Sie brauchen es nicht zu glauben, aber ich glaube es – wenn er es gefunden hat, verschwindet der Schnupfen.

Die Kreuzschmerzen bei der Periode erleichtern der Frau den Widerstand gegen ihre Begierde, so behaupte ich. Aber damit soll nicht gesagt sein, daß derlei Schmerzen nur diesem Zweck dienen. Sie müssen bedenken, daß in dem Wort Kreuz das Mysterium der Christenheit steckt, daß dieses Os sacrum, dieser heilige Knochen, in sich das Problem der Mutter birgt. Davon und von anderem will ich hier nicht sprechen, lieber ein wenig weitergehen. Zuweilen genügt der Kreuzschmerz nicht, dann tritt warnend der Krampf und wehenartiger Schmerz im Unterleib hinzu, und reicht das nicht aus, so greift das Es zum Kopfschmerz, um die Gedanken stillzustellen, zu Migräne, Übelkeit und Erbrechen. Sie stehen da mitten in seltsamen Symbolen; denn Übelkeit, Erbrechen, das Gefühl des Schädelplatzens sind Geburtssinnbilder in Krankheitsform.

Sie verstehen, daß es unmöglich ist, klare Auseinandersetzungen zu geben, wo alles so bunt ist. Aber eines darf ich wohl sagen: Je schwerer der innere Konflikt der Menschen ist, um so schwerer sind die Erkrankungen, die ja symbolisch den Konflikt darstellen, und umgekehrt, je schwerer die Erkrankungen, um so heftiger ist die Begierde und der Widerstand gegen die Begierde. Das gilt von allen Erkrankungen, nicht nur von denen der Periode. Reicht die leichte Form des Unwohlseins nicht aus, um den Konflikt zu lösen oder zu verdrängen, so greift das Es zur schwereren, zum Fieber, das den Menschen ins Haus bannt, zur Lungenentzündung oder zum Beinbruch, die ihn in das Bett werfen, so daß der Kreis der Wahrnehmungen, die die Begierde stärker reizen, kleiner wird, zur Ohnmacht, die jeden Eindruck ausschließt, zur chronischen Erkrankung, Lähmung, zum Krebs und der Schwindsucht, die langsam die Kraft untergraben, und schließlich zum Tod. Denn nur der stirbt, der sterben will, dem das Leben unerträglich wurde.

Darf ich wiederholen, was ich sagte? Die Erkrankung hat einen Zweck, sie soll den Konflikt lösen, verdrängen oder das Verdrängte am Bewußtwerden verhindern; sie soll für die Übertretung des Verbots bestrafen, und das geht so weit, daß man aus der Art und dem Ort und der Zeit der Erkrankung auf Art, Ort und Zeit der strafbaren Sünde Rückschlüsse machen kann. Wer den Arm bricht, hat mit dem Arm gesündigt oder wollte damit sündigen, vielleicht morden, vielleicht stehlen oder onanieren; wer blind wird, will nicht mehr sehen, hat mit den Augen gesündigt oder will mit ihnen sündigen; wer heiser ist, der hat ein Geheimnis und wagt es nicht laut zu erzählen. Die Erkrankung ist aber auch das Symbol, eine Darstellung eines inneren Vorgangs, ein Theaterspiel des Es, mit dem es verkündet, was es mit der Zunge nicht auszusprechen vermag. Mit anderen Worten, die Erkrankung, jede Erkrankung, mag sie nervös oder organisch genannt werden, und auch der Tod, sind ebenso sinnvoll wie das Klavierspiel oder das Anzünden eines Streichholzes oder das Übereinanderschlagen der Beine. Sie sagen etwas vom Es aus, deutlicher, eindringlicher als die Sprache es vermag, ja als das ganze bewußte Leben es kann. Tat tvam asi.

Und wie seltsam scherzt das Es! Ich nannte vorhin die Schwindsucht, die Sucht zum Schwinden. Die Begierde soll schwinden, die Begierde nach dem Aus und Ein, nach dem Hin und Her der Erotik, das sich in der Atmung symbolisiert. Und mit der Begierde schwinden die Lungen, diese Darsteller des Empfängnis- und Geburtssymbols, schwindet der Leib, dieses Phallussymbol, muß schwinden, weil die Begierde in der Erkrankung wächst, weil die Schuld durch die immer wiederholte symbolische Samenverschwendung des Auswurfs sich ständig vergrößert, weil die Sucht zu schwinden aus der Verdrängung dieser ins Bewußtsein strebenden Symbole immer wieder neu entsteht, weil das Es durch die Lungenerkrankung schöne Augen und Zähne, hitzende Gifte entstehen läßt. Und das grausame Mordspiel des Es wird noch toller, weil ihm ein Irrtum zugrunde liegt; denn Sucht hat nichts mit Sehnsucht zu tun, sondern mit siech. Aber das Es stellt sich, als ob es über Etymologie nichts wüßte, hält sich wie der naive Grieche an den Klang des Wortes und benutzt diesen Klang, um die Erkrankung entstehen zu lassen und weiterzuführen.

Es wäre gar nicht so dumm, wenn die berufenen Leute der Medizin weniger klug wären und plumper dächten, kindlicher folgerten. Man täte damit vielleicht Besseres als mit der Errichtung von Lungenheilstätten und Beratungsstellen.

Rate ich recht, wenn ich annehme, daß Sie auch vom Krebs ein kräftig Wörtlein hören mögen? Wir sind allmählich mit Hilfe unserer Beflissenheit, uns von Anatomie, Physiologie, Bakteriologie und Statistik Ansichten vorschreiben zu lassen, so weit gekommen, daß niemand mehr weiß, was er Krebs nennen soll und was nicht. Die Folge davon ist, daß das Wort Krebs ebenso wie das Wort Syphilis alle Tage vieltausendmal gedruckt und gesprochen wird; denn was hören wohl die Menschen lieber als Gespenstergeschichten? Und da man an Gespenster nicht mehr glauben darf, geben die beiden, trotz oder wegen der vielen Wissenschaft so gut wie undefinierbaren Namen, deren assoziative Verwandtschaft grausige Grotesken erschafft, einen guten Ersatz fürs Gruseln. Nun gibt es ein Phänomen im Leben des Es, das heißt die Angst, und die bemächtigt sich, weil sie aus Zeiten stammt, die jenseits der Erinnerung liegen, der beiden Wörter, um dem hohen Verstand einen Schabernack zu spielen und das Erscheinen der Angst seiner Dummheit erklärlich zu machen. Wenn Sie noch die Onanieangst hinzurechnen, haben Sie ein in sich zusammenhängendes Gewirr von Angst, und das halbe Leben ist Angst.

Aber ich wollte Ihnen etwas von meiner Krebsweisheit erzählen und merke, daß mich der Zorn vom Weg lockt. Gehen Sie hin zu Ihrer Nachbarin und Freundin, bringen Sie sie auf das Thema Krebs – sie wird bereitwillig darauf eingehen, denn sie hat wie alle Frauen Krebsangst – und fragen Sie sie dann, was ihr zu dem Wortklang Krebs einfällt. Sie wird Ihnen sofort antworten »Der Krebs geht rückwärts« und nach einigem Zögern »er hat Scheren«. Und wenn Sie ebenso frech wie ich am Schleier des Wissenschaftsmysteriums gezerrt haben, werden Sie daraus schließen: Der oberflächlicher liegende Komplex, aus dem die Krebsangst sich satt frißt, hat etwas mit der Rückwärtsbewegung zu tun, und tiefer liegt etwas, was mit dem Begriff des Schneidens zu tun hat. Das ist gar leicht zu erklären, der Mensch geht eben, wenn er am Krebs erkrankt, an Kraft und Lebensmut zurück, und der Arzt schneidet, wenn er »in den Anfangsstadien« dazukommt. Aber bei näherem Eingehen auf die Frage werden Sie erfahren, daß die Rückwärtsbewegung im Assoziationszwang mit Kindheitsbeobachtungen steht, die frühzeitig verdrängt, im Unbewußten fortgewirkt haben. Der kleine Engel von Mädchen ist durchaus nicht unschuldig, wie man anzunehmen beliebt, durchaus nicht rein, wie die höheren Menschen es behaupten, genausowenig wie es die Taube ist, die man uns als Symbol der Reinheit und Unschuld vorführt, während die Griechen sie der Liebesgöttin beigesellten, dies Engelchen sieht seltsame Bewegungen beim Hund und der Hündin, beim Hahn und der Henne, und da es nicht dumm ist und aus dem albernen Verhalten von Erzieherinnen und Müttern schließt, daß es vor einem Geheimnis der Geschlechtsliebe steht, kombiniert es damit das andere ihm viel wichtigere Geheimnis des elterlichen Schlafzimmers.

So wie es hier die Tierlein tun, denkt es, treiben es auch Papa und Mama zu den Zeiten, wo ich das merkwürdige Beben des Bettes fühle und ihr gemeinsames Puff-Puff-Eisenbahnspielen höre. Mit anderen Worten, das Kind kommt auf die Idee, daß der Beischlaf von hinten stattfinde, und versenkt diese Idee in die Tiefe, bis sie auf dem Assoziationsweg Rückwärts und Krebs als Angst wieder emporsteigt. Die Scheren aber – ich brauche es kaum noch zu sagen – führen direkt und indirekt auf die große Angstfrage der Kastration, der Verwandlung des ursprünglich männlich gedachten Weibes in ein weibliches Weib, dem der Penis abgeschnitten, zwischen dessen Beinen ein zeitweise blutendes Loch geschnitten wurde. Auch dieser Gedanke stützt sich auf eine Erfahrung, auf eine der ersten des Lebens, auf das Abschneiden der Nabelschnur.

Von all den Theorien, die über den Krebs aufgestellt worden sind, ist für mich im Lauf der Zeit nur eine übriggeblieben, die, daß der Krebs unter bestimmten Erscheinungen zum Tod führt. Was nicht zum Tod führt, ist kein Krebs, so meine ich. Sie können daraus entnehmen, daß ich mir keine Hoffnung auf ein neues Verfahren zur Krebsheilung mache. Aber bei all den vielen sogenannten Krebsfällen lohnt es sich, auch einmal das Es des Menschen zu befragen.

Immer Ihr

Patrik Troll

14

Liebe Freundin, Sie haben es richtig aufgefaßt, der Ödipuskomplex beherrscht des Menschen Leben. Aber ich weiß nicht recht, wie ich Ihrem Verlangen, mehr davon zu hören, nachkommen soll. Die Sage selbst, wie Ödipus unschuldig seinen Vater erschlägt und mit der Mutter in blutschänderischem Verkehr unselige Kinder zeugt, kennen Sie doch und finden Sie leicht in jeder Sagensammlung. Daß der Inhalt der Sage: brünstige Leidenschaft des Sohnes für die Mutter und mörderischer Haß gegen den Vater typisch ist, für alle Menschen aller Zeiten gültig ist, daß in dieser Sage sich ein tiefes Geheimnis des Menschseins halb enthüllt, sagte ich schon. Und die Anwendung auf Ihr eigenes Leben, auf meines oder auf das irgendeines anderen Menschen müssen Sie selbst machen. Ich kann Ihnen höchstens ein paar Geschichten erzählen, vielleicht lesen Sie sich ein wenig daraus heraus. Ungeduldig dürfen Sie aber nicht werden, das Leben des Unbewußten ist schwer zu entziffern, und Sie wissen, mir kommt es auf ein paar Irrtümer nicht an.

Vor mehr als zwanzig Jahren – ich war damals noch ein junger Arzt, tollkühn in der festen Überzeugung, daß mir nichts fehlschlagen werde – wurde mir ein Knabe gebracht, der an einer seltsamen Hauterkrankung, Sklerodermie genannt, litt. Er war wegen der Ausdehnung seines Leidens, das sich über große Teile des Bauchs, der Brust, der Arme und Beine erstreckte, von den Autoritäten als dem Tod verfallen aufgegeben. Ich übernahm frohgemut die Behandlung nach den Grundsätzen, die ich von Schweninger gelernt hatte, und da nach etwa einem Jahr die Sache zum Stillstand kam, hielt ich es nicht für einen Raub, Gott gleich zu sein und meiner – ich darf es sagen – mühseligen Arbeit die Genesung zuzuschreiben. Was man so Genesung nennt; wir Ärzte sind darin, wenn es sich um die Beurteilung unserer eigenen Erfolge handelt, weitherzig. Letzten Endes blieb noch genug zu wünschen übrig; abgesehen von den Narben, die der Prozeß zurückgelassen hatte und die Sie sich kaum groß genug vorstellen können, waren die Ellenbogengelenke so kontrakt, daß die Arme nicht vollständig ausgestreckt werden konnten, und das eine Bein war und blieb dünn wie ein Stock. Auch die Reizbarkeit des Herzens, die sich gelegentlich in rasender Schnelligkeit der Schläge und in Angstzuständen äußerte, wie fast ununterbrochener Kopfschmerz sowie eine Reihe von neurotischen Beschwerden ließen sich nicht beseitigen. Immerhin, der Knabe blieb am Leben, machte das Gymnasium durch, war eine Reihe von Jahren Offizier und ging dann zu einem akademischen Beruf über. Von Zeit zu Zeit erschien er für einige Wochen bei mir, um sich aufzufrischen. Inzwischen wurde er seiner vielen Beschwerden halber von dem und jenem Arzt behandelt, um schließlich bei einem bekannten Berliner Herrn, dessen Namen Ihnen und mir Achtung einflößt, zu bleiben. Einige Jahre hörte ich nichts von ihm, dann kam der Krieg, und wenige Monate später traf er wieder bei mir ein.

Diesmal sah das Krankheitsbild seltsam aus. Kurz nach Kriegsausbruch war Herr D. – so wollen wir ihn nennen – mit starkem Schüttelfrost und Fieber bis zu 40 Grad erkrankt. Das dauerte eine Weile, ohne daß man dahinterkam, was eigentlich los war. Endlich schien sich die Sache zu klären. Die Temperaturen sanken des Morgens unter 36 Grad, um gegen Abend auf 39–40 Grad zu steigen. Das Blut wurde auf Malaria untersucht, einmal, sechsmal, ein paar dutzendmal, Plasmodien wurden nicht gefunden, und auch Chinin und Arsenik, die man vorsichtshalber gab, blieben wirkungslos. Inzwischen wurde ohne Ergebnis auf Tuberkulose gefahndet und eine alte Syphilisdiagnose, derentwegen er vor Jahren »antiluetisch« – wie schön das klingt – behandelt worden war, wieder aufgewärmt. Der berühmte »Wassermann« – Sie wissen wohl, was das ist – ergab ein zweifelhaftes Resultat, und schließlich war man so klug wie zuvor. Plötzlich war das Fieber fort, der völlig heruntergekommene Körper fing an sich zu erholen, die Uniformen wurden instandgesetzt, und alles schien gut. Herr D. ging wieder aus, verfaßte ein Gesuch an sein Ministerium, das ihn für unentbehrlich erklärt hatte, ihm die freiwillige Teilnahme am Feldzug zu gestatten, erhielt die Erlaubnis und erkrankte am selben Tag mit Fieber- und Halsschmerzen. Die zugezogenen Ärzte schauten ihm in den Mund, fanden an Mandeln, Zäpfchen und Rachenwand Geschwüre, und da das Fieber verschwand, die Geschwüre aber weiter um sich griffen, ein verdächtiger Ausschlag erschien und einige Drüsen gefällig genug waren, angeschwollen zu sein, stellten sie ein Rezidiv der angeblich früher überstandenen Syphilis fest, was ich ihnen nicht verdenken kann. Die Wassermannsche Probe war freilich negativ, blieb es auch, aber – nun kurz gesagt, es wurde Salvarsan und Quecksilber gegeben. Der Erfolg war niederschmetternd. Statt einer Besserung trat von neuem das rätselhafte Fieber auf, zeitweise begleitet von völliger Bewußtlosigkeit, der Kranke verfiel mehr und mehr, und schließlich ließ er sich unter Ausnutzung der letzten Kräfte zu mir transportieren.

Ich war damals in bezug auf die Abhängigkeit des organischen Leidens vom Es meiner Sache nicht so sicher, wie ich es jetzt bin, glaubte auch, von irgendwelchen Bosheiten meines Unbewußten verleitet, bei einem Menschen, der anderthalb Jahrzehnte lang von mir in bestimmter Richtung behandelt worden war, von dieser Richtung nicht abweichen zu können, ohne sein Vertrauen zu verlieren; kurz, ich behandelte ihn, wie er es von mir gewohnt war, mit sehr heißen lokalen Bädern, Massage, sorgfältiger Diät und so weiter. Das schloß den Versuch einer psychischen Beeinflussung nicht aus, nur ging dieser Versuch in der alten Richtung, dem Kranken durch die autoritative Suggestion zu helfen. Zunächst erklärte ich mit voller Überzeugung und bestimmt genug, um keinen Widerspruch aufkommen zu lassen, daß von Syphilis keine Rede sein könne; und dann zeigte ich dem Kranken, daß sein Leiden mit seinem Wunsch, in das Feld zu gehen, zusammenhinge. Er wehrte sich eine Zeitlang gegen diese Annahme, gab aber bald zu, daß es so sein könne, und erzählte mir ein paar Einzelheiten der letzten Monate, die meine Ansicht bestätigten.

Die Sache schien gut zu verlaufen, die Kräfte hoben sich, Herr D. begann in der Umgegend umherzustreifen und sprach wieder davon, sich freiwillig zum Heeresdienst zu melden. Damit war es ihm Ernst; er stammte aus einer alten Offiziersfamilie und war selbst mit Passion Offizier gewesen. Eines Tages trat wieder Fieber auf, wieder in der alten Weise mit niedrigen Morgentemperaturen und überaus hohen abendlichen Steigerungen, und gleichzeitig kamen auch von neuem die merkwürdigen Symptome, die deutlich den Charakter der Syphilis trugen. Es bildete sich ein Geschwür am Ellenbogen, dann, nachdem das abgeheilt war, eins an dem Unterschenkel, dann kamen Geschwüre im Hals, dann wieder am Ellenbogen und Unterschenkel und schließlich am Penis. Dazwischen tauchte ein roseolaartiger Ausschlag auf, kurz es geschahen allerlei Dinge, die mich schwankend machten, ob nicht doch etwa Syphilis da sei. Die Untersuchungen nach Wassermann, die von der Universitätsklinik ausgeführt wurden, gaben widersprechende Resultate, bald lautete das Urteil bestimmt negativ, bald hieß es, es sei unbestimmt. Das zog sich drei Monate lang hin. Plötzlich, und ohne daß ich irgendwie finden konnte warum, verschwand die ganze Erkrankung. Herr D. blühte auf, nahm von Tag zu Tag an Kraft und Gewicht zu, und alles war gut. Ich gab ihm die vorgeschriebenen Impfungen gegen Pocken, Cholera und Typhus, er hing sich den Rucksack auf den Rücken und verabschiedete sich von mir, um sich nach einer dreitägigen Fußwanderung durch den Schwarzwald sofort bei seinem Bezirkskommando zu melden. Am dritten Tag der Wanderung brach das Fieber von neuem aus, Herr D. kehrte für einige Tage zu mir zurück, ging dann aber nach Berlin, um dort unter anderer ärztlicher Führung noch einmal sein Heil zu erproben.

Im Sommer 1916, fast sechzehn Monate später, kam er wieder. Er war lange Zeit in Berlin behandelt worden, war dann nach Aachen zu dem Gebrauch der dortigen Quellen geschickt worden, nach Sylt, in das Gebirge, nach Nenndorf und hatte schließlich wieder Wochen und Monate schwer krank in Berlin gelegen. Sein Zustand war derselbe, häufige stürmische Fieberanfälle, Geschwüre, Ohnmachten, Herzbeschwerden und so weiter. Mir fiel auf, daß sein altes Leiden der Sklerodermie an einzelnen Stellen wieder eingesetzt hatte und daß die neurotischen Symptome zugenommen hatten.

Inzwischen war mit mir selbst eine große Veränderung vor sich gegangen. Während meiner Lazarettätigkeit hatte ich oft die Wirkung der Psychoanalyse auf die Heilung von Wunden und organischen Erkrankungen gesehen, meine Privatpraxis hatte mir eine Reihe Erfolge gebracht, ich hatte mir eine für mich brauchbare Technik angeeignet, kurz, ich trat an die Behandlung des Herrn D. mit dem festen Entschluß heran, mich um Diagnose, physikalische oder medikamentöse Therapie nicht zu kümmern, sondern ihn zu analysieren. Der Erfolg kam, ein Symptom nach dem anderen verschwand, nach einem halben Jahr ging Herr D. als Infanterieoffizier ins Feld, wo er zwei Monate später fiel. Ob seine Genesung von Dauer gewesen wäre, vermag ich nicht zu entscheiden, da der Tod dazwischengetreten ist. Nach dem jetzigen Stand meines Wissens glaube ich, daß die Behandlungszeit zu kurz und daß der Kranke wahrscheinlich Rückfälle bekommen hätte, wenn er länger gelebt hätte. Ich bin aber überzeugt, daß eine vollständige Heilung bei ihm möglich gewesen wäre. Die Frage ist schließlich gleichgültig, ich erzähle Ihnen diese Geschichte nicht des Erfolgs wegen, sondern um Ihnen einen Begriff von der Wirkung des Ödipuskomplexes zu geben.

Über die Behandlung teile ich nur mit, daß sie nicht leicht war. Immer von neuem tauchten Widerstände auf, die bald an meinen Vornamen Patrik als den eines lügnerischen Iren anknüpften, bald meine Gummischuhe oder eine liederlich geknüpfte Krawatte zum Vorwand nahmen; die Krawatte war ihm ein schlaff und lang herabhängender Hodensack, wie er ihn einst bei seinem alten Vater gesehen hatte, die Gummischuhe rührten alten Ärger aus der Kindheit auf. Dann wieder verschanzte er sich hinter meinem zweiten Vornamen Georg, der ihn an eine Romanfigur aus Robert dem Schiffsjungen erinnerte, an einen Verführer und Dieb; dabei tauchte nach und nach eine ganze Horde George auf, die alle schlechte Kerle waren, bis endlich der eigentliche Übeltäter in der Gestalt eines Mannes erschien, von dem D. als Gymnasiast eine Ohrfeige bekommen hatte, ohne dafür Rechenschaft zu verlangen. Am längsten zu schaffen machte ihm und mir eine meiner damaligen Sprechgewohnheiten; ich pflegte ab und zu die Worte »offen gestanden« zu gebrauchen oder auch »Ich muß Ihnen offen gestehen«. D. schloß daraus, daß ich löge, eine Folgerung, die gar nicht so dumm war.

Der Widerstand des Kranken gegen den Arzt ist das Objekt jeder Behandlung. Das Es wünscht durchaus nicht von vornherein gesund zu werden, so sehr auch die Krankheit den Kranken plagt. Im Gegenteil, das Bestehen der Krankheit beweist, trotz aller Versicherungen, Klagen und Anstrengungen des bewußten Menschen, daß dieser Mensch krank sein will. Das ist wichtig, Liebe. Ein Kranker will krank sein, und er wehrt sich gegen die Genesung, etwa wie ein verzogenes kleines Mädchen, das seelengern zum Ball gehen möchte, doch sich mit allerlei Getue dagegen wehrt hinzugehen. Es lohnt sich immer, sich die Einwände, die solch ein Widerstand gegen den Arzt hat, genau anzusehen; sie verraten allerlei über den Kranken selbst. So war es auch bei D. Die schlaffen Hoden und die Gummischuhe des Weichlings erregten bei ihm Anstoß, weil er selber in hohem Grad das Impotenzgefühl hatte. Das Lügen, wie er es in »Patrik« und »offen gestanden« angriff, verabscheute er wie alle ehrenhaften Leute, aber wie alle ehrenhaften Leute belog er sich selbst – und damit andere – ununterbrochen. Mit den Vornamen hatte er es so arg, weil er seinen eigenen »Heinrich« haßte; er ließ sich statt dessen von seinen Intimen Hans nennen, weil irgendein Heldenvorfahr seines Geschlechts diesen Namen geführt hatte. Auch darin fühlte er die Lüge, denn sein dumpfes Gefühl vom Es belehrte ihn, daß er durchaus kein Held war, daß seine Krankheit Schöpfung seines ängstlichen Unbewußten war. Georg schließlich war ihm unerträglich, weil er einstmals wie der Dieb aus Robert dem Schiffsjungen – die Erinnerung daran kam unter heftigen Krankheitssymptomen und Fieber – seinem Vater zwei Medaillen entwendet hatte. Medaille aber führte ihn zu dem Wort Medaillon, und ein Medaillon mit dem Bild seiner Mutter trug sein Vater, und diesem Medaillon galt in Wahrheit sein Diebstahl. Er wollte dem Vater die Mutter stehlen. Ödipus.

Noch eine Seltsamkeit muß ich erwähnen. D. trug eine ganze Reihe von weitausgreifenden Komplexen mit sich herum, die alle letzten Endes mit dem Ödipuskomplex und mit der Impotenzidee zusammenhingen. Wurde während der Behandlung der Ödipuskomplex an irgendeiner empfindlichen Stelle gepackt, so erschien das Fieber, kam man der Impotenz zu nahe, so traten die Syphilissymptome hervor. D. gab mir dafür folgende Erklärung: Meine Mutter ist mir im Lauf der Jahre ganz gleichgültig geworden. Das beschämt mich, und ich suche, sooft ich genötigt bin, angestrengt an sie zu denken, die alte Glut wieder anzufachen. Und weil das seelisch nicht gelingt, entsteht die körperliche Hitze. Meinem Vater, der alt war, als er mich zeugte, nach meiner Ansicht zu alt, schiebe ich alle Schuld meiner Impotenz zu. Und da ich ihn, der längst tot ist, nicht persönlich bestrafen kann, so strafe ich ihn im Sinnbild, im Erzeuger, in dem, der erzeugt, in meinem eigenen Geschlechtsteil. Das hat den Vorteil, daß ich mich selbst für die Lüge mitbestrafe; denn nicht mein Vater, sondern ich selber trage die Schuld meiner Impotenz. Und schließlich, ein Syphilitiker darf impotent sein, es ist gut für ihn und die Frauen. Sie sehen, D. hatte ein wenig Trollheit in sich; das hat mir an ihm gefallen.

Und nun der Ödipuskomplex. Im Vordergrund steht die Leidenschaft für die Mutter. Die Masse der Einzelheiten lasse ich beiseite; als Probe gab ich Ihnen den Medaillendiebstahl, der symbolisch den Raub der Mutter bedeutet. Statt kleiner Züge wähle ich einiges aus, was Ihnen die tiefen Wirkungen des Es zeigen wird. Zunächst ist da die andauernde Kränklichkeit D.s, die von Zeit zu Zeit zu schweren langwierigen Erkrankungen ausartete. Der Kranke bedarf der Pflege, der Kranke erzwingt sich die Pflege. Jede Erkrankung ist eine Wiederholung der Säuglingssituation, entspringt der Sehnsucht nach der Mutter, jeder Kranke ist ein Kind, jeder Mensch, der sich des Kranken annimmt, wird zur Mutter. Die Kränklichkeit, die Häufigkeit und Dauer der Erkrankungen sind ein Beweis, wie tief der Mensch noch an die Mutterimago gefesselt ist. Sie können meist ohne die Gefahr eines Irrtums in Ihren Schlüssen noch weiter gehen: Wenn jemand krank wird, ist es wahrscheinlich, daß er irgendwie in nächster zeitlicher Nähe des Krankheitsbeginnes überaus stark an die Mutterimago erinnert wurde, an die Imago der ersten Säuglingswochen. Ja, ich scheue mich nicht, auch hier das Wort »immer« hinzusetzen. Es ist immer so. Und es gibt nicht leicht einen stärkeren Beweis für jemandes Leidenschaft zur Mutter, für seine Abhängigkeit vom Ödipuskomplex, als dauernde Kränklichkeit.

Diese Leidenschaft hat noch etwas anderes bei D. hervorgebracht, was man nicht selten beobachten kann. Der Herr, der Eigentümer der Mutter, ist der Vater. Will der Sohn Herr, Eigentümer, Geliebter der Mutter werden, so muß er dem Vater ähnlich werden. Das ist D.s Fall. Ursprünglich – ich habe Kinderbilder von ihm gesehen – war keine Rede von Ähnlichkeit mit dem Vater, auch sein Wesen hatte nach Aussage der Mutter nichts mit dem Vater gemein. In den zwanzig Jahren, die ich den Kranken gekannt habe, konnte man von Jahr zu Jahr beobachten, wie in Gebärde, Haltung, Gewohnheiten, in Gesicht und Körperbildung, im Denken und Wesen langsam eine Annäherung an den Vater stattfand. Nicht das Es änderte sich, sondern darüber, so daß nur noch hier und da der eigentliche Menschenkern zum Vorschein kam, bildete sich ein neues Es der Oberfläche oder wie Sie es sonst nennen wollen, und dieses neue Es – das ist das Beweisende – schwand mit der fortschreitenden Genesung. Der echte D. kam wieder zum Vorschein. Am deutlichsten sprach sich die Anähnelung an den Vater in dem frühzeitigen Altern D.s aus. Schon mit dreißig Jahren war er vollkommen weiß. Ich habe dieses Ergrauen zugunsten der Vatermaske mehrfach entstehen und auch wieder verschwinden sehen. Wie es bei D. geworden wäre, weiß ich nicht. Er starb zu früh.

Ein drittes Merkmal seiner Leidenschaft zur Mutterimago war seine Impotenz, wie denn beim Unvermögen des Mannes immer die erste Frage sein muß: Wie steht dieser Mensch zu seiner Mutter. D. hatte die charakteristische Form der Impotenz, wie sie Freud beschrieben hat; er teilte die Frauen in Damen und Huren ein. Der Dame, das ist der Mutter gegenüber, war er impotent, mit der Hure vermochte er in Geschlechtsverkehr zu treten. Aber das Bild der Mutter wirkte mächtig in ihm, und so erfand sein Es, um sich gänzlich vor jedem Inzest, selbst vor dem im Bild der Dirne zu schützen, die syphilitische Ansteckung. Daß sich jemand unter dem Druck des Ödipuskomplexes bei irgendeinem Frauenzimmer infiziert, habe ich oft gesehen. Daß aber diese Ansteckung vom Es erfunden und nun jahrelang ein Theater mit Syphilis- oder Trippersymptomen gespielt wird, scheint selten zu sein. Ich habe es bisher nur zweimal bestimmt gesehen, bei D. und bei einer Frau.

Weiter, der Beginn der Erkrankung – die ersten Symptome sind immer beachtenswert, sie verraten viel von den Absichten des Es –, der Beginn der Erkrankung war die Sklerodermie des linken Beines, die dann auf den rechten Arm übergriff. Was am linken Bein vor sich geht, sagt mir in der närrischen Sprache, die ich mir zurechtgemacht habe: Dieser Mensch wünscht einen bösen, unrechten, linken Weg zu gehen, aber sein Es hindert ihn daran. – Wenn der rechte Arm irgendwie erkrankt, so bedeutet das: Dieser rechte Arm will etwas tun, woran das Es Anstoß nimmt, deshalb wird er in seinem Tun gelähmt. – Kurz vor den Beginn des Beinleidens fällt ein wichtiges Erlebnis, D.s Mutter wurde schwanger. Er war damals fünfzehn Jahre alt, will aber nichts von dieser Schwangerschaft bemerkt haben; das ist ein sicheres Zeichen, daß tiefe Erschütterungen seines Wesens ihn zu verdrängen nötigten. Dieser Kampf des Verdrängens fällt mitten in die Geschlechtsentwicklung des Knaben und verbindet sich mit einem zweiten Verdrängungskonflikt sexueller Art. Denn ebenso, wie der Kranke behauptete, von der Geburt seines Brüderchens völlig überrascht worden zu sein, behauptete er auch, daß er damals überhaupt keine Kenntnisse vom Geschlechtsverkehr gehabt habe. Beides ist unmöglich. Das letztere deshalb, weil der Knabe gerade zur selben Zeit eine Kaninchenzucht betrieb und stundenlang den Geschlechtsspielen der Tiere zusah, ersteres weil er selbst sehr bald dahinterkam, daß er schon während der Schwangerschaft die Mordideen hatte, von denen sofort die Rede sein wird. Aus der Idee, diesen spätgeborenen Bruder zu beseitigen, leitet sich nämlich zum Teil das Übergreifen der Sklerodermie auf den rechten Arm her. Die Idee, unbequeme Menschen zu töten, begleitet uns alle durch unser ganzes Leben, und unter ungünstigen Verhältnissen wird Wunsch und Abscheu zu töten so stark, daß das Es sich entschließt, das Mordwerkzeug des Menschen, den rechten Arm, lahmzulegen. Ich glaube, ich erzählte Ihnen schon, weshalb diese Mordideen so verbreitet sind, zu Ihrem Nutz und Frommen will ich es aber wiederholen: Das Kind lernt den Begriff des Todes durch das Spiel kennen. Es schießt und sticht nach dem Erwachsenen, der fällt um und stellt sich tot, um kurz darauf zum Leben zu erwachen. Ist es nicht seltsam, wie das Es der Kinderseele die schwersten Probleme als Nichtigkeiten, als Spaß darzustellen weiß, wie es aus dem Sterben ein Amusement für das Kind zu machen versteht? Und ist es ein Wunder, daß dieser mit den schönsten Erlebnissen des Kindesalters verwobene heitere Todeseindruck mit der raschen Wiederbelebung sich in das Gemüt eingräbt und als unbequemer Gedanke für später bereitliegt? Um zum Schluß zu kommen, die Erkrankung des Beins und des Arms entstanden auf Grund sexueller Kämpfe, die in den Bereich der Mutter-Kind-Erotik gehörten.

Ich komme nun zu dem seltsamsten Teil dieser seltsamen

Krankheit, zu der Art, wie die Syphilisidee aus dem Mutterkomplex entsprang und wie sie gerade dieses Ursprungs wegen so mächtig werden konnte, immer und immer wieder Syphilissymptome zu produzieren, so zu produzieren, daß alle behandelnden Ärzte, mich eingeschlossen, getäuscht wurden. Ich fragte D., ob er denn wisse, von wem er angesteckt worden sei. »Ich weiß überhaupt nicht, ob ich angesteckt worden bin«, erwiderte er, »ich vermute es.« »Und warum vermuten Sie es?« »Weil ich einmal mit einem Mädchen geschlechtlich verkehrt habe, das einen Schleier trug.« Als er mir den Zweifel am Gesicht ablas, fügte er hinzu: »Alle Straßendirnen, die einen Schleier tragen, sind syphilitisch.« Das war mir neu, ich begriff aber, daß der Gedanke nicht albern war, und fragte deshalb weiter: »Von diesem Mädchen also glauben Sie angesteckt zu sein?« »Ja«, sagte er, fuhr aber gleich fort: »Ich weiß es nicht, weiß es überhaupt nicht, ob ich angesteckt worden bin. Später gewiß nicht, denn ich bin nie wieder mit einer Frau zusammengekommen. Ich hatte am anderen Morgen Angst, ging zum Arzt und ließ mich untersuchen. Er schickte mich fort, ich solle in einigen Tagen wiederkommen, das tat ich, er schickte mich wieder fort, und so ging es eine ganze Zeit, bis er mir halb lächelnd, halb grob erklärte, ich sei ganz gesund, von einer Ansteckung sei keine Rede. Seitdem bin ich viele, viele Male von verschiedenen Ärzten untersucht worden. Keiner hat etwas gefunden.« »Aber«, sagte ich, »Sie sind doch, ehe Ihre Kriegskrankheit begann, antiluetisch behandelt worden.« »Ja, auf meine Bitten. Ich glaubte, meine Kopfschmerzen, mein krankes Bein, meine Arme, all das könne nur von Syphilis herrühren. Ich habe alles, was über Sklerodermie geschrieben worden ist, gelesen, und einige bringen es mit Syphilis zusammen.« »Aber Sie waren damals fünfzehn Jahre alt, als die Krankheit begann.« »Mit hereditärer Syphilis«, unterbrach er mich. »Im Ernst habe ich nie an eine Ansteckung geglaubt, aber ich dachte, mein Vater sei syphilitisch gewesen.« Er schwieg eine Zeitlang, und dann sagte er: »Wenn ich mich recht besinne, trug das Mädchen, von dem ich Ihnen vorhin sprach, gar keinen Schleier. Im Gegenteil, ich weiß bestimmt, daß sie nicht das geringste Fleckchen am ganzen Körper hatte. Ich habe sie nackt ausgezogen, habe die ganze Nacht elektrisches Licht gebrannt, habe sie nackt vor dem Spiegel gesehen, habe ihr Führungsbuch gelesen, kurz, es ist unmöglich, daß sie krank war. Die Sache ist die, daß ich schreckliche Angst hatte, hereditär syphilitisch zu sein. Deshalb ging ich zum Arzt, log ihm die Geschichte von dem Schleier vor, weil ich ihm meinen Verdacht meines Vaters wegen nicht mitteilen konnte, und habe sie dann so oft erzählt, daß ich sie schließlich selbst glaubte. Aber jetzt, bei all dieser Analyserei, weiß ich bestimmt, daß ich das Mädchen nie für syphilitisch gehalten habe und daß sie keinen Schleier trug.«

Das alles kam mir seltsam vor, genauso wie es Ihnen wohl auch geht. Ich wollte und hoffte Klarheit zu gewinnen und fragte Herrn D., was ihm zum Wort Schleier einfiele. Statt einer Antwort gab er sofort zwei: »Der Witwenschleier und die Raffaelsche Madonna mit dem Schleier.« Von diesen beiden Einfällen aus hat sich über Wochen hinaus ein langes Assoziationsspiel hingezogen, von dem ich Ihnen nur das kurze Resultat mitteile.

Der Witwenschleier führte sofort auf den Tod des Vaters und auf die Trauerkleidung der Mutter. Es stellte sich heraus, daß D. im Verlauf seiner Verdrängungskämpfe gegen den Inzestwunsch seine Mutter mit der Dirne identifiziert hatte, daß er dem Mädchen einen schwarzen Schleier andichtete und sie in der Phantasie syphilitisch machte, weil sein Unbewußtes glaubte, auf diese Weise leichter mit dem Inzestwunsch fertig zu werden. Die Mutter sollte und mußte aus seiner Erotik beseitigt werden; wer Syphilis hatte, den konnte man nicht begehren; also mußte die Mutter syphilitisch sein. Das aber ging nicht – wir werden gleich sehen weshalb –, also mußte eine Stellvertreterin gefunden werden, was mit Hilfe der Schleierassoziation gelang, und zur Verstärkung der Abwehr wurde der Gedanke ausgearbeitet, der Vater sei syphilitisch gewesen.

Daß sich der Kranke an den Gedanken der mütterlichen Syphilis nicht herantraute, ist wohl jedem verständlich; aber es kam bei D. noch eine Idee hinzu, die in der Assoziation Madonna mit dem Schleier zum Vorschein kommt. Mit dieser Assoziation macht D. seine Mutter unnahbar, er gibt ihr die Unbeflecktheit, er schaltet damit den Vater ganz aus und hat noch dazu den Vorteil, sich selbst für jungfräulich geboren, für göttlichen Ursprungs halten zu können. Das Unbewußte arbeitet mit erschreckenden Mitteln. Um den Inzestwunsch zu verdrängen, vergöttlichte es die Mutter gleichsam im selben Atemzug, in dem es sie zur syphilitischen Dirne erniedrigte.

Sie haben hier, wenn Sie wollen, eine Bestätigung dessen, was ich Ihnen so oft glaubhaft zu machen suchte, daß wir alle uns göttlichen Ursprung anmaßen, daß uns der Vater wirklich Gottvater ist und die Mutter eine Gottesmutter. Es geht nicht anders, der Mensch ist nun einmal so gemacht, daß er zu Zeiten das glauben muß, und wenn heute die gesamte katholische Religion mitsamt der Jungfrau Maria und dem Christkind verschwände und es bliebe keine Erinnerung daran, nicht eine, so würde morgen ein neuer Mythus da sein, mit derselben Geburt des Gottessohns. Religionen sind Schöpfungen des Es, und das Es des Kindes kann weder den Gedanken des Liebesverkehrs zwischen Vater und Mutter ertragen, noch vermag es auf die Waffe der Heiligsprechung der Mutter im Kampf mit dem Inzestwunsch zu verzichten, noch endlich kann es, da es – Ferenczi lehrte es uns – vom Mutterleib her sich für allmächtig hält, den Gedanken, Gott gleich zu sein, entbehren.

Religionen sind Schöpfungen des Es. Schauen Sie auf das Kreuz mit seinen ausgebreiteten Armen und Sie werden mir beipflichten. Der Gottessohn hängt und stirbt daran. Das Kreuz ist die Mutter, und an unserer Mutter sterben wir alle. Ödipus, Ödipus. – Aber beachten Sie wohl: Wenn das Kreuz die Mutter ist, so fahren die Nägel, die den Sohn an sie heften, auch ihr in das Fleisch, sie fühlt denselben Schmerz, dasselbe Leid wie der Sohn, und sie trägt auf ihren starken Mutterarmen sein Leiden, seinen Tod mit, fühlt ihn mit. Mutter und Sohn, darin ist alle Trauer der Welt gesammelt, alle Tränen und Klagen. Und der Dank, den die Mutter erntet, ist das harte Wort: »Weib, was habe ich mit dir zu schaffen?« Es ist Menschenschicksal so, und das ist keine Mutter, die zürnt, weil der Sohn sie zurückweist. Es muß so sein.

Noch ein tiefer, allgemein menschlicher Konflikt, der mit einer seiner Wurzeln sich vom Ödipuskomplex nährt, klingt in D.s Krankengeschichte an, das ist die Frage der Homosexualität. Wenn er trunken sei, so erzählte er mir, durchstreife er die Straßen Berlins, um auf Päderasten zu fahnden, und wer es auch sei und wo er ihn auch finde, er schlüge ihn halbtot. Das war die eine Mitteilung. In vino veritas: Sie ist nur verständlich, wenn man sie mit der zweiten zusammenhält, die einige Wochen darauf erfolgte. Ich traf den Kranken eines Tages in hohem Fieber, und er erzählte mir, daß er am vorhergehenden Abend durch den Wald gegangen sei, da habe er plötzlich die Idee gehabt, es würden Strolche über ihn herfallen, ihn knebeln und durch den After mißbrauchen, um ihn dann mit nacktem geschändetem Hintern an einen Baum zu binden. Das sei eine häufige Phantasie bei ihm, und immer folge ihr Fieber. Angst ist Wunsch, da ist kein Zweifel. Der Haß, mit dem D. in der Trunkenheit die Päderasten verfolgt, ist verdrängte Homosexualität, die Angstphantasie ist es, und die Höhe des Fiebers läßt ermessen, welche Glut dieser homosexuelle Wunsch hat. Ich komme auf die Angelegenheit der Homosexualität ein andermal zurück. Hier möchte ich nur das eine sagen, daß unter den verschiedenen Gründen, die zur Gleichgeschlechtlichkeit führen, einer nie außer acht gelassen werden darf, das ist die Verdrängung des Mutterinzests. Der Mensch kämpft einen harten Kampf, um sich von der Erotik der Mutter zu lösen, und es ist kein Wunder, wenn bei diesem Kampf alle bewußten Neigungen für das weibliche Geschlecht mit in die Verdrängung gerissen werden, so daß schließlich bei dem und jenem das Weib ganz aus der Sexualität ausgeschlossen wird. In dem Fall des Herrn D., der Angst hat, einer päderastischen Vergewaltigung zum Opfer zu fallen, offenbart sich deutlich noch eine zweite Ursache der gleichgeschlechtlichen Liebe, die er verdrängt hat, die Neigung zu seinem Vater. Denn nur daraus kann diese Angst entsprungen sein, daß D. zu irgendeiner Zeit seines Lebens den heißen Wunsch gehabt hat, Weib zu sein, das Weib seines Vaters. Bedenken Sie, liebe Freundin, woher perverse Laster stammen, und Sie werden weniger hart urteilen.

Damit bin ich bei dem anderen Teil des Ödipuskomplexes angelangt, bei D.s Verhältnis zu seinem Vater. Ich muß hier gleich auf etwas aufmerksam machen, was für viele Menschen charakteristisch ist. D. war fest davon überzeugt, daß es für ihn nichts Höheres, nichts mehr Verehrungswürdiges, nichts mehr Geliebtes gäbe als seinen Vater, während er an seiner Mutter alles und jedes tadelte und nicht imstande war, länger als wenige Stunden mit ihr zusammen zu sein. Freilich, sein Vater war tot, und seine Mutter lebte, und es ist bequem, Tote zu vergöttern. Sei dem, wie ihm sei, D. glaubte, seinen Vater mit aller Kraft zu lieben, sein Leben hatte den Haß gegen den Vater verdrängt. Es läßt sich auch nicht abstreiten, daß er diesen Vater in Wahrheit heiß liebte, sein homosexueller Komplex und seine Anähnelung an den Vater bewiesen das zu deutlich. Aber ebenso stark haßte er ihn auch, und vor allem beim Beginn seiner Erkrankung bestand ein lebhafter Konflikt zwischen Neigung und Abneigung.

Von den Erinnerungen jener Zeit, die sich bei der Analyse aus dem Druck der Verdrängung lösten, greife ich zwei heraus. Die eine ist, daß D. während der obenerwähnten Schwangerschaft seiner Mutter sich angewöhnt hatte, stundenlang vor dem Ausgang einer Gosse zu lauern, um daraus herauskommende Ratten zu erschießen. Knabenspiel, denken Sie. Gewiß, aber warum schießen die Knaben so gern, und warum schießt D. auf Ratten, die aus der Gosse kommen? Das Schießen, ich brauche es kaum zu sagen, ist der übermächtige Sexualitätsdrang der Pubertätszeit, der sich in der symbolischen Handlung Luft macht. Die Ratte aber, auf die D. schießt, ist der Geschlechtsteil seines Vaters, den er in dem Augenblick mit dem Tod bestraft, wo er aus der Gosse, der mütterlichen Scheide, herauskommt. – Nein, es ist keine Deutung von mir, sie stammt von D. Ich halte sie nur für richtig. Und auch der zweiten Angabe, die er macht, stimme ich bei. Danach ist die Gosse wiederum die mütterliche Scheide, die Ratte aber ist das Kind, das sie erwartet. Neben dem Wunsch, den Vater zu kastrieren – denn das ist der Sinn des Tötens der Ratte –, schiebt sich der Mordwunsch gegen das kommende Kind vor, beide Ideen sind durch verdrängende Gewalten in symbolische Formen umgewandelt. Und in diese schweren, nur dumpf empfundenen unterirdischen Kämpfe greift das Schicksal hinein und läßt den neugeborenen Bruder nach wenigen Wochen sterben. Jetzt hat das Schuldgefühl, dieser unheimliche Begleiter menschlichen Lebens, ein Objekt, den Brudermord. Sie glauben nicht, liebste Freundin, wie bequem es für das Verdrängen ist, eine größere Schuld zu finden. Dahinter läßt sich alles verstecken, und dahinter wird tatsächlich alles versteckt. D. hat diese alberne Brudermordgeschichte weidlich zugunsten des Sichselbstbelügens ausgenutzt. Und weil es einmal menschliche Natur ist, eigene Schuld an anderen Menschen zu bestrafen, hat D. von der Todesstunde seines Bruders an nicht mehr auf Ratten geschossen, sondern auf Katzen, auf die Sinnbilder seiner Mutter. Das Es geht seltsame Wege.

Ganz hat D. den Kastrationswunsch gegen seinen Vater nicht mit der Idee des Brudermords zudecken können, das beweist eine zweite Erinnerung. Ich erzählte Ihnen, daß er zur Zeit jener Konflikte eine Kaninchenzucht betrieb. Unter diesen Tieren war ein schneeweißes Männchen. Mit dem führte D. ein seltsames Theater auf. All seinen Kaninchenmännchen gestattete er, die Weibchen zu rammeln, genoß es, ihnen zuzusehen; nur jener weiße Rammler durfte nicht zu den Weibchen gehen. Tat er es doch, so packte D. ihn bei den Ohren, fesselte ihn, hängte ihn auf einem Balken auf und schlug ihn mit der Reitpeitsche, solange er den Arm bewegen konnte. Es war der rechte Arm, der Arm, der zuerst erkrankte, und er erkrankte gerade damals. Diese Erinnerung ist unter dem stärksten Widerstand zum Vorschein gekommen. Immer wieder wich der Kranke aus und brachte eine Sammlung schwerer organischer Symptome zum Vorschein. Eines davon war besonders kennzeichnend: Die sklerodermatischen Stellen des rechten Ellbogens wurden schlimmer. Mit dem Tag, wo die Erinnerung aus dem Unbewußten auftauchte, heilten sie wieder ab, heilten so gründlich, daß der Kranke von nun an sein rechtes Ellbogengelenk vollständig biegen und strecken konnte, was er seit zwei Jahrzehnten trotz aller Behandlung nicht vermocht hatte. Und er tat es ohne Schmerz.

Fast hätte ich das Wichtigste vergessen. Jener weißhaarige Rammler, der von jeder Geschlechtslust ferngehalten wurde und der die Peitsche bekam, wenn er sich nicht zügelte, vertrat die Stelle des Vaters. Oder hatten Sie es vielleicht schon erraten?

Sind Sie müde? Nur Geduld, noch ein paar Striche, dann ist die Skizze fertig. In das Gebiet des Vaterhasses gehört noch ein Zug hinein, den Sie von Freud her kennen, wie denn D.s Geschichte manche Ähnlichkeit mit Freuds Rattenmannerzählung hat. D. war gläubiger, man kann beinahe sagen buchstabengläubiger Mensch, aber er hielt es mehr mit Gottvater als mit Gottsohn und betete täglich in seiner Weise zu dieser von ihm selbst aus der Vaterimago erschaffenen Gottheit. Aber mitten in diese Gebete drängten sich plötzlich Schimpfworte, Flüche, gräßliche Gotteslästerungen. Der Haß gegen den Vater brach sich Bahn. Sie müssen das bei Freud nachlesen, ich könnte nichts Neues hinzufügen und das Alte nur durch mein Klugreden verschlechtern.

Noch etwas muß ich zu dem Kaninchenabenteuer hinzufügen. D. hatte diesem weißen Rammler den Namen Hans gegeben: Wie Sie wissen, war das sein eigener Wunschname. Wenn er in dem weißhaarigen Tier seinen Vater schlug, so schlug er gleichzeitig sich selbst, oder besser seinen Erzeuger, seinen Hans, den Hans, den er am Bauch hängen hatte. Oder wissen Sie nicht, daß der Name Hans bei jung und alt so beliebt ist, weil er sich auf Schwanz reimt? Und weil man Hans mit Johannes dem Täufer zusammenbringt, der deutlich genug in Taufe und Hinrichtung als männliches Glied gekennzeichnet ist? Ich weiß nicht, ob es wahr ist, aber ein Engländer hat es mir erzählt, daß man dortzulande das Geschlechtswerkzeug St. John nennt, und bei den Franzosen kommt ähnliches auch vor. Aber das hat mit der Sache selbst nichts zu tun. D. meinte jedenfalls einen Schwanz, wenn er den Rammler Hans taufte, und wenn er ihn schlug, so geschah es, um ihn für die Onanie zu bestrafen. Ja ja, die Onanie. Das ist ein Stück Seltsamkeit.

Ich bin zu Ende, das heißt, Wesentliches könnte ich nicht mehr geben, und daß ich, wie Sie bemerkt haben werden, das Allerwesentlichste, die frühen Kindheitserinnerungen, fortgelassen habe, liegt daran, daß ich sie nur zu geringem Teil kenne. Darauf, auf meine Unkenntnis, bezog sich meine Äußerung oben, daß D. wahrscheinlich wieder krank geworden wäre, wenn er weitergelebt hätte. Die Analyse war nicht annähernd vollständig.

Zum Schluß will ich Ihnen wenigstens einen Grund angeben, warum sich D. vor dem Krieg fürchtete, obwohl er sich danach sehnte. Er hatte die Vorstellung, daß er durch beide Augen geschossen werden würde. Das beweist mir – aus anderen Erfahrungen mit Soldaten ziehe ich den Schluß –, daß er seine Mutter zu einer Zeit nackt gesehen hat, in der er sich der Sünde, die darin liegt, bewußt war. Das Volk sagt, wer seine Mutter nackt sieht, wird blind. Und Ödipus sticht sich die Augen aus.

Ich grüße Sie, Liebe, und bin immer Ihr

Patrik Troll

15

Gewiß, liebe Freundin, ich könnte Ihnen noch eine ganze Reihe ähnlicher Geschichten wie die des Herrn D. aus dem Bereich des Ödipuskomplexes erzählen, und ich hatte Ihnen auch versprochen, es zu tun. Aber wozu? Wenn Sie sich durch diese eine Erzählung nicht beeinflussen lassen, werden mehrere es auch nicht so rasch tun. Außerdem finden Sie in der Literatur der Psychoanalyse solcher Geschichten die Hülle und Fülle. Ich will lieber versuchen, mich gegen Ihre Einwände zu wehren, sonst wurzeln sich allerlei Vorurteile in Ihnen fest, und unser Briefwechsel wird sinnlos.

Sie begreifen nicht, sagen Sie, wie durch derlei Vorgänge, wie ich sie Ihnen erzählt habe, körperliche Veränderungen im Menschen entstehen können, wie er dadurch organisch krank werden soll, und noch weniger, wie er durch Aufdecken der Zusammenhänge gesund wird. All diese Dinge, liebe Freundin, begreife ich auch nicht, aber ich sehe sie, ich erlebe sie. Natürlich mache ich mir allerlei Gedanken darüber, nur lassen sie sich schwerer mitteilen. Um eins aber möchte ich Sie bitten, geben Sie in unserem Zwiegespräch die Unterscheidung zwischen »psychisch« und »organisch« auf. Das sind doch nur Bezeichnungen, um sich über irgendwelche Besonderheiten des Lebens leichter zu verständigen, im Grund ist beides dasselbe, beides denselben Hauptlebensgesetzen unterworfen, demselben Leben entsprungen. Ohne Zweifel, ein Weinglas ist etwas anderes als ein Wasserglas oder ein Lampenzylinder, aber es ist doch Glas, und alle diese Glaswaren werden vom Menschen hergestellt. Ein Holzhaus ist verschieden von einem Steinhaus. Sie bezweifeln wohl aber selbst nicht, daß es lediglich eine Zweckmäßigkeitsfrage, nicht eine Frage des Könnens ist, ob ein Baumeister ein Holzhaus oder ein Steinhaus baut. Genauso ist es mit organischen, funktionellen, psychischen Erkrankungen. Das Es wählt sehr selbstherrlich aus, was es für eine Erkrankung hervorbringen will, und richtet sich nicht nach unseren Namen. Ich glaube, wir verstehen uns nun endlich, oder wenigstens Sie verstehen mich und meine klare Behauptung, daß für das Es ein Unterschied zwischen organisch und psychisch nicht besteht und daß infolgedessen, wenn man das Es überhaupt durch die Analyse beeinflussen kann, auch organische Krankheiten psychoanalytisch behandelt werden können und unter Umständen müssen.

Körperlich, seelisch. Was für Gewalt hat ein Wort! Man dachte sich einmal – vielleicht denkt mancher es noch –, daß es einen menschlichen Körper gäbe, in dem wie in einer Wohnung die Seele hause. Aber selbst wenn man das annimmt, der Körper an sich erkrankt nicht, da er ja ohne Seele tot ist. Totes wird nicht krank, wird höchstens schadhaft. Nur Lebendiges erkrankt, und da kein Mensch daran zweifelt, daß nur lebendig genannt wird, was Körper und Seele zugleich ist – aber verzeihen Sie, das sind ja alles Dummheiten. Wir wollen uns nicht über Wörter zanken. Es kommt hier, wo Sie meine Meinung hören wollen, nur darauf an, daß ich verständlich ausdrücke, was ich meine. Und meine Meinung habe ich Ihnen deutlich gesagt: Für mich gibt es nur das Es. Wenn ich die Worte Körper und Seele gebrauche, verstehe ich darunter Erscheinungsformen des Es, wenn Sie wollen, Funktionen des Es. Selbständige oder gar gegensätzliche Begriffe sind es für mich nicht. Verlassen wir das unerquickliche Thema jahrtausendlanger Verwirrung. Es gibt andere Dinge zu besprechen.

Sie stoßen sich daran, daß ich dem Verdrängungsprozeß so große Wirkungen beilege, machen mich darauf aufmerksam, daß es auch Mißgeburten und embryonale Erkrankungen gibt und verlangen, daß ich auch andere Vorgänge würdige. Darauf kann ich nur erwidern, daß ich den Ausdruck »Verdrängen« bequem finde. Ob er für alles ausreicht, interessiert mich nicht. Für mich hat er bisher ausgereicht, auch für meine sehr oberflächliche Bekanntschaft mit dem Embryonalleben. Ich habe also keinen Grund, ihm etwas Neues hinzuzufügen oder gar ihn beiseite zu legen.

Vielleicht ist es nützlich, ein wenig zu phantasieren, damit Sie einen Begriff von der Ausdehnung solch eines Verdrängens bekommen. Nehmen Sie an, zwei Kinder, ein Knabe und ein Mädchen, sind allein im Eßzimmer. Die Mutter ist irgendwie in einem anderen Zimmer beschäftigt oder schläft, kurz, die Kinder fühlen sich sicher, so sicher, daß das ältere die Gelegenheit benutzt, um sich und das jüngere Kind durch Augenschein von dem Unterschied der Geschlechter und von der Vergnüglichkeit solcher Betrachtung zu unterrichten.

Plötzlich tut sich die Tür auf, die Kinder haben gerade noch Zeit auseinanderzufahren, aber das Schuldbewußtsein läßt sich nicht verbergen. Und da die Mutter, überzeugt von der kindlichen Unschuld ihrer Sprößlinge, beide in der Nähe der Zuckerdose sieht, nimmt sie an, daß sie genascht haben, schilt darüber und droht ihnen mit Schlägen, wenn es wieder vorkommen sollte. Vielleicht wehren sich die Kinder gegen die Unterstellung des Naschens, vielleicht auch nicht. Jedenfalls ist kaum anzunehmen, daß sie ihre eigentliche Sünde, die sie für viel schwerer halten, eingestehen. Sie schweigen darüber, verdrängen sie. Beim Nachmittagskaffee wird die Mahnung von der Mutter wiederholt, das eine schuldbewußtere Kind errötet und gibt so zu erkennen, daß es sich für den verführenden Teil hält. Es verdrängt wiederum, was es gern eingestehen möchte. Nach ein paar Tagen – die Mutter hat längst vergeben, hat aber ihre Freude daran, das Kind zu quälen – fällt irgendein Scherzwort irgendeiner Tante gegenüber. »Der Junge weiß, wo die Zuckerdose steht«, oder irgend etwas Ähnliches. Und diese Tante macht später auch eine Anspielung. Da haben Sie eine Kette von Verdrängungen, wie sie wohl nicht allzu selten sich bilden mag. Nun sind die Kinder verschieden; das eine nimmt es mit seinen Sünden leicht, das andere schwer, und für ein drittes ist es fast unerträglich, daß es gesündigt hat und vor allem, daß es die Sünde nicht gebeichtet hat. Was bleibt ihm übrig? Es drückt und drückt auf die Sünde, drängt sie aus dem Bewußtsein, stopft sie ins Unbewußte. Da liegt sie nun, vorläufig sehr oberflächlich, aber nach und nach wird sie tiefer gedrückt, tiefer und tiefer, bis schließlich die Erinnerung aus dem Bewußtsein verschwunden ist. Damit sie aber ja nicht wieder zum Vorschein kommt, werden Deckerinnerungen darübergelegt, vor allem die, daß die Mutter ungerecht gewesen ist, das Kind ohne Grund des Naschens beschuldigt und mit Schlägen bedroht hat. Nun geht es los, oder wenigstens kann es losgehen. Es hat sich ein Komplex gebildet, der berührungsempfindlich ist, der nach und nach so schlimm wird, daß selbst die Annäherung an den Komplex schon als furchtbar empfunden wird. Nun sehen Sie sich bitte den Komplex an. Auf der Oberfläche sind die Deckerinnerungen: der Zucker, das Naschen, die falsche Anschuldigung, die Drohung mit Schlägen, das Verschweigen und damit das Lügen, das Rotwerden, weiterhin die Zuckerdose, der Eßtisch mit seinen Stühlen, das Zimmer mit einer braunen Tapete und allerlei Möbeln und Porzellan, das grüne Kleid der Mutter, das fünfjährige Mädchen im schottischen Kleid mit Namen Gretchen und so weiter. Tiefer liegt dann das Gebiet der Sexualität. Unter Umständen wird schon jetzt die Arbeit des Verdrängens schwierig. Aber es kann auch sein, daß diese Arbeit sich bis ins Unglaubliche steigert. Nehmen Sie das Wort Zucker, es gehört in den Komplex, muß also möglichst vermieden werden. Ist es irgend anderswoher noch schuldbelastet, vielleicht durch ein wirkliches Naschen, so ist der Wunsch des Verdrängens um so größer. Aber es reißt dann auch andere Begriffe mit sich: süß, weiß etwa, oder viereckig, dann greift es vielfach auf andere Formen des Zuckers über, auf den Zuckerhut, von dort auf den Hut selbst oder auf die blaue Farbe der Umhüllung. Sie können das ganz nach Belieben ins Unendliche ausdehnen, und, verlassen Sie sich darauf, nicht allzu selten dehnt das Unbewußte seine Verdrängungsarbeit mit Hilfe der Assoziation ins Unendliche aus. Auf der Flucht vor dem süßen Zucker entsteht seelische Bitterkeit, oder es wird süßliche Sentimentalität als Ersatz benutzt, eine übergroße Sorgfalt, nie fremdes Eigentum sich anzueignen, gliedert sich an das Wort »Naschen«, daneben aber auch das kindliche Vergnügen am harmlosen Betrug, die pharisäische Gerechtigkeitsliebe stellen sich ein, die Worte Schläge, Schlagen, Schlacht, Rute, Gertrud, Ruth, Strafe, Birke, Besen geraten mit in den Komplex, verfemt und doch lockend, denn die ungebüßte Sünde verlangt nach Strafe, noch nach Jahrzehnten schreit sie nach Schlägen. Die braune Tapete wird unerträglich, grüne und schottische Kleider werden es, der Name Gretchen erregt Übelkeiten, und so geht es fort. Und dann kommt noch das ungeheure Gebiet der Sexualität hinzu.

Vielleicht denken Sie, ich übertreibe oder ich erzähle Ihnen irgendeinen ausgefallenen, seltenen Lebenslauf eines Hysterischen. Ach nein, solche Komplexe schleppen wir alle mit uns herum. Gehen Sie nur in Ihr Inneres, Sie werden da manches finden, manche unerklärliche Abneigung, manche seelische Erschütterung, die im Vergleich zu ihrer momentanen Veranlassung unbegreiflich stark ist, manchen Zank, manche Sorge und Verstimmung, die nur verständlich wird, wenn Sie den Komplex betrachten, aus dem sie stammt. Wie werden Ihnen die Augen aufgehen, wenn Sie gelernt haben, die Brücke zwischen der Gegenwart und der Kindheit zu schlagen, wenn Sie begriffen haben, daß wir Kinder sind und bleiben und daß wir verdrängen, unablässig verdrängen. Und daß wir, gerade weil wir verdrängen und nicht vernichten, gezwungen sind, bestimmte Lebenserscheinungen immer von neuem herbeizuführen, gezwungen sind, zu wiederholen, zu wiederholen. Glauben Sie mir, es ist seltsam, wie oft sich der Wunsch wiederholt. In seinem Innern sitzt ein Kobold, der zwingt ihn zur Wiederholung.

Von diesem Wiederholungszwang müßte ich Ihnen mehr erzählen, aber ich bin bei den Verdrängungen und bin Ihnen noch die Erklärung schuldig, wie ich mir die Wirkung des Verdrängens als Ursache organischer Leiden denke. Denn daß allerhand psychische Beschwerden daraus entstehen können, werden Sie auch ohne meine Erläuterungen begreifen. Was ich Ihnen nun sagen werde, sind wiederum Phantasien. Sie können sie ernst nehmen, Sie können darüber lachen, beides berührt mich nicht. Für mich ist die Frage, wie organische Leiden entstehen, unlösbar. Ich bin Arzt, und als solcher interessiert es mich nur, daß bei der Lösung der Verdrängung Besserung eintritt.

Darf ich Sie bitten, meinen Auseinandersetzungen ein kleines Experiment vorangehen zu lassen. Denken Sie bitte an irgend etwas, was Sie sehr interessiert, etwa daran, ob Sie sich einen neuen Hut anschaffen sollen oder nicht. Und nun versuchen Sie plötzlich, den Gedanken an den Hut zu unterdrücken. Wenn Sie es sich recht schön ausgemalt hatten, wie Ihnen der Hut stehen wird und wie Sie darum beneidet werden, wird es Ihnen nicht möglich sein, den Gedanken daran zu unterdrücken, ohne die Bauchmuskulatur zusammenzuziehen. Vielleicht beteiligen sich auch andere Muskelgruppen an der Anstrengung des Unterdrückens, die obere Bauchpartie tut es sicher; sie wird bei jeder, auch der geringsten Anspannung, zur Mitarbeit verwendet. Die Folge davon ist unbedingt eine Schwankung im Kreislauf, wenn diese Schwankung auch noch so gering ist. Und diese Schwankung teilt sich mit Hilfe der sympathischen Nerven anderen Gebieten des Organismus mit, zunächst wohl denen, die direkt benachbart sind, dem Darm, dem Magen, der Leber, dem Herzen, den Atmungsorganen. Sie können sich die Schwankung so gering denken, wie Sie wollen, da ist sie doch. Und weil sie da ist, und weil sie auf allerlei Organe übergreift, setzen sofort eine Menge chemischer Prozesse ein, von denen selbst der Gelehrteste nicht das mindeste versteht. Nur daß diese Prozesse stattfinden, das weiß er, weiß es um so besser, je mehr er sich mit Psychologie beschäftigt hat. Nun denken Sie sich diesen anscheinend so unbedeutenden Vorgang zehnmal im Lauf des Tages wiederholt. Das bedeutet schon etwas. Aber lassen Sie ihn zwanzigmal in der Stunde auftreten, dann haben Sie einen solchen Hexensabbat von mechanischem und chemischem Durcheinander, daß es schon nicht mehr schön ist. Und verstärken Sie die Intensität und die Dauer der Anstrengung. Nehmen Sie an, daß solche Anstrengung stundenlang, tagelang dauert, daß nur kurze Augenblicke des Losgelassenseins der Bauchpartien dazwischen sind. Sollte es Ihnen noch immer schwerfallen, einen Zusammenhang zwischen Verdrängen und organischem Erkranken zu phantasieren?

Vermutlich haben Sie noch nicht viele Menschenbäuche nackt gesehen. Aber mir ist das oft zuteil geworden. Und da läßt sich oft etwas Seltsames feststellen. Quer über die obere Bauchhälfte vieler Menschen geht eine strichförmige Falte, eine langgedehnte Runzel. Die kommt vom Verdrängen. Oder es finden sich rote Äderchen, oder der Bauch ist aufgetrieben, oder was es sonst noch ist. Denken Sie sich doch nur, daß jahrelang, jahrzehntelang ein Mensch herumläuft, der sich vorm Treppengehen ängstigt. Die Treppe ist ein Geschlechtssymbol, und es gibt zahllose Menschen, die von dem Gedanken des Fallens auf der Treppe verfolgt werden. Oder denken Sie sich jemanden, der undeutlich fühlt, daß ein Hut ein Geschlechtssymbol ist, oder ein Knopf oder das Schreiben. Solche Leute müssen dauernd, fast unaufhörlich verdrängen, müssen Bauch, Brust, Arme, Nieren, Herz, Gehirn dauernd mit Kreislaufschwankungen, mit chemischen Überraschungen, mit chemischen Vergiftungen heimsuchen. Nein, Liebe, ich finde es nicht im geringsten sonderbar, daß das Verdrängen – oder irgendwelche anderen psychischen Geschehnisse – organische Leiden herbeiführt. Im Gegenteil, ich finde es sonderbar, daß solche Leiden verhältnismäßig so selten sind. Und ein Staunen, ein ehrfürchtiges Staunen vor dem Es der Menschen erfüllt mich, daß es imstande ist, alles, was geschieht, zum Besten zu lenken.

Nehmen Sie ein Auge. Wenn es sieht, gehen allerlei Prozesse in ihm vor. Wenn ihm aber verboten ist zu sehen, und es sieht doch, wagt es aber nicht, seine Eindrücke dem Gehirn zu übermitteln, was mag dann wohl in ihm vorgehen? Wäre es nicht denkbar, daß es, wenn es tausendmal am Tag gezwungen ist, etwas, was es sieht, zu übersehen, schließlich die Sache satt bekommt und sagt: Das kann ich bequemer haben; wenn ich durchaus nicht sehen soll, werde ich kurzsichtig, verlängere meine Achse, und wenn das nicht ausreicht, lasse ich Blut in die Netzhaut treten und werde blind? Wir wissen so wenig vom Auge. Gönnen Sie mir also den Spaß zu phantasieren.

Sind Sie aus dem, was ich schrieb, klug geworden? Aber Sie müssen es mit Nachsicht lesen, beileibe nicht kritisch. Im Gegenteil, Sie sollten sich hinsetzen und noch ein Dutzend oder drei Dutzend solcher Phantasiegebäude sich selbst zurechtbauen. Was ich gab, war nur ein Beispiel, ein Erfinden übermütiger Laune. Achten Sie nicht auf die Form, auch nicht auf den Gedanken. Mir kommt es auf die Denkweise an, darauf, daß Sie den Verstand beiseite schieben und schwärmen.

Habe ich von der Entstehung der Erkrankungen gesprochen, so muß ich wohl auch ein Wort über die Behandlung sagen. Als ich vor Jahren meiner Eitelkeit so viel abgerungen hatte, daß sie mir gestattete, zum erstenmal an Freud zu schreiben, antwortete er mir etwa folgendes: Wenn Sie begriffen haben, was Übertragung und Widerstand sind, können Sie ruhig an die psychoanalytische Behandlung Kranker herangehen. Also Übertragung und Widerstand, das sind die Angriffspunkte der Behandlung. Ich glaube, über das, was ich unter Übertragung verstehe, habe ich mich deutlich genug ausgedrückt. Bis zu einem gewissen Grad kann der Arzt sie herbeiführen, zum mindesten kann er und soll er die einmal entstandene Übertragung zu erhalten und zu lenken suchen. Aber das Wesentliche, das Übertragen selber, ist ein Reaktionsvorgang im Kranken, in der Hauptsache ist es dem Einfluß des Arztes entzogen. So bleibt schließlich als Hauptarbeit der Behandlung das Beseitigen und Überwinden des Widerstandes. Freud hat einmal das Bewußtsein des Menschen mit einem Salon verglichen, in dem allerlei Leute empfangen werden. Im Vorraum, hinter der verschlossenen Tür im Unbewußten, staut sich die verdrängte Masse psychischer Wesenheiten, und an der Tür steht ein Wächter, der in das Bewußtsein nur hineinläßt, was salonfähig ist. Danach können die Widerstände von drei Stellen ausgehen, vom Salon, dem Bewußtsein aus, das bestimmte Dinge nicht einlassen will, vom Wächter aus, einer Art Vermittler zwischen Bewußtem und Unbewußtem, der, in hohem Grad vom Bewußtsein abhängig, doch immerhin eigenen Willen besitzt und hier und da eigensinnig den Eintritt verwehrt, obwohl das Bewußtsein die Erlaubnis gab, und vom Unbewußten selbst, das keine Lust hat, sich in der anständig langweiligen Umgebung des Salons aufzuhalten. So würde man also dazu kommen, in der Behandlung diese drei Instanzen der Widerstandsmöglichkeiten zu beachten. Und bei allen dreien wird man darauf gefaßt sein müssen, allerlei seltsame Launen zu finden und Überraschungen zu erleben. Da aber nach meiner Meinung sowohl Bewußtsein wie Pförtner letzten Endes willenlose Werkzeuge des Es sind, hat diese Unterscheidung nur geringe Bedeutung.

Bei Gelegenheit der Geschichte des Herrn D. habe ich Ihnen ein paar Formen des Widerstandes mitgeteilt. In Wahrheit gibt es dieser Formen Tausende und aber Tausende. Man lernt darin nie aus, und so wenig ich mich zum Anwalt des Mißtrauens eigne, so fest bin ich doch davon überzeugt, daß man als Arzt immer und immer damit rechnen muß: Jetzt befindet sich der Kranke im Widerstand. Hinter jeder Lebensform und Lebensäußerung verschanzt sich der Widerstand, jedes Wort, jede Gebärde kann ihn verstecken oder verraten.

Wie soll man nun mit dem Widerstand fertig werden? Das ist schwer zu sagen, Liebe. Ich glaube, das Wesentliche dabei ist, daß man bei sich selber beginnt, daß man erst einmal in seine eigenen Winkel und Ecken, Keller- und Speiseräume hineinguckt, Mut zu sich selber, zu seiner eigenen Schlechtigkeit oder, wie ich lieber sagen würde, Menschlichkeit findet. Wer nicht weiß, daß er selber hinter jeder Hecke und Tür gestanden hat, und wer nicht zu sagen weiß, was für Dreckhaufen hinter solch einer Hecke liegen und wie viele Haufen er selber hingesetzt hat, der wird es nicht weit bringen. Das erste Erfordernis ist also wohl Ehrlichkeit, Ehrlichkeit gegen sich selbst. Bei sich selbst lernt man am besten die Widerstände kennen. Und sich selbst lernt man am gründlichsten kennen, wenn man andere analysiert. Wir Ärzte haben es gut, und ich wüßte nicht, welch anderer Beruf mich locken könnte. Dann glaube ich, braucht unsereiner noch zwei Dinge, Aufmerksamkeit und Geduld. Geduld vor allem, Geduld noch einmal. Aber so etwas lernt sich.

Also sich selbst analysieren, das ist nötig. Leicht ist es nicht, aber es zeigt uns unsere individuellen Widerstände, und es dauert nicht lange, so treten einem Erscheinungen entgegen, die zeigen, daß es auch Widerstände ganzer Klassen, ganzer Völker, ja der gesamten Menschheit gibt, Widerstände, die vielen, ja allen gemeinsam sind. So ist mir heute wieder eine Form aufgefallen, die ich oft fand, die, daß wir uns scheuen, bestimmte kindliche Ausdrücke zu brauchen, Ausdrücke, die uns in unserer Kindheit geläufig waren. Im Verkehr mit Kindern und, merkwürdigerweise, im Liebesverkehr brauchen wir sie unbedenklich, da sprechen wir ruhig von »Wässerlein machen« vom »Hotto« oder »Wauwau«, vom »Pipi«, »Aa«, »Popo«, aber unter Erwachsenen sind wir gern selber erwachsen, verleugnen unsere Kindesnatur und »scheißen«, »schiffen«, »Arsch« sind uns geläufiger. Großtun, weiter nichts.

Zum Schluß muß ich wohl auch noch ein Wort über die Wirkung der Behandlung sagen. Nur leider weiß ich davon wenig. Ich habe die vage Idee, daß die Erlösung des Verdrängten aus der Verdrängung eine gewisse Bedeutung dabei hat. Ob das aber direkt der Heilungsvorgang ist, bezweifle ich. Vielleicht entsteht dadurch, daß irgend etwas Verdrängtes in den Salon des Bewußtseins kommt, nur eine Bewegung im Unbewußten, und diese Bewegung bringt Heil oder Unheil. Danach wäre es nicht einmal nötig, daß das Verdrängte, das den Anstoß zur Erkrankung gab, zum Vorschein käme. Es könnte ruhig im Unbewußten bleiben, wenn nur Platz dafür geschaffen würde. Nach dem, was ich bis jetzt über diese Dinge weiß – ich sagte es schon, es ist sehr wenig –, will es mir scheinen, daß es oft genügt, den Pförtner an der Tür zu bearbeiten, daß er irgendeinen Namen in den Raum des Unbewußten hineinschreit, etwa den Namen Wüllner. Ist unter den Nächststehenden kein Mensch, der Wüllner heißt, so geben sie doch den Namen nach hinten weiter, und wenn wirklich dieser Name nicht bis zu dem eigentlichen Träger dringt, so findet sich vielleicht irgendein Müller, der den Ruf absichtlich oder unabsichtlich mißversteht, sich nach vorn drängt und in das Bewußtsein eingeht.

Der Brief ist lang, und des Schwatzens will kein Ende werden. Adjö, Vielliebe, es ist Schlafenszeit. Ich bin ein arg müder

Troll

Es geht Ihnen zu sehr durcheinander? Mir auch. Aber das hilft noch nichts; das Es ist immer in Bewegung, und nicht eine Sekunde tritt Ruhe ein. Das wirbelt und strömt und wirft bald dies, bald jenes Stück Welt empor, der Oberfläche zu. Eben als ich den Brief an Sie beginnen sollte, habe ich versucht, herauszubekommen, was in mir vorging. Über die gröbsten Dinge bin ich nicht hinweggekommen.

Hier ist es, was ich fand. In der rechten Hand habe ich den Federhalter, mit der linken spiele ich an der Uhrkette. Der Blick ist auf die Wand gegenüber gerichtet, auf eine holländische Radierung, die Rembrandts Gemälde von der Beschneidung Jesu wiedergibt. Die Füße stehen auf dem Boden, aber der rechte tritt mit der Ferse den Takt zu einem Marsch, den unten die Kurkapelle spielt. Gleichzeitig höre ich den Schrei eines Käuzchens, das Hupensignal eines Automobils und das Rattern der elektrischen Bahn. Ich habe keinen bestimmten Geruchseindruck, fühle aber, daß mein rechtes Nasenloch etwas verstopft ist. Es juckt mich in der Gegend des rechten Schienbeines, und ich bin mir bewußt, daß ich rechts an der Oberlippe, etwa einen halben Zentimeter oberhalb des Mundwinkels, einen roten runden Fleck habe. Die Stimmung ist unruhig, und die Fingerspitzen sind kalt.

Gestatten Sie, liebe Freundin, daß ich mit dem Ende beginne. Die Fingerspitzen sind kalt, das erschwert das Schreiben, bedeutet also: »Sei vorsichtig; du schreibst sonst Unsinn.« Und ähnlich ist es mit der Unruhe. Sie verstärkt die Mahnung, behutsam vorzugehen. Mein Es ist der Ansicht, daß ich mich mit etwas anderem als Schreiben beschäftigen sollte. Was das ist, weiß ich noch nicht. Vorläufig nehme ich an, daß sich in der Zusammenziehung der Fingerspitzengefäße und in der Rastlosigkeit der Stimmung das Gefühl äußert: Deine Leserin wird nicht verstehen, was du ihr mitteilst. Du hättest sie besser, methodischer vorbereiten sollen. Trotzdem! Ich wage den Sprung.

Daß ich an der Uhrkette spiele, wird Sie lächeln machen. Sie kennen diese Gewohnheit, haben mich oft damit geneckt, aber wohl selbst niemals gewußt, was sie sagt. Es ist ein Onaniesymbol, ähnlich dem des Spielens mit dem Ring, von dem ich Ihnen neulich erzählte. Aber die Kette hat ihre besonderen Eigentümlichkeiten. Der Ring ist ein Weibessymbol, und die Uhr, wie jede Maschine, ist es auch. Die Kette ist es für meine Idee nicht; vielmehr symbolisiert sie etwas, was vor dem eigentlichen Geschlechtsakt, vor dem Spiel mit der Uhr liegt. Meine linke Hand verrät Ihnen, daß ich mehr Freude an dem habe, was vor der Vereinigung von Mann und Weib liegt, am Küssen, Streicheln, Entkleiden, Spielen, am heimlich erregenden Lustgefühl, an Dingen, die der Knabe liebt, und Sie wissen ja längst, daß ich ein Knabe bin, wenigstens bin ich es auf der linken Seite, der Liebesseite, die das Herz trägt. Was links ist, ist Liebe, was links ist, ist verboten, von Erwachsenen getadelt: Es ist nicht rechts, ist unrecht. Da haben Sie einen neuen Anhaltspunkt für die Unruhe, die mich plagt, für die kalten Fingerspitzen. Die rechte Hand, die Hand des Schaffens, der Autorität, des Rechts und des Guten, hat in ihrer Tätigkeit ernsthaften Schreibens innegehalten, droht hinüber nach der linken, spiellustigen Kinderhand, und aus rechts und links kommen Schwanken und Unruhe, die das Befehlszentrum der Blutversorgung mobil machen und die Finger erstarren lassen.

»Aber«, beschwichtigt eine Stimme des Es die unwillige Rechte, die mein Erwachsensein darstellt, »laß doch das Kind; du siehst, es spielt mit der Kette, nicht mit der Uhr.« Damit will diese Stimme sagen, daß die Uhr das Herz bedeutet, gemäß der Löweschen Ballade. Diese Stimme findet das Spielen mit Herzen schlecht. Mir ist, trotz ihres Tröstens, schlimm zumute, und sogleich erzählt mir auch das Es der rechten Hand, wie verwerflich das Tun der linken ist.

»Sie braucht nur ein wenig stark zu spielen, dann zerrt sie die Uhr heraus, läßt sie fallen, und ein Herz ist gebrochen.«

Allerlei Erinnerungen schießen mir in Form von Mädchennamen durch den Kopf, Anna, Marianne, Liese und mehr. Von allen den Trägerinnen dieser Namen dachte ich einmal, daß ich ihnen durch mein Spielen das Herz verletzt hätte. Aber plötzlich werde ich ruhig. Ich weiß, seitdem ich ein wenig in die Tiefen der Mädchenseele hineinging, daß solch Spiel an sich hübsch ist und ihnen nur zur Qual wurde, weil ich die Abenteuer ernst nahm, weil ich selbst ein böses Gewissen hatte und sie es errieten. Weil der Mann vom Mädchen voraussetzt, es müsse sich schämen, schämt es sich wirklich; nicht weil es Böses tat, nein, weil man von ihm eine moralische Reinheit erwartet, die es nicht hat. Gott sei Dank nicht hat. Aber durch nichts wird der Mensch tiefer verletzt, als wenn man ihn für edler hält, als er ist.

Trotz dieser Selbstverteidigung über das Spiel mit Herzen bleibt die Tatsache bestehen, daß ich den Federhalter nicht in Bewegung setze, und ich versuche, sie zu verstehen. Da kommen mir Erinnerungen, wenn Sie es so nennen wollen. Menschen mit Schreibkrampf, die ich zu behandeln hatte, haben mir, ohne voneinander zu wissen, mehrfach folgende Erklärung über das Schreiben gegeben: »Die Feder ist der Geschlechtsteil des Mannes, das Papier das empfangende Weib, die Tinte der Samen, der bei dem raschen Auf und Ab des Schreibens ausströmt. Mit anderen Worten, das Schreiben ist ein symbolischer Geschlechtsakt. Es ist aber auch gleichzeitig das Symbol der Onanie, des phantasierten Geschlechtsaktes.« Daß die Erklärung richtig ist, geht für mich aus der Erscheinung hervor, daß bei den Kranken der Schreibkrampf verschwand, sobald diese Zusammenhänge von ihnen gefunden waren. Darf ich noch ein paar spielerische Gedanken anreihen? Die deutsche Schrift ist für den Schreibkrampfigen schwieriger, weil sie das Auf und Ab viel deutlicher, heftiger, abgebrochener hat als die lateinische. Der dicke Federhalter ist leichter zu brauchen als der dünne, der eher den Finger oder den allzu schwachen Penis versinnbildlicht als der dicke. Der Bleistift hat den Vorteil, daß der symbolische Samenverlust fortfällt, die Schreibmaschine, daß in ihr wohl die Erotik in der Klaviatur, dem Auf und Ab der Tasten enthalten ist, aber die Hand nicht direkt den Penis faßt. Das alles entspricht den Vorgängen beim Schreibkrampf, der vom Gebrauch des gewöhnlichen Federhalters über den Bleistift und die lateinische Schrift zur Schreibmaschine und schließlich zum Diktieren führt.

Bei alldem ist die Rolle des Tintenfasses nicht erwähnt, über die mir die gefälligen Krankheitssymptome auch Auskunft geben. Das Tintenfaß mit seinem gähnenden Schlund, der in dunkelschwarze Tiefen führt, ist ein Muttersymbol, stellt den Schoß der Gebärerin dar. Plötzlich steht wieder der Ödipuskomplex vor einem, das Verbot der Blutschande. Und nun wird es lebendig von den Schreibteufelchen, die aus dem Faß, dem schwarzen Bauch der Hölle, hervorklettern und enge Beziehungen zwischen dem Gedanken der Mutter und dem Reich des Bösen ahnen lassen. Sie glauben gar nicht, beste Freundin, was für seltsame Sprünge das Es macht, wenn es Launen hat, wie es dann Erde und Himmel und Hölle mit dem Urin und Federhalter des Kranken zusammenknotet und wie es schließlich ein armselig dürftiges Doktorhirn so verrückt macht, daß es ernstlich daran glaubt, Tintenfaß, Mutterleib und Hölle seien nahe Verwandte.

Die Geschichte hat auch ihre Fortsetzung. Aus der Feder strömt die Tinte, die das Papier befruchtet. Ist es beschrieben, falte ich es zusammen, stecke es in das Kuvert, gebe es zur Post. Sie öffnen den Brief, hoffentlich mit einem freundlichen Lächeln, und erraten mit leisem Wiegen des Kopfes, daß ich Schwangerschaft und Geburt in diesem Vorgang schilderte. Und dann denken Sie an die vielen Menschen, die man schreibfaul schilt, und verstehen, warum es ihnen so schwerfällt zu schreiben. All diese Menschen haben im Inneren ein unbewußtes Verständnis für die Symbolik, und all diese Menschen leiden an der Angst vor Entbindung und Kind. Zu guter Letzt fällt Ihnen unser gemeinsamer Freund Rallot ein, der jeden seiner Briefe zehnmal vom Haus zum Briefkasten und vom Briefkasten wieder nach Hause trug, ehe er ihn auf die Reise schickte, und es wird Ihnen verständlich, wie es mir gelang, ihn in einer halben Stunde Unterhaltung von seinem Krankheitssymptom – nicht etwa von seiner Krankheit – zu befreien. Erkenntnis ist ein gutes Ding, und Ihr werdet sein wie Gott, wissend, was Gut und Böse.

Wenn ich nicht fürchtete, Sie zu ermüden, würde ich nun gern einen Ausflug in die Graphologie wagen, auch wohl dies und jenes über die Buchstaben sagen. Ich kann Ihnen auch nicht versprechen, daß ich nicht doch gelegentlich darauf zurückkommen werde; heute möchte ich Sie nur bitten, sich zu erinnern, daß wir als Kinder eine Stunde lang as und os und us malen mußten und, um das zu ertragen, allerlei Figuren und Symbole in diese Zeichen hineinlegen oder herauslesen mußten. Versuchen Sie ein Kind zu sein, vielleicht kommen Ihnen allerlei Gedanken über die Entstehung der Schrift, und es fragt sich dann, ob sie dümmer sind als die unserer Gelehrten. Nur mit Gelehrsamkeit ist noch niemand dem Es beigekommen, und – nun ja, ich halte wenig von der Wissenschaft.

Mir fallen noch ein paar Erlebnisse ein, die mit dem Selbstbefriedigungskomplex zu tun haben. Ich habe einmal mit einer guten Freundin – Sie kennen sie nicht, aber sie gehört nicht zu den dummen Menschen – einen Streit gehabt, weil sie mir nicht glauben wollte, daß die Krankheiten Schöpfungen des Es sind, vom Es gewollt und herbeigeführt werden. »Nervosität, Hysterie, ja das will ich zugeben. Aber auch organische Leiden?« »Auch organische Leiden«, erwiderte ich, dann aber, ehe ich ihr noch meine Lieblingsrede halten konnte, daß das Unterscheiden zwischen nervös und organisch bloß eine Selbstanklage der Ärzte ist, mit der sie ausdrücken wollen: »Wir wissen nicht viel über die chemischen, physikalischen, biologischen Vorgänge der Nervosität; nur das eine wissen wir, daß solche Vorgänge existieren, aber mit unseren Untersuchungen nicht aufzufinden sind, wir brauchen also den Ausdruck ›nervös‹, um dem Publikum unsere Unwissenheit deutlich zu machen, um uns solch unangenehmen Beweis unseres Unvermögens vom Hals zu halten« – ehe ich das noch sagen konnte, fragte sie weiter: »Auch Unglücksfälle?« »Ja, auch Unglücksfälle.« »Ich bin neugierig«, sagte sie da, »zu hören, was mein Es damit bezweckt hat, als es mich meinen rechten Arm brechen ließ.« »Wissen Sie noch, wie der Unfall vor sich ging?« »Gewiß, in Berlin in der Leipziger Straße. Ich wollte in eine Kolonialwarenhandlung gehen, glitt aus und brach mir den Arm.« »Besinnen Sie sich, was Sie damals gesehen haben können?« »Ja, vor dem Laden stand ein Korb Spargel.« Plötzlich wurde meine Gegnerin nachdenklich. »Vielleicht haben Sie recht«, meinte sie und erzählte mir dann eine Geschichte, die ich nicht breittreten will, die sich aber um die Ähnlichkeit des Spargels mit dem Penis und einem Wunsch der Verunglückten drehte. Eine verdrängte Onaniephantasie, nichts weiter. Der Armbruch war ein wohlgelungener Versuch, die schwankende Moral zu stützen. Wer einen gebrochenen Arm hat, dem vergeht die Begierde.

Ein anderes Erlebnis schien zunächst weit von dem Onaniekomplex wegzuführen. Eine Frau gleitet auf der glattgefrorenen Straße aus und bricht sich den rechten Arm. Sie behauptet, in dem Moment vor dem Ausgleiten eine Vision gehabt zu haben. Sie habe plötzlich vor ihren Augen die Gestalt einer Dame gesehen, im Straßenkostüm wie sie sie oft gesehen hatte, aber unter dem Hut sei kein lebendiges Gesicht gewesen, sondern ein Totenschädel. Es war nicht schwer zu erraten, daß diese Vision einen Wunsch enthielt. Diese Dame war einst ihre intimste Freundin gewesen, aber die Freundschaft hatte sich in glühenden Haß verwandelt, der just in der Stunde des Unfalls neue Nahrung gewonnen hatte. Die Annahme, daß es sich um eine Selbstbestrafung für einen Mordwunsch handelte, wurde sofort bestätigt, da mir die Patientin erzählte, sie habe schon einmal eine ähnliche Vision gehabt mit einer anderen Frau, und in demselben Augenblick sei jene Frau gestorben. Der Armbruch schien also genügend motiviert; selbst für einen Seelensucher, wie ich es bin. Aber der weitere Verlauf belehrte mich eines Besseren. Der Armbruch heilte glatt, jedoch noch drei Jahre lang traten von Zeit zu Zeit Schmerzen auf, die bald mit Witterungswechsel, bald mit Überanstrengung begründet wurden. Allmählich kam ein ausgeprägter Onaniekomplex zum Vorschein, in dessen Bereich die Mordphantasien gezogen worden sind und der der Kranken so widerwärtig war, daß sie es vorzog, die Mordvision davorzuschieben und so eine Freiheit von ihrem Selbstbefriedigungstrieb zu erlangen, ohne die Onanie bewußt werden zu lassen.

Und damit bin ich zu einer bemerkenswerten Feststellung gelangt. An meiner Uhrkette hängt ein kleiner Totenschädel, das Geschenk meiner lieben Freundin. Ich habe schon oft geglaubt, mit dem Onaniekomplex fertig zu sein, ihn wenigstens für meine Person gelöst zu haben. Solch ein klarer Vorgang jedoch wie der heute, wo ich beim Spielen mit der Kette im Schreiben behindert bin, beweist mir, wie tief ich noch darinstecke. Die Onanie ist mit dem Tod bedroht; das ergibt sich aus der seltsamen Ableitung des Namens von einem ganz anderen Vorgang, der eben nur des plötzlichen Todes wegen bemerkenswert ist. Der Totenschädel an meiner Kette warnt mich, er wiederholt mir eindringlich die vielen Mahnungen der Onanienarren, daß man erkrankt, verrückt wird, stirbt, wenn man den Trieb frei walten läßt.

Die Angst der Onanie frißt sich tief in die menschliche Seele ein. Ich erzählte Ihnen schon, warum. Weil, ehe noch irgend etwas von der Welt dem Kind bekannt wird, ehe es noch den Mann vom Weib unterscheiden kann, ehe es weiß, was nah und fern ist, wenn es noch nach dem Mond greift und den eigenen Kot für ein Spielzeug hält, die Mutterhand drohend das wollüstige Spiel am Geschlechtsteil unterbricht.

Es gibt aber noch eine andere Beziehung zwischen Tod und Wollust, die wichtiger ist als die Angst und die symbolisierende Besonderheit des Es aufdringlich bekundet.

Für den harmlosen Menschen, der noch nicht vom Denken angekränkelt ist, erscheint der Tod wie ein Fliehen der Seele aus dem Körper, wie ein Aufgeben seiner selbst, ein Scheiden aus der Welt. Nun, dieses Sterben, dieses Aus-der-Welt-Heraustreten, dieses Aufgeben des Ichs tritt für Momente auch im Leben ein, es tritt ein, wenn der Mensch sich auflöst in Wollust, sinnlos, bewußtlos wird im Genießen, wenn er, wie der Volksausdruck lautet, im anderen stirbt. Mit anderen Worten, Tod und Liebe sind gleich. Sie wissen, der Grieche gab dem Eros dieselben Züge wie dem Tod, gab dem einen die erhobene, erigierte, lebendige, dem anderen die gesenkte, erschlaffte, tote Fackel in die Hand, ein Zeichen, daß er die symbolische Gleichheit, die Gleichheit vor dem Es kannte. Und wir alle kennen diese Gleichheit ebenso. Für uns ist ebenso die Erektion das Leben, der lebenspendende Samenerguß das Sterben in Frieden und die Erschlaffung der Tod. Und je nachdem die Konstellation unserer Gefühle bei der Idee des Todes im Weib ist, entsteht bei uns der Glaube an eine Himmelfahrt ins Reich der Seligen oder an ein Versinken im Pfuhl der Hölle; denn Himmel und Hölle sind abgeleitet vom Sterben des Mannes in der Umarmung, vom Austreten seiner Seele in den Schoß des Weibes, entweder mit der Hoffnung auf eine Auferstehung nach drei mal drei Monaten im Kind oder mit der Angst vor ungelöschten Feuern der Begierde.

Tod und Liebe sind eins, da ist kein Zweifel. Ob aber je ein Mensch zu diesem wahren Sterben, wo der Mann im Weib, das Weib im Mann aufgeht, gekommen ist, weiß ich nicht. Ich halte es bei den Kulturschichten von unseresgleichen für fast unmöglich, jedenfalls sind es so seltene Erlebnisse, daß ich keine Mitteilungen darüber machen kann. Vielleicht sind die

Menschen, deren Phantasie sich den Vorgang des Todes in der Umarmung ausmalt, der Möglichkeit eines solchen symbolischen Sterbens am nächsten, und da wirklich Todesfälle in dem Moment des höchsten Genusses vorkommen, darf man wohl annehmen, daß bei solchen Ereignissen auch der symbolische Liebestod durchlebt wird. Die Sehnsucht danach, die sich in Musik, Gedicht und Redewendung ausspricht, ist allgemein verbreitet und gibt Anhaltspunkte, um die Fäden zwischen Tod und Liebe, Grab und Wiege, Mutter und Sohn, Kreuzigung und Auferstehung zu verfolgen.

Dicht an den symbolischen Tod gelangen wohl die, die den hysterischen Krampfanfall durchleben, der ja, wie der Augenschein lehrt, eine Onaniephantasie ist.

Aber ich bin weit abgeirrt. Hoffentlich finden Sie sich zurecht, haben Geduld und gestatten mir, das nächstemal den Faden wieder aufzunehmen. Ich halte es für wichtig, daß Sie einmal kennenlernen, was alles ich im Zögern des Schreibens vermute.

Herzlichst Ihr

Patrik Troll

Es wundert mich nicht, liebe Freundin, daß Sie meine Ansichten nicht teilen. Ich bat Sie schon einmal, meine Briefe wie eine Reisebeschreibung zu lesen. Aber ich habe nicht verlangt, daß Sie dieser Reisebeschreibung mehr Wert beilegten als der jenes Engländers, der nach einem Aufenthalt von zwei Stunden in Calais behauptete, die Franzosen seien rothaarig und sommersprossig, weil zufällig der ihn bedienende Kellner so war.

Sie machen sich lustig darüber, daß ich dem Es eine Absichtlichkeit zuschreibe, die Ausgleiten und Zerbrechen eines Gliedes herbeizuführen vermag. Ich bin auf diese Vermutung – mehr ist es nicht – gekommen, weil sich damit arbeiten läßt. Für mich gibt es zwei Arten von Ansichten: solche, die man zum Vergnügen hat, Luxusansichten also, und solche, die man als Instrumente verwendet, Arbeitshypothesen. Ob sie richtig oder falsch sind, ist für mich nebensächlich. Ich halte es da mit der Antwort Christi auf die Frage des Pilatus: »Was ist Wahrheit?«, wie sie in einem der Apokryphen-Evangelien mitgeteilt wird. »Wahrheit ist weder im Himmel noch auf Erden, noch zwischen Himmel und Erde.«

Im Lauf meiner Seelensucherei bin ich dazu gebracht worden, mich hier und da mit dem Schwindel zu beschäftigen, und ich bin da, ich möchte fast sagen gegen meinen Willen, gezwungen worden, anzunehmen, daß jeder Schwindelanfall eine Warnung des Es ist: »Gib acht, sonst fällst du.« Wenn Sie die Sache nachprüfen wollen, müssen Sie nur gütigst im Auge behalten, daß es zwei Arten des Fallens gibt, ein reales Fallen des Körpers und ein moralisches Fallen, dessen Wesen in der Erzählung vom Sündenfall geschildert wird. Das Es scheint außerstande zu sein, beide Arten scharf voneinander zu trennen, oder ich will mich lieber so ausdrücken, es denkt bei dem einen Fallen sofort an das andere. Der Schwindelanfall bedeutet also stets eine Warnung nach beiden Seiten, er wird in realem und übertragen-symbolischem Sinn gebraucht. Und wenn das Es der Ansicht ist, daß ein einfacher Schwindel, ein Fehltritt, ein Stolpern, ein Rennen gegen einen Laternenpfahl, ein Schmerz am Hühnerauge oder das Treten auf einen scharfen Stein zu einer eindringlichen Mahnung nicht ausreicht, wirft es den Menschen zu Boden, schlägt ihm ein Loch in den dicken Schädel, verletzt ihm das Auge oder bricht ihm ein Glied, das Glied, mit dem der Mensch sündigen will. Vielleicht schickt es ihm auch eine Krankheit, eine Gicht zum Beispiel, ich komme gleich darauf zurück.

Vorläufig möchte ich nur hervorheben, daß nicht ich einen Mordgedanken, einen Ehebruchswunsch, ein Ausmalen des Diebstahls, eine Onaniephantasie für Sünde halte, sondern das Es des betreffenden Menschen. Ich bin weder Pfarrer noch Richter, sondern Arzt. Gut und Böse gehen mich nichts an, ich habe nicht zu urteilen, sondern konstatiere nur, daß das Es dieses oder jenes Menschen dies oder das für Sünde hält, so oder so richtet. Was mich selbst anbetrifft, so bestrebe ich mich, dem Satz zu folgen: »Richtet nicht, auf daß Ihr nicht gerichtet werdet.« Und ich dehne den Sinn dieses Wortes so weit aus, daß ich auch das Richteramt über mich selbst abzulehnen versuche und meine Kranken dazu veranlasse, ebenfalls das Sich-selbst-Richten aufzugeben. Das klingt sehr fromm oder sehr frivol, je nachdem, was man heraushören will, im Grund ist es nur ein medizinischer Kunstgriff. Daß Unheil daraus entstehen könnte, befürchte ich nicht. Wenn ich den Leuten sage – und ich tue das –, »Sie müssen so werden, daß Sie sich unbedenklich am hellen Mittag auf einer belebten Straße hinkauern, die Hosen abknöpfen und einen Haufen hinsetzen können«, so liegt der Ton auf dem Wort können. Daß der Kranke es niemals tun wird, dafür sorgen Polizei und Sitte und seine seit Jahrhunderten ihm anerzogene Angst. In dieser Beziehung fühle ich mich sehr ruhig, wenn Sie mich auch noch so oft Satan und Sittenverderber nennen. Mit anderen Worten, man mag sich noch so viel Mühe geben, das Richten zu lassen, es gelingt nie. Immer und ewig fällt der Mensch Werturteile, es gehört zu ihm wie seine Augen und seine Nase, ja weil er Augen und Nase hat, muß er immer und ewig sagen: Das ist schlecht. Das braucht er, weil er sich selbst anbeten muß, der Demütigste tut es noch, selbst Christus tat es noch am Kreuz mit den Worten: »Gott, mein Gott, warum hat du mich verlassen«, und mit den anderen: »Es ist vollbracht.« Pharisäer zu sein, stets zu sagen: »Ich danke dir, Herr, daß ich nicht bin wie jener«, ist menschlich. Aber ebenso menschlich ist das: »Gott sei mir Sünder gnädig.« Der

Mensch hat wie alles zwei Seiten. Bald kehrt er die eine heraus, bald die andere, da sind sie aber immer alle beide. Da der Mensch an den freien Willen glauben muß, da er sich aus bestimmten Teilen seines Wesens ein Verdienst machen muß, so muß er auch eine Schuld erfinden, bei sich, bei anderen, bei Gott.

Ich werde Ihnen jetzt eine Geschichte erzählen, die Sie nicht glauben werden. Mir aber macht sie Spaß, und weil in ihr vieles zusammengedrängt ist, was ich Ihnen noch gar nicht oder nicht deutlich genug vorgetragen habe, sollten Sie hören.

Vor einigen Jahren kam eine Dame in meine Behandlung, die an chronischen Entzündungen der Gelenke litt. Die ersten Anfänge der Krankheit lagen achtzehn Jahre zurück. Damals begann in der Pubertätszeit das rechte Bein zu schmerzen und zu schwellen. Als ich sie zuerst sah, waren Handgelenke, Finger und Ellenbogengelenke fast gebrauchsunfähig, so daß die Kranke gefüttert werden mußte, die Schenkel konnten nur wenig auseinandergenommen werden, beide Beine waren vollkommen steif, der Kopf konnte nicht gedreht und nicht gebeugt werden, zwischen die Zähne konnte man die Finger nicht einführen, weil die Kinnbackengelenke erkrankt waren, und die Kranke war nicht imstande, die Arme bis zur Schulterhöhe zu heben. Kurz, sie war, wie sie in einer Abwandlung von Galgenhumor sagte, unfähig, wenn etwa der Kaiser angeritten käme, Hurra zu rufen und ihm zuzuwinken, wie sie es als Kind getan hatte. Sie hatte zwei Jahre im Bett gelegen, war gefüttert worden, alles in allem, ihr Zustand war trostlos. Und wenn auch die Diagnose Gelenktuberkulose, mit der man es bei ihr jahrelang probiert hatte, nicht zutraf, war man doch berechtigt, von einer Arthritis deformans schwerster Art zu sprechen. Die Kranke geht jetzt wieder, ißt allein, arbeitet mit dem Spaten im Garten, steigt Treppen, biegt die Beine ausreichend und dreht und beugt den Kopf wie sie will, kann die Beine spreizen, so weit sie Lust hat, und wenn der Kaiser wirklich käme, würde sie Hurra rufen können. Mit anderen Worten, sie ist geheilt, wenn man eine völlige Leistungsfähigkeit Heilung nennen darf. Auffallend ist noch jetzt eine seltsame Art, beim Gehen das Hinterteil weit herauszustrecken, was beinahe aussieht, als ob sie zum Schlagen auffordern wollte. Und all diese Qualen hat sie gehabt, weil ihr Vater Friedrich Wilhelm hieß und weil man ihr neckend gesagt hatte, daß sie nicht das Kind ihrer Mutter, sondern hinter der Hecke gefunden worden sei.

Ich komme damit auf das zu sprechen, was meine Gesinnungsgenossen in Freud den Familienroman nennen. Sie werden sich der Zeiten Ihrer Kindheit erinnern, wo Sie sich lebhaft in Spiel oder Nachdenken mit der Phantasie beschäftigten, daß Sie Ihren echten Eltern, Leuten hohen Ranges, von Zigeunern gestohlen, daß Vater und Mutter, bei denen Sie wohnten, nur Pflegeeltern seien. Solche und ähnliche Gedanken hegt jedes Kind. Es sind im Grund verdrängte Wünsche. Solange man noch als Wickelkind das Haus kommandiert, ist man mit seinen Angehörigen zufrieden, aber wenn die Erziehung mit ihren berechtigten und unberechtigten Ansprüchen kommt und in unsere lieben Gewohnheiten eingreift, finden wir unsere Eltern zu Zeiten gar nicht wert, solch vorzügliches Kind zu haben. Sie werden von uns, die wir trotz In-die-Hosen-Machens und kindlicher Schwäche die Illusion unserer Bedeutung aufrechterhalten wollen, zu Stiefeltern, Eseln und Hexen degradiert, während wir uns selbst als gequälte Prinzen vorkommen. Das alles können Sie aus Sagen und Märchen selber herauslesen, oder wenn Sie es bequemer haben wollen, in geistreichen Büchern der Freudschen Schule finden. Und da hören Sie denn auch, daß wir alle ursprünglich den Vater für das stärkste, beste, höchste Wesen halten, daß wir aber allmählich sehen, wie er vor diesem oder jenem bescheiden wird, wie er gar nicht der absolute Herr ist, den wir in ihm sahen. Weil wir aber durchaus die Idee festhalten wollen, des Höchsten Kinder zu sein – denn Ehrfurcht ist ebenso wie Eitelkeit ein Gefühl, das wir nicht aufgeben können –, phantasieren wir uns den Kinderraub, die Unterschiebung, unser Lebensmärchen zurecht. Und um auch das noch zu erwähnen, weil uns zu guter Letzt auch der König nicht erhaben genug ist, um unsere rastlose Sucht nach Größe zu stillen, dekretieren wir, Gotteskinder zu sein, und erschaffen den Begriff Gottvater.

Ein solcher Familienroman lebte, ihr selbst unbewußt, in jener Kranken, von der ich Ihnen erzählen will. Ihr Es hat dazu zwei Namen benutzt, den ihres Vaters Friedrich Wilhelm und den eigenen Augusta. Als Ergänzung hat es noch die Kindertheorie herangezogen, daß das Mädchen durch Kastration aus dem Knaben entsteht. Der Gedankengang ist folgender gewesen: Ich stamme ab von Friedrich Wilhelm, dem damaligen Kronprinzen, späteren Kaiser Friedrich, bin eigentlich ein Knabe, Thronerbe und nunmehr rechtmäßiger Kaiser, mit Namen Wilhelm. Man hat mich gleich nach der Geburt entführt und an meiner Stelle ein Hexenkind in die königliche Wiege gelegt, das herangewachsen die Kaiserkrone als Wilhelm II. an sich riß, widerrechtlich zu meinem Schaden. Mich selbst hat man hinter einer Hecke ausgesetzt und, um mir jede Hoffnung zu nehmen, durch Abschneiden der Geschlechtsteile zum Mädchen gemacht. Als einziges Zeichen meiner Würde gab man mir den Namen Augusta, die Erhabene.

Man kann die Anfänge dieser unbewußten Phantasien leidlich genau bestimmen. Sie müssen spätestens im Jahr 1888 entstanden sein, also in einer Zeit, in der die Kranke noch nicht vier Jahre alt war. Denn die Idee, aus der Hohenzollernfamilie zu stammen, gründet sich auf den Namen Friedrich Wilhelm, den der erträumte Vater nur als Kronprinz führte. Das Reden über seine Krebserkrankung, mit der die Vierjährige wohl kaum etwas anderes anzufangen wußte, als an das Wort Krebs die Idee der Schere, des Schneidens, der Kastration anzuknüpfen, fällt dabei ins Gewicht. Es verknüpft sich mit den persönlichen Erfahrungen des Nägel- und Haarabschneidens, dessen Beziehungen zu dem Kastrationskomplex sich noch aus dem Anschauen und Vorlesenhören des Struwwelpeters verstärkten; steht doch in diesem ewigen Buch auch noch die Geschichte von Konrad dem Daumenlutscher, eine Geschichte, die alte Sehnsüchte nach der Mutterbrust und quälende Erinnerungen an die Entwöhnung, diese unentrinnbare Kastration von der Mutter, weckt.

Ich deute das alles kurz an, damit Sie selber ein wenig nachdenken. Denn nur durch eigenes Nachdenken können Sie sich davon überzeugen, wie gerade in dem Alter zwischen drei und vier Jahren der Boden für eine Phantasie vorbereitet ist, die so ungeheuerlich wirkt wie die meiner Patientin. Hören Sie nur zu: Das Es dieses Menschen ist überzeugt oder vielmehr will sich überzeugen, daß es das Es eines rechtmäßigen Kaisers ist. Der Träger der Krone schaut nicht nach rechts und nach links, er urteilt ohne Seitenblicke, er beugt sein Haupt vor keiner Macht der Erde. »Also«, befiehlt das Es den Säften und Kräften des von ihm gebannten Menschen, »stellt mir den Kopf fest, mauert seine Wirbel ein. Schließt ihm die Kinnbacken, daß er nicht Hurra schreien kann; er hat es schon einmal getan, dem Usurpator, dem untergeschobenen Hexenkind zugejubelt und zugewinkt. Lähmt ihm die Schultern, damit er nie wieder mit erhobenem Arm dem falschen Kaiser huldigen kann; die Beine müssen steif werden, nie darf dieser erhabene Kaiser vor irgendwem knien. Die Schenkel preßt zusammen, so daß niemals ein Mann zwischen ihnen liegen kann. Denn das wäre das Gelingen des teuflischen Plans, wenn dieser Körper, den gemeiner Haß und erbärmlicher Neid aus einem männlichen in einen weiblichen verwandelt hat, ein Kind gebären müßte. Es wäre die Vereitelung aller Hoffnungen. Haltet ihn an, den Unterleib zurückzuziehen, damit niemand den Eingang findet, warnt ihn vor der Wölbung des Bauchs, zwingt ihn zum Gehen und Stehen mit rückwärtsgepreßtem Kreuz. Noch ist kein Grund dazu vorhanden, anzunehmen, daß das tückisch geraubte Mannesabzeichen nicht wieder wachsen könnte, daß dieser Kaiser nicht wirklich Mann werden könnte. Zeigt dem Entmannten, ihr Säfte und Kräfte, daß es möglich ist, schlaffe Glieder steif werden zu lassen, bringt ihm den Begriff der Erektion, des Steifwerdens dadurch bei, daß ihr die Beine verhindert sich zu biegen, zu erschlaffen, lehrt ihn im Symbol zu zeigen, daß er ein Mann ist.«

Ich kann mir vorstellen, verehrte Freundin, wie unwillig Sie ausrufen: »Welcher Unsinn!« Und dann kommen Sie wohl gar auf die Idee, daß ich Ihnen die Größenwahnideen einer Verrückten erzähle. Das müssen Sie nicht denken. Die Kranke ist geistig ebenso gesund wie Sie; was ich Ihnen erzählte, sind einige Ideen – längst nicht alle –, die ein Es dazu bringen können, Gicht entstehen zu lassen, einen Menschen zu lähmen. Wenn meine Mitteilungen Sie jedoch dazu brächten, einige wenige Überlegungen über die Entstehung von Geisteskrankheiten daran anzuknüpfen, würde Ihnen klar werden, daß der Verrückte, vorurteilslos betrachtet, gar nicht so verrückt ist, wie es im ersten Augenblick den Anschein hat, daß seine fixen Ideen solche sind, wie wir sie alle haben, haben müssen, weil sich auf ihnen das Menschengeschehen aufbaut. Warum aber bei dem einen das Es aus solchen Ideen die Religion von Gottvater, bei dem anderen die Gicht, bei dem dritten die Verrücktheit macht, warum es bei wieder anderen die Gründung von Königreichen, Zepter und Krone, bei Bräuten den Brautkranz, bei uns allen das Streben nach Vervollkommnung, den Ehrgeiz und das Heldentum entstehen ließ, das sind Fragen, die Sie in langweiligen Stunden beschäftigen mögen.

Sie müssen nicht glauben, daß ich dieses Königsmärchen so glatt in der Seele meiner Klientin fand, wie ich es dargestellt habe. Es war in tausend Fetzen zerrissen, die in den Fingern, der Nase, den Eingeweiden und dem Unterleib verborgen waren. Wir haben sie gemeinsam zusammengeflickt, haben vieles mit Absicht, noch mehr aus Dummheit nicht gefunden oder fortgelassen. Ja, ich muß am Schluß noch eingestehen, daß ich alles Dunkle – und gerade das ist das Wesentliche – beiseite geschoben habe. Denn – aber Sie müssen wieder vergessen, was ich jetzt sage – letzten Endes ist alles, was man vom Es zu wissen glaubt, nur bedingt richtig, nur richtig in dem Moment, wo das Es in Wort, Gebärde, Symptom sich äußert. Schon in der nächsten Minute ist die Wahrheit fort und nicht mehr zu finden, weder im Himmel noch auf Erden, noch zwischen Himmel und Erde.

Patrik Troll

Als gelehrige Schülerin verlangen Sie, liebe Freundin, Auskunft, warum ich, statt meine Ideen über das Spiel mit der Uhrkette weiter mitzuteilen, Geschichten erzähle, die gar nicht dazugehören. Ich kann Ihnen dafür eine komische Erklärung geben. Neulich, als ich diese kleine Selbstanalyse begann, schrieb ich Ihnen: »In der rechten Hand halte ich den Federhalter, mit der linken spiele ich an der Uhrkette«, und führte im Anschluß daran aus, daß beides Onaniekomplexe sind. Dann fuhr ich fort: »Mein Blick ist auf die Wand gegenüber gerichtet, auf eine holländische Radierung, die Rembrandts Gemälde von der Beschneidung Jesu wiedergibt.« Das ist gar nicht wahr; die Radierung ist nach dem Gemälde von Jesu Darstellung im Tempel in Gegenwart einer Menge Menschen gemacht. Ich hätte das wissen müssen, wußte es auch tatsächlich, denn ich habe diese Radierung viele, viele Male eingehend betrachtet. Und doch zwang mich mein Es, dieses Wissen zu vergessen und aus der Darstellung eine Beschneidung zu machen. Warum? Weil ich im Onaniekomplex befangen war, weil die Onanie strafwürdig ist, weil sie mit Kastration bestraft wird und weil die Beschneidung eine symbolische Kastration ist. Mein Unbewußtes verlangte als Reaktion auf die Onanieidee die Idee der Kastration; dagegen verwarf es mit Bestimmtheit die Idee, daß das Kindchen Jesus im Tempel aller Augen dargestellt würde; denn dieses Knäblein ist wie jedes Knäblein ein Symbol des männlichen Gliedes, der Tempel ein Symbol der Mutter. Wäre der Gegenstand der Radierung bis in mein Bewußtsein gelangt, so hätte das in der nahen Verbindung mit dem Uhrkettenspiel und Federhalten bedeutet: »Du treibst dein Spiel mit dem symbolischen Knäblein vor den Augen aller und verrätst ihnen sogar, daß letzten Endes dieses Onaniespiel der Mutterimago gilt, wie sie Rembrandt in geheimnisvollem Helldunkel als Tempel symbolisiert hat.« Das war auf Grund des doppelten Verbots der Onanie und der Blutschande dem Unbewußten unerträglich, und es zog vor, sofort die symbolische Bestrafung heranzuziehen.

Daß der Ritus der Beschneidung wirklich etwas mit der Kastration zu tun hat, möchte ich deshalb annehmen, weil seine Einführung mit dem Namen Abrahams in Verbindung gebracht ist. Aus Abrahams Leben wird die seltsame Erzählung vom Opfer Isaaks berichtet, wie der Herr ihm befiehlt, seinen Sohn zu schlachten, wie er das gehorsam ausführen will, aber im letzten Augenblick durch den Engel daran gehindert wird; an Isaaks Stelle wird der Widder geopfert. Wenn Sie ein wenig guten Willen haben, können Sie aus dieser Geschichte herauslesen, daß das Opfer des Sohnes ein Abschneiden des Penis, der ja im Symbol durch den Sohn vertreten wird, bedeutet. Es würde mit der Erzählung ausgedrückt werden, daß anstelle der Selbstkastration des Gottesdieners, die ihre Ausläufer in dem Keuschheitsgelübde der katholischen Priester hat, zu irgendeiner Zeit das Tieropfer getreten ist; der Widder eignet sich für das Enträtseln der Symbolik deshalb besonders, weil in der Schafzucht von jeher die Kastration üblich gewesen ist. Betrachtet man die Dinge so, so ist die Erzählung von dem Beschneidungsbund zwischen Jehova und Abraham nur eine Wiederholung des symbolischen Märchens in anderer Form, eine Verdoppelung, wie sie häufig in der Bibel und anderwärts zu finden ist. Die Beschneidung würde danach der symbolische Rest der gottesdienstlichen Entmannung sein. Aber sei dem, wie ihm wolle, für mein Unbewußtes – und das kommt ja bei der Verwechslung von Beschneidung und Darstellung allein in Betracht – sind Beschneidung und Kastration nahe verwandt, ja identisch; denn wie so vielen anderen ist auch mir erst verhältnismäßig spät klar geworden, daß ein Verschnittener, ein Eunuch, etwas anderes ist als ein Beschnittener.

Übrigens haben diese Zusammenhänge zwischen Verschneidung und Beschneidung eine besondere Bedeutung in der Freudschen Lehre, so daß ich Ihnen empfehlen muß, Freuds Schrift von Totem und Tabu zu lesen. Meinerseits möchte ich nur vorläufig eine kleine völkerpsychologische Phantasie zum besten geben, mit der Sie machen können, was Sie wollen. Mir scheint, daß in den Zeiten, wo die Ehen noch frühzeitig geschlossen wurden, der älteste Sohn ein ziemlich unerwünschter Mitbewohner des Heims für den Vater gewesen sein muß. Die Altersunterschiede waren so gering, daß der Erstgeborene in allen Dingen der geborene Nebenbuhler des Vaters war, ja daß er besonders gefährlich für die nicht viel ältere Mutter werden mußte. Selbst jetzt sind ja Vater und Sohn natürliche Rivalen und Feinde, auch wiederum der Mutter wegen, die der eine als Frau besitzt, der andere mit seiner heißesten Liebe begehrt. Damals aber, als die Überlegenheit des Alters noch nicht so mitsprach, als die Leidenschaften und Triebe noch heißer und ungebändigt waren, lag der Gedanke für den Vater nahe, den unbequemen Sohn zu töten, ein Gedanke, der nun längst verdrängt ist, sich aber oft und stark in mannigfachen Lebensbeziehungen und Krankheitssymptomen geltend macht. Denn Vaterliebe sieht, näher betrachtet, nicht weniger seltsam aus als Mutterliebe. Dann wäre anzunehmen, daß es ursprünglich Gewohnheit war, den ältesten Sohn zu töten, und weil der Mensch nun einmal Schauspieler und Pharisäer ist, hat man aus dem Verbrechen eine gottesdienstliche Handlung gemacht und den Sohn geopfert. Das hatte neben die Verklärung ins Edle noch den Vorteil, daß man ihn nach dem Mord aufessen konnte und so die kindliche Idee des Unbewußten, daß die Schwangerschaft aus dem Verzehren des Penis, des symbolischen Sohnes, entsteht, darzustellen vermochte. Mit der allmählichen Verdrängung des Haßtriebes verfiel man dann auf andere Methoden, zumal bei wachsendem Bedürfnis nach Arbeitskräften der einfache Mord unzweckmäßig war. Man entledigte sich des Rivalen in der Liebe durch seine Entmannung, brauchte nichts mehr zu fürchten und hatte ohne viel Mühe einen Sklaven gewonnen. Wenn die Bevölkerung zu dicht wurde, trieb man die Erstgeborenen in die Fremde, ein Verfahren, das als Ver sacrum aus historischen Zeiten bekannt ist. Und als der Ackerbau und das Zusammenfließen der Stämme zu Völkern die Erhaltung der Leistungsfähigkeit aller Söhne erforderte, symbolisierte man den Mord und erfand die Beschneidung.

Wollen Sie nun den phantastischen Ring schließen, so müssen Sie die Sache auch von der Seite des Sohnes anpacken, der ja den Vater nicht minder haßt als der Vater den Sohn. Der Mordwunsch gegen den Vater setzt sich um in die Kastrationsidee, wie sie im Mythus von Zeus und Kronos auftritt, und daraus wird dann die gottesdienstliche Entmannung des Priesters; denn wie der Penis symbolisch der Sohn ist, so ist er auch der Erzeuger, der Vater, und seine Verschneidung ist der Vatermord im Gleichnis.

Ich fürchte Sie zu ermüden, aber ich muß nochmals auf meine Uhrkette zurückkommen. Neben dem Totenschädel, der daran befestigt ist, hängt noch eine kleine Erdkugel. Bei der sprunghaften Laune meiner Gedanken fällt mir ein, daß die Erde ein Symbol der Mutter ist, also das Spielen damit einen Inzest im Gleichnis darstellt. Und da der Totenkopf daneben droht, ist es erklärlich, daß meine Feder stockte, weil sie den beiden Todsünden der Onanie und Blutschande nicht dienstbar werden wollte.

Wohin führen nun die Gehörseindrücke, von denen ich Ihnen schrieb, die Marschmusik, der Käuzchenschrei, das Automobil und die elektrische Bahn? Für den Marsch sind Takt und Rhythmus bezeichnend, und von dem Wort Rhythmus aus gehen die Gedanken zu der Betrachtung über, daß jede Tätigkeit leichter ausgeführt wird, wenn man sie im Takt rhythmisch ordnet; das weiß ein jedes Kind. Vielleicht gibt auch das Kind Antwort, warum das so ist. Vielleicht sind Takt und Rhythmus gute Bekannte, unentbehrliche Lebensgewohnheiten vom Mutterleib an. Vermutlich ist das ungeborene Kind auf eine kleine Zahl von Wahrnehmungen beschränkt, und unter denen nimmt die Empfindung für den Rhythmus und Takt den ersten Platz ein. Das Kind schaukelt im Mutterleib, bald schwächer, bald stärker, je nach den Bewegungen der Mutter, je nach ihrer Gangart und dem Tempo ihres Schrittes. Und ununterbrochen klopft in dem Kind das Herz, im Takt und im Rhythmus, seltsame Melodien, denen das Kind lauscht, vielleicht mit den Ohren, sicher mit dem Gemeingefühl des Körpers, der die Erschütterung empfindet und im Unbewußten verarbeitet.

Es wäre wohl lockend, hier ein paar Betrachtungen über dieses Phänomen einzuschalten, wie dem Rhythmus nicht nur das bewußte Tun des Menschen, seine Arbeit, seine Kunst, sein Gang und Handeln unterworfen ist, sondern auch das Schlafen und Wachen, Atmen, Verdauen, das Wachsen und Vergehen, ja alles und jedes. Es scheint, daß das Es im Rhythmus sich ebenso äußert wie im Symbol, daß er eine unbedingte Eigenschaft des Es ist, oder wenigstens, daß wir, um das Es und sein Leben betrachten zu können, ihm rhythmische Eigenschaften zuschreiben müssen. Aber das führt mich zu weit ab, und lieber lenke ich Ihre Aufmerksamkeit darauf, daß mich der Marsch auf Schwangerschaftsgedanken geführt hat, die schon vorher in der Erwähnung der Erdkugel an meiner Uhrkette anklangen. Denn diese Erdkugel – ich brauche es kaum zu sagen – ist durch das Wort von der Mutter Erde und die Rundung der Kugel gewiß eine Andeutung des hoffenden Mutterleibes.

Jetzt sehe ich auch ein, warum ich mit der Ferse den Takt dazu trete, statt mit der Fußspitze. Die Ferse steht für jedweden von Kindheit an in unbewußter Beziehung zum Gebären. Denn wir alle werden ja mit der Geschichte vom Sündenfall großgezogen. Lesen Sie sie doch einmal. Das Auffallendste daran ist, daß sich nach dem Essen der Frucht die beiden Menschen ihrer Nacktheit schämen. Das beweist, daß es sich um eine symbolische Erzählung über die Sünde der Geschlechtslust handelt. Der Paradiesgarten, in dessen Mitte der Baum des Lebens und der Erkenntnis – erkennen ist der Ausdruck für beschlafen – »steht«, spricht für sich selber. Die Schlange ist ein uraltes, überall wiederkehrendes Phallussymbol; ihr Biß vergiftet, macht schwanger. Die Frucht, die Eva reicht, die übrigens bezeichnenderweise von den Jahrhunderten stets als Apfel, als Frucht der Liebesgöttin, aufgefaßt worden ist, obwohl in der Bibel das Wort Apfel nicht steht, diese Frucht, die schön anzuschauen und gut zu essen ist, entspricht der Brust, dem Hoden, der Hinterbacke. Hat man diese Zusammenhänge erfaßt, so ist sofort klar, daß der Fluch: Das Weib wird der Schlange den Kopf zertreten, und die Schlange wird das Weib in die Ferse stechen, die Erschlaffung, den Tod des Gliedes durch die Samenergießung und den Storchenbiß unserer Kinderzeit, die Geburt bedeutet. Daß ich die Ferse zum Takttreten benutzte, zeigt, wie stark mein Unbewußtes in dem Gedankengang der Schwangerschaft befangen war. Aber zugleich auch in dem der Kastration. Denn im Zertreten des Schlangenkopfes ist Erschlaffung und Kastration gleichzeitig enthalten. Und dicht daneben drängt sich auch schon wieder die Todesidee. Das Zertreten des Kopfes ist wie eine Enthauptung, eine Todesart, die auf dem symbolisierenden Weg aus Gliederschlaffung–Kastration sich entwickelt hat. Einen Kopf kürzer wird der Mensch, einen Kopf kürzer das Glied, dessen Eichel nach der Begattung in die Vorhaut zurückschlüpft. Sie können das alles, wenn es Ihnen

Freude macht, in den Sagen von David und Goliath, Judith und Holofernes, Salome und Johannes dem Täufer weiter verfolgen.

Der Beischlaf ist ein Tod, der Tod am Weib, eine Vorstellung, die sich durch die Geschichte der Jahrtausende hinzieht. Und der Tod schreit in meine Gehörswahrnehmungen scharf und schrill hinein mit dem Käuzchenruf: »Komm mit, komm mit.« Dabei klingt wieder das Motiv der Onanie in dem Automobilsignal an; ist das Auto doch ein bekanntes Sinnbild der Selbstbefriedigung; wenn es nicht gar seine Erfindung dem Onanietrieb verdankt. Daß die elektrische Bahn – wohl auf dem Assoziationsweg der Reibungselektrizität und der Menschenbeförderung – in sich das Onanie- und Schwangerschaftssymbol vereinigt, läßt sich schon aus der Tatsache schließen, daß die Frau, dieser symbolempfindliche, der Kunst nahe verwandte Menschheitsteil, stets falsch vom elektrischen Wagen abspringt – um zu fallen.

Nun klärt sich für mich auch eine andere Seite des Marschproblems. Vor vielen Jahren hörte ich diese Takte beim Rückweg vom Begräbnis eines Offiziers. Mir hat das immer ausnehmend gefallen, daß Soldaten, die eben den Kameraden in die Gruft versenkt haben, mit fröhlichem Spiel ins Leben zurückkehren. So sollte es überall sein. Sobald die Erde über der Leiche liegt, ist keine Zeit mehr für Trauer: »Schließt die Reihen.«

Finden Sie mich hart? Ich finde es hart, von den Menschen zu verlangen, daß sie drei Tage lang traurig sind; ja soweit ich die Menschen kennengelernt habe, sind schon drei Tage unerträglich. Die Toten haben immer recht, heißt es im Sprichwort, im Grunde haben sie immer unrecht. Und wenn man ein wenig nachforscht, kommt man dahinter, daß die ganze Trauerei eitel Angst ist, Gespensterfurcht, die auf derselben ethischen Höhe steht wie die Sitte, den Toten mit den Füßen zuerst aus dem Haus zu tragen: Er soll nicht wiederkehren. Wir haben die Empfindung, daß der Geist des Toten in der Nähe der Leiche weilt. Man muß weinen, sonst beleidigt man das Gespenst, und Gespenster sind rachsüchtig. Liegt der Körper erst tief unter der Erde, so kann das Gespenst nicht mehr hervor. Zur größeren Sicherheit wird ihm ein schwerer Stein auf die Brust gewälzt; die Redensart von dem

Stein, der einem auf die Brust drückt, beweist, wie überzeugt auch wir Modernen von dem Weiterleben des Toten im Grab sind; wir stellen uns vor, wie der Grabstein auf ihm lastet, und übertragen dieses Gefühl auf uns selbst, vermutlich als Strafe für die grausame Einkerkerung unserer toten Verwandten. Sollte jedoch wirklich einmal ein Toter auferstehen, so liegen in Gestalt von Kränzen Fußangeln auf seinem Grab, die ihn nicht entkommen lassen.

Ich will nicht ungerecht sein. Das Wort auferstehen beweist, daß auch noch ein anderer Gedankengang bei der Wahl der drei Tage mitgesprochen hat, ehe die Leiche beerdigt wird. Drei Tage sind die Zeit der Auferstehung, und drei mal drei ist neun, die Zahl der Schwangerschaft. Und die Hoffnung darauf, daß die Seele des Toten inzwischen den Weg zum Himmel gefunden hat, wo sie freilich weit entfernt und gut aufgehoben ist, hat auch einen Sinn.

Der Mensch trauert nicht um seine Toten, es ist nicht wahr. Und wenn er im tiefsten Innern trauert, zeigt er es nicht. Aber selbst dann ist es noch zweifelhaft, ob seine Trauer dem Toten gilt oder ob das Es über irgend etwas anderes traurig ist und den Todesfall nur als Vorwand nimmt, um seine Trauer zu rationalisieren, vor der Dame Moral zu begründen.

Sie glauben es nicht? So schlecht sind die Menschen nicht? Aber warum nennen Sie es schlecht? Sahen Sie je ein kleines Kind um einen Toten trauern? Und sind etwa die Kinder schlecht? Meine Mutter erzählte mir, daß ich nach dem Tod meines Großvaters – ich war damals drei bis vier Jahre alt – händeklatschend um seinen Sarg herumgesprungen bin und gerufen habe: »Da liegt mein Großvater drin.« Meine Mutter hielt mich deshalb nicht für schlecht, und ich halte mich nicht für berechtigt, moralischer als sie zu sein.

Warum aber trauern die Menschen dann ein ganzes Jahr? Zum Teil der Leute wegen, vor allem aber, um – nach Pharisäerart – vor sich selbst zu prahlen, sich selbst zu betrügen. Sie schwuren diesem Toten und sich selbst einmal zu, ewig treu zu sein, ihn nie zu vergessen. Und wenige Stunden nach dem Tod vergessen wir schon. Da ist es gut, sich selbst zu erinnern, durch schwarze Kleider, durch Traueranzeigen, durch das Aufstellen von Bildern und das Tragen vom Haar des

Entschlafenen. Man kommt sich gut vor, wenn man trauert.

Darf ich Ihnen im geheimen einen kleinen Wink geben? Schauen Sie sich zwei Jahre nach dem Tod des Gatten oder der Gattin nach den vom Schmerz gebeugten Überlebenden um: Entweder sind sie auch tot, das ist nicht selten, oder die Witwe war eine blühende, zufriedene Dame, und der Witwer ist wieder verheiratet.

Lachen Sie nicht! Es hat einen tiefen Sinn und ist wirklich wahr.

Stets Ihr

Patrik Troll

Sie haben wieder allerlei auszusetzen. Das paßt mir nicht, und ich werde daher deutlich werden. Warum finden Sie es gesucht, daß ich den Evasapfel mit der Hinterbacke vergleiche? Es ist nicht meine Erfindung. Die deutsche Sprache zieht diesen Vergleich, die italienische tut es, die englische auch.

Ich will Ihnen sagen, warum Sie gereizt sind und mich schelten. Die Erwähnung von Evas Popo erinnert Sie daran, daß der Geliebte Sie zuweilen von hinten nahm, während Sie knieten oder auf seinem Schoß saßen; und dessen schämen Sie sich, genauso, als ob Sie selber die deutsche Wissenschaft wären, die prüde diese Lust mit dem Ausdruck More ferarum benennt: nach der Art der Tiere, und sich nicht schämt, ihren Verkündern damit eine Ohrfeige zu geben. Denn sie weiß ganz gut, daß all diese Jünger More ferarum geliebt haben oder wenigstens Lust dazu gehabt haben. Und sie weiß auch oder sollte es wenigstens wissen, daß der männliche Liebesdolch dreikantig geformt ist und die weibliche Liebesscheide ebenfalls und daß der Dolch in die Scheide vollkommen nur paßt, wenn er von hinten eingeführt wird. Hören Sie doch nicht auf das Geschwätz der Pharisäer und Heuchler. Die Liebe ist nicht des Kinderkriegens wegen da, und die Ehe ist keine Moralanstalt. Der Geschlechtsverkehr soll Lust bringen, und in allen Ehen, bei den keuschesten Männern und reinsten Frauen, wird er in allen Formen ausgeübt, die sich ausdenken lassen, als gegenseitige Onanie, als Schaustellung, als sadistischer Scherz, als Verführung und Notzucht, als Küssen und Saugen an den Stellen der Wollust, als Päderastie, als Vertauschen der Rollen, so daß das Weib über dem Mann liegt, im Stehen, Liegen, Sitzen und auch »more ferarum«. Und nur bestimmte Leute haben nicht den Mut dazu und träumen statt dessen davon. Aber ich habe nicht bemerkt, daß sie besser sind als die, die ihre Kindlichkeit vor dem Geliebten nicht verleugnen. Es gibt Leute, die sprechen vom Tier im Menschen, und unter Menschsein verstehen sie, was sie edel nennen, was aber bei näherem Zusehen recht unedel wird, den Verstand zum Beispiel oder die Kunst oder die Religion, kurz alles, was sie auf irgendwelche Gründe hin in das Gehirn oder

Herz verlegen, oberhalb des Zwerchfells, und tierisch nennen sie alles, was im Bauch vor sich geht, vor allem was zwischen den Beinen ist, Geschlechtsteil und After. Ich würde mir an Ihrer Stelle dergleichen Redende erst genau ansehen, ehe ich mit ihnen Freundschaft schlösse. Darf ich noch eine kleine Bosheit sagen? Wir gebildeten Europäer tun immer so, als ob wir die einzigen Menschen wären, als ob, was wir tun, gut, natürlich, was andere Völker, andere Zeitalter tun, schlecht, pervers sei. Lesen Sie doch Plochs Buch über das Weib. Da finden Sie, daß viele Hunderte Millionen Menschen andere Geschlechtssitten, andere Beischlafsgewohnheiten haben als wir. Aber freilich, es sind nur Chinesen, Japaner, Inder oder gar Neger. Oder gehen Sie nach Pompeji. Da hat man ein Wohnhaus ausgegraben – das Haus der Vettier nennt man es –, in dem ist das gemeinsame Badezimmer für Eltern und Kinder mit einem Fries bemalt, der alle Arten der Geschlechtslust darstellt, sogar die Tierliebe. Freilich, das waren nur Römer und Griechen. Aber es waren fast Zeitgenossen von Paulus und Johannes.

All diese Dinge sind wichtig. Sie ahnen nicht, welche Rolle sie in den täglichen Gewohnheiten und in den Erkrankungen spielen. Nehmen Sie nur das »more ferarum«. Niemals wäre man auf die Idee des Klistiers gekommen, wenn dies tierische Spiel à la Hündlein nicht wäre. Und das Fiebermessen im After gäbe es auch nicht. Und die kindliche Sexualtheorie vom Gebären durch den After, die so tausendfältig in das gesunde und kranke Leben aller Menschen eingreift – aber davon will ich nicht reden; es würde mich zu weit abführen. Lieber gebe ich ein anderes Beispiel. Erinnern Sie sich, wie ein Mädchen rennt? Es hält den Oberkörper gestreckt und schlägt nach hinten mit den Beinen aus, während der Knabe weit mit den Schenkeln ausgreift und den Oberkörper vorneigt, als wollte er den verfolgten Flüchtling damit durchbohren. Sie arbeiten ja viel mit dem Wort Atavismus. Was meinen Sie, könnte dieser seltsame Unterschied im Rennen nicht atavistisch sein, ein Erbstück aus der Urzeit, wo der Mann die Frau jagte? Oder ist es das Es, das der Ansicht ist, der Geschlechtsangriff müsse von hinten kommen und deshalb sei es gut, auszuschlagen? So etwas ist schwer zu entscheiden. Aber es bringt mich auf andere Unterschiede, die spaßig zu sehen sind. So spielt der Knabe, wenn er auf dem Erdboden baut, im Knien, das Mädchen hockt sich mit weitgespreizten Beinen hin. Das Büblein fällt nach vorn, das winzige Jüngferlein nach hinten. Der sitzende Mann sucht einen Gegenstand, der vom Tisch fällt, dadurch zu fangen, daß er die Knie schließt, die Frau reißt sie auseinander. Der Mann näht in weitausgreifenden seitlichen Bewegungen, das Weib in zierlicher Rundung von unten nach oben, genau entsprechend ihren Begattungsbewegungen, und das Kind sticht unwissend und gemäß der kindlichen Theorie vom Hineinstopfen in den Mund von oben nach unten. Beiläufig, haben Sie schon einmal die Zusammenhänge des Nähens mit dem Onaniekomplex beachtet? Denken Sie darüber nach. Sie werden Nutzen davon haben, gleichgültig, ob Sie annehmen, daß das Nähen an die Onanie symbolisch erinnert oder ob Sie wie ich glauben, daß das Nähen aus der Onanie entstanden ist. Und wenn Sie schon einmal bei der Kleidung sind, widmen Sie einen Augenblick Ihre Aufmerksamkeit dem herzförmigen Ausschnitt des Mädchens und der Rose und Brosche, dem Halskettchen und den Röcken, die gewiß nicht getragen werden, um den Liebesakt zu erschweren, sondern zum Betonen, zum Auffordern. Die Mode lehrt uns Neigungen ganzer Zeitalter kennen, von denen wir sonst nichts wüßten. Vor langen Zeiten trug die Frau keine Unterhosen, Mann und Weib hatten ihre Freude am raschen Genießen; dann schien es lustiger zu sein, im Spiel sich aufzuregen, und das Beinkleid wurde erfunden, das mit seinem Schlitz Geheimnisse nur halb verdeckte, und schließlich jetzt trägt jede geschlossene, elegante Spitzenhöschen. Die Spitzen, um zu locken, die geschlossene Öffnung, um das Spiel zu verlängern. Beachten Sie aber auch den Hosenstall des Mannes, der betont, wo das Pferdchen zum Reiten steht; schauen Sie sich die Frisuren an mit Scheitel und Locken: Alles sind Schöpfungen des Es, des Es der Mode und des Es des Einzelwesens.

Doch zurück zu kleinen Eigentümlichkeiten von Mann und Frau. Der Mann bückt sich, wenn er etwas aufheben will, die Frau hockt sich nieder. Der Mann trägt und hebt mit der Rückenmuskulatur, die Frau, im Symbol der Mutterschaft, mit dem Bauch. Der Mann wischt den Mund nach den Seiten, fort von sich, die Frau gebraucht die Serviette so, daß sie von den Mundwinkeln nach der Mitte zu fährt, sie will empfangen. Der Mann trompetet beim Nasenschnauben wie ein Elefant, denn die Nase ist ein Symbol seines Gliedes, und er ist stolz darauf und will sich zeigen, die Frau benutzt das Taschentuch vorsichtig leise, ihr fehlt, was der Nase entspricht. Das Mädchen steckt die Blume mit der Nadel fest, der Mann trägt sie im Knopfloch. Das Mädchen hält den Blumenstrauß gegen die Brust gedrückt, der Knabe trägt ihn mit herabhängendem Arm: Er deutet an, daß die Mädchenblume nichts hat, was nach oben strebt, kein Mann ist. Knaben und Männer spucken, sie zeigen, daß sie Samenergüsse haben, Mädchen weinen, denn das Überfließen der Augen symbolisiert ihren Orgasmus. Oder wissen Sie nicht, daß Pupille Kindchen bedeutet, daß also das Auge Symbol des Weibes ist, weil man sich im Auge klein widergespiegelt sieht? Das Auge ist die Mutter, die Augen sind die Hoden, denn auch in den Hoden sind die Kinderchen enthalten, und der Strahl der Leidenschaft, der aus den Augen springt, ist männliches Symbol. Der Mann verbeugt sich, macht einen Diener, er sagt damit: Dein Anblick schon brachte mir die höchste Wonne, so daß ich erschlaffe; aber in wenigen Sekunden stehe ich wieder aufrecht, Begehren zu neuer Lust erfüllt mich. Der Dame aber knicken die Knie, sie deutet an: Da ich dich sehe, hört aller Widerstand auf. Das kleine Mädchen spielt mit der Puppe, der Knabe braucht es nicht, er trägt sein Püppchen am Leib.

Es gibt so viele Lebensgewohnheiten, die wir nicht beachten, so viele, die beachtenswert sind. Was will der Mann sagen, wenn er den Schnurrbart streicht? Die Nase ist das Symbol seines Gliedes, ich sagte es schon, und das Zeigen des Schnurrbartes soll die Aufmerksamkeit darauf lenken, daß vor uns ein geschlechtsreifer Mann sitzt, der die Schamhaare besitzt; der Mund aber ist das Symbol des Weibes, und das Streicheln des Schnurrbartes bedeutet deshalb auch, ich möchte beim Weibchen spielen. Das glattrasierte Gesicht soll die Kindlichkeit betonen, die Harmlosigkeit, da das Kind noch keine Geschlechtshaare besitzt, zugleich aber soll es die Kraft bedeuten, da der Mensch als emporgerichtetes Wesen der Phallus ist und der Kopf die haarlose Eichel bei der Erektion versinnbildlicht. Vergessen Sie das nicht, wenn Sie Kahlköpfe sehen oder wenn Ihre Freundinnen über Haarausfall klagen. Die Kraft des Mannes wird hiermit dargestellt oder das

Kindsein, das Neugeborensein. Wenn eine Frau sich setzt, zieht sie die Kleider nach unten; schau, was da für Füße sind, sagt die Bewegung, aber ich gestatte nicht, daß du mehr siehst, denn ich bin schamhaft. Wenn sie sich in Gegenwart eines anderen hinlegt, kreuzt sie – es gibt keine Ausnahme davon – die Füße. »Ich weiß, daß du mich begehrst«, heißt das, »aber ich bin gegen den Angriff gewappnet. Versuch es nur.« All das ist doppeldeutig, ein Spiel, das anzieht, während es abschreckt, anlockt, während es verbietet, ist die mimische Darstellung des seltsamen »Nichtdoch«, mit dem das Mädchen die kosende Hand abwehrt. Nicht! Doch! Oder das Brilletragen: Man will besser sehen, aber man will nicht gesehen werden. Dort schläft einer mit offenem Mund, er ist bereit zur Empfängnis, hier liegt ein anderer zusammengekrümmt wie ein Fötus. Jener Alte geht mit kurzen Schritten, er will den Weg verlängern, der zum Grabesziel führt, er schläft schlecht, denn seine Stunden sind gezählt, und er wird bald allzulange schlafen müssen, er wird weitsichtig, will nicht sehen, was so nahe ist, das Totenschwarz der Lettern, den Faden, den die Parze in kurzem zerschneiden wird. Die Frau fürchtet zu erkranken, wenn sie während der Periode lange steht; die Blutung erinnert sie daran, daß sie nichts hat, was stehen kann, daß ihr das Beste fehlt. Sie tanzt nicht während dieser Zeit, es ist verboten, auch nur im Symbol den Geschlechtsakt zu vollziehen.

Warum erzähle ich Ihnen das alles? Weil ich einer langen Auseinandersetzung über den Apfel des Paradieses ausweichen will. Aber einmal muß ich sie doch geben. Aber nein, erst kann ich noch ein wenig von den Früchten erzählen. Da ist die Pflaume: Sie birgt den Kern, das Kind in sich, und ihre leichtangedeutete Spaltung verrät den Weibescharakter. Da ist die Himbeere: Sieht sie nicht der Brustwarze ähnlich? Oder die Erdbeere; sie wächst tief verborgen zwischen dem Grün des Grases, und Sie müssen suchen, ehe Sie dies holde Geheimnis im Versteck des Weibes finden. Aber hüten Sie sich vor ihr. Die Wonne des Kitzlers frißt sich immer tiefer in das Wesen des Menschen ein, wird heiß ersehnt und doch als Schuld geflohen, und dann entsteht die Nesselsucht, die symbolisch das Gefühl widerwärtig und quälend verhundertfacht. Die Kirsche? Sie finden sie an den Brüsten, aber auch der Mann trägt sie an seinem Baum, wie denn alle Symbole doppelgeschlechtlich sind. Und nun gar die Eichel. Sie ist wissenschaftlich gebilligt, obwohl sie dem Schwein so nahe verwandt ist, dem Schwein, das viele Geheimnisse in sich birgt. Darf ich Ihnen eins davon verraten? Die erziehende Mutter schilt ihr schmutziges Kind Ferkelchen. Kann sie sich da wundern, wenn das Kind in Gedanken antwortet: Bin ich ein Ferkel, so bist du das Schwein? Und in der Tat, so hart es Ihnen klingen mag, das Schwein ist eins der gebräuchlichsten Muttersymbole. Das hat eine tiefe Bedeutung; denn das Schwein wird geschlachtet, der Bauch wird ihm aufgeschnitten, und es quiekt. Und eine, vielleicht die häufigste Geburtstheorie des Kindes ist, daß der Mutter der Bauch aufgeschnitten wird, um das Kind herauszuholen, eine Theorie, die sich auf die Existenz der seltsamen Linie zwischen Nabel und Schamteil gründet und durch den Geburtsschrei bestätigt wird. Von der Assoziation Schwein–Mutter geht ein erstaunlicher Weg in das Religiöse hinüber, wenigstens in Deutschland, wo beim Metzger die Schweine im Schaufenster aufgehängt werden. Die Kreuzigung wird damit symbolisch gebunden. Welche Laune des Es: Schwein–Mutter–Christus. Es ist manchmal zum Erschrecken. Wie die Mutter, wird auch der Vater zum Tier gemacht; er ist ein Ochse, selbstverständlich. Denn statt dem Kind in Liebe zu nahen, bleibt er unbewegt von dessen Versuchungskünsten, muß also kastriert sein. Zum Schluß darf ich die Feige nicht vergessen, sie ist in allen Sprachen ein Sinnbild des weiblichen Geschlechtsteils. Und damit bin ich wieder bei der Paradiessage.

Was mag es wohl bedeuten, daß das erste Menschenpaar sich Schürzen aus Feigenblättern flocht, und weiter, warum machte die Sitte der Jahrhunderte aus dieser Schürze ein einziges Feigenblatt? Ich kann nicht in den Gedanken des Märchenerzählers der Bibel lesen; über das Feigenblatt, mit dem die nackte Natur bedeckt wird, wage ich ein wenig zu spotten. Fünf Zacken hat dieses Blatt, fünf Finger hat die Hand. Es ist verständlich, daß mit der Hand verdeckt wird, was nicht gesehen werden soll. Aber die Hand an den Geschlechtsteilen? Dort, wo sie nicht sein darf? Mir kommt es vor wie ein Witz des Es: »Da dir ein freies Leben im Eros nicht erlaubt ist, so tue, was die Natur lehrt, benütze die Hand!«

Ich weiß, ich bin frivol. Aber endlich muß ich ernst werden. Sie wissen, man nennt den vorspringenden Kehlteil des Mannes den Adamsapfel. Die Idee dabei war wohl, daß dem Adam der Apfel in der Kehle steckenblieb. Aber warum nur ihm, warum nicht Eva, die doch auch von der Frucht aß? Sie schluckte die Frucht hinunter, damit daraus eine neue Frucht würde, das Kind. Adam jedoch kann keine Kinder kriegen.

Da stehen wir unversehens in dem Gewirr von Ideen, die das Kind über die Schwangerschaft und über die Geburt hat. Sie sind freilich der Ansicht, daß ein braves Kind an den Storch glaubt, und das tut es auch. Aber vergessen Sie nicht, daß das Kind auch an das Christkind glaubt und doch gleichzeitig weiß, daß die Geschenke des Christkinds von den Eltern im Laden und in der Straße gekauft werden. Das Kind hat viel Glaubensfähigkeit, und nichts hindert es, den Storch zu verehren und doch zu wissen, daß das Kind im Bauch der Mutter wächst. Das weiß es, muß es wissen, denn es war vor zwei, drei Jahren noch in diesem Bauch. Wie aber kommt es da heraus und wie kam es hinein? Das sind Fragen, die uns alle mit schwankender, aber allmählich immer mehr wachsender Dringlichkeit verfolgt haben. Als eine der vielen Antworten fanden wir alle ohne Ausnahme, da wir alle in der Kindheit weder Gebärmutter noch Scheide kennen: Das Kind wird aus der Öffnung geboren, aus der alles herauskommt, was in dem Bauch ist, aus dem After. Und hinein? Es gibt auch dafür mehrere Erklärungen für das Kind. Am meisten neigt es zu der Annahme, daß der Keim zum Kind verschluckt wird, wie die Milch aus der Brustwarze gesogen wird. Und aus dieser Betrachtung, aus diesem immer wiederholten aufregenden Sichselbstbefragen und Sichselbstbeantworten des Kindes entsteht der Wunsch, am Glied des Geliebten zu saugen, zu rauchen, zu küssen, ein Wunsch, der doppelt dringend ist, weil in seiner Erfüllung die Mutterbrust und die Seligkeit der Kindheit neu erwacht; daher stammt auch die Idee, den vorspringenden Schildknorpel des Mannes Adamsapfel zu nennen. Und schließlich, um auch das zu sagen, daraus entwickelt sich der Ansatz des Kropfs, der Sie bei Ihrer Kleinen so erschreckt. Sie hatten als Backfisch auch solch dikken Hals, glauben Sie mir. So etwas vergeht wieder. Nur bei denen, deren Es ganz durchdrungen ist von der Idee der Empfängnis durch den Mund und von dem Abscheu, das Kind im Bauch auszutragen, kommt es wirklich zum Kropf und zur Basedowschen Erkrankung.

Gott sei Dank, für heute bin ich fertig.

Patrik

Gewiß, liebe Freundin, ich verspreche, die Geschichte von dem Federhalter und der Uhrkette heute zu Ende zu bringen.

Warum die Nase auf der rechten Seite verstopft war, muß ich herauszubringen versuchen. Mein Es wünscht irgend etwas nicht zu riechen oder einen Geruchseindruck aus der Nase wegzuspülen. Das ist mein persönlicher Fall. Bei manchen Menschen trifft das mit dem Riechen nicht zu; unter dem Druck der fanatisch gewordenen Krankheitsverhütung, vor allem der Tuberkuloseangst, sind eine Menge Menschen auf die Idee gekommen, die Nase zunächst als Atmungsorgan aufzufassen, da sie das Atmen durch den Mund soviel wie Gott versuchen dünkt. Für andere wieder ist die Nase ohne weiteres ein Phallussymbol, und so muß bei diesen oder jenen die krankmachende Absicht des Es so oder so aufgefaßt werden. Ich aber muß, wenn irgend etwas mit meiner Nase nicht stimmt, nach dem suchen, was ich nicht riechen soll, und da der rechte Nasengang verstopft ist, muß rechts von mir sein, was für mich Gestank ist. Wie sehr ich mir jedoch auch Mühe gebe, mir will nicht gelingen, irgend etwas rechts von mir zu finden, was stinkt. Aber ich bin durch jahrelanges Glaubenwollen an die Absicht des Es schlau geworden und habe allerlei spitzfindige Rechtfertigungen meiner Theorie erdacht. So sage ich mir jetzt: Wenn nichts da ist, was schlecht riecht, so ist vielleicht etwas da, was dich an einen Gestank der Vergangenheit erinnert. Sofort fällt mir eine Radierung von Hans am Ende ein, die rechts von mir hängt und eine Uferlandschaft mit Schilf und einem Segelboot im seichten Wasser darstellt. Venedig steht plötzlich vor mir, obwohl ich weiß, daß der Radierer ein Sujet von der Nordsee genommen hat, und von Venedig geht es zum Markuslöwen und von dem zu einem Teelöffel, den ich vor wenigen Stunden gebraucht hatte. Und auf einmal ist mir, als ob ich wüßte, welchen Geruch ich fliehe. Als ich vor vielen Jahren nach einer schweren Lungenentzündung wassersüchtig wurde, war mein Geruchssinn so scharf geworden, daß mir der Gebrauch von Löffeln unerträglich war, weil ich trotz sorgfältigster Reinigung roch, was vor Stunden oder Tagen damit gegessen worden war. Also wäre das, was ich fliehe, selbst in der Erinnerung noch fliehe, die Erkrankung, das Nierenleiden? In der Tat, wenige Stunden vorher habe ich die Krankengeschichte eines jungen Mädchens enträtselt, bei der ein stinkendes Nachtgeschirr vorkam. Aber mir selbst ist der Geruch von Urin gleichgültig. Das kann er nicht sein. Wohl aber führt mich die Erinnerung in meine Schulzeit zurück, zu den Massenpissoirs, die in der Schule eingerichtet waren und deren scharfer Ammoniakgeruch mir noch deutlich vorschwebt. Und diese Schulzeit, der Gedanke daran, ist noch jetzt verstimmend. Ich erzählte Ihnen schon, ich habe fast alles aus jenen Tagen vergessen. Aber ich weiß, daß ich noch damals – ich war schon zwölf bis dreizehn Jahre alt – die Gewohnheit des Bettnässens hatte, daß ich mich vor dem Gespött der Mitschüler, das übrigens fast nie und dann höchst milde eintrat, fürchtete. Es tauchen Gedanken an leidenschaftliche Zuneigungen zu dem und jenem meiner Freunde auf, Zuneigungen, deren genialer Affekt verdrängt wurde und sich doch in Phantasien Bahn brach; der Moment, wo ich die Onanie kennenlernte, wird wach, ein Scharlachfieber, bei dem ich zum erstenmal nierenkrank wurde, kommt mir in den Sinn; daß Hans am Ende mein Schulfreund war und daß er auch am Scharlach erkrankte, und hinter dem allen erhebt sich schattenhaft und immer deutlicher die Mutterimago. Ich war ein Mutterkind, ein verhätscheltes Nesthäkchen und habe unter der Trennung von der Mutter durch die Schule schwer gelitten.

Nun aber stecke ich fest. Aber auch da hilft mir eine Erfahrung, die ich bei dem Bestreben, meine Theorie vom Es zu retten, gemacht habe: Dort, wo die Einfälle aufhören, ist die Lösung des Rätsels. Bei der Mutter also. Das hätte ich mir denken können, denn alles, was rechts ist, hängt mit meiner Mutter zusammen. Aber ich besinne mich nicht, so sehr ich auch herumdenke, je bei ihr einen abstoßenden Geruch wahrgenommen zu haben, ja es verbinden sich mit ihr überhaupt keine Geruchserinnerungen.

Ich versuche es mit dem Namen Hans (Hans am Ende). So hieß einer meiner älteren Brüder, der eng mit meinem Schulleben verbunden war. Und plötzlich schiebt sich vor den seinen ein anderer Name: Lina. Lina war meine Schwester, dieselbe, von der ich Ihnen erzählte, als ich von meinen sadistischen Liebhabereien berichtete. Und da stammt auch der Geruchseindruck her; durchaus kein abstoßender, sondern ein einwiegender, unvergeßlicher. Ich kann mich aus der damaligen Zeit – wir waren elf und zwölf Jahre alt – nicht mehr auf die Aufregung besinnen, aber ich bin noch einmal diesem Geruch begegnet, und seitdem weiß ich, wie überwältigend der Eindruck für mich ist. Gleich anschließend daran kommt eine zweite Erinnerung, daß Lina mich kurze Zeit darauf in die Geheimnisse der Menstruation einweihte. Sie machte mir weis, sie sei schwindsüchtig, zeigte mir das Blut und lachte mich aus, als sie mein Erschrecken sah, und erklärte mir die Bedeutung der Blutung.

Als ich so weit war, verschwand die Verstopfung der Nase; was ich jetzt noch hinzufüge, dient nur der Klärung der Zusammenhänge. Zunächst fällt mir ein, was Hans am Ende bedeutet. Alle meine Angehörigen sind gestorben, als letzter mein Bruder Hans: Hans am Ende. Mit diesem Bruder habe ich auch die einzige Segelfahrt meines Lebens gemacht, was mit dem Segelboot auf am Endes Radierung zusammenfällt.

Dann hellt sich das Dunkel auf, das über den Beziehungen des Komplexes zur Mutterimago liegt. Meine Mutter trug denselben Namen wie meine Schwester: Lina. Damit wächst das Erstaunen, daß ich keine Geruchserinnerungen an meine Mutter habe, während sie bei der Schwester so stark sind, und ich beginne wieder allerlei Taschenspielerei mit Ideen.

Wenn sich zwei Hunde begegnen, beschnüffelt der eine des anderen Hinterteil; offenbar erkunden sie so mit der Nase, ob sie einander sympathisch sind oder nicht. Wer Humor hat, lacht über diese Hundegewohnheit, wie Sie es tun, und wem der Humor mangelt, der findet es unappetitlich. Aber hält Ihr Humor auch an, wenn ich behaupte, daß die Menschen es ebenso machen? Das werden Sie ja aus eigener Erfahrung wissen, daß ein Mensch, der stinkt, allerlei gute Eigenschaften haben kann, daß er aber im Grund genommen unsympathisch ist; wobei man allerdings nicht vergessen darf, daß, was dem einen stinkt, dem anderen wie Rosenduft vorkommt. Sie werden auch als scharf aufmerkende Mutter beobachtet haben, daß das Kind Gegenstände und Menschen nach dem Geruch beurteilt. Die Wissenschaft tut zwar so, als ob der Mund und die Zunge als Probierstein für angenehm und unangenehm benutzt würde, aber die Wissenschaft behauptet vieles, und wir brauchen uns darum nicht zu kümmern. Ich behaupte, daß der Mensch viel intensiver und, wenn Sie wollen, noch viel unappetitlicher als der Hund seine Nase braucht, um festzustellen, was ihm paßt und was nicht.

Zunächst ist der Geruch des weiblichen Schoßes und des Bluts, das daraus fließt, eine der ersten Wahrnehmungen, die der Mensch macht. Ich erwähnte das schon, um die Bedeutung der periodischen Brunst klarzumachen. Dann kommt eine Zeit, wo die Nase des kleinen Weltbürgers sich hauptsächlich mit dem Riechen des eigenen Urins und Kots beschäftigt, was gelegentlich mit den Düften der Frauenmilch und der mütterlichen Achselhaare abwechselt, während dauernd der intensive, durchdringende und unvergeßliche Duft des Wochenflusses einwirkt. Die Mutter frischt während dieser Zeit nach der Geburt die eigenen Säuglingserinnerungen auf, die ihr Gelegenheit geben, ihre Liebe zu sich selbst auf den Säugling zu übertragen; die längstvergessenen Genüsse von Windelgeruch werden wieder wach. Daneben atmet sie ein, was an Gerüchen aus den Haaren und dem ganzen Körper des Kleinen aufsteigt. Und das bleibt wohl so lange Zeit, denn das Kind ist klein und die Mutter groß, so daß sie bei jedem Verkehr mit dem Kind zunächst sein Haar mit Sehen und Riechen wahrnimmt, eine Sache, die nicht unwichtig ist, weil gerade um die Organe der Liebe solch reichlicher Haarwuchs geheftet ist. Beim Kind aber wechselt das Terrain. In den ersten Jahren sind es die Füße und Beine, die es riecht; denn das Kind ist klein und die Erwachsenen sind groß. Behalten Sie das im Gedächtnis, Liebe, daß das Kind zunächst die Beine der Menschen kennen und lieben lernt; es ist wichtig, erklärt vieles und wird nie beachtet. Dann kommen Jahre, lange Jahre, und wenn Sie all die flüchtigen Momente, die sich die Hunde beriechen, zusammenzählen, werden Sie noch längst nicht die Zeitdauer erreichen, die Jahre, in denen das Kind fast ununterbrochen riechen muß, was in der Bauchgegend der Erwachsenen vor sich geht. Und das gefällt ihm ausnehmend gut. Und wird auch rührend gefunden; denn welcher gefühlvolle Schriftsteller ließe sich wohl den Knaben – oder den Mann – entgehen, der seinen Kopf im Schoß der Mutter – oder der Geliebten – birgt. Was, seiner Poesie entkleidet, soviel heißt als: Er steckt seine Nase zwischen ihre Beine. Das klingt roh, enträtselt aber die Entstehung der Kindesliebe und der Liebe zur Frau. Die Natur hat wunderliche Wege, um den Menschen zum Weib zu zwingen. Und das ist der, der von allen begangen wird.

Was hat das mit der Tatsache zu tun, werden Sie fragen, daß ich keine Geruchserinnerungen an meine Mutter habe? Das ist einfach genug. Wenn das Kind wirklich durch die Größenverhältnisse dazu gezwungen ist, lange Jahre hindurch bei der Mutter alle Vorgänge der Leibesmitte mit der Nase mitzuerleben, so muß es auch die merkwürdigen Geruchsveränderungen wahrnehmen, die alle vier Wochen bei der Frau stattfinden. Es muß auch die Erregungen mitmachen, denen die Mutter während der Zeit der Periode unterworfen ist. Die Atmosphäre des Blutdunstes teilt sich ihm mit und steigert seine Inzestwünsche. Allerlei innere Kämpfe entstehen aus diesen aufreizenden Eindrücken, allerlei dumpf empfundene, tief schmerzliche Enttäuschungen knüpfen sich daran und verstärken sich durch das Leid, das aus den Launen, der Verstimmung, den Migränen der Mutter entsteht. Ist es ein Wunder, daß ich den Ausweg der Verdrängung eingeschlagen habe?

Leuchtet Ihnen ein, was ich sage? Aber bedenken Sie doch, daß es Menschen gibt, die behaupten, sie hätten nichts von der Periode gewußt, ehe sie erwachsen waren. Wenn ich mich nicht täusche, sind es viele Menschen, oder sind es gar alle? Wo haben sie doch alle ihre Nasen gelassen? Und was ist es denn mit dem Gedächtnis des Menschen für eine Sache, wenn er solche Erlebnisse vergißt, vergessen muß? Da wundert man sich darüber, daß der Mensch so geringen Spürsinn hat; aber was sollte wohl aus ihm werden, wenn er nicht mit aller Kraft seines Unbewußten die Nase abstumpfte? Dazu zwingt ihn das Verbot der Erwachsenen, irgend etwas über Sexualereignisse zu wissen, dazu zwingt ihn die prüde Schamhaftigkeit der Mutter, die verlegen wird, wenn das Kind wißbegierig fragt; denn nichts ist beschämender, als zu sehen, daß der geliebte Mensch sich dessen schämt, was man selbst unbefangen bespricht. Es brauchen nicht immer Worte zu sein, von denen Kinder eingeschüchtert werden, unwillkürliche Bewegungen, leichte, kaum merkbare Gebärden und Verlegenheiten wirken mitunter viel tiefer. Aber wie sollte eine Mutter dieses Verlegenaussehen vermeiden? Es ist die Bestimmung der Mutter, ihr eigenes Kind in den tiefsten Empfindungen zu verletzen, es ist ihr Schicksal. Und daran ändert kein guter Wille, kein Vorsatz auch nur das geringste. Ach, liebe Freundin, es gibt so viel Tragik im Leben, die des Dichters harrt, der sie gestalten kann. Und vielleicht kommt dieser Dichter nie.

Man vergißt, was schwer zu ertragen ist, und was man nicht vergißt, war für uns nicht zu schwer. Das ist ein Satz, dessen Inhalt Sie wohl überlegen sollten, denn er wirft vieles von dem um, was gang und gäbe bei den Menschen ist. Wir vergessen, daß wir einmal im Mutterleib saßen, denn es ist schrecklich zu denken, daß wir aus dem Paradies vertrieben wurden, aber auch schrecklich, daß wir einmal in der Finsternis eines Grabes waren; wir vergessen, wie wir zur Welt kamen, denn die Angst des Erstickens war unerträglich. Wir vergessen, daß wir einmal laufen lernten, denn der Moment, in dem uns die Hand der Mutter losließ, war furchtbar und die Seligkeit dieser ersten selbständigen Leistung so überwältigend, daß wir sie nicht in der Erinnerung bewahren können. Wie sollten wir es ertragen, zu wissen, daß wir jahrelang in Windeln und Hosen machten? Denken Sie daran, wie Sie sich schämen, wenn Sie ein braunes Fleckchen in Ihrer Wäsche finden, denken Sie an das Entsetzen, das Sie befällt, wenn Sie auf der Straße nicht mehr zurückhalten können, was in den Abtritt gehört. Und was sollen wir mit der Erinnerung, daß es Menschen gab, die so entsetzlich stark waren, daß sie uns in die Luft werfen konnten? Die uns schalten, ohne daß wir wiederschelten durften, die uns Klapse gaben und in die Ecke stellten, uns, die wir Geheimräte, Doktoren oder gar Tertianer sind? Wir können es nicht ertragen, daß dieses Wesen, das sich Mutter nennt, eines Tages uns die Brust verweigerte, dieser Mensch, der behauptet, uns zu lieben; der uns die Onanie lehrte und uns dann dafür bestrafte. Und ach, wir würden uns zu Tod weinen, wenn wir uns erinnerten, daß es einmal eine Mutter gab, die für uns sorgte und mit uns fühlte, und daß wir nun einsam sind und keine Mutter haben. Durch eigene Schuld!

Daß wir unsere Kenntnis der Menstruation, von der uns unser Geruchssinn in frühester Kindheit unterrichtet hat, wenn es nicht auch das Sehen des Bluts, der Binden, des

Nachtgeschirrs, das Miterleben von Zwistigkeiten, Migräne, frauenärztlicher Behandlung tat, daß wir diese Kenntnis völlig vergessen, ist nicht wunderbarer, als daß wir auch alle Erinnerungen an die Onanie verlieren, die Onanie der ersten Lebensjahre. Und mindestens ein Grund ist gemeinsam für diese beiden Lücken in unserem Gedächtnis, die Angst vor der Kastration. Sie besinnen sich, daß ich behauptete, unsere Kastrationsangst hänge mit dem Schuldbewußtsein zusammen, das aus der Onanie und dem Verbot entsteht. Der Gedanke aber, daß Geschlechtsteile abgeschnitten werden können, stammt aus der Feststellung früher Jahre über die Geschlechtsunterschiede, weil wir als Kinder den weiblichen Geschlechtsteil als Kastrationswunde auffassen; das Weib ist ein kastrierter Mann. Diese Idee wird zur Gewißheit durch die Wahrnehmung der Blutungen, die wir riechen. Die Blutungen erschrecken uns, weil sie die Befürchtung wecken, daß wir selbst zum Weib gemacht werden könnten. Um nicht an diese Blutungen erinnert zu werden, müssen wir unseren Geruchssinn abtöten und auch die Erinnerung an den Blutgeruch vertilgen. Das gelingt nicht; was wir erreichen, ist nur die Verdrängung. Und diese Verdrängung benutzt das Leben, um das Verbot des Geschlechtsverkehrs während der Periode aufzubauen. Da das blutende Weib den verdrängten Kastrationskomplex aufweckt, vermeiden wir die neue Berührung der wunden Frau.

Hier spielt ein zweiter verdrängter Komplex mit hinein, der ebenfalls mit dem Geruchssinn verquickt ist, der Schwangerschafts- und Geburtskomplex.

Besinnen Sie sich, daß ich Sie einmal gefragt habe, ob Sie nie etwas von den Schwangerschaften und Entbindungen Ihrer Mutter gemerkt hätten? Sie hatten eben einen Wöchnerinnenbesuch bei Ihrer Schwägerin Lisbeth gemacht, und der eigentümliche Geruch des Wochenbetts haftete noch an Ihnen. Nein, sagten Sie, niemals. Selbst von dem jüngsten Bruder sind Sie überrascht worden, obwohl Sie mit Ihren fünfzehn Jahren längst aufgeklärt waren. Wie ist es möglich, daß ein Kind nicht sieht, daß die Mutter dick wird? Wie ist es möglich, daß ein Kind an den Storch glaubt?

Es ist beides nicht möglich. Die Kinder wissen, daß sie aus dem Bauch der Mutter stammen, aber sie werden von sich aus und von den Erwachsenen aus gezwungen, an die Fabel des Storches zu glauben; die Kinder sehen, daß die Mutter dick wird, daß sie plötzlich Bauchweh bekommt, ein Kindchen zur Welt bringt, blutet und beim Aufstehen dünn ist; die Kinder wissen es jedesmal, wenn die Mutter schwanger ist, und sie werden niemals von der Geburt überrascht. Aber all dieses Wissen und Wahrnehmen wird verdrängt.

Wenn Sie bedenken, welche Kraft verwendet werden muß, um all diese Wahrnehmungen und die daraus gefolgerten Schlüsse beiseitezuschieben, so wird Ihnen vielleicht ein wenig deutlicher werden, was ich mit der Behauptung meine, daß das Verdrängen die hauptsächliche Beschäftigung des Lebens ist. Denn was ich hier an dem Beispiel der Schwangerschaft und Geburt erläutere, geschieht in jeder Minute des Lebens mit anderen Komplexen. Sie können kein Zimmer betreten, ohne den Mechanismus des Verdrängens in Bewegung zu setzen, ohne so und so viele Wahrnehmungen von Möbeln, Nippes, Farben, Formen aus dem Bewußtsein fernzuhalten, Sie können keinen Buchstaben lesen, kein Gesicht ansehen, kein Gespräch anhören, ohne fortwährend zu verdrängen, ohne Erinnerungen, Phantasien, Symbole, Affekte, Haß, Liebe, Verachtung, Scham und Rührung fortzuschieben. Und nun, Liebe, denken Sie daran: Was verdrängt wird, ist nicht vernichtet, es bleibt da, ist nur in eine Ecke geschoben, aus der es eines Tages wieder hervorkommt, ist vielleicht nur aus seiner Lage gebracht, so daß es nicht mehr, vom Sonnenlicht beleuchtet, rot glänzt, sondern schwarz zu sein scheint. Das Verdrängen wirkt und verändert unablässig an den Erscheinungen; was jetzt für den Augenhintergrund ein Gemälde von Rembrandt ist, wird verdrängt und erscheint im selben Augenblick als Spiel an der Uhrkette wieder, als Bläschen am Mundwinkel, als Abhandlung über die Kastration, als Staatengründung, Liebeserklärung, Zank, Müdigkeit, plötzlicher Hunger, Umarmung oder Tintenklecks. Verdrängen ist Umschaffen, ist kulturbauend und kulturvernichtend, erdichtet die Bibel und das Märchen vom Storch. Und der Blick in die Geheimnisse des Verdrängens verwirrt das Denken so, daß man die Augen schließen und vergessen muß, daß es Verdrängungen gibt.

Patrik Troll

21

Sie beschweren sich, liebe Freundin, daß ich mein Versprechen nicht gehalten habe, daß ich noch immer nicht mit meiner Uhrkettengeschichte fertig bin. Ich hätte nicht geglaubt, daß Sie so dumm sind, an meine Versprechungen zu glauben.

Viel eher sind Sie zu dem Vorwurf berechtigt, daß ich abschweife, nicht zu Ende sage, was ich angefangen habe. Ich sprach von dem Verdrängen von Geruchsempfindungen bei der Geburt und habe weder ausgeführt, daß der scharfe Geruch des Wochenflusses, wenn sonst auch alles sorgfältig versteckt wird, vom Kind wahrgenommen werden muß, daß es also mittels der Nase unbedingt Geburtserfahrungen sammelt, noch habe ich deutlich gesagt, warum man die Wahrnehmung dieses Geruches aus der bewußten Erinnerung tilgt.

Warum geschieht es? Zunächst, weil die Mutter, die Eltern, die Erwachsenen dem Kind verbieten, dergleichen Dinge zu verstehen; vielleicht verbieten sie es nicht ausdrücklich mit Worten, aber schon mit dem Tonfall des Wortes, der Klangfarbe, irgendeiner seltsamen, dem Kind auffallenden Verlegenheit. Denn es ist nun einmal Schicksal des Menschen, daß er sich schämt, menschlich gezeugt und geboren zu sein. Er fühlt sich durch diese Tatsache in seiner Eitelkeit bedroht, in seiner Gottähnlichkeit. Er möchte so gern göttlich gezeugt sein, Gott sein – letzten Endes, weil er im Mutterleib allmächtiger Gott war; er erfindet die Gotteskindschaft auf religiösem Weg, ersinnt sich einen Gottvater und steigert seine Inzestverdrängung, bis er im Glauben an die Jungfrau Maria und die unbefleckte Empfängnis oder irgendwelcher Wissenschaft Trost gefunden hat. Er nennt verächtlich Zeugung und Empfängnis tierische Akte, um sagen zu können, ich bin kein Tier, habe keine tierische Formen, bin also Gottes Kind und göttlich gezeugt; da das nicht gelingt, umgibt er diese Vorgänge mit dem Scheinheiligenschein des Mysteriums, zu dessen Konstruktion er wie ein Judas seine Liebe verraten muß. Ja, er hat es so weit gebracht, daß er sich nicht einmal schämt, den Augenblick der menschlichen Vereinigung mit übelstimmender Lüge zu umgeben, als ob dieser Augenblick nicht der Himmel sei. Alles möchte der Mensch sein, nur nicht einfach Mensch.

Das zweite, dessentwegen wir den Geruchskomplex des Wochenbetts verdrängen und so unsere eigentlich menschliche Zierde, die Nase, verleugnen – denn was uns vom Tier unterscheidet, ist in erster und letzter Linie die Nase –, das zweite ist, daß wir den Gedanken nicht ertragen, eine Mutter zu haben. Oh, Sie müssen verstehen: Wenn sie uns paßt, solange sie so ist, wie wir wollen, erkennen wir sie wohl als Mutter an. Aber sobald wir daran erinnert werden, daß sie uns geboren hat, hassen wir sie. Wir wollen nicht wissen, daß sie für uns gelitten hat, es ist unerträglich, das zu wissen. Oder sahen Sie nie das Entsetzen, die Qual Ihrer Kinder, wenn Sie traurig waren oder gar weinten? Gewiß, mir ist bekannt, daß meine Mutter mich gebar, ich spreche davon, als ob es die natürlichste Sache der Welt wäre. Aber mein Herz erkennt es nicht an, es schreit dagegen und sagt nein. Wie ein Stein wälzt es sich zuweilen auf unsere Brust. Das ist die unbewußte Erinnerung an das Ringen nach Atem während der Geburt, sagt unser analytisches Alles- und Nichtswissen. »Nein«, flüstert der böse Geist, »das sind deine Sünden wider die Mutter, die dich gebar, die Todsünden des Undanks, der Blutschande, des Blutvergießens, des Mords. Tatest du je, was du sollst, auf daß dir's wohl ergehe und du lange lebest auf Erden?« Diese Hand streichelte mich und reichte mir Essen und Trinken, und ich habe sie zuweilen gehaßt, oft gehaßt, denn sie leitete mich; diese Haut wärmte mich, und ich habe sie gehaßt, weil ich zu schwach war, auf ihre Wärme und lockende Weiche freiwillig zu verzichten, und weil ich deshalb wider besseres Wissen allerlei Runzeln und allerlei Ekel ihr andichtete, um der Versuchung zu entfliehen, ich Judas. Dieser Mund lächelte mir und sprach, und ich haßte ihn oft, weil er mich schalt, diese Augen lächelten mir und sprachen, und ich habe sie gehaßt, diese Brüste nährten mich, und ich habe sie mit den Zähnen gepackt, in diesem Leib wohnte ich, und ich habe ihn zerrissen. Muttermörder! Sie wissen es, fühlen es wie ich: Es hat noch nie einen Menschen gegeben, der seine Mutter nicht gemordet hätte. Und deshalb erkennen wir es nicht an, daß die Mutter uns geboren hat. Mit den Lippen glauben wir es, aber nicht mit dem Herzen. Das Blut, das wir vergossen, schreit gen Himmel, und wir fliehen davor, vor dem Dunst des Bluts.

Mir fällt noch ein Drittes ein, weshalb wir von den Erinnerungen an das Wochenbett fortstreben und lieber unseren vornehmsten Sinn, den Geruchssinn, vernichten, das ist die Angst der Kastration. – Ich weiß, das langweilt Sie, aber was soll ich machen? Da Sie durchaus erfahren wollen, was ich denke, muß ich mich wiederholen. Denn die Kastrationsidee geht durch unser Leben wie die Sprechlaute. Wie das a und das b beim Sprechen sich immer wiederholen, so taucht auch überall dieser Komplex des Weibwerdens in uns auf. Und setzen Sie a und b zusammen, so haben Sie »ab« und lachen hoffentlich wie ich über die Assoziationswitze des Unbewußten.

Aber es ist Zeit, daß ich meine Mitteilungen über die Geburtstheorien des Kindes ein wenig vervollständige, sonst kommen wir nie aus diesem Wirrwarr heraus. Ich sagte Ihnen schon, das Kind weiß, daß man im Bauch der Mutter lebt, ehe man zur Welt kommt, je jünger es ist, um so besser weiß es das. Und daß es nicht vergessen wird, dafür sorgt unter anderem die Bibel mit den Worten: Und das Kind hüpfte in ihrem Leib. Mitunter wird die Stelle, an der das Ungeborene seinen Wohnsitz hat, ganz genau lokalisiert, in der Herzgrube, das heißt im Magen. Und das hängt wohl mit unserer Redeweise zusammen, daß die Frau das Kind unter dem Herzen trägt. Erzählen Sie das gelegentlich Ihrem Arzt; es kann ihm nützlich sein für Erkenntnis und Behandlung, vor allem bei Magenbeschwerden, von der Übelkeit an bis zum Magenkrebs; und für Sie ist es auch nützlich, um Ihren Arzt kennenzulernen. Geht er mit einem Achselzucken darüber hinweg, so suchen Sie sich einen anderen; denn der Ihre ist altmodisch, wenn er auch sehr tüchtig ist. Ich weiß, nichts ist Ihnen unangenehmer, als hinter der Mode zurückzubleiben. – Mitunter taucht auch die Idee auf, daß die Schwangerschaft im Herzen selbst stattfindet; ich erzählte Ihnen von solch einem Fall, wo dieser Gedanke zu einer Krankheit führte und bis zur Zeit der Analyse herrschend blieb. Leute, die dergleichen in ihrer Kindheit glaubten, sind schlimm daran. Denn mit dieser absurden Idee, die von den Worten der Liebe: »Ich trage dich im Herzen«, und »du mein Herzenskind« herkommt, verbindet sich das dunkel furchtbare Bewußtsein, daß man der Mutter Herz zerrissen hat, in Wahrheit, in Wahrheit. Und auch das sollte Ihr Arzt wissen – für seine Herzkranken. Um die ganze Narrheit der Kinder aufzudecken, will ich noch hinzufügen, was ich von Augenkranken weiß, daß die Idee der Augenschwangerschaft existiert – denken Sie nur an das Wort Pupille –, und das kommt daher, weil die Mutter ihr Kind zuweilen Augapfel nennt. Oder kommt die Bezeichnung Augapfel daher, weil die Theorie allgemein ist und sich in der Sprache festgesetzt hat? Ich weiß es nicht.

Genug, die leitende Idee ist jedenfalls die von der Bauchschwangerschaft. Und wenn ich von den Phantasien über das Platzen und Aufschneiden des Bauches, über die Nabelgeburt und über die durch Erbrechen absehe, bleibt für das Kind die Ansicht übrig, daß die Kleinen durch den After ans Tageslicht kommen. Ich erzählte es Ihnen schon, aber Sie müssen es sich tief ins Gedächtnis einprägen; denn auf dieser Theorie beruhen alle Verstopfungen, darauf beruht aber auch aller Sparsamkeitssinn und also Handel und Wandel und Eigentumsbegriff, darauf beruht zu guter Letzt Ordnungssinn – ja und vieles andere auch noch. Sie müssen nicht lachen, Liebe, wenn ich so etwas sage. Es klingt mir selber ungeheuerlich, sobald ich es ausspreche, und doch ist es wahr. Das Es kümmert sich eben gar nicht um unsere Ästhetik, unseren Verstand und unser Denken. Es denkt selbständig, Esartig und spielt mit den Begriffen, so daß alle Vernunft toll wird. »Für mich«, sagt es, »ist ein Kind dasselbe wie die Wurst, die du Menschenkind machst, und ist dasselbe wie das Geld, das du besitzt; ja und das habe ich noch vergessen, es ist auch dasselbe wie das Schwänzchen, das den Jungen vom Mädchen auszeichnet und das ich aus Laune und weil's mir beliebte, vorn statt hinten angebracht habe. Hinten lasse ich es alle vierundzwanzig Stunden einmal abfallen, kastriere es, vorn lasse ich es denen, die ich als Homines, Menschen anerkenne, den anderen Menschen nehme ich es ab, zwinge sie dazu, es abzureiben, abzuschneiden, auszureißen. Denn ich brauche auch Mädchen.«

Das alles habe ich schon öfter erzählt. Doppelt hält jedoch besser. Nun wollen wir sehen, was das Kind über die Empfängnis denkt.

Zunächst müssen wir uns aber klar darüber werden, wie es Gelegenheit und Zeit zum Nachdenken findet. Die Außenwelt bietet so viel des Interessanten für ein Kindergehirn, daß schon irgendein Zwang zum Stillsein angewendet werden muß, um alle Eindrücke zu verarbeiten. Und da darf ich Sie wohl an das Thrönchen erinnern, von dem aus das Haus regiert wird, sobald es in seinen Mauern ein Kindchen birgt. Ich wundere mich schon lange, daß noch niemand seine Gelehrsamkeit dazu verwendet hat, die Bedeutung des Töpfchens zu untersuchen, und doppelt unbegreiflich ist es, seitdem Busch in klassischen Versen darauf aufmerksam gemacht hat:

Der Mensch in seinem dunklen Drang
Erfindet das Appartement.

In der Tat, Sie können sich die Bedeutung dieses Gefäßes, das sich während des ganzen Lebens den Größenverhältnissen des Körpers und in der freiwilligen Zeitdauer der Verwendung dem Wunsch nach tiefer Gedankeneinsamkeit anpaßt, nicht groß genug vorstellen. Da ist zunächst der tägliche Festakt der ersten Lebensjahre.

Ich kann es nicht zählen, wie oft ich aus freien Stücken oder irgendwie gezwungen zugesehen habe, wie ganze Familien, gestrenge Väter, sittsame Frauen und artige Kinder, der Entbindung des Kleinsten von seiner Leibesbürde beigewohnt haben, in stummer Andacht, die nur zuweilen von dem oder jenem durch ein mahnendes: Mach mh, mh, unterbrochen wurde. Und wenn ich nicht irre, war es Ihre kleine Margarete, die es so einzurichten wußte, daß sie jedesmal Nöte bekam, wenn Besuch da war. Wie geschickt verstand sie dann, durch hartnäckiges, stilles Verweigern der Leistung alles, was Hosen oder Röcke trug, um sich zu vereinigen, um dann schließlich durch ein graziöses Lüften des Hemdes zu zeigen, welch geheimnisvolle Schätze bei ihr schlummerten, wobei sie dann nicht verfehlte, nach Schluß der Affäre durch ein gefälliges Präsentieren auf die Kehrseite aufmerksam zu machen.

Solch Verfahren ist häufig, ist bei den Kindern Regel. Und weil wir doch einmal für Dinge, die wir aus Schicklichkeitsgründen nicht gern als Allgemeingut anerkennen, gelehrte Namen erfinden, um so tun zu können, als ob es sich um krankhafte Neigungen handle, denen wir selbst mitleidsvoll schaudernd fernstehen, haben wir diesen Trieb, unsere sexuellen Geheimnisse zur Schau zu tragen, Exhibitionismus genannt. Dagegen ist nichts zu sagen. Aber nun hat Medizin, Juristerei, Theologie und leider auch die züchtige Dirne Gesellschaft beschlossen, es müsse Leute geben, die Exhibitionisten seien. Das heißt Leute, bei denen die Neigung, ihre Sexualität zur Schau zu tragen, ins Krankhafte gesteigert sei. Gestatten Sie, daß ich mich dagegen wehre. In Wahrheit ist es mit dem Exhibitionisten dieselbe Sache, wie mit all den anderen mit den Endsilben »isten« etikettierten Menschen, mit den Sadisten, Masochisten, Fetischisten. Sie sind im Wesen nicht anders als wir, die wir uns gesund nennen, der einzige Unterschied ist, daß wir nur da unsere Triebe, unseren »ismus«, unseren Exhibitionismus zum Vorschein kommen lassen, wo es die Mode erlaubt, während der »ist« unmodern ist.

Vor einigen Jahren lief ein Mann hier morgens um sechs Uhr von Haus zu Haus, klingelte und, wenn das Dienstmädchen die Tür öffnete, schlug er einen langen Kaisermantel zurück, der sein einziges Kleidungsstück war, und präsentierte dem erschrockenen Mädchen sein erigiertes Glied, an das er zur besseren Wahrnehmung eine Laterne gebunden hatte. Das nannte man krankhaft, das nannte man Exhibitionismus. Aber warum nennt man nicht auch die Balltoilette so, die doch genug zeigt, und das Tanzen, das doch ganz gewiß eine Schaustellung des Beischlafs oder zum mindesten der Erotik ist? Freilich gibt es fanatische Keuschheitspharisäer, die behaupten, man tanze nur der Bewegung halber. Ich darf wohl auf diese einseitige, übertreibende Rettung der Moral mit einem ebenso einseitig übertreibenden Angriff auf die Moral antworten und sagen: Die Bewegung – mag es Tanzen, Gehen oder Fechten sein – sei der Erotik wegen da. Heutzutage trägt man leidlich weite Beinkleider, aber ein paar Jahrzehnte früher konnte man sie nicht eng genug tragen, so daß sich die Gestalt der männlichen Geschlechtsabzeichen schon von weitem abschätzen ließ, und die Landsknechte der Reformationszeit hatten den Hodensack in ziemlichen Dimensionen vorn an der Kleidung markiert und darüber nähten sie einen Holzstock und überzogen seine Spitze mit rotem Tuch. Und heutigentags? Der Spazierstock und die Zigarette sprechen deutlich. Sehen Sie sich an, wie der Anfänger im Rauchen verfährt, wie er das Zigarettchen rasch hintereinander in den Mund ein und aus führt. Beachten Sie, wie eine Frau in den Wagen steigt, und sprechen Sie dann noch vom

Krankhaften des Exhibitionismus. Frauen häkeln, es ist Exhibition, Männer reiten, es ist Exhibition; die Liebende steckt ihre Hand in die Armkrümmung des Geliebten, es ist Exhibition, die Braut trägt den Brautkranz und Schleier, es ist Exhibition der kommenden Hochzeitsnacht.

Sie haben wohl selbst bemerkt, wie nahe verwandt für mich Exhibitionstrieb und Symbolisierungszwang ist, denn das Häkeln, die Handarbeit eine Exhibition zu nennen, fühle ich mich berechtigt, weil die Nadel, das Glied, in die Masche, das Loch geführt wird, das Reiten ist eine, weil die Identifikation von Pferd und Weib tief im Unbewußten alles Denkens steckt; und daß der Brautkranz die Scheide, der Schleier das Jungfernhäutchen bedeutet, brauche ich nicht erst zu sagen.

Der Sinn dieses Zwischenschiebsels vom Exhibitionismus ist Ihnen wohl klar. Ich wollte damit sagen, daß kein prinzipieller Unterschied zwischen gesund und krank existiert, daß es in das Belieben jedes Arztes und jedes Kranken gestellt ist, was er krankhaft nennen will. Das ist für den Arzt eine notwendige Einsicht. Sonst verliert er sich auf den unwegsamen Pfaden des Heilenwollens, und das ist, da doch letzten Endes das Es heilt, der Arzt aber nur behandelt, ein verhängnisvoller Irrtum. Wir können uns ja darüber gelegentlich unterhalten. Heute liegt mir etwas anderes am Herzen.

Es gibt eine Art Gegenstück zum Exhibitionismus: das Voyeurtum. Man versteht darunter, wie es scheint, den Trieb, sich den Anblick von irgendwelchen sexuellen Dingen zu verschaffen. Und auch diesem Trieb hat man die Ehre angetan, ihn sich bei den sogenannten Voyeurs bis ins Krankhafte gesteigert zu denken. Das ist, wie gesagt, Geschmackssache. Ich habe nicht viel für Leute übrig, die an der Erotik vorübergehen, und glaube nicht an die Echtheit der Bewegung, mit der die Pensionatsvorsteherin den aufgespannten Sonnenschirm gegen das Flußbad des Gymnasiums dreht. Sicher ist, daß diese beiden Triebe: zu zeigen und zu sehen, eine große Breite im menschlichen Dasein haben und auf Menschliches und Allzumenschliches einwirken.

Denken Sie sich diese beiden Triebe, die so pervers sind, aus dem Leben der Menschheit weg, was würde dann wohl sein? Wo bliebe die Dichtung mit Theater und dem Hochziehen des Vorhangs, die Kirche mit ihren Hochzeiten, die Gärten mit ihren Blumen und das Haus mit dem Schmuck der Möbel und Bilder? Glauben Sie mir, manchmal weiß ich nicht, ob ich weinen oder lachen soll. Und wenn ich in dieser Verfassung bin, werden meine Augen schärfer, und ich gebe mich nach und nach mit der Einsicht zufrieden, daß diese Dinge für mich interessant sind und Stoff für Ihre Unterhaltung bieten.

Patrik Troll

Dank, liebe Freundin, diesmal haben Sie sich rasch in die Sache gefunden. Die Geschichte von Klein-Else, die im Hemdchen in Ihre Abendgesellschaft kommt, um gute Nacht zu sagen und auf die Worte der Mutter: »Schäm dich doch, Else, im Hemd kommt man nicht, wenn Besuch da ist«, prompt dieses letzte Kleidungsstück hochhebt, um sich zu schämen, paßt gut in unsere gemeinsame Sammlung, und Ernst, der in das Röckchen seiner Schwester ein Loch geschnitten hat, damit er immer sehen kann, wie »sie« da unten aussieht, illustriert trefflich die Gewohnheit der Bühnen, im Vorhang ein Guckloch anzubringen. Vielleicht führt Sie das darauf, warum ich das Theater mit Exhibition und Voyeurtum zusammenbrachte. Der Akt ist eben wirklich ein Akt, ein symbolischer Geschlechtsakt.

Da haben Sie auch gleichzeitig meine Antwort auf unseren Streitpunkt der multiplen Perversion des Kindes. Ich bleibe bei meiner Behauptung, daß diese multiple Perversion eine allgemeine Eigenschaft aller Menschen, aller Altersklassen ist und lasse mich darin nicht einmal durch Sie irremachen. Die beiden Perversionen Exhibitionismus und Voyeurtum sind gewiß bei jedem Kind zu finden, da ist kein Zweifel. Und ich verkenne durchaus nicht die Bedeutung der Tatsache, daß die Kinder bis zu drei Jahren solche Perversionen mit besonderer Vorliebe betreiben; ich werde darauf zurückkommen, wie ich Ihnen denn überhaupt ein eindringliches Wort darüber sagen muß, daß die Natur die unerinnerbaren drei ersten Jahre benutzt, um das Kind zum Liebessklaven und Liebeskünstler auszubilden. Aber was dem Kind recht ist, ist dem Erwachsenen billig. Es läßt sich doch nicht bestreiten, daß der Liebende die Geliebte gern nackt sieht und daß sie sich nicht ungern nackt zeigt, ja daß es ein nicht mißzuverstehendes Zeichen der Erkrankung ist, wenn sie das nicht gern tut. Und ich brauche Ihnen nicht erst zu sagen, daß das Töpfchen dabei keine geringe Rolle spielt. Aber ist es nicht spaßhaft, daß die Gelehrten, die Richter, die Damen, am Tag, im Ernst des Tages ganz vergessen, was sie des Nachts getan haben? Und selbst unsereinem, der sich einbildet, vorurteilslos zu sein, geht es so. Der Satz: »Worüber du schiltst, das tust du selbst« ist eben eine

Wahrheit, bis in die kleinsten Kleinigkeiten eine Wahrheit. Wir Menschen handeln alle nach dem Prinzip dessen, der gestohlen hat und nun zuerst und am lautesten schreit: »Haltet den Dieb!«

Übrigens beschränkt sich die Perversion nicht auf den Gesichtssinn. Es klingt verrückt, wenn ich von einer Gehörs- und Geruchsexhibition spreche, von einem Voyeurtum des Fühlens und Schmeckens, bezeichnet aber etwas Tatsächliches und Wesentliches. Nicht nur der Knabe pinkelt mit hörbarem Nachdruck, um seine Männlichkeit anzudeuten, der Erwachsene tut es im Liebesspiel auch. Die Neugier oder die bis zur Krankheit gehende Wut, mit der man das Liebesgeflüster und heiße Stöhnen des jungen Ehepaares im Nachbarzimmer des Hotels verfolgt, das Plätschern beim Waschen oder das eigentümliche Klappen der Nachttischtür und das Rauschen des Urinwasserfalles kennen Sie aus eigener Erfahrung. Die Mütter ahmen es nach mit ihren eigentümlichen Zischworten «wsch, wsch«, die das Kind zur Ejakulation des Harns veranlassen sollen, und wir Ärzte benutzen alle den Kunstgriff, den Wasserhahn aufzudrehen, wenn wir sehen, daß der Kranke sich schämt, in unserer Gegenwart den Topf zu benutzen. Und welch eine Rolle spielt nun gar erst das Pupen im menschlichen Leben! Sie sind nicht die einzige, liebe Freundin, die beim Lesen dieses Satzes in Erinnerung an irgendwelche ergötzliche Knallerei vergnügt lächelt. Freilich bin ich darauf gefaßt, daß Ihre Freundin Katinka, wenn Sie ihr diesen Brief geben, gesittet Pfui sagt und nicht mehr weiterlesen will, und daß der Geheimrat Schwerleber, da er längst seinen Humor in den schwerwaschbaren Falten seines Salbadermundes vergraben hat, tadelnd das Wort Schwein ausspricht. Aber der Zorn beweist ebenso wie das Lachen, daß der Affekt da ist, daß der Gehörsexhibitionist einem Gehörsvoyeur begegnete.

Vom Furz aus ist der Übergang zu den Vorgängen in der Zone des Geruchssinnes ohne weiteres gegeben. Ich überlasse es Ihnen, sich die anziehenden und abstoßenden Gerüche, die vom Menschen selbst ausgehen oder die er sich selbst anheftet, zu vergegenwärtigen, knüpfe nur einige Bemerkungen daran. Zunächst das eine, das sich schon aus der Bildung des vorhergehenden Satzes ergibt, daß Hervorbringen oder Wahrnehmen von Gerüchen durchaus nicht immer den Charakter der sexuellen Aufforderung tragen. Es gilt eben auch hier das Gesetz vom Gegensatz. Man gibt unter Umständen im Geruch Haß, Verachtung und Abscheu zu erkennen. Sie werden mir zugeben, daß der Gestank, den das Es an Mund, Händen, Füßen, Geschlechtsteilen verwendet, gewaltsamere Affekte, wenigstens für unser Bewußtsein, hervorruft als der Wohlgeruch. Ich darf wohl, um Ihnen die seltsamen Mätzchen des Es klarzumachen, an unsere gemeinsame Freundin Wehler erinnern. Sie wissen, daß sie wunderschönes Haar hat, vielleicht das schönste, das ich kenne. Aber ich sehe förmlich, wie Sie das Gesicht verziehen. Dieses schöne Haar stinkt wie die Pest. Oder vielmehr es stank, denn jetzt würde die feinste Nase nicht das geringste mehr an dem Duft dieses Haares auszusetzen brauchen. Anni ist diese verhängnisvolle Verquickung von schön und häßlich einfach und rasch losgeworden, seitdem sie sich bewußt geworden ist, daß ihr Es besonders sinnlich ist und deshalb dies schöne Haar geschaffen hat, ähnlich wie es die Sinnlichsten der Sinnlichen, die Schwindsüchtigen, mit Haar, Augen, Zähnen tun. Auf dieses Es hat das Leben ein zweites moralisches, ängstliches Es daraufgesetzt, das den Gestank schuf, um die lockende Anziehung durch ein Abstoßen zu lähmen.

Noch etwas bei dieser Gelegenheit: Sie behaupten immer, Leute, die sich nicht waschen, stänken. Ich habe selbst mitangehört, wie Sie Ihrem Knaben, der seinen zehn Jahren gemäß wasserscheu war, diesen Satz mit nachdrücklicher und handgreiflicher Untersuchung von Ohren, Hals und Händen einzuprägen suchten. Darf ich mir die Frage gestatten, wie oft Sie sich die Haare waschen? Und ich kann Sie versichern, daß Ihre Haare wie frisches Heu duften. Das Es kümmert sich gar nicht um die albernen Ansichten der Menschen. Es stinkt, wenn es stinken will, und es verwandelt den Dreck in Wohlgeruch, wenn es ihm beliebt. Ab und zu will es mich bedünken, als ob die Menschen sich nicht etwa waschen, weil sie den Dreck verabscheuen, sondern weil sie wie Pilatus bei der Verurteilung Christi den Leuten eine Reinlichkeit vortäuschen wollen, die sie gar nicht besitzen. Der Satz jenes Jungen: »Ich bin kein solches Schwein, daß ich mich alle Tage zu waschen brauche«, ist gar nicht so dumm. Es ist mit dem Abscheu vor dem Schmutz ähnlich wie mit dem vor dem Aa und Pipi. Man wischt sich sehr sorgfältig ab, wäscht sich womöglich nach jeder Entleerung fester oder flüssiger Art und bedenkt nicht, daß man in seinem Bauch diese angeblich schmutzigen Dinge dauernd mit sich herumträgt. O du wandelndes Klosett, das du dich Mensch nennst, je mehr du Ekel und Abscheu vor dem Kot und Urin äußerst, um so deutlicher zeigst du deine Lüsternheit in diesen Dingen, und je mehr du dich wäschst, um so besser weiß ich, daß du deine Seele für schmutzig hältst. Aber warum verschluckst du deine Spucke, wenn Spucke ekelhaft ist?

Ich will Sie nicht weiter mit Paradoxen quälen, sondern Sie lieber auf eine seltsame Form der Exhibition aufmerksam machen, auf die vor sich selbst. Der Spiegel fällt Ihnen ein, und damit der Narzißmus – denn Narziß erfand den Spiegel – und die Onanie – und der Spiegel ist ein Onaniesymbol –, und wenn Sie ein Taschenspielergehirn haben wie ich, denken Sie daran, daß man vor dem Spiegel auch Fratzen schneidet, sich zum Wohlgefallen, daß also wirklich die Exhibition doppelwertig, anziehend und häßlich sein kann.

Aber ich war beim Geruch und beim Klosett, und wenn es Ihnen beliebt, nennen Sie mir bitte irgendeine von Ihren Freundinnen, die auf dem Klosett nicht ihre Entleerungen ansieht – der Gesundheit wegen, versteht sich. Ich glaube, keine hält sich dabei die Nase zu, und möglicherweise gibt es welche darunter, die abends im Bett, wenn erst die Luftheizung gewirkt hat, unter die Decke kriechen, um zu konstatieren, was für Brennmaterial verwendet worden ist; vielleicht riecht sogar eine oder die andere am Finger, wenn das Papier am Ort der hohen Gefühle nicht dicht war. Und sicher – glauben Sie mir – es gibt gebildete Leute, die popeln, wenn sie allein sind; denn ein Loch ruht nicht eher, als bis etwas hineingesteckt ist, und die Nasenlöcher machen davon keine Ausnahme.

Was könnte ich Ihnen alles von diesen unbewußten Exhibitionen der Gebärden, der Stimme, der Gewohnheiten erzählen. Suchet, so werdet Ihr finden, heißt es in der Bibel. Aber es heißt auch: Sie haben Augen und sehen nicht, und sie haben Ohren und hören nicht.

Die Zusammenhänge des Geschmackssinns mit dem unbewußten Eros sind schwer zum Bewußtsein zu bringen. Am leichtesten sind die Verhältnisse noch bei dem Schnullen der Kinder zu verfolgen, das ja in innigem Zusammenhang mit dem Saugakt steht. Wenn man sich dann, von dieser Erfahrung ausgehend, ein wenig Mühe gibt, findet man nicht allzu selten im Verkehr Liebender Gewohnheiten, die im Sinn des Schmeckens gedeutet werden können. So ist das Saugen am Finger des anderen etwas, was man häufig beobachten kann. Aber die Heimlichkeit solcher Liebkosungen erzählt deutlich, wie groß die Wertschätzung des Schmeckens ist. Man mag noch so sittsam sein, das Saugen an der Haut, an Brust, Lippen, Hals begleitet den Liebesakt, und die Zunge ist für einen jeden, nicht nur im wunderbar wechselnden Ausdruck des Wortes »Liebe«, Organ der Wollust. Vor allem aber scheint mir, daß das Zurschautragen der Brüste eine Aufforderung zum Schmecken ist, freilich gepaart mit der zum Fühlen und Sehen, wie denn immer die Sinnesfunktionen sich paaren. Und das führt dann dazu, eine echte Exhibition des Es festzustellen, die Erektion der Brustwarze, die ganz unabhängig von dem Willen des Menschen das keuscheste Mädchen befällt und in angenehm leisem Kitzel über die Gelehrten und über Sie, liebe Freundin, lächelt, das Sie Perversion nennen, unnatürliche Neigung, was Natur selbst tut. Ich überlasse es vorläufig Ihnen, von der Erektion der Brustwarze auf die des Mannes zu schließen, muß aber später, so heikel das Thema auch ist, darauf zurückkommen.

Eins aber muß ich noch erwähnen, was in das Gebiet der Geschmackserotik gehört, das sind die Lieblingsspeisen. Die Vorliebe für süß, sauer, bitter, fett, salzig, für diese Speise und jenes Getränk, das Anbieten, Nötigen, die Art des Essens und die Zusammenstellung eines Menus verraten Neigungen seltsamer Art. Behalten Sie es im Gedächtnis, und – vergessen Sie das nicht – es ist dasselbe, ob jemand Schweinebraten gern ißt oder ob ihm davon übel wird.

Soll ich Ihnen auch noch etwas vom Fühlen erzählen? Sie können es sich selbst zusammenreimen, können bedenken und probieren: das Entgegenstrecken der Hand und die Lippen, die sich darbieten, das Knie, das sich anschmiegt, und das Treten unter dem Tisch. Aber es gibt Vorgänge, die nicht ohne weiteres zu verstehen sind. Gewiß, der erotische Zweck einer streichelnden Hand ist rasch empfunden und rasch gedeutet.

Wie steht es jedoch mit den kalten Händen? Kalte Hände, warmes Herz, sagt der Volksmund, und der Volksmund irrt selten. »Sieh, ich bin kalt«, sagt solche Hand, »wärme mich, ich brauche Liebe.« Dahinter lauert versteckt das Es, verschmitzt wie immer. »Der Mann gefällt mir«, denkt es, »vielleicht aber gefalle ich ihm nicht. Sehen wir zu. Schreckt ihn die Kälte meiner Hand nicht ab, faßt seine Hand liebevoll das armselige Ding, das ich ihm biete, so wird alles gut gehen. Und bleibt er unnahbar, kalt wie meine Hand, so kann er mich doch lieb haben und nur von der Kälte erschreckt sein.« Und – ja das Es ist raffinierter als Sie denken – es läßt die Hand auch feucht werden, sie wird dann ein echter Probierstein der Liebe; denn um eine feuchtkalte Hand gern zu fassen, muß man ihren Eigentümer wohl gern haben. Diese exhibitionistische Hand berichtet frank und offen: »Sieh, selbst in der Kälte strömen die Lebenssäfte aus mir heraus, so glühend ist meine Leidenschaft. Mit welchen Fluten der Liebe werde ich dich überströmen, wenn du mich erwärmst.«

Sie sehen, Liebste, ich bin schon in den tiefen Schichten unbewußter Erotik, in der Deutung physiologischer Prozesse, und dabei möchte ich einen Augenblick verweilen. Denn mir als Arzt bietet die unbewußte Zurschaustellung der Sexualität mehr Interesse als der einfach im psychisch Bewußten wirkende Trieb.

Als gelegenes Beispiel finde ich Vorgänge in der Haut, die mir viel Mühe gemacht haben. Sie wissen, als Schüler Schweningers werde ich auch jetzt noch hier und da von Hautkranken aufgesucht, und unter ihnen sind immer einige, die an chronischen, juckenden Ausschlägen leiden. Früher habe ich achtlos die Worte überhört, mit denen sie an irgendeiner Stelle ihre Krankheitserscheinungen erläutern, daß sie nämlich eine empfindliche Haut haben. Jetzt weiß ich, daß ihr Ekzem dieselbe Versicherung unablässig wiederholt, nur daß es deutlicher spricht und die Art der Empfindlichkeit beschreibt. Es erzählt – ich glaube es wenigstens herauszuhören, und der Erfolg scheint mir recht zu geben –: »Sieh doch, wie meine Haut danach verlangt, leise gekitzelt zu werden. Es ist solch wunderbarer Reiz im sanften Streicheln, und niemand streichelt mich. Versteht mich doch, helft mir doch! Wie soll ich mein Verlangen besser ausdrücken als durch die Kratzspuren, die ich mir erzwinge.« Das ist eine echte Exhibition auf dem Gebiet des Fühlens.

So, nun haben wir lange genug uns unterhalten, und unser Kindchen, das wir auf seinem Thrönchen ernsthaft, nachdenklich sitzen ließen, hat sein Geschäft inzwischen beendet. Von seinen Ideen während dieser Zeit wollte ich Ihnen berichten, habe es aber nicht getan, weil es ja nicht sicher ist, daß es gerade in dieser Stellung sich mit dem Gedanken der Empfängnis beschäftigt. Ich werde es später nachholen. Eins aber muß ich noch sagen, ehe ich Abschied von Ihnen nehme: Der Topf – oder das Klosett, das ist dasselbe – ist ein wichtiges Möbel, und es gibt viele, viele Menschen, die drei Viertel ihres Lebens darauf zubringen; nicht gerade so, daß sie im wörtlichen Sinn darauf sitzen, aber des Morgens wachen sie auf mit dem Gedanken: werde ich heute Stuhlgang haben, und wenige Stunden, nachdem das schwere Werk gelungen, beginnen sie wieder zu denken – und auch davon zu sprechen, gewöhnlich bei der Mittagsmahlzeit –: werde ich morgen Stuhlgang haben? – Es ist eben eine komische Welt.

Bedenken Sie nur: Das kleine Kind liebt es, mit Vater und Mutter mitzugehen und ihre Tätigkeit am stillen Ort zu beobachten; wird es größer, so sucht es sich Kameraden, um weiterzustudieren und mehr zu enträtseln; dann kommt die Zeit der Pubertät, und wieder spielt sich auf dem Klosett das am tiefsten greifende Erlebnis dieser Jahre, ja vielleicht des ganzen Lebens ab, die Onanie. Nach der Entwicklung beginnt nun die Verdummung des Menschen, und er begnügt sich, statt den Wundern des Lebens nachzugehen, damit, Zeitung zu lesen, sich zu bilden, bis schließlich das Greisenalter kommt und nicht selten der Schlaganfall auf dem Klosett allem ein Ende macht. Von der Wiege bis zum Grab.

Ich grüße Sie herzlichst.

Immer Ihr

Troll

23

Ich gebe zu, beste Freundin, daß es unrecht ist, so lange von der Exhibition zu sprechen, und auch das räume ich ein, daß ich die Bedeutung des Worts ungebührlich gedehnt habe. Die Erklärung dafür ist, daß ich zur Zeit gerade mit ein paar Kranken zu tun habe, die diesem Trieb mit Virtuosität frönen. Ich hatte gehofft, Sie würden des Inhalts halber über die Form hinwegsehen.

So will ich denn heute, statt in ein System zu pressen, was systemlos ist, nur ein paar Beobachtungen aneinanderreihen. Sie mögen selbst die Schlüsse ziehen.

Achten Sie bitte ein paar Tage auf den Mund von Helene Karsten. Sie können viel dabei kennenlernen.

Sie wissen, dieser Mund gilt als besonders klein, er sieht aus, als ob mit Mühe ein Markstück hineingesteckt werden könnte. Aber sprechen Sie vor ihr das Wort Pferd aus, und der Mund wird breit wie ein Pferdemaul, und das Gebiß wird gefletscht, wie das Pferd es tut. Warum? Hinter Helenens Elternhaus lag ein Exerzierplatz eines Dragonerregiments. An den Pferden dort hat sie ihr Studium über Mann und Weib gemacht, und auf ein solches Pferd ist sie von einem Unteroffizier als kleines Mädchen gehoben worden und hat dabei angeblich ihre ersten Wollustempfindungen gehabt. Stellen Sie sich vor, daß ein fünfjähriges Mädchen neben einem Wallach steht, dann sieht es vor sich den Bauch mit einem daranhängenden Ding, das sich plötzlich um das Doppelte verlängert und einen mächtigen Harnstrahl aus dem Bauch herabsendet. In der Tat ein überwältigender Anblick für ein Kind.

Das Volk erzählt sich, daß man bei Frauen nach der Größe des Mundes die Größe des Scheideneingangs beurteilen könne. Vielleicht hat das Volk recht, denn der Parallelismus zwischen Mund und Geschlechtsöffnung besteht. Die Gestalt des Mundes folgt den Geschlechtserregungen, und wenn er es nicht tut, verraten sich in seinem Muskelspiel die Verdrängungen. Und das Gähnen erzählt nicht nur von dem Müdesein, sondern auch davon, daß der Gähnende im gegebenen Augenblick ein begehrendes Weib ist, ähnlich wie der, der mit offenem Mund schläft.

Schauen Sie sich doch die Menschen an, Sie lesen in ihrem Gesicht, ihrer Kopfform, der Handgestaltung, dem Gang tausend Geschichten. Dort ist einer mit hervorquellenden Augen; seien Sie sicher, er will Ihnen schon von fern seine Neugier und den Schreck über wunderbare Entdeckungen zeigen; diese tiefliegenden Augen zogen sich zurück, als der Menschenhaß groß ward; sie wollen nicht sehen und noch weniger gesehen werden. Die Tränen, die geweint werden, sind nicht nur Trauer und Schmerz geweiht, sie ahmen die Perle nach, die tief in der Muschel ruht, in der Perlmuttermuschel des Weibes, und jedes Weinen ist voll symbolischer Wollust. Immer, ohne Ausnahme. Das weiß auch jeder Dichter, seit Jahrtausenden wissen sie es und erzählen davon, ohne es bewußt auszusprechen. Nur die, die es wissen müßten, die wissen es nicht. Eros benutzt das Auge zu seinen Diensten, es muß ihm Bilder geben, die ihm gefallen. Und wenn ihrer zu viele wurden, wäscht er sie ab; er läßt das Auge überquellen, weil die innere Spannung zu groß wurde, um auf dem Weg der genitalen Absonderung gelöst zu werden, weil ihm das Verfahren der Kindheit, die Erregung im Harn auszuströmen, gesperrt ist, oder weil er, verstimmt von der Moralität, den Menschen im Gleichnis dafür büßen lassen will, daß er sich schämt, erotisch zu sein. Eros ist ein starker, eifriger Gott, der grausam und höhnisch zu strafen weiß. »Du nennst schmutzig«, zürnt er, »daß ich die höchste Leistung des Menschen, die Vereinigung von Mann und Weib und die Schöpfung des neuen, an das Naßwerden zwischen den Schenkeln band. So sollst du deinen Willen haben. Du hast Schleimhäute im Darm und anderswo, deine Ejakulation sei fortan Diarrhoe, Auswurf, Schnupfen, Fußschweiß oder Achselschweiß und vor allem Harnen.«

Ich verstehe, daß Sie das alles sonderbar finden. Aber wer hindert mich zu phantasieren, wie ich will; heute Eros zu nennen, was ich gestern Es nannte; dies Es als strafenden Gott aufzufassen, obwohl ich es eben als mitleidig, zart und sanft schilderte, ihm eine Macht zu geben, die hierhin drängt und dort verbietet und immer wieder mit sich selbst in Widerspruch zu geraten scheint. Damit tue ich nichts anderes, als was die Menschen von jeher getan haben. Und es scheint mir für unser wohlgeordnetes Oberflächendenken nützlich zu sein, ab und zu die Dinge durcheinanderzuwerfen. Alles muß revolutioniert werden, das ist ein dummes Ziel, aber eine richtige Beobachtung.

Darf ich weiterphantastereien? Ich sprach vorhin von der Gleichsetzung von Mund und Geschlechtsöffnung. So ist die Nase für ein launisch gewordenes Es, dessen Machtvollkommenheit unbegrenzt ist, ein Mannesglied, und demzufolge läßt es die Nase groß wachsen oder klein, stumpf oder spitz, setzt sie wohl auch schief in das Gesicht, je nachdem es diese oder jene Neigung damit kundtun will. Und nun ziehen Sie bitte Ihre Schlußfolgerungen für die Entstehung des Nasenblutens, das ja in bestimmten Altersperioden häufig ist, für Haare, die aus den Nasenlöchern wachsen, für Polypen und skrofulösen Gestank. Die Ohren wiederum haben Muscheln, und Muschel, das erzählte ich schon, ist Symbol des Weibseins. Das Ohr ist empfangendes Organ, und seine Gestalt ist für träumerische Beobachter nicht uninteressant.

Aber Sie müssen nicht etwa glauben, daß ich Erklärungen geben will. Das Leben ist viel zu bunt, um es zu kennen, viel zu glatt, um es zu packen. Vielleicht will ich nur ein wenig über die Logik spotten. Vielleicht steckt auch mehr dahinter.

Haben Sie schon bemerkt, wie schwierig es oft ist, Kinder dazu zu bringen, daß sie sich in den Mund schauen lassen? Das Kind denkt noch naiv; es hält den Mund für den Eingang der Seele und glaubt, der Arzt, den kleine und große Narren für einen Zauberer halten, könne dort alle Geheimnisse sehen. Und tatsächlich steckt im Schlund etwas, was kein Kind gern verrät, das Wissen um Mann und Weib. Dort hinten sind zwei Bogen – oder sind es die beiden Mandeln –, die begrenzen eine Öffnung, die in die Tiefe führt, dazwischen zuckt, verkürzt und verlängert, bewegt sich ein Gebilde, das rot ist, dort hängt ein Schwänzchen. »Der Brillenmann, der Onkel Doktor weiß, wenn er das sieht, daß ich lauschend im Bett lag, während die Eltern mich schlafend glaubten und mit Öffnung und Stempel Spiele spielten, die ich nicht wissen darf. Und wer weiß, vielleicht steht dort geschrieben, was ich selbst trieb, ohne daß es jemand erfuhr.« Halsentzündungen bei Kindern sind lehrreich, Sie glauben nicht, was man alles aus ihnen herauslesen kann.

Und nun gar erst die Masern und Scharlach! »Ich brenne,

ich brenne«, erzählt das Fieber, »und ich schäme mich so, sieh nur, ich bin rot geworden über den ganzen Körper.« Sie brauchen das natürlich nicht zu glauben, aber woher kommt es wohl, daß unter drei Kindern zwei an Scharlach erkranken, und eins bleibt gesund? Manchmal ist eine phantastische Erklärung besser als gar keine. Und so ganz dumm ist es wirklich nicht. Sie müssen nur bedenken, daß das Alter der Leidenschaft nicht die Zeit der Jugend ist, sondern die Kindheit. Die Schamröte aber in ihrem vom Es gewollten Doppelsinn zieht einen Schleier über das Gesicht, damit man nicht sieht, was dahinter vorgeht, damit man sieht, wie das Feuer der Sinnlichkeit auflodert, damit man weiß, daß das moralisch erzogene Es das heiße Blut vom Bauch, von den Geschlechtsteilen, von Hölle und Teufel weg in den Kopf treibt, um um so dichter das Gehirn zu umnebeln.

Ich könnte nun noch lange so weitererzählen, von Lungenentzündungen und Krebs, von Gallensteinen und Nierenblutungen, aber wir können davon auch später sprechen. Heute nur noch ein einziges Wort über den Exhibitionstrieb und seine Kraft. Vor einem Jahrhundert gab es noch keine Frauenärzte, und heute ist in jedem Städtchen und an jeder Großstadtstraßenecke ein Spezialist. Das ist, weil die Frau nie Gelegenheit hat, sich außerhalb der Ehe zu zeigen, weil das Kranksein alles entschuldigt und weil das Kranksein die unbewußten, halbbewußten und bewußten strafbaren Wünsche rächt und so vor der ewigen Strafe schützt.

Es gibt eine Form der Exhibition, die für das Zustandekommen unserer Korrespondenz historisch wichtig ist, das ist die Hysterie, im besonderen der hysterische Krampfanfall. Ich habe schon einmal den Namen Freud erwähnt, und ich möchte wiederholen, was ich anfangs sagte: Alles, was in diesen gemischten Briefen richtig ist, geht auf ihn zurück. Nun, Freud hat vor einigen Jahrzehnten die ersten grundlegenden Beobachtungen über das Es bei einer Hysterischen gemacht. Ich weiß nicht, wie er jetzt über diese Erscheinungen denkt, ich darf mich also nicht auf ihn berufen, wenn ich behaupte, daß das Es des Hysterischen listiger ist als das aller anderen Menschen. Mitunter bekommt dieses Es Lust, die Geheimnisse des Eros vor aller Welt und in voller Öffentlichkeit zu produzieren. Und um diese Aufführungen, gegen die alle Nackt-

und Bauchtänze nichts sind, ungestört von Selbstvorwürfen und moralischer Entrüstung der Umwelt geben zu können, erfindet das Es die Bewußtlosigkeit und kostümiert die erotischen Vorgänge symbolisch als krampfhafte, schreckenerregende Bewegungen und Verrenkungen von Rumpf, Kopf und Gliedmaßen. Es geht dabei ähnlich zu wie im Traum, nur daß das Es für einen Krampf ein verehrliches Publikum einladet, über das es sich weidlich lustig macht.

Ich nähere mich jetzt wieder den Mitteilungen über die Begattungs- und Empfängnistheorie, wie sie das Kind hat, wie Sie sie gehabt haben und wie ich sie gehabt habe. Vorher muß ich noch eine Frage stellen. Wann, glauben Sie wohl, haben Sie zuerst den Unterschied der Geschlechter kennengelernt? Aber bitte, antworten Sie nicht: »Mit acht Jahren; da wurde mein Bruder geboren.« Denn ich bin überzeugt, daß Sie auch schon mit fünf Jahren imstande waren, ein nacktes Mädchen von einem nackten Jungen zu unterscheiden, und mit drei Jahren auch und vielleicht noch früher. Schließlich wird sich herausstellen, daß Sie ebensowenig davon wissen wie ich, ja daß überhaupt niemand etwas davon weiß. Ich kenne einen kleinen Jungen von zweieinhalb Jahren, Stacho genannt. Der sah zu, wie sein neugeborenes Schwesterchen gewaschen wurde, sprach dann – und wies zwischen seine Beine – die Worte: »Stacho hat« und drehte dem Mädchen den Rücken.

Nun also, über den Zeitpunkt, wann das Kind Kenntnis vom Unterschied der Geschlechter bekommt, wissen wir nichts, aber daß es schon vor dem vierten Lebensjahr ein lebhaftes Interesse dafür hat, diese Unterschiede festzustellen, über ihre Gründe nachzudenken und danach zu fragen, das wissen sogar die Mütter; für mich ein unwiderleglicher Beweis dafür, daß dieses Interesse überaus lebhaft ist. Ich erzählte Ihnen schon früher einmal, daß das Kind unter dem Assoziationszwang des Kastrationskomplexes annimmt, alle Menschen seien mit einem Schwänzchen ausgestattet, seien männlichen Geschlechts, und was Frau und Mädchen genannt werde, seien kastrierte, verschnittene Männer, verschnitten zum Zweck des Kinderkriegens und zur Strafe für die Onanie. Diese Idee, die gar nicht so dumm, in ihren Wirkungen aber von unberechenbarer Bedeutung ist, weil darauf das Überlegenheitsgefühl des Mannes und das Minderwertigkeitsgefühl des Weibes beruht, weil deswegen das Weib unten, der Mann oben liegt, weil deswegen die Frau nach oben, gen Himmel, zur Religion strebt, der Mann aber nach vorn, in die Tiefe, zur Philosophie hin, diese Idee verbindet sich in der verworrenen und doch so logischen Denkweise des Kindes mit den Resultaten sorgfältiger Prüfung der männlichen Geschlechtsteile. Man erwägt in angeborenem hausväterischem Sinn – Sie und ich haben es getan und jeder tut es –, wie wohl diese abgeschnittenen Geschlechtsteile verwertet werden mögen. Die Verwendung des Anhängsels selbst bleibt zunächst rätselhaft; unter Umständen scheint es als Blinddarm sein Dasein zu fristen. Dagegen sind in dem Säckchen zwei kleine Gebilde, die entschieden Ähnlichkeit mit Eiern haben. Eier aber werden gegessen. Also werden die Eier, die den zum Frausein verurteilten Männern abgeschnitten werden, gegessen. Vor solchem Schluß scheut sich sogar das Kind, das im allgemeinen wenig Gefühl für fremdes Leid aufbringt. Es findet es sinnlos, nur des Essens wegen Menschen anzuschneiden, da ja von den Hühnern genug Eier gelegt werden. Darum wird ein weiterer Grund gesucht, um das Abschneiden und Aufessen verständlich zu machen. Da kommt dem nachdenklichen Kind eine Erfahrung zu Hilfe, die es frühzeitig macht; aus Eiern entstehen Küchlein, Hühnerkinder; und diese Eier kommen hinten aus der Henne heraus, aus dem Loch im Hennenpopo; und aus dem Frauenpopo kommen, das ist schon ausgemacht, die Kinder. Jetzt wird die Sache klar. Die abgeschnittenen Eier werden gegessen, nicht weil sie gut schmekken, sondern weil daraus die kleinen Menschenkinder werden. Und langsam schließt sich der Kreis der Gedanken, und aus dem nebelhaften Dunkel des Denkens tritt schreckenerregend ein Mensch hervor: der Vater. Der Vater schneidet der Mutter die Geschlechtsteile ab und gibt sie ihr zu essen. Und daraus werden die Kinder. Das ist es, weshalb die atemraubenden, betterschütternden Kämpfe zwischen den Eltern des Nachts sich abspielen, deswegen das Stöhnen und Ächzen, deswegen das Blut im Nachttopf. Der Vater ist furchtbar, ein Grausamer, Strafender. Was aber straft er? Das Reiben und Spielen. Sollte die Mutter auch spielen? Der Gedanke ist unausdenkbar. Aber er braucht nicht gedacht zu werden. Denn an seine Stelle tritt die Erfahrung. Die mütterliche Hand reibt täglich die kindlichen Eierchen des Sohnes, spielt mit seinem Schwänzchen. »Die Mutter kennt das Reiben. Der Vater weiß davon und straft. So wird er auch mich strafen, denn ich spiele auch. Möchte er doch strafen, denn ich will Kinder haben! Ich will spielen, dann wird er mich strafen, und ich bekomme Kinder. Gott sei Dank, ich habe einen Vorwand zum Spielen. Aber womit soll ich spielen, wenn der Vater mir das Schwänzchen abschneidet? Es ist besser, ich verstecke mein Vergnügen. Es ist sicher besser.«

So wechseln Sehnsucht und Angst, und das Kind wird langsam ein Mensch, schwankend zwischen Trieb und Moral, Begierde und Furcht.

Adjö, Liebe, Ihr

Patrik Troll

24

Wie nett von Ihnen, meine Freundin, daß Sie meine Schreiberei nicht tragisch nehmen, sondern darüber lachen. Ich bin so oft ausgelacht worden und habe dann mit so viel Vergnügen mitgelacht, daß ich oft selbst nicht weiß, meine ich, was ich sage, oder mache ich mich lustig.

Aber sitze nicht auf der Bank, da die Spötter sitzen, heißt es. Ich bilde mir nicht ein, daß das Gemisch von Phantasien, das ich Ihnen neulich als eine »kindliche Sexualtheorie« vorsetzte, wirklich jemals so im Gehirn eines Kindes oder überhaupt in einem anderen als dem meinen gewesen sei. Bruchstücke davon werden Sie aber überall finden, oft verwittert, kaum kenntlich, oft eingemauert in andere Phantasiereihen. Worauf es mir ankam, war, Ihnen recht deutlich zu machen, es Ihnen in die innerste Seele zu prägen, daß das Kind sich unausgesetzt mit den Rätseln der Sexualität, des Eros, des Es beschäftigt, viel intensiver als irgendein Psychologe oder Psychoanalytiker, daß es sich wesentlich durch den Versuch, diese Rätsel zu lösen, entwickelt; mit anderen Worten, daß unsere Kindheit sich sehr wohl als die Schule betrachten läßt, in der Eros uns unterrichtet. Und nun denken Sie sich die abenteuerlichsten Phantasien aus, wie sich das Kind Empfängnis, Geburt, Geschlechtsunterschied vorstellt, Sie werden nie auch nur den millionsten Teil dessen ausdenken können, was sich das Kind, jedes Kind in Wahrheit darüber zusammenträumt; ja Sie werden im Grund genommen nur ausdenken können, was Sie selbst wirklich einmal als Kind gedacht haben. Denn das ist das Merkwürdige am Es – und ich bitte Sie, es wohl im Gedächtnis zu behalten –, daß es nicht wie wir hochbegabten Verstandesichs zwischen Wirklichkeit und Phantasie unterscheidet, sondern daß ihm alles wirklich ist. Und wenn Sie nicht schon ganz verdummt sind, werden Sie einsehen, daß das Es recht hat.

Ja, ich kann Ihnen über das Schicksal des Schwänzchens, das Sie sich von der Mutter verzehrt vorstellen sollen, auch etwas erzählen, nicht viel, aber etwas. Aus diesem Schwänzchen, vermutet das Kind, wird die Wurst. Nicht aus all den Eiern, die verzehrt werden, entstehen Schwangerschaften, die meisten werden im Bauch, wie jede andere Speise, in braune kakaoähnliche Masse verwandelt, und diese Masse nimmt, weil in ihr auch das aufgegessene, wurstförmige Schwänzchen ist, die längliche Wurstform an. Ist es nicht seltsam, daß im dreijährigen Kindergehirn schon die Philosophie der Form drin ist und auch die Theorie von den Fermenten? Sie können sich das nicht wichtig genug vorstellen; denn die Gleichsetzung Stuhlgang – Geburt – Kastration – Empfängnis und Wurst – Penis – Vermögen – Geld wiederholt sich täglich und stündlich in der Ideenwelt unseres Unbewußten, macht uns reich oder arm, verliebt oder schläfrig, schaffend oder faul, potent oder impotent, glücklich oder unglücklich, gibt uns eine Haut, in der wir schwitzen, stiftet Ehen und reißt sie auseinander, baut Fabriken und erfindet, was geschieht, ist überall beteiligt, auch bei den Krankheiten. Oder vielmehr bei den Krankheiten läßt diese Gleichsetzung sich am leichtesten entdecken; man muß sich nur nicht vor dem Hohn der Verständigen fürchten.

Spaßeshalber teile ich Ihnen noch eine andere Idee mit, die das Hirn des Kindes ausgebrütet hat und die sich, wie es scheint, gar nicht selten bei dem Erwachsenen lebend erhält; das ist der Gedanke, daß sich das verzehrte Schwänzchen ein- oder zweimal in einen Stock verwandelt, entsprechend der Erektion, daß sich die Eierchen daran festsetzen und daß daraus ein Eierstock wird. Ich kenne jemanden, der war impotent, das heißt, er versagte im Moment, wo er sein Glied in die Scheide einführen sollte. Er hatte die Idee, daß sich im Leib der Frau Stöcke befänden, an denen Eier aufgereiht wären. »Und da ich einen besonders großen Schwanz habe«, dachte seine Eitelkeit, »so werde ich beim Zustoßen all diese Eier zerbrechen.« Er ist jetzt gesund. Das Merkwürdige dabei ist, daß er als Junge eine große Eiersammlung hatte. Und beim Ausblasen der Eier, die er den Vogelmüttern aus dem Nest nahm, fand sich ab und zu eins, in dem schon ein Junges war. Und darauf ging seine Theorie vom Eierstock zurück. Den großen Logikern ist das eine Torheit, aber achten Sie es nicht für zu gering, darüber nachzudenken.

Ich kehre zu meinen Einfällen über die Situation zurück, in der ich mich neulich beim Briefschreiben befand – Sie wissen wohl, als ich von der Uhrkette sprach. Ich bin Ihnen noch das Jucken am rechten Schienbein und das Bläschen an der Oberlippe schuldig. Seltsamerweise kehrte sich das Wort Schienbein sofort in Beinschiene um, und dabei stieg vor mir das Bild des Achill auf, wie ich es aus meiner Kindheit – etwa aus meinem achten oder neunten Lebensjahr – in der Erinnerung habe. Es ist eine Illustration zu Schwabs griechischen Heldensagen. Und das Wort »unnahbar« fällt mir ein. Wo soll ich anfangen? Wo soll ich aufhören? Meine Kindheit wacht auf, und etwas weint in mir.

Kennen Sie Schillers Gedicht von Hektors Abschied von Andromache? Mein zweiter Bruder Hans – ich erzählte neulich von ihm bei Gelegenheit des Namens Hans am Ende – ja richtig, er hatte eine Wunde am rechten Schienbein. Er war beim Rodeln gegen einen Baum gefahren; ich muß fünf oder sechs Jahre alt gewesen sein. Am Abend – die Lampe brannte schon – trug man den halbwüchsigen Jungen herein, und dann sehe ich die Wunde vor mir, eine vier Zentimeter lange tiefe Wunde, blutend. Sie hat einen entsetzlichen Eindruck auf mich gemacht; ich weiß jetzt warum. Das Bild dieser Wunde vermischt sich unlösbar mit einem anderen, wo schwarze Blutegel am Rand dieser Wunde hängen, und ein oder zwei sind abgefallen; die Erschaffung Evas, die Kastration, Blutegel, abgeschnittenes Schwänzchen, Wunde und Weibsein. Und der Vater hat die Blutegel angesetzt.

Rodeln. – Warum rodeln doch die Menschen? Wußten Sie schon, daß die schnelle Bewegung genitale Lust erregt? Seitdem der Gleitflug erfunden ist, weiß es jeder Flieger. Es treten dabei – mitunter – Erektionen und Ejakulationen auf; das Leben selbst gibt Antwort darauf, warum der Mensch seit Jahrtausenden und Jahrmillionen träumte, er wolle und könne fliegen, warum die Sage vom Ikarus entstand, warum Engel und Amoretten Flügel haben, warum jeder Vater sein Kind hochhebt und durch die Luft fliegen läßt und warum das Kind jauchzt. Das Schlittenfahren, das Rodeln, war für den Knaben Patrik Onaniesymbol und die Wunde mit den Blutegeln die Strafe.

Aber zurück zu Hektors Abschied und den »unnahbaren Händen«. Mein zweiter Bruder Hans und der dritte Wolf – ein verhängnisvoller Name, wie Sie gleich sehen werden – pflegten das Gedicht dramatisch vorzuführen, wobei die Familie und etwa vorhandene Gäste das Publikum bildeten.

Und dabei wurde ein Radmantel meiner Mutter mit rotem Futter und weißem Pelzbesatz als Schmuck für Andromache verwendet; der Purpur mit dem Hermelin, das ist die große Wunde des Weibes und die Haut, das Blut und die Binde. Welch einen Eindruck hat das alles auf mich gemacht! Gleich im Anfang die Worte: »Dem Patroklus schrecklich Opfer bringt.« »Patroklus–Patrik« und das Opfer, das Abschneiden, Abrahams Opfer und die Beschneidung und das Weinen durch die Wüste, die nun nach der Rache des Achill, nach der Kastration entsteht. Der Kleine, der Penis, der nicht mehr »Speere werfen« wird, weil den Hektor der finstere Orkus verschlingt. Hektor ist der Knabe und der Orkus der Mutterschoß und das Grab, um den Inzest handelt es sich, den ewigen Wunsch des Menschen und des kleinen Patrik. Ödipus. Welche Schauer rieselten mir den Rücken entlang bei den Worten: »Horch, der Wilde tobt schon an den Mauern.« Ich kannte dieses Toben, den furchtbaren Zorn des Vaters Achill. Und Lethes Strom vermischt sich mit dem Bächlein auf der Wiese aus Struwwelpeters Paulinchen, dem Onanielied des Mädchens, und mit den bettnässenden Urinströmen in tiefvergessenem Schlaf.

Gewiß, Liebe, ich wußte das damals nicht, wußte es nicht mit dem Verstand; aber mein Es wußte es, tiefer und besser verstand es das alles, als ich es jetzt verstehe, trotz all meines Bemühens um Kenntnis eigener und fremder Seele.

Lassen Sie mich lieber von jenem Buch sprechen, von Schwabs griechischen Sagen. Man schenkte es mir zu Weihnachten. Meine Eltern waren damals schon verarmt, und deshalb waren die drei Bände nicht neue Bücher, sondern nur neu eingebunden. Sie hatten früher dem ältesten Bruder gehört, was ihren Wert für mich bedeutend erhöhte. Und zu diesem Ältesten fällt mir wieder mancherlei ein, aber erst muß ich die Sache mit dem Schwab beenden. Der eine Band – er handelt vom Trojanischen Krieg – hatte abgeknickte Ecken. Ich hatte damit auf meinen Bruder Wolf eingeschlagen, auf den fünf Jahre älteren, der mich bis zur Wut neckte und dann spielend mit einer Hand bändigte. Wie habe ich ihn gehaßt, und doch wie muß ich ihn geliebt haben, wie habe ich ihn bewundert, den Starken, den Wilden, den Wolf.

Ich muß Ihnen etwas sagen: Wenn ich irgendwie elend bin,

Hals- oder Kopfschmerzen habe, taucht bei der Analyse das Wort Wolf auf. Mein Bruder Wolf ist unlösbar mit meinem inneren Leben verknüpft, mit meinem Es. Es scheint nichts Wichtigeres für mich zu geben als diesen Wolfkomplex. Und dabei vergehen Jahre, daß ich nicht an ihn denke, und dabei ist er längst tot. Aber er drängt sich ein in meine Ängste, er ist dabei, was ich auch tue. Stets wenn der Kastrationskomplex auftaucht, ist Wolf dabei, und etwas Dunkles, Furchtbares bedroht mich. Ich besinne mich nur auf ein einziges Sexualerlebnis, das ich mit ihm in Verbindung bringe. Ich sehe die Szene noch vor mir, es war im Freien, und ein Schulkamerad Wolfs hielt eine Spielkarte gegen das Licht. Und irgend etwas Seltsames kam bei dem durchfallenden Licht zu Tage, was sonst nicht zu sehen war, etwas Verbotenes; denn ich besinne mich noch auf das scheue Wesen der beiden mit ihrem schlechten Gewissen. Was es war, weiß ich nicht. Aber mit dieser einen Erinnerung ist innig untrennbar verwoben eine zweite, wie mein Bruder Wolf demselben Kameraden gegenüber seinen Namen Wolfram vom Riesen Wolfgrambär ableitete, was auf mich schauerlich wirkte. Und jetzt weiß ich, daß der Riese der personifizierte Phallus ist.

Plötzlich fällt mir eine Kaulbachsche Illustration zu Reineke Fuchs ein, wie der Wolf Isegrim in das Bauernhaus eingebrochen ist, entdeckt wird, den Bauern umgeworfen hat und mit dem Kopf unter dessen Hemd steckt. Ich habe das Bild seit mindestens vierzig Jahren nicht gesehen, aber es steht mir ziemlich deutlich vor Augen. Und ich weiß jetzt, daß der Wolf dem Bauern den Geschlechtsteil abbeißt. Es ist eins der wenigen Bilder, die mir in Erinnerung geblieben sind. Isegrim aber – Grimm war der Name des Knaben, von dem ich die Onanie lernte –, bezeichnend genug, wollte mich warnen und lehrte mich, was tief verdrängt war.

Wie kam das Epos vom Reineke Fuchs dazu, gerade den Wolf als Kastrationstier zu wählen, wie kam Kaulbach dazu, dieses Ereignis zum Bild zu formen? Was bedeutet das Märchen vom Rotkäppchen und das von den sieben Geißlein? Kennen Sie es? Die alte Geiß geht aus und warnt vorher ihre sieben Kinderchen, ja die Tür verschlossen zu halten und den Wolf nicht ins Haus zu lassen. Aber der Wolf drängt sich doch ein und verschlingt all die Geißlein bis auf das Jüngste, das im Uhrkasten steckt. Dort findet es die Mutter bei der Heimkehr. Das Geißlein erzählt von den Untaten des Wolfs, beide machen sich auf die Suche nach dem Räuber, finden ihn, gesättigt vom Fraß, in tiefem Schlaf liegen und schneiden ihm, da sich in seinem Bauch etwas zu regen scheint, den Bauch auf, wonach all die verschlungenen sechs Geißlein wieder zum Vorschein kommen. Nun füllt die Mutter dem bösen Tier den Bauch mit großen Wackersteinen und näht ihn wieder zu. Der Wolf erwacht durstig und fällt, als er sich über den Brunnen beugt, um zu trinken, von den schweren Steinen gezogen, in die Tiefe.

Ich maße mir nicht an, das Märchen so zu deuten, daß sich alle Geheimnisse, die die Volksseele hineingedichtet hat, aufhellen. Aber einiges darf ich wohl darüber sagen, ohne allzu verwegen zu sein. Zunächst ist das Aufschneiden des Bauches, aus dem dann junges Leben hervorkommt, als Geburtssymbol leicht verständlich, da es an die allgemeingültige Idee des Kindes, bei der Entbindung werde der Bauch aufgeschnitten und dann wieder zugenäht, anknüpft. Damit ist auch das Motiv des Verschlingens, ohne daß die Geißlein sterben, erklärt: Es ist die Empfängnis. Und aus der Mahnung der Mutter, die Tür verschlossen zu halten, kann man den Hinweis herauslesen, daß es nur eine Jungfernschaft zu verlieren gibt und daß das Maidlein niemand einlassen soll »als mit dem Ring am Finger«. Aber rätselhaft bleibt, was mit der Rettung des siebenten Geißleins, mit seinem Sichverstecken im Uhrkasten gemeint ist. Sie wissen, welche Rolle die Sieben im menschlichen Leben spielt; man begegnet ihr überall, bald als guter, bald als böser Zahl. Auffallend ist dabei, daß die Bezeichnung »böse Sieben« ausschließlich für die Frau gebraucht wird. Es ist wohl anzunehmen, daß die gute Sieben den Mann bezeichnet. Das stimmt auch; denn während das Weib mit Kopf, Rumpf und vier Gliedern als Sechs charakterisiert ist, hat der Mann noch ein fünftes Glied, das Zeichen der Herrschaft. Das siebente Geißlein ist demnach das Schwänzchen, das nicht verschlungen wird, das sich im Uhrkasten verbirgt und heil und ganz daraus hervorspringt. Und es bleibt Ihnen nun unbenommen, ob Sie annehmen wollen, daß der Uhrkasten die Vorhaut ist oder die Scheide, die das siebente nach der Samenergießung wieder verläßt. Daß der Wolf schließlich in den

Brunnen fällt, vermag ich mir nicht recht zu erklären; höchstens könnte ich sagen, daß es, wie so oft, eine Verdoppelung des Hauptmotivs der Geburt ist, wie sich denn auch das Verstecken im Kasten als Schwangerschaft und Geburt deuten läßt. Wir wissen aus den Träumen, daß das Ins-Wasser-Fallen ein Schwangerschaftssymbol ist.

Soweit ist die Geschichte leidlich aus dem schönen Märchenstil in plattes Alltagserleben umgestaltet. Es bleibt nur der Wolf übrig. Und Sie wissen, bei dem fangen meine persönlichen Komplexe an. Aber ich will doch versuchen, etwas daraus zu machen. Ich möchte dazu auf die Sieben zurückgreifen. Das siebente ist der Knabe. Die sechs zusammen sind die böse Sieben, das Mädchen, an dem das siebente erkrankt und weggefressen, böse ist, weil es onanierte, bös handelte. Danach würde der Wolf die Kraft sein, die aus der Sieben die Sechs macht, die den Knaben in das Mädchen verwandelt, ihn kastriert, ihm das Schwänzchen abschneidet. Er würde mit dem Vater identisch werden. Ist es so, dann gewinnt das Öffnen der Tür ein anderes Aussehen; es ist dann die frühzeitige Onanie der Sieben, des Knaben, der seine Sieben durch Reiben geschwürig, böse macht, so daß der Wolf ihn auffrißt, um ihn als Mädchen mit einer Wunde statt des Schwänzchens in die Welt zu setzen. Das siebente Geißlein wartet unter Vermeidung der Onanie oder wenigstens der Onanieentdeckung im Uhrkasten, in der Vorhaut die Zeit ab, wo es geschlechtsreif wird, und behält deshalb sein Knabenzeichen. Das Wort böse, das der Sieben hinzugefügt wird, um das Weib zu bezeichnen, stellt in seinem weiteren Sinn der Eiterung, des Geschwüres die Assoziation zur Syphilis und zum Krebs her und gibt eine Handhabe, um die bei jeder Frau auftretende Angst vor diesen beiden Erkrankungen zu begreifen. Das Fressen der Geißlein führt zu der Kindertheorie von der Empfängnis durch Verschlucken des Keimes hin, eine Verbindung, die im Märchen vom Däumling in der Person des Menschenfressers wiederkehrt. Bei ihm ist dann im Siebenmeilenstiefel der Zusammenhang zwischen Wolf und Mann oder Vater hergestellt; denn man geht wohl nicht fehl, in diesem Wunderstiefel ein Symbol der Erektion zu sehen.

Nun muß ich noch auf etwas zurückgreifen, was ich früher erwähnt habe, daß nämlich das Kind sich nicht gern in den

Mund sehen läßt. Es fürchtet das Abschneiden des Zäpfchens. In der Bezeichnung Wolfsrachen haben Sie die Assoziation zwischen Wolf und Onanie. Dem Wolfsrachen fehlt das Zäpfchen, das ja das männliche Schwänzchen darstellt, es ist kastriert. Er versinnbildlicht die Strafe der Onanie. Und wenn Sie je bei einem Menschen einen Wolfsrachen gesehen haben, wissen Sie, wie fürchterlich die Strafe ist.

Damit bin ich zu Ende. Ich weiß nicht, ob Ihnen die Deutung gefällt. Mir hat sie über viele Schwierigkeiten meines Wolf-Isegrim-Bruderkomplexes weggeholfen.

Herzlichst

Patrik

Also nach Ihnen ist die böse Sieben der Mund, womit ich ganz einverstanden bin. Es gibt ja auch Männer, die ein böses Maulwerk haben, aber schließlich bleibt es dasselbe, die siebente Öffnung des Gesichts ist ebenso Symbol des Weibes wie die große Wunde des Unterleibes.

Da wir nun einmal bei den Zahlen sind, wollen wir ein wenig damit spielen. Vorausschicken muß ich, daß das Es ein gewaltiges Zahlengedächtnis hat, die einfachen Arten des Rechnens beherrscht, wie es sonst nur bei einer bestimmten Art von Idiotismus vorkommt, und daß es sich ebenso wie ein Idiot ein Vergnügen daraus macht, Rechenexempel im Augenblick zu lösen. Sie können sich davon durch ein einfaches Experiment überzeugen. Unterhalten Sie sich mit irgend jemandem über ein Thema, das die Tiefen seines Es in Bewegung setzt; es gibt allerlei Zeichen, um festzustellen, daß eine solche Bewegung vor sich geht. Fragen Sie, wenn Sie solch ein Zeichen bemerken, nach einem Datum, so wird mit absoluter Sicherheit sofort ein Datum genannt werden, das mit dem aufgerührten Komplex in inniger Assoziation steht. Oft tritt der Zusammenhang gleich zutage, so daß der Befragte selbst erstaunt über die Leistungsfähigkeit seines Unbewußten ist. Oft wird jeder Zusammenhang bestritten. Lassen Sie sich dadurch nicht irremachen. Das Bewußte des Menschen liebt es zu verneinen – fast hätte ich gesagt zu lügen. Hören Sie nicht auf das Nein, sondern halten Sie an der Erkenntnis fest, daß das Es nie lügt und nie verneint. Nach einiger Zeit wird die Richtigkeit der Assoziation sich erweisen und gleichzeitig eine Menge psychisches Material zum Vorschein kommen, das, in das Unbewußte verdrängt, allerlei Gutes und Böses im Menschen vollbracht hat.

Ich will Ihnen ein kleines Zahlenkunststück von meinem eigenen Es mitteilen, das mir viel Spaß gemacht hat, als ich es entdeckte. Lange Jahre hindurch habe ich, wenn ich meine Ungeduld und Unzufriedenheit ausdrücken wollte, den Ausdruck gebraucht: »Ich habe Ihnen das schon 26 783mal gesagt.« Sie besinnen sich wohl, daß Sie mich das letzte Mal, als wir zusammen waren, deswegen verspottet haben. Das hat mich geärgert, und ich habe an der Zahl ein wenig herumgerätselt. Da fiel mir auf, daß die Quersumme dieser langen Zahl sechsundzwanzig ist, genau dieselbe Zahl, die beim Wegnehmen der Tausender von den übrigen Ziffern abgetrennt ist. Zu sechsundzwanzig fiel mir das Wort Mutter ein. Ich war sechsundzwanzig Jahre alt, als meine Mutter starb. Sechsundzwanzig Jahre alt waren meine beiden Eltern, als sie heirateten; im Jahr 1826 wurde mein Vater geboren; und wenn Sie die Quersumme von 783 nehmen, so stoßen Sie auf achtzehn. Isolieren Sie die drei ersten Ziffern als $2 \times (6 + 7)$, so haben Sie sechsundzwanzig. Addieren Sie die 2 zu den beiden letzten 8×3, so gibt es wiederum sechsundzwanzig. Ich bin geboren am 13. 10. 1866. Die Quersumme davon ist sechsundzwanzig.

Ich habe die Zahl 26783 noch ein wenig anders zerlegt. Die 2 schien mir für sich zu stehen, weil ich sie unwillkürlich zu den beiden Rechnungen mit $6 + 7$ und 8×3 verwendet hatte. Die übrigen Ziffern gruppieren sich, unter dem Einfluß der 2 betrachtet, als 67, 78, 83. 67 war das Alter meiner Mutter, als sie starb. 78 ist die Jahreszahl, in der ich mein Elternhaus verlassen mußte, um in das Internat der Schule überzutreten. Im Jahr 83 ging mir die Heimat völlig verloren, da meine Eltern in diesem Jahr meine Geburtsstadt verließen und nach Berlin übersiedelten. In dasselbe Jahr fällt ein Ereignis, dessen Tragweite sich über einen langen Zeitraum meines Lebens erstreckt. In der Pause zwischen zwei Schulstunden sagte einer meiner Mitschüler zu mir: »Onanieren Sie nur so weiter, dann sind Sie bald ganz verrückt; halb sind Sie es sowieso.« Das Wort ist verhängnisvoll für mich geworden, nicht weil etwa die Onanieangst verstärkt worden wäre, sondern weil ich kein Wort erwidert habe, still und schweigend die Beschämung der öffentlichen Onaniebeschuldigung hinnahm, als ob sie mich nicht berühre. Ich empfand sie tief, aber verdrängte sie sofort mit Hilfe des Wortes »verrückt«. Mein Es hat sich damals dieses Wortes bemächtigt und es nicht wieder losgelassen. Mir schienen von nun an alle Schrullen meines Denkens erlaubt. Halb verrückt, das bedeutet für mich: Du stehst mitten zwischen zwei Möglichkeiten, kannst Welt und Leben, je nachdem du dich nach der einen oder anderen Seite biegst, wie ein Gesunder, wie ein gewöhnlicher Mensch ansehen oder wie ein Verrückter, aus der gewöhnlichen Lage gerückter, außergewöhnlicher Mensch. Das habe ich reichlich getan und tue es, wie Ihnen sattsam bekannt ist, noch. Die zwei Mütter – Amme und Mutter – fanden ihre neue notwendige Begründung, das Zwischen-zweien-Stehen wurde durch die halbe Verrücktheit für mich erträglich, sie führte mich aus dem Zwang zu zweifeln zur duldsamen Skepsis und zur Ironie, zur Gedankenwelt Thomas Weltleins. Ich halte es für möglich, daß ich mich in der Einschätzung des »halb verrückt« irre, aber es gibt mir eine Erklärung für die seltsamen Erscheinungen in meinem Wesen, das im allgemeinen zwei Möglichkeiten ausweicht, das aber imstande ist, unbeirrt durch jeden Hohn, durch jede Belehrung, durch jeden Beweis, durch den inneren Widerspruch, gleichzeitig entgegengesetzte, ja gegensätzliche Gedankenrichtungen zu verfolgen. Bei sorgfältiger Prüfung meiner Lebensresultate habe ich gefunden, daß diese halbe Verrücktheit mir gerade das Quantum Übergewicht gegeben hat, dessen mein Es zur Bewältigung seiner Aufgaben bedurfte. Bezeichnend dafür ist – mir wenigstens – meine medizinische Laufbahn. Ich habe mich zweimal fremder ärztlicher Denkweisen bemächtigt und sie so in mich aufgenommen und in mir umgestaltet, daß sie mein persönliches Besitztum geworden sind, einmal durch meine Schülerstellung zu Schweninger, das zweite Mal durch meine Jüngerschaft bei Freud. Jeder von beiden repräsentiert für mich als Arzt etwas Gewaltiges, Unentrinnbares. Ihren Einfluß in mir zu vereinigen ist mir im Jahr 1911 gelungen, und elf ist die Quersumme von dreiundachtzig, und die Quersumme von elf ist zwei.

Das Jahr 83 hat sich, entsprechend seiner Hervorhebung als Endziffer der Rätselzahl 26783, auch in mein äußeres Leben als besonders wichtig hineingedrängt. Ich erkrankte bald nach jener Äußerung über die Onanie an Scharlach, in dessen Folge eine Nierenentzündung auftrat. Ich habe später, wie Sie wissen, noch einmal eine Nierenerkrankung durchgemacht. Ich erwähne dies, weil diese Nierenerkrankung – das gilt von mir und von allen Nierenkranken – charakteristisch für die Doppelstellung im Leben ist, für das Dazwischenstehen, für die Zwei. Der Nierenmensch – um diesen Ausdruck einmal zu gebrauchen – ist doppelt gerichtet. Sein Es kann mit einer ungewöhnlichen Souveränität, die gleicherzeit vorteilhaft und gefährlich ist, kindlich oder erwachsen sein; es ist zwischen die Eins – das Symbol des erigierten Phallus, des Erwachsenen, des Vaters – und die Drei – das Symbol des Kindes – gestellt. Ich überlasse es Ihnen, der unausdenkbaren Kette phantastischer Möglichkeiten nachzugehen, die ein solcher Zwitter hat, bemerke nur dazu, daß meine eigene Lage sich außer durch die Nierenentzündungen noch dadurch erwiesen hat, daß ich bis in mein fünfzehntes Lebensjahr ein Bettnässer gewesen bin. Und um schließlich auch das zu sagen: Der Zwitter ist weder Mann noch Weib, sondern beides, und das ist mein Fall.

Und nun wollen wir spielen, mit Zahlen spielen, soweit wir es noch vermögen, Kind zu sein. Aber Sie müssen nicht böse sein, wenn sich erwachsenes Zeug der Großen dazwischendrängt. So etwas läßt sich nicht vermeiden. Wer Kind ist, will groß erscheinen und setzt sich Vaters Hut auf und nimmt seinen Stock. Was würde auch daraus werden, wenn dieser Wunsch nach dem Großsein, nach der Erektion nicht im Kind wäre? Wir würden klein bleiben, nicht wachsen. Oder halten Sie es für eine Täuschung, wenn ich festgestellt zu haben glaube, daß das Kleinbleiben der Menschen in gewissem Zusammenhang mit ihrem Kleinbleibenwollen steht, mit ihrem So-tun, als ob sie die Erektion nicht kennen, unschuldig wären wie die Kindlein; daß das Nichthochgewachsensein aus dem Wunsch des Es entsteht, eine Entschuldigung, die Entschuldigung des Nochkindseins, für alle sexuellen Neigungen, das heißt für alles und jedes Tun zu haben? Gemäß den Worten: »Ich bin klein, mein Herz ist rein?«

Setzen Sie sich mit mir vor die Schiefertafel, wir beide wollen tun, als ob wir wieder Zahlen schreiben lernten. Was mag wohl im Kindergehirn vor sich gehen, wenn es gezwungen wird, eine halbe Tafel voll Einser zu schreiben oder voll Achter? Sie können es auch auf die Buchstaben übertragen, auf die as und ps und alle die Häkchen und Schlingen, die nach der Phantasie des Kindes angeln. Was ist die 1 für Sie? Für mich ist es ein Stock. Und nun der Sprung ins Großsein, der Stock des Vaters, der Penis, der Mann, der Vater selbst, die Strenge und Kraft, in der Familie Nr. 1. Zwei, das ist der Schwan, Spekters Fabeln. Ach, wie hübsch das war. Meine Schwester hatte den langen Hals und wurde weidlich damit geneckt. Und war wirklich ein häßliches Entlein, das ein allzu früh verstorbener Schwan wurde. Und plötzlich sehe ich den Schwanenteich meiner Heimat. Ich bin wohl acht Jahre alt und sitze mit Wolf, Lina und seiner Freundin Anna Speck im Kahn, und Anna Speck fällt ins Wasser, auf dem der Schwan schwimmt; »mein Schwan, mein stiller, mit sanftem Gefieder«, sollte ich mich deshalb so viel mit Ibsen beschäftigt haben, weil er dies Lied dichtete und weil ich es in schwerer Zeit, als ich zu sterben glaubte, singen hörte? Oder ist es Agnes aus »Brand«? Agnes war meine Kindergespielin, und ich liebte sie sehr. Sie hatte einen schiefen Mund, angeblich weil sie einen Eiszapfen in den Mund genommen hatte. Und der Eiszapfen ist symbolisch. Mit ihr spielte ich Seiltänzer, und mein Familienroman vom Kinderraub und meine Schlagphantasien hängen mit ihr zusammen. Agnes und Ernst; so hieß ihr Bruder, der Unzertrennliche von mir, den ich später schnöde im Stich ließ. Und Ernst Schweninger: Ach, liebe Freundin, es ist so viel, so viel.

Zurück zu Anna Speck. Speck, Spekters Fabeln. »Was ist das für ein Bettelmann? Er hat ein kohlschwarz Röcklein an.« Der Rabe. Und Rabe war der Name meines ersten Lehrers, den ich für das Urbild der Kraft hielt und der sich einst die Hose beim Springen zerplatzte, ein Ereignis, das später im Seelensucher wieder aufgetaucht ist. Und das Wort Rabe spielt seit Wochen eine Rolle in einer Krankenbehandlung, die ich zum guten Ende führen will. Denn es würde ein Triumph werden, wie ich ihn selten erlebte.

Spekters Fabel vom Schwan. Sahen Sie einmal einen Schwan ein großes Stück Brot verschlingen? Wie es den Hals hinunterkriecht? Anna Speck hatte dicke, dicke Drüsen am Hals. Und ein dicker Hals bedeutet, daß etwas drin steckengeblieben ist, ein Kindeskeim. Glauben Sie mir, ein Kindeskeim. Ich muß es wissen, denn ich habe selber über ein Jahrzehnt einen Kropf gehabt, und der ist so gut wie verschwunden, seit ich hinter das Rätsel vom steckengebliebenen Kind gekommen bin. Wie hätte ich denken sollen, daß diese Anna so in mein Leben eingreifen würde? Wie wäre ich ohne den Glauben an das Studium des Es dazugekommen, diese Wichtigkeit der Anna zu erkennen? Aber Anna ist der Name der Heldin meines ersten Romans. Und ihr Mann heißt Wolf.

Wolf und Anna, sie waren beide in jenem Kahn. Und da taucht auch wieder Alma auf, Sie wissen, jene Freundin Linas, die meine sadistischen Spielchen störte. Wolf hatte ein Haus aus Matratzen gebaut, in dem wohnte er mit Anna. Wir Kleinen aber durften nicht mit hinein in dieses Matratzenhaus. Alma jedoch, die wissend war, sprang, als sie vom Wolf weggewiesen wurde, mit Lina und mir in den Garten und rief: »Ich weiß, was die beiden dort machen.« Ich verstand damals nicht, was Alma meinte, aber die Worte sind mir im Gedächtnis geblieben und die Stelle, wo sie fielen, und ich fühle noch jetzt den Schauer, der mich damals durchrieselte.

Anna, das ist ohne Anfang und Ende, das A und das O, Anna und Otto, von vorn dasselbe wie von hinten, das Sein, die Unendlichkeit und Ewigkeit, der Ring und Kreis, die Null, die Mutter, Anna.

Nun fällt mir ein, daß das Inswasserfallen der Anna eine große Rolle in meinem Leben gespielt haben muß. Denn jahrelang hatte ich die Onaniephantasie, daß eine Anna vom hohen Ufer in meinen Kahn stieg, daß sie ausglitt, ihre Kleider sich hochstreiften und ich ihre Beine und Hosen sah. Wie seltsam sind die Wege des Unbewußten. Denn vergessen Sie nicht, das Inswasserfallen ist ein Schwangerschaftssymbol und Geburtssymbol, und Anna hatte einen dicken Hals – wie ich.

Das ist also die Zwei. Und die Zwei ist Frau, die Mutter und das Mädchen, das nur zwei Beine hat, der Knabe hat aber deren drei. Drei Füße, Dreifuß, und die Pythia spricht nur, wenn sie auf dem Dreifuß sitzt. Ödipus aber errät das Rätsel der Sphinx von dem Tier, das ursprünglich vier-, dann zwei- und schließlich dreibeinig ist. Sophokles behauptet, Ödipus habe das Rätsel gelöst. Aber ist das Wort »Mensch« eine Antwort auf eine Frage?

Zwei, du verhängnisvolle Zahl, die du die Ehe bedeutest, bist du auch die Mutter? Oder ist die Drei die Mutter? Sie erinnert mich an die Vögel, die meine Mutter uns zu zeichnen pflegte, diese Drei. Vögel und Vögeln, das stimmt. Aber wenn ich die Drei jetzt liegend sehe, ist sie für mich Symbol der Brüste, meine Amme und all die vielen Brüste, die ich geliebt habe und noch liebe. Drei ist die heilige Zahl, das Kind, Christus, der Sohn: die dreieinige Gottheit, deren Auge im Dreieck strahlt. Bist du wirklich nur Eros' Kind, du Urbild der Wissenschaft, Mathematik? Und auch der Gottesglaube stammt von dir, Eros? Ist es wahr, daß die Zwei das Paar ist, das Ehepaar und auch das Paar der Hoden und Eierstöcke, der Schamlippen und Augen. Ist das wahr, daß aus Eins und Zwei die Drei wird, das allmächtige Kind im Mutterleib? Denn was wäre wohl mächtig, wenn nicht das ungeborene Kind, dessen Wünsche alle erfüllt sind, noch ehe sie gedacht werden? Das in Wahrheit Gott und König ist und im Himmel wohnt? Das Kind aber ist ein Knabe, denn nur der Knabe ist die Drei, zwei Hoden und ein Schwänzchen. Nicht wahr, es geht ein wenig durcheinander? Wer könnte sich auch im Irrgarten des Es zurechtfinden! Man staunt, will kleinmütig werden und wirft sich doch mit wonnigem Erschauern in das Meer der Träume.

Eins und Zwei, das ist die Zwölf. Mann und Weib, mit Recht eine heilige Zahl, aus der die Drei wird, wenn sie zusammenfließt zur Einheit, das Kind, der Gott. Zwölf Monde sind es, und aus ihnen wird das Jahr; zwölf Jünger sind es, und aus ihnen erhebt sich Christus, der Gesalbte, »des Menschen Sohn«. Ist es nicht wunderbar, dies Wort »des Menschen Sohn«? Und mein Es sagt laut und vernehmlich zu mir: »Deute, deute!«

Adjö, Liebe.

Patrik

Das Zahlenspiel interessiert Sie also, liebe Freundin; das höre ich gern. Sie hatten mich allzu oft schlecht rezensiert, so daß ich die Anerkennung brauchte. Und ich bedanke mich schön, daß Sie meinen Namen in demselben Satz bringen, in dem Sie Pythagoras nennen. Ganz abgesehen von dem Genuß, den Sie meiner Eitelkeit damit gewährten, beweist es mir, daß Sie das erste Erfordernis zum Kritisieren haben, die Fähigkeit, unbedenklich einen Schulze, Müller, Lehmann oder Troll mit Goethe, Beethoven, Leonardo oder Pythagoras zu vergleichen. Es macht mir Ihre Äußerung doppelt wertvoll.

Daß Sie nun gar Positives geben und mich auf die Dreizehn als Zahl der Abendmahlsteilnehmer aufmerksam machen, und die Angst, der dreizehnte Tischgast müsse sterben, mit Christi Kreuzestod zusammenbringen, läßt mich hoffen, Ihr Widerwille gegen mein Es-Gerede werde nach und nach schwinden. Aber warum muß es durchaus Christus sein? Auch Judas ist ein dreizehnter, und auch er mußte sterben.

Ist Ihnen schon aufgefallen, wie eng diese beiden Ideen, Christus und Judas, miteinander verflochten sind? Ich sprach Ihnen früher einmal von der Ambivalenz im Unbewußten, von der menschlichen Eigentümlichkeit, in der Liebe den Haß, in der Treue den Verrat zu haben. Diese tief innerliche unüberwindliche Doppelheit des Menschen hat sich den Mythus des Judaskusses erzwungen, in dem alltägliches menschliches Handeln und Erleben symbolisiert ist. Ich möchte, daß Sie sich mit dieser Tatsache ganz vertraut machen, sie ist von großer Wichtigkeit. Solange Sie das nicht wissen, nicht ganz von solcher Erkenntnis durchdrungen sind, verstehen Sie nichts vom Es. Aber es ist nicht leicht, solche Erkenntnis zu erwerben. Denken Sie an die höchsten Momente Ihres Lebens, und dann suchen Sie, bis Sie die Judasgesinnung und den Judasverrat gefunden haben. Sie werden ihn immer finden. Als Sie Ihren Liebsten küßten, fuhr Ihre Hand empor, um das Haar zu halten, das sich lösen konnte. Als Ihr Vater starb – Sie waren damals noch jung –, freute es Sie, zum erstenmal ein schwarzes Kleid zu tragen, Sie zählten stolz die Kondolenzbriefe und legten mit geheimer Genugtuung die Beileidszeilen eines regierenden Herzogs obenauf. Und als die Mutter krank war, schämten Sie sich, weil Ihnen plötzlich der Gedanke an die Perlenschnur durch den Kopf fuhr, die Sie nun erben würden; am Begräbnistag fanden Sie, daß Sie der Hut acht Jahre älter mache, und dabei dachten Sie nicht an Ihren Mann, sondern an das Urteil der Masse, vor deren Augen Sie ein Schauspiel schöner Trauer aufführen wollten, recht wie eine Schauspielerin und Hetäre. Und wie oft haben Sie ebenso plump wie Judas die nächsten Freunde, Mann und Kinder um dreißig Silberlinge verraten. Denken Sie ein wenig diesen Dingen nach! Sie werden finden, daß des Menschen Dasein von Anfang bis zu Ende mit dem erfüllt ist, was unser wägendes Urteil als verächtlichste und schwerste Sünde brandmarkt, mit Verrat. Aber Sie sehen auch sofort, daß dieser Verrat vom Bewußtsein fast nie als Schuld empfunden wird. Kratzen Sie jedoch das bißchen Bewußtsein, mit dem sich unser Es deckt, irgendwo ab, dann sehen Sie, wie das Unbewußte fortwährend die Verratshandlungen der letzten Stunden sichtet, die einen aus sich herauswirft, die anderen für den Gebrauch des morgigen Tages bereitlegt, die dritten in die Tiefe verdrängt, um aus ihnen das Gift zukünftiger Erkrankungen oder den Wundertrank kommender Taten zu brauen. Schauen Sie aufmerksam in dieses seltsame Dunkel hinein, liebste Freundin. Hier ist ein Spalt, durch den Sie undeutlich, und fast verzweifelnd, die nebelförmig treibenden Massen einer lebendigen Kraft des Es sehen können, des Schuldbewußtseins. Das Schuldbewußtsein ist eines der Werkzeuge, mit denen das Es am Menschen sicher und ohne je zu stocken oder zu fehlen arbeitet. Das Es braucht dieses Schuldbewußtsein, aber es sorgt dafür, daß die Quellen des Schuldbewußtseins niemals vom Menschen ergründet werden; denn es weiß, daß im selben Augenblick, wo irgendwer das Geheimnis der Schuld aufdeckt, die Welt in ihren Fugen zittert. Deshalb häuft es Schrecken und Angst rings um die Tiefen des Lebens, ballt Gespenster aus den nichtigen Dingen des Tages, erfindet das Wort Verrat und den Menschen Judas und die Zehn Gebote und verwirrt das Sehen des Ichs mit tausend Dingen, die dem Bewußtsein schuldvoll erscheinen, nur damit nie der Mensch dem tröstenden Wort glaubt: Fürchte dich nicht, denn ich bin bei dir.

Und da haben Sie Christus. So unabänderlich wie in jeder

edlen Tat des Menschen der Verrat mitwirkend einhergeht, so unabänderlich ist in allem, was wir böse nennen, das Wesen des Christus – oder wie Sie nun dieses Wesen nennen wollen –, das Liebende, Gütige. Um das zu erkennen, brauchen Sie nicht erst den weiten Umweg zu machen, der über den mörderischen Dolchstoß hinweg auf den Urtrieb des Menschen führt, der aus Liebe in das Innere des Nebenwesens zu dringen sucht, um Glück zu geben und zu empfangen – denn der Mord ist letzten Endes nur Symbol verdrängter Liebeswut. – Sie brauchen den Diebstahl nicht erst zu analysieren, wobei Sie wiederum auf denselben allesgestaltenden Eros stoßen würden, der nehmend gibt. Sie brauchen nicht über Jesu Worte an die Ehebrecherin nachzudenken: »Dir sind deine Sünden vergeben, denn du hast viel geliebt.« In Ihren täglichen Handlungen finden Sie Aufopferung und Kindlichkeit genug, die Sie lehrt, was ich sagte: Christus ist überall, wo der Mensch ist.

Aber ich schwatze und schwatze und wollte Ihnen doch bloß begreiflich machen, daß es Gegensätze nicht gibt, daß alles im Es vereint ist. Und daß dieses Es ganz nach Belieben eine und dieselbe Handlung als Grund zum Gewissensbiß oder zum Hochgefühl edler Tat verwendet. Das Es ist listig, und es macht ihm nicht viel Mühe, dem dummen Bewußtsein weiszumachen, schwarz und weiß seien Gegensätze und ein Stuhl sei wirklich ein Stuhl, während doch jedes Kind weiß, daß er auch eine Droschke ist und ein Haus und ein Berg und eine Mutter. Das Bewußtsein setzt sich hin, schwitzt und schwitzt vor Anstrengung, um Systeme zu erfinden und das Leben in Schubladen und Beutel zu tun, das Es aber schafft lustig und unerschöpflich an Kraft, was es will, und ich denke mir, ab und zu lacht es über das Bewußtsein.

Warum ich das alles erzähle? Vielleicht mache ich mich über Sie lustig, vielleicht wollte ich Ihnen bloß zeigen, daß man von jedem Punkt aus das ganze Leben durchschweifen kann, eine Binsenwahrheit, die des Nachdenkens wert ist. Und damit gehe ich in einem kühnen Sprung wieder zu meiner Erzählung vom Federhalter zurück. Denn ich muß noch über das Bläschen am Mund etwas sagen. Vielleicht das Wichtigste, jedenfalls etwas Seltsames, das Ihnen mehr über des Unterzeichneten Verdrängungen erzählen wird, als ich selber vor ein paar Jahren wußte.

Das Bläschen am Mund – ich sagte es Ihnen schon früher einmal – bedeutet, daß ich gern küssen möchte, daß aber irgendein Bedenken dagegen besteht, das mächtig genug ist, die obersten Schichten der Haut emporzuheben und die dadurch entstandene Höhlung mit Flüssigkeit zu füllen. Damit ist nicht viel anzufangen, denn, wie Sie wissen, küsse ich gern, und wenn ich all die durchgehen wollte, die mir des Kusses wert scheinen und von denen ich nicht weiß, ob sie mich wiederküssen würden, würde mein Mund immer wund sein. Aber das Bläschen sitzt rechts, und ich bilde mir ein, daß die rechte Seite die des Rechts, der Autorität, der Verwandtschaft ist. Autorität? Unter meinen Blutsverwandten kommt da nur mein ältester Bruder in Betracht. Und der ist es wirklich, gegen den sich das Bläschen richtete. An jenem Tag war ich in meinen Gedanken unablässig mit einem bestimmten Kranken beschäftigt. Das fiel mir, der ich im allgemeinen dem Grundsatz huldige, nicht mehr an meine Patienten zu denken, sobald sich die Tür hinter ihnen geschlossen hat, der Seltenheit wegen auf, und bald wußte ich auch, was der Grund davon war: Jener Kranke hatte in seinen Gesichtszügen und noch mehr in seinem Wesen Ähnlichkeit mit meinem Bruder. Der Wunsch zu küssen ist damit erklärt. Er galt diesem Kranken, auf den ich die Leidenschaft für meinen Bruder übertragen hatte. Gelegenheit dazu gab die Tatsache, daß der Geburtstag meines Bruders in jener Zeit war und daß ich den Kranken kurz vorher im Zustand der Bewußtlosigkeit gesehen hatte. Als Kind bin ich mehrmals Zeuge von schweren Ohnmachten meines Bruders gewesen; die Form seines Kopfes steht mir aus jener Zeit noch deutlich vor Augen, ich habe Grund anzunehmen, daß meine Neigung hauptsächlich durch diesen Anblick entstand. Die Ähnlichkeit der beiden Männer ist mir bei der Unbeweglichkeit der Gesichter klargeworden.

Zum Zustandekommen des Bläschens gehört aber außer dem Kußwunsch die Abneigung gegen den Kuß. Die ist erklärlich genug. In unserer Familie waren Zärtlichkeiten unter den Geschwistern streng verpönt. Es ist mir noch jetzt undenkbar, daß wir uns untereinander hätten küssen können. Aber es handelt sich bei der Abneigung gegen den Kuß nicht bloß um die Familientradition, sondern um die Frage der Homosexualität. Und bei der muß ich kurz verweilen.

Ich bin, wie Sie wissen, von meinem zwölften Lebensjahr an in einem Knabeninstitut erzogen worden. Wir lebten dort völlig von der übrigen Welt abgeschlossen, innerhalb von Klostermauern, und all unsere Liebesfähigkeit und unser Liebesbedürfnis richtete sich auf unsere Kameraden. Wenn ich an die sechs Jahre zurückdenke, die ich dort zugebracht habe, taucht sofort das Bild meines Freundes auf. Ich sehe uns beide eng umschlungen durch den Kreuzgang des Klosters schreiten. Von Zeit zu Zeit bricht der feurig geführte Streit über Gott und die Welt ab, und wir küssen uns. Es ist, glaube ich, nicht möglich, sich die Stärke einer verschwundenen Leidenschaft vorzustellen, aber nach den vielen Eifersuchtsszenen zu schließen, in die sich wenigstens von meiner Seite aus oft genug Selbstmordphantasien einmischten, muß meine Neigung sehr groß gewesen sein. Ich weiß auch, daß damals die Liebe zum Knaben fast ausschließlich meine Onaniephantasien ausfüllte. Nach meinem Abgang von der Schule hat meine Neigung zu diesem Freund noch längere Zeit angehalten, bis sie ein Jahr später auf einen Universitätskameraden übertragen wurde und von dem jäh auf seine Schwester übersprang. Damit war meine Homosexualität, die Neigung zu meinen eigenen Geschlechtsgenossen, scheinbar erloschen. Ich habe von da an nur Frauen geliebt.

Sehr treu und sehr treulos geliebt, denn ich besinne mich, daß ich stundenlang in Berlin umhergestrolcht bin wegen irgendeines weiblichen Wesens, das ich zufällig gesehen hatte, von dem ich nichts wußte und nie etwas erfuhr, das aber meine Phantasie tage- und wochenlang beschäftigte. Die Reihe solcher Traumgeliebten ist unendlich groß, und sie hat sich bis vor wenigen Jahren fast täglich um dieses oder jenes Wesen vermehrt. Das Charakteristische dabei war, daß meine wirklichen erotischen Erlebnisse nicht das geringste mit diesen Geliebten meiner Seele zu tun hatten. Ich habe für meine Onanieschwelgereien, soviel ich weiß, nicht ein einziges Mal ein weibliches Wesen gewählt, das ich wirklich liebte. Immer Fremde, Unbekannte. Sie wissen, was das bedeutet? Nein? Es bedeutet, daß meine tiefste Liebe einem Wesen gehörte, das ich nicht erkennen durfte, mit anderen Worten meiner Schwester und hinter ihr der Mutter. Aber vergessen Sie nicht, daß ich das erst seit kurzem weiß, daß ich früher nie gedacht habe, ich könne Schwester oder Mutter begehren. Man geht eben durch die Welt, ohne das geringste von sich selbst zu wissen.

Zur Ergänzung dieses Liebeslebens mit Fremden, Unbekannten, die ich nie kennenzulernen suchte, muß ich noch etwas sagen, obwohl es nur entfernt mit dem zusammenhängt, was ich eigentlich mitteilen wollte, mit der Homosexualität. Es bezieht sich auf mein Verhalten gegenüber den Frauen, an die mich wirkliche Liebe knüpfte. Nicht von einer, nein, von jeder habe ich dasselbe verwunderliche Urteil gehört: »Wenn man mit dir zusammen ist, glaubt man dir so nahe zu sein wie nie einem anderen Menschen; sobald du Abschied nimmst, ist es, als ob du eine Mauer errichtetest, als ob ich dir völlig fremd wäre, fremder als irgend jemand sonst.« Das habe ich selbst niemals gefühlt, wahrscheinlich, weil ich es gar nicht erlebt hatte, daß mir jemand nicht fremd war. Jetzt verstehe ich es aber: Um lieben zu können, mußte ich die realen Menschen in der Entfernung halten, den Imagines von Mutter und Schwester künstlich annähern. Zuzeiten muß das recht schwer gewesen sein, aber es war das einzige Mittel, die Leidenschaft lebendig zu erhalten. Glauben Sie mir, Imagines haben Macht.

Und nun leitet mich das doch wieder zu meinen homosexuellen Erfahrungen. Denn mit den Männern ist es mir ähnlich gegangen. Drei Jahrzehnte lang habe ich sie mir ferngehalten; auf welche Weise, kann ich nicht sagen, aber daß es mir in hohem Grad gelungen ist, beweist mein Krankenverzeichnis, das erst in den letzten drei Jahren wieder mehr männliche Namen enthält. Sie tauchen wieder auf, seit ich nicht mehr auf der Flucht vor der Homosexualität bin. Denn der Wunsch, dem Mann zu entfliehen, ist letzten Endes daran schuld gewesen, daß ich von männlichen Kranken selten aufgesucht wurde. Lange Jahre hindurch habe ich nur Augen für das Weib gehabt, habe ich jedes Weib, das mir begegnete, prüfend angesehen und mehr oder weniger geliebt, während all dieser Jahre habe ich auf der Straße, in Gesellschaft, auf Reisen, ja selbst in Versammlungen von Männern nicht einen einzigen Mann wirklich bemerkt. Ich habe an allen vorbeigesehen, selbst wenn ich ihnen stundenlang in die Augen sah. Sie gingen nicht in mein Bewußtsein, in meine Wahrnehmung über.

Das hat sich geändert. Ich blicke jetzt ebenso nach dem

Mann wie nach der Frau, sie sind beide für mich Menschen geworden, ich verkehre mit beiden gleich gern, und es ist kein Unterschied mehr. Vor allem bin ich dem Mann gegenüber nicht mehr verlegen. Ich brauche die Menschen mir nicht mehr zu entfremden; der tief verdrängte Inzestwunsch, der so unheimlich und ungeheuer gewirkt hat, ist bewußt geworden und stört nicht mehr. So wenigstens erkläre ich mir die Vorgänge.

In gewisser Weise ist es mir auch mit Kindern so gegangen und mit Tieren und mit der Mathematik und mit der Philosophie. Aber das gehört in einen anderen Zusammenhang, wenn es auch verknüpft mit der Verdrängung von Mutter, Schwester, Vater und Bruder ist.

So richtig mir nun diese Erklärung meines Wesens aus der Flucht vor Trolls erscheint, die ja für mich eine besondere Gattung Menschen sind – denn es gibt gute Menschen und es gibt böse Menschen und es gibt Trolls –, so einleuchtend es mir ist, daß ich gleichsam das Opernglas, mit dem ich meine Mitmenschen ansah, verkehrt benutzen mußte, um durch künstliches Fernsehen, durch Entfremdung sie meinen Imagines anzuähneln, so wenig genügt es, alles zu erklären. Es läßt sich eben nicht alles erklären. Eines aber kann ich noch sagen: Ich brauche dieses gekünstelte Lieben und Entfremden, weil ich auf mich selbst eingestellt bin, mich selbst in gar nicht meßbarem Grad liebe, weil ich das habe, was die Gelehrten Narzißmus nennen. Der Narzißmus spielt eine große Rolle im Leben der Menschen. Besäße ich ihn nicht in so hohem Grad, so würde ich niemals geworden sein, was ich bin, würde auch nie verstanden haben, warum Christus sagt: Liebe deinen Nächsten wie dich selbst. Wie dich selbst, nicht etwa mehr als dich selbst.

Bei uns Trollkindern war eine Redensart Mode, die lautete: Erst komme ich, dann komme ich noch einmal, dann kommt lange, lange, lange nichts, und dann erst kommen die anderen.

Und denken Sie, wie spaßhaft! Ich besaß als kleiner Junge, als Achtjähriger etwa, ein Stammbuch, in das die lieben Freunde Verse und Namen eintrugen. Auf der Schlußseite des Umschlags steht, in Umwandlung eines alten Spruchs, von meiner Handschrift geschrieben

Wer dich lieber hat als ich,
der schreibe sich nur hinter mich!
Dein Ich.

So habe ich es damals gehalten, und ich fürchte, viel anders bin ich nicht geworden.

Immer der Ihre

Patrik Troll

27

Dank für Ihren Brief, liebe Freundin. Ich werde versuchen, wenigstens diesmal Ihrer Bitte um Sachlichkeit zu willfahren. Das Phänomen der Homosexualität ist wichtig genug, um es methodisch zu prüfen.

Ja, ich bin der Ansicht, daß alle Menschen homosexuell sind, bin so sehr dieser Ansicht, daß es mir schwerfällt zu begreifen, wie jemand anderer Ansicht sein kann. Der Mensch liebt sich selbst zunächst, liebt sich mit allen Leidenschaftsmöglichkeiten, sucht sich seinem Wesen nach jede denkbare Lust zu verschaffen, und da er selber entweder Mann oder Weib ist, so ist er von vornherein der Leidenschaft zu seinem eigenen Geschlecht untertan. Das kann nicht anders sein, und jede unbefangene Prüfung irgendeines beliebigen Menschen gibt den Beweis dafür. Die Frage ist also nicht: Ist die Homosexualität Ausnahme, ist sie pervers? Davon ist nicht die Rede; sondern sie lautet: Warum ist es so schwer, dieses Phänomen der gleichgeschlechtlichen Leidenschaft unbefangen zu sehen, zu beurteilen und zu besprechen, und dann, wie kommt es, daß der Mensch trotz seiner homosexuellen Anlage es zustande bringt, auch für das entgegengesetzte Geschlecht Neigung zu empfinden?

Für die erste Frage findet sich leicht eine Antwort. Die Päderastie ist mit Zuchthaus bedroht, als Verbrechen gebrandmarkt, wird seit Jahrhunderten als schändliches Laster empfunden. Daß die große Mehrzahl der Menschen sie nicht sieht, erklärt sich aus diesem Verbot. Es ist nicht wunderbarer als die Tatsache, daß so viele Kinder die Schwangerschaften ihrer Mutter nicht sehen, daß fast alle Mütter nicht imstande sind, die Geschlechtsäußerungen der kleinen Kinder zu sehen, daß niemand den Inzesttrieb des Knaben zu seiner Mutter deutlich gesehen hat, bis Freud ihn gesehen und beschrieben hat. Wer aber doch die Verbreitung der Homosexualität kennt, ist deshalb noch längst nicht befähigt, ihr Wesen unbefangen zu beurteilen, und wer auch dazu die Kraft hat, schweigt lieber, als daß er sich auf den Kampf mit der Dummheit einläßt.

Man sollte denken, daß eine Zeit, die sich auf ihre Bildung etwas zugute tut, die, weil sie selbst nicht denkt, Geographie und Geschichte auswendig lernt, daß eine solche Zeit wissen müßte: Jenseits des Ägäischen Meeres, in Asien, beginnt das Reich der freien Päderastie, und eine so hochentwickelte Kultur wie die der Griechen ist ohne Anerkennung der Homosexualität gar nicht denkbar. Ihr müßte zum mindesten das seltsame Wort des Evangeliums von dem Jünger Christi aufgefallen sein, den Jesus lieb hatte und der an des Herrn Brust lag. Nichts von all dem. Gegen all diese Zeugnisse sind wir blind. Wir dürfen nicht sehen, was sichtbar ist.

Zunächst ist es von der Kirche verboten. Sie hat dies Verbot offenbar dem Alten Testament entnommen, dessen Geist jede Geschlechtsregung unter den Gesichtspunkt der Kindererzeugung zu bringen suchte und, als Ausfluß priesterlicher Machtgier, mit Vorbedacht die Urtriebe der Menschheit zu Sünden machte, um das bedrängte Gewissen zu unterjochen. Das war der christlichen Kirche besonders bequem, da sie mit der Verfluchung der Männerliebe die Wurzel der hellenischen Kultur treffen konnte. Sie wissen, daß sich die Stimmen mehren, die gegen die Bestrafung der Päderastie protestieren, weil man fühlt, daß hier aus vererbtem Recht längst Unrecht geworden ist.

Trotz dieser wachsenden Einsicht ist eine baldige Änderung unseres Urteils über die Homosexualität nicht zu erwarten. Das hat einen einfachen Grund. Wir alle verbringen mindestens fünfzehn bis sechzehn Jahre, meistens unser ganzes Leben, in der bewußten oder wenigstens halbbewußten Erkenntnis, homosexuell zu sein und soundso oft homosexuell gehandelt zu haben und noch zu handeln. Es geht allen, wie es mir gegangen ist, daß sie zu irgendeiner Zeit ihres Lebens eine übermenschliche Anstrengung machen, diese nach Wort und Schrift verächtliche Homosexualität zu ersticken. Nicht einmal die Verdrängung gelingt ihnen, und um das andauernde, tägliche Sichselbstbelügen durchzuführen, unterstützen sie die öffentliche Lästerung der Homosexualität und erleichtern sich so den inneren Kampf. Man macht eben bei der Betrachtung des Erlebens immer wieder dieselbe Entdeckung: Weil wir uns selbst als Diebe, Mörder, Ehebrecher, Päderasten, Lügner empfinden, eifern wir gegen Raub, Mord und Lüge, damit nur niemand, am wenigsten wir selber, zur Erkenntnis unserer Lasterhaftigkeit kommen. Glauben Sie mir:

Was der Mensch haßt, verachtet, tadelt, das ist sein ureigenes Wesen. Und wenn Sie wirklich Ernst mit dem Leben und der Liebe machen wollen, mit der Vornehmheit der Gesinnung, so halten Sie sich an den Spruch:

Schilt nicht auf mich!
Schilt nur auf dich!
Und fehle ich,
So bessre dich!

Ich kenne noch einen Grund, warum wir vor der Ehrlichkeit in homosexuellen Fragen zurückweichen, das ist unsere Stellung zur Onanie. Die Wurzel der Homosexualität ist der Narzißmus, die Selbstliebe und Selbstbefriedigung. Der Mensch, der dem Phänomen der Selbstbefriedigung unbefangen gegenübersteht, soll noch geboren werden.

Es wird Ihnen aufgefallen sein, daß ich bisher nur von der gleichgeschlechtlichen Liebe zwischen Männern gesprochen habe. Das ist begreiflich, weil ich aus einer Zeit stamme, in der man so tat – oder glaubte man es wirklich? –, daß es eine weibliche Sinnlichkeit außer bei einigen verworfenen Dirnen nicht gäbe. In dieser Hinsicht kann man das vergangene Jahrhundert beinahe spaßhaft nennen; nur sind leider die Folgen dieses Spaßes böse. Es kommt mir so vor, als ob man sich neuerlich wieder auf die Existenz von Brüsten, Scheide und Kitzler besinne und als ob man sogar den Gedanken gestatte, daß es einen weiblichen After mit Kack-, Furz- und Wollustgelegenheiten gäbe. Aber vorläufig ist das doch nur die Geheimwissenschaft der Frauen und einiger Männer. Die große Masse des Publikums scheint das Wort homosexuell von Homo = Mann abzuleiten. Daß die Liebe von Weib zu Weib alltäglich ist und sich offen vor jedermanns Augen abspielt, bemerkt man kaum. Trotzdem bleibt es eine Tatsache, daß eine Frau ohne Scheu jedes andere weibliche Wesen, wes Alters es auch sein mag, küssen und herzen darf. So etwas ist eben nicht »homosexuell«, ebensowenig wie die weibliche Onanie »Onanie« ist. So etwas gibt es ja gar nicht.

Darf ich Sie an ein kleines Abenteuer erinnern, das wir gemeinsam erlebten: Es muß etwa 1912 gewesen sein; der Kampf um die moralische Verurteilung der Homosexualität ging damals besonders hoch, weil das deutsche Strafgesetzbuch neu bearbeitet wurde; man hatte vorgeschlagen, auch das weibliche Geschlecht unter den Paragraphen 175 zu stellen. Ich war bei Ihnen, und weil wir uns ein wenig gezankt hatten, uns aber doch bald wieder versöhnen wollten, hatte ich eine Zeitschrift zur Hand genommen und blätterte darin. Es war der »Kunstwart«, und darin war ein Aufsatz, in dem eine der höchstgeachteten Frauen Deutschlands sich über weibliche Homosexualität äußerte. Sie nahm scharf gegen den Vorschlag, die Liebe von Weib zu Weib zu bestrafen, Stellung, meinte, damit werde der Aufbau der Gesellschaft in seinen Grundfesten erschüttert, jedenfalls müsse man, wenn man das Strafgesetz auf die Frauen ausdehnen wollte, die Zahl der Gefängnisse vertausendfachen. Ich schob Ihnen in der Hoffnung, ein harmloses Gesprächsthema gefunden zu haben, bei dem wir unseren gegenseitigen Groll verplaudern könnten, das Blatt hin, aber mit einem kurzen »Ich habe es schon gelesen«, wiesen Sie meine Annäherung zurück. Die Versöhnung kam dann auf andere Weise zustande, aber am selben Abend erzählten Sie mir ein kleines Geschichtchen aus Ihrer Mädchenzeit, wie Ihre Kusine Lola Ihre Brust geküßt hatte. Ich habe daraus geschlossen, daß Sie die Meinung jener Kämpferin für Straflosigkeit der sapphischen Liebe teilten.

Für mich wurde damals die Frage der Homosexualität gelöst: Dieser Angriff auf Ihre Brust machte mir auf einmal klar, daß die Natur selbst die Erotik zwischen Weib und Weib erzwingt. Denn schließlich werden kleine Mädchen nicht von ihren Vätern, sondern von den Müttern gestillt, und daß das Saugen an der Brustwarze ein Wollustakt ist, weiß jede Frau – und auch der Mann. Daß es kindliche und nicht erwachsene Lippen sind, die diese Wollust hervorrufen, macht höchstens insofern einen Unterschied, als das Kind sanfter und süßer die Brust umschmeichelt, als es der Erwachsene jemals vermag. Die Schreiberin jenes Artikels scheint mir in noch ganz anderem Sinn recht zu haben, wenn sie behauptet, die Grundfesten des menschlichen Lebens werden durch die Bestrafung der Homosexualität erschüttert, denn auf den geschlechtlichen Beziehungen von Mutter und Tochter, von Vater zu Sohn beruht die Welt.

Nun kann man ja frischweg behaupten – und tatsächlich wird es behauptet –, die Menschen seien bis zur Zeit der Pubertät, als Kinder also, samt und sonders bisexuell, um dann in ihrer großen Mehrzahl zugunsten des anderen Geschlechts auf die Liebe zum eigenen zu verzichten. Aber das ist nicht richtig. Der Mensch ist bisexuell sein Leben lang und bleibt es sein Leben lang, und höchstens erreicht dieses oder jenes Zeitalter als Konzession für eine modische Sittlichkeit hier und da, daß bei einem Teil – einem recht kleinen Teil – die Homosexualität verdrängt wird, womit sie aber nicht vernichtet, sondern nur eingeengt ist. Und ebensowenig wie es rein heterosexuelle Menschen gibt, ebensowenig gibt es rein homosexuelle. Um das Schicksal, neun Monate lang im Bauch einer Frau zu stecken, kommt selbst der leidenschaftlichste Urning nicht herum.

Die Ausdrücke »homosexuell« und »heterosexuell« sind eben Worte, Kapitelüberschriften, unter die jeder schreiben kann, was er will. Irgendein fester Sinn liegt nicht darin. Es ist Stoff zum Schwatzen.

Viel merkwürdiger als die Liebe zum eigenen Geschlecht, die ja als unbedingte Notwendigkeit aus der Selbstliebe folgt, ist es für mich, wie die Liebe zum fremden Geschlecht zustandekommt.

Bei dem Knaben scheint mir die Sache einfach zu liegen. Der Aufenthalt im Mutterleib, die langjährige Abhängigkeit von der weiblichen Pflege, alle die Zärtlichkeiten, Freuden, Genüsse und Wunscherfüllungen, die ihm nur die Mutter gibt und geben kann, sind ein so starkes Gegengewicht gegen den Narzißmus, daß man nicht weiter zu suchen braucht. Aber wie kommt das Mädchen zum Anschluß an das männliche Geschlecht? Ich fürchte, die Antwort, die ich darauf gebe, wird Ihnen ebensowenig genügen, wie sie mir genügt. Oder, um es noch deutlicher zu sagen, ich weiß keinen ausreichenden Grund zu nennen. Und da ich eine nicht unbegründete Abneigung habe, mit dem Wort Vererbung zu spielen, da ich von der Vererbung nicht mehr weiß, als daß sie existiert, und zwar in ganz anderer Weise existiert, als man gewöhnlich annimmt, sehe ich mich genötigt zu schweigen. Nur einige Fingerzeige möchte ich geben. Zunächst läßt sich feststellen, daß die Vorliebe des Töchterchens für den Vater sehr früh entsteht. Die Bewunderung für die überlegene Kraft und Größe des Mannes müßte, wenn sie eine der Urquellen der weiblichen Heterosexualität ist, als ein Zeichen originaler Urteilskraft des Kindes aufgefaßt werden. Aber wer soll feststellen, ob diese Bewunderung ursprünglich ist oder erst im Lauf der Zeit eintritt? Genau dieselbe Unklarheit stört mich einem zweiten Faktor gegenüber, der später die Beziehung des Weibes zum Mann stark beeinflußt, dem Kastrationskomplex. Irgendwann entdeckt das kleine Mädchen den Mangel, den sie von Natur hat, und irgendwann – gewiß sehr früh – gibt sich der Wunsch kund, sich das männliche Glied wenigstens durch Liebe zu leihen, wenn es durchaus nicht wachsen will. Gälte es, die weibliche Heterosexualität aus dem Verlauf der ersten Lebensjahre abzuleiten, so wäre es leicht, ausreichende Gründe dafür zu finden. Aber die Zeichen der Bevorzugung des Mannes, der sexuellen Bevorzugung, treten in so jungen Tagen auf, daß sich mit derlei Gedankenspielen nicht viel erreichen läßt.

Ich merke, daß ich anfange zu faseln, will Ihnen also lieber statt aller Gelehrtheit noch etwas von mir selber und von der Zahl Dreiundachtzig erzählen. Im Jahr 83 fiel das ominöse Wort über die Onanie, von dem ich berichtete, bald darauf erkrankte ich an Scharlach, und als ich genesen war, befiel mich die große Leidenschaft für den Knaben, mit dem ich im Kreuzgang herumging und den ich küßte. Ich habe Ursache, das Jahr 83 in meinem Unbewußten aufzubewahren.

Eine andere Kleinigkeit muß ich noch nachholen. Ich sagte Ihnen von den Ohnmachten meines ältesten Bruders, die ich als besonders wichtig für die Ausbildung meiner Homosexualität betrachte. Eine dieser Ohnmachten, die mir am deutlichsten im Gedächtnis geblieben ist, fand auf dem Klosett statt. Die Tür mußte aufgebrochen werden, und sowohl die Gestalt meines Vaters mit der Axt in der Hand wie die meines bewußtlos dasitzenden, nach hinten gesunkenen Bruders mit dem entblößten Unterleib sind mir noch ganz gut erinnerlich. Wenn Sie bedenken, daß das Aufbrechen der Tür die Symbolik des geschlechtlichen Eindringens in einen Menschenleib enthält, daß sich hier also für mein symbolisches Empfinden der Akt zwischen Mann und Mann vollzog, daß weiterhin die Axt den Kastrationskomplex aufwühlte, haben Sie Anknüpfungspunkte für allerlei Überlegungen. Zum Schluß gebe ich Ihnen noch zu erwägen, daß auch die Gleichsetzung von Entbindung und Kotentleerung in Kraft trat und daß das Klosett der Platz ist, an dem das Kind seine Beobachtungen über die Geschlechtsteile der Eltern und Geschwister, speziell des Vaters oder älteren Bruders anstellt. Das Kind ist gewöhnt, von Erwachsenen dorthin begleitet zu werden, erlebt oft genug, daß der Begleiter sein Geschäft gleichzeitig besorgt, und gewöhnt sein Unbewußtes daran, Klosett und Sehen nach den Geschlechtsteilen zu identifizieren, ähnlich wie er später Klosett und Onanie zusammen in eine Schublade der Verdrängung tut. Sie werden ja auch wissen, daß der Homosexuelle besondern gern öffentliche Bedürfnisanstalten aufsucht. Alle sexuellen Komplexe stehen eben in engem Verwandtschaftsverhältnis zur Kot- und Urinentleerung.

Es fällt mir auf, daß ich meine Betrachtungen über die Entstehung der Heterosexualität mit Erinnerungen an meine Brüder und an Afterkomplexe unterbrochen habe. Der Grund dafür liegt im heutigen Datum. Es ist der 18. August. Seit etwa vier Wochen erzählt mir jener Kranke, der mich an meinen Bruder erinnert, daß vom 18. August an seine Behandlung keine weiteren Fortschritte machen werde. Tatsächlich ist heute auch eine Verschlimmerung seines Leidens eingetreten. Leider weiß er mir die Ideen seines Unbewußten, die den 18. August für ihn kritisch machen, nicht anzugeben, ich meinerseits aber fühle mich unbehaglich, weil ich den Grund seines Widerstandes nicht kenne und allerlei Schwierigkeiten für die nächste Zeit voraussetze.

Die Frage, wie die Neigung des kleinen Mädchens zum Mann entsteht, ist für mich vorläufig unlösbar, und ich überlasse sie Ihnen zur Beantwortung. Meinerseits möchte ich die Vermutung aussprechen, daß die Frau in ihrer Erotik viel freier der Tatsache der zwei Geschlechter gegenübersteht; es kommt mir vor, als ob sie ein ziemlich gleiches Quantum Liebesfähigkeit für ihr eigenes und für das entgegengesetzte Geschlecht habe, das sie je nach Bedürfnis ohne große Schwierigkeiten gebrauchen kann. Mit anderen Worten, mir scheint, daß bei ihr weder die Homosexualität noch die Heterosexualität tief verdrängt wird, daß dieses Verdrängte ziemlich oberflächlich liegenbleibt.

Es ist immer mißlich, Qualitätsgegensätze zwischen Mann und Frau anzunehmen; man darf dabei nicht vergessen, daß es im wirklichen Sinn weder Mann noch Frau gibt, jeder Mensch vielmehr eine Mischung von Mann und Weib ist. Unter dieser Einschränkung bin ich geneigt zu behaupten, daß die Frage der Homosexualität oder Heterosexualität im Leben des Weibes wenig zu bedeuten hat.

Ich füge noch eine weitere Vermutung hinzu: Daß die Bindung an das eigene Geschlecht beim Weib stärker ist als beim Mann, was mir tatsächlich bewiesen ist, erklärt sich daraus, daß die Selbstliebe und die Liebe zur Mutter zum gleichen Geschlecht treiben. Demgegenüber steht, soviel ich sehe, nur ein wichtiger Faktor, der zum Mann hinführt, der Kastrationskomplex, die Enttäuschung, Mädchen zu sein und der darausfolgende Haß gegen die Gebärerin und der Wunsch, Mann zu werden oder wenigstens einen Knaben zu gebären.

Beim Mann ist die Sache anders. Bei ihm handelt es sich, glaube ich, gar nicht allein um die Frage der Homosexualität oder Heterosexualität, sondern mit dieser Frage ist unlösbar verschmolzen die Frage des Mutterinzestes. Der Trieb, der verdrängt wird, ist die Leidenschaft für die Mutter, und diese Verdrängung reißt unter Umständen die Neigung für die Frauen mit sich in die Tiefe. Vielleicht mögen Sie davon später mehr hören? Es sind leider nur Vermutungen.

Patrik

Das ist kein übler Gedanke, die Briefe zu veröffentlichen. Dank, liebe Freundin, für die Anregung! Freilich, halb haben Sie mir die Lust dazu wieder genommen. Denn wenn Sie es wirklich ernst meinen, daß ich sie überarbeiten soll, lasse ich mich nicht darauf ein; ich habe Arbeit genug in meinem Beruf. Die Schreiberei an den Briefen betreibe ich zu meinem Vergnügen, und Arbeit ist kein Vergnügen für mich.

Aber ich hoffe, es ist nicht Ihr Ernst. Ich kann mir lebhaft vorstellen, wie wichtig Sie es nahmen, als Sie mir von den Fehlern und Übertreibungen, Widersprüchen und unnötigen Witzen schrieben, die nett im freundschaftlichen Verkehr, aber in der Öffentlichkeit unmöglich sind; das ist solch Rückfall in die Zeit, wo Sie Ihr Lehrerinnenexamen gemacht hatten. Ich habe es immer sehr gern gemocht, wenn Sie auf einmal würdig wurden; mir war dann, als ob Sie demnächst warnend den Zeigefinger erheben würden, ich legte in fröhlicher Spottphantasie Ihre rechte Hand auf den Rücken, tat in Gedanken einen Rohrstock hinein und setzte Ihnen eine Brille auf die Nase. Und dann kam mir diese ins Weibliche, Liebreizende übertragene Lehrer-Lämpel-Figur so unwiderstehlich vor, daß ich Sie absichtlich eine ganze Weile weiterdozieren ließ, nur um mich am Kontrast Ihres Wesens und Ihres Scheines zu ergötzen. Heute aber will ich auf Ihre ernsthafte Mahnung ernsthaft eingehen.

Warum soll ich meinen Mitmenschen die Freude verderben, Fehler in diesen Briefen zu finden? Ich weiß, wie unerträglich untadelige Menschen wirken – bei uns Trolls wurden sie Preßengel genannt –, ich weiß, wieviel Vergnügen es mir macht, irgendwo eine Dummheit zu entdecken, und ich bin nicht lieblos genug, das anderen Leuten zu mißgönnen. Außerdem bilde ich mir ein, so viel Brauchbares zu geben, daß es auf das Unbrauchbare nicht ankommt. Ich will oder ich muß mir das einbilden, sonst geht die Selbstanbetung verloren, und ohne die mag ich nicht leben. Es ist derselbe Vorgang, wie ich ihn bei der Besprechung von Ausschlägen im Gesicht, von Gestank aus dem Mund zu deuten versuchte. Man weiß nicht genau, ob eine Neigung erwidert wird, möchte es gern wissen und schafft sich deshalb irgend etwas

Abstoßendes an. »Gefalle ich meiner Angebeteten auch mit einer verschnupften Nase oder mit Schweißfüßen, dann ist ihre Liebe echt«, so denkt das Es. So denkt die Braut, wenn sie Launen hat, so denkt der Bräutigam, wenn er Wein trinkt, ehe er zur Geliebten geht, so denkt das Kind, wenn es ungezogen ist, und so denkt mein Es, wenn es Fehler in meine Arbeiten hineinsetzt. Ich werde die Fehler stehenlassen, wie sie in meinen früheren Veröffentlichungen trotz freundschaftlicher und feindschaftlicher Mahnungen stehengeblieben sind.

Vor einigen Jahren schickte ich einmal ein Manuskript an einen guten Freund, auf dessen Urteil ich viel gab. Er schrieb mir einen reizenden Brief mit vielen Lobeserhebungen, meinte aber, das Ding sei viel zu lang und viel zu derb. Es schaue aus wie ein Embryo mit unheimlich stark entwickelten Geschlechtswerkzeugen. Ich solle kürzen, kürzen, kürzen, dann werde es ein schönes Kind sein. Und um zu erfahren was ich wegstreichen müsse, solle ich es machen wie jener Mann, der gern freien wollte. Wenn er merkte, daß er nahe daran war, sich zu verlieben, richtete er es so ein, daß er sofort nach der präsumptiven Herrin seines Herzens auf das Klosett ging. »Riecht es mir lieblich, wie frisch gebackener Kuchen, so liebe ich sie. Stinkt es, so lasse ich sie laufen.« Ich habe nach dem Rezept meines Freundes gehandelt, aber alles, was ich geschrieben hatte, roch mir nach Kuchen, und ich habe nichts gestrichen.

Ich will Ihnen einen Vorschlag machen. Wir lassen die Dummheiten ruhig stehen, Sie schreiben mir aber jedesmal, wenn Sie einen Fehler finden. Ich werde dann ein paar Briefe später den Fehler korrigieren. Dann hat der gewissenhafte Leser mit der Lehrer-Lämpel-Attitüde seinen Spaß, und ein paar Seiten später beim Lesen der Verbesserung ärgert er sich, und wir haben unseren Spaß. Abgemacht?

Nun also zu den Fehlern, die ich durchaus wegschaffen soll. Zunächst ist die Geschichte von Evas Erschaffung. Sie hat von vornherein Anstoß bei Ihnen erregt. Und jetzt fahren Sie gar das schwere Geschütz der Wissenschaft auf und beweisen mir, daß diese Sage nicht aus der Volksseele stammt, sondern der absichtlichen Bearbeitung des Alten Testaments durch Priester ihr Dasein verdankt. Vermutlich haben Sie damit recht; wenigstens habe ich es so auch einmal gelesen. Aber es hat mich kalt gelassen wie vieles andere. Für mich ist die Bibel ein unterhaltendes, nachdenkliches Buch mit schönen Geschichten, die doppelt merkwürdig sind, weil man jahrtausendelang an sie geglaubt hat und weil sie für die Entwicklung Europas unermeßlich viel und für jeden einzelnen von uns ein Stück Kindheit bedeuten. Wer diese Geschichten erfunden hat, interessiert meine historische Wißbegierde, den Menschen in mir berührt es nicht.

Ich gebe zu, die Priester haben die Geschichten erfunden. Darin haben Sie recht. Nun ziehen Sie aber daraus den Schluß, diese Schöpfungssage könne nicht, wie es von mir versucht worden ist, als Beweis für die Kindertheorie benutzt werden, daß das Weib durch Kastration aus dem Mann entsteht. Darin haben Sie unrecht. Ich wage nicht zu behaupten, daß das Kind von Anfang an die Idee der Kastrationsschöpfung hat, halte es vielmehr für wahrscheinlich, daß es ursprünglich zum mindesten den Geburtsmechanismus so genau kennt, wie er durch Selbsterleben kennengelernt werden kann. Auf diese ursprüngliche Kenntnis wird dann, genau wie es im Alten Testament geschehen ist, die Kastrationsidee von den Kindheitspriestern, Eltern und sonstigen Weisen, aufgepfropft, und wie die jüdisch-christliche Menschheit jahrtausendelang das Kunstmärchen der Priester geglaubt hat, so glaubt das Kind das Kunstmärchen seiner eigenen Beobachtung und der erziehenden Lüge. Und wie der Glaube an die Erschaffung Evas aus Adams Rippe an der tausendjährigen Mißachtung des Weibes mit all seinen bösen und guten Folgen mitgewirkt hat und mitwirkt, so gestaltet der Kastrationsglaube an unserer eigenen Seele stetig weiter bis an unser Ende. Mit anderen Worten: Es ist ziemlich gleichgültig, ob eine Idee selbständig wächst oder von außen aufgezwungen wird. Es kommt darauf an, ob sie bis in die unbewußten Tiefen sich ausbreitet.

Bei dieser Gelegenheit will ich auch über die Erschaffung Adams ein Trollwort sagen. Er wird, wie Sie wissen, dadurch beseelt, daß Jehova ihm lebendigen Odem in die Nase bläst. Dieser eigentümliche Weg durch die Nase ist mir immer aufgefallen. Danach, so sagte ich mir, muß es etwas Riechendes sein, was Adam Leben gibt. Was das für ein Riechendes war, wurde mir klar, als ich Freuds Erzählung vom kleinen Hans las. Mir wurde es klar, aber Sie brauchen meine Erklärung nicht anzunehmen. Der kleine Hans ist – in seiner kindlichen Weise – der Ansicht, daß der »Lumpf«, die Stuhlgangswurst, ungefähr dasselbe ist wie ein Kind. Ihr ergebener Troll hat die Idee, daß jene alte Gottheit den Menschen auch aus seinem Lumpf schuf, daß das Wort »Erde« nur aus Schicklichkeitsgründen an die Stelle des Wortes »Kot« gesetzt wurde. Der lebendige Odem würde dann, mitsamt seinem belebenden Duft, aus derselben Öffnung geblasen worden sein, aus der der Kot kam. Schließlich ist ja wohl auch das Menschengeschlecht einen Furz wert.

Wie ist es nun, verehrte Freundin, habe ich in die Erzählung vom Adam die Kindertheorie von der Geburt aus dem After hineingedeutet, oder ist sie aufgrund der ungemeinen Erleichterung, die auch die Dichter der Bibel wie jeder andere nach der Entleerung empfinden, gewachsen?

Der zweite Fehler, auf den Sie mich aufmerksam machen, hat mich nachdenklich gemacht. Er wäre leicht zu entfernen, aber ich lasse auch ihn stehen. Lassen Sie mich sagen, weshalb. Ich habe bei der Besprechung des Kastrationskomplexes eine Episode aus dem Reineke Fuchs erzählt und habe dabei Isegrim dem Wolf eine Rolle zugeschrieben, die eigentlich Hinz der Kater hat. Die Ursachen dieser Verwechslung sind, glaube ich, verwickelt. Ich zweifle, ob ich sie entwirren kann.

Eins ist ohne weiteres klar: Der Wolfkomplex in mir ist so mächtig, daß er Dinge an sich reißt, die gar nicht dazugehören. Zur Ergänzung dessen, was ich darüber schon gesagt habe, erzähle ich ein Abenteuer aus meiner Kindheit. Lina und ich haben einmal – wir werden zehn und elf Jahre alt gewesen sein – zusammen mit einigen Freunden das Tiecksche Rotkäppchen aufgeführt. Mir war die Rolle des Wolfs zuerteilt, und ich habe sie mit besonderer Passion gespielt. Unter den Zuschauern befand sich ein kleines fünfjähriges Mädchen, Paula genannt. Ich habe diese Paula, die ein besonderer Günstling meiner Schwester war, gehaßt, und es war mir eine Genugtuung, daß sie während der Vorstellung aus Angst vor dem Wolf zu heulen anfing. Das Spiel mußte unterbrochen werden, ich ging zu ihr, nahm die Wolfsmaske ab und beruhigte sie. Es ist das erste Mal gewesen, daß sich jemand vor mir gefürchtet hat, und auch meines Wissens das erste Mal, daß ich Schadenfreude empfand. Und es war der Wolf, der Furcht einflößte. Das Ereignis ist mir im Gedächtnis geblieben, wohl auch deshalb, weil unter den Mitspielern außer meiner Schwester die mehrfach erwähnte Alma und ein Namensvetter von mir, Patrik, war, bei dem ich die erste Erektion gesehen habe.

Dieser Namensvetter war eigentlich ein Kamerad meines Bruders Wolf, also einige Jahre älter als ich. Er war jedoch aus irgendwelchen Gründen in der Vorschule, die ich besuchte, geblieben, als Wolf zum Gymnasium überging. Wir Jungen badeten damals viel im Sommer und hatten alle zusammen eine Badekabine. In der führte uns der Namensvetter die Erektion vor, hat wohl auch irgendwie Onaniebewegungen gemacht, wenigstens wies er auf ein helles fadenziehendes Sekret hin, das in einem Tropfen aus der Harnröhre hing und von dem er behauptete, es sei der Vorläufer der Samenergießung, für die er bald reif genug sei. Für meine Erinnerung ist dieses Vorkommnis dunkel geblieben, ich habe die Empfindung, als hätte ich die ganze Sache nicht verstanden, ihr nur unbehelligt als irgend etwas Neuem zugeschaut. Dagegen ist mir eine andere Spielerei noch lebhaft in Erinnerung. Der Namensvetter schlug Glied und Hodensack nach hinten, klemmte sie zwischen die Schenkel und behauptete nun ein Mädchen zu sein. Ich habe das oft selbst vor dem Spiegel wiederholt und jedesmal ein seltsames Wollustgefühl dabei gehabt. Ich halte das Ereignis für besonders wichtig, weil es den Kastrationswunsch ohne Beimengung von Angst rein zeigt. Für mich persönlich habe ich niemals an diesem Kastrationswunsch zweifeln können; das beweisen hier und da auftretende Phantasien, in denen ich mir die Empfindung des Weibes während des Beischlafs vorzustellen suchte: wie das Glied in die enge Öffnung eingeführt wird und darin hin und her bewegt wird und was für Gefühle das auslöst. Aber ich habe auch seit jenem Tag mit der Mädchenwerdung des Namensvetters auf andere Männer geachtet und feststellen können, daß der angstlose Wunsch, Mädchen zu sein, allen Männern gemeinsam ist. Man braucht dazu nicht langwierige Forschungen anzustellen. Man braucht nur ein wenig die Liebesspiele zwischen Mann und Weib zu beobachten, dann weiß man, daß die Variation, bei der der Mann unter dem Weib liegt, überall gelegentlich vorkommt, wie denn an dem sogenannten normalen Geschlechtsakt, dem zuliebe alles andere pervers genannt worden ist, auf die Dauer wohl noch nie ein Menschenpaar festgehalten hat. Hält man es der Mühe für wert, sich näher mit dem Gegenstand zu beschäftigen – und wenigstens der Arzt sollte so viel Wißbegierde aufbringen –, so wird man leicht ähnliche bewußte Phantasien bei Freunden und Bekannten finden, wie ich sie vorhin erzählte, und wenn es wirklich einmal vorkommt, daß solche weiblichen Wünsche ganz aus dem Bewußtsein verdrängt sind, genügt es, diese normal Sexuellen zu einer Analyse ihres Verhaltens beim Essen, noch mehr beim Trinken, beim Zähnebürsten, beim Reinigen der Ohren zu bringen. Die Assoziationen springen dann bald zu allerlei Gewohnheiten über, zum Rauchen, zum Reiten, zum Bohren in der Nase und anderen Dingen. Und wo all das versagt, weil der Widerstand des Männlichscheinenwollens zu groß ist, gibt es die Alltagsformen der Erkrankungen, die Verstopfungen mit ihrem lustbefriedigenden Hindurchpressen des Kots durch die Afteröffnung, die Hämorrhoiden, die den Kitzel an dieser Pforte des Leibes lokalisieren, die Auftreibung des Bauches mit ihrer Schwangerschaftssymbolisierung, das Klistier, die Morphiuminjektion und die tausendfältige Verwendung des Impfens, wie es in unserem Verdrängungszeitalter Mode geworden ist, der Kopfschmerz mit seiner Verwandtschaft zu den Wehen, das Arbeiten und Schaffen am Werk, am Geisteskind des Mannes. Stellen Sie meine Behauptung auf die Probe, bestürmen Sie hier, bestürmen Sie dort die Widerstände des Menschen, eines Tages – meist sehr bald – kommt die Erinnerung, wird bewußt, was verdrängt war, und es heißt dann wie bei uns weniger Normalen: »Ja, ich habe an der Brust eines Weibes gesogen, und wenn ich es nicht wirklich tat, so stellte ich es mir doch vor; ja, ich habe den Finger in den After eingeführt, und es war nicht nur der Juckreiz, den ich beschwichtigen wollte; ja, ich weiß, daß in mir der Wunsch wachwerden kann, Weib zu sein.«

Aber ich schwatze und gebe nicht Auskunft, warum ich anstelle des Katers den Wolf zum Kastrator machte und warum aus dem Pfarrer, der in jener Szene des Reineke Fuchs der Geschlechtsteile beraubt wird, ein Bauer werden mußte.

Für die zweite Verwechslung ist der Grund leicht zu erraten. Vom Pfarrer zum Pater, Vater, der kastriert werden soll, ist nur ein Schritt, und an das Wort Pater reiht sich Patrik des Klanges wegen. Die Bedrohung der eigenen Person durch die Zähne des Tiers nötigte mich zur Verdrängung und zum Gedächtnisfehler. Der sonderbare Humor des Es zeigt sich dabei. Es läßt zu, daß meine Angst den Pater-Patrik beseitigt, zwingt mich aber dazu, statt seiner einen Bauern zu nehmen und Georg – Bauer – ist, wie Sie wissen, mein zweiter Taufname. So verspotten wir uns selber.

Warum habe ich aber den harmlosen Kater und Mäusefänger in den weit gefährlicheren Wolf verwandelt? Pater und Kater, das reimt sich, und wer wie Sie reimlustig ist, dichtet dazu Vater, und das Unbewußte ist oft reimlustig. Der Vater also wurde verdrängt. Der ist freilich furchtbarer als der Wolf. Er hatte Messer genug, denn er war Arzt, und während Bruder Wolf höchstens ein Taschenmesser führte, stand des Sonntags neben Papas Teller ein ganzes Besteck mit Bratenmessern, deren einige böse Ähnlichkeit mit dem Messer des Menschenfressers hatten. Er hätte leicht auf die Idee kommen können, auch einmal an meinem Schwänzchen die Schärfe dieses Messers zu erproben; wenn er sie eine Weile am unteren Tellerrand gewetzt hatte, sah es gefährlich aus. Nun fällt mir auch ein, warum er mir wie ein Kater vorkam. Irgendeine Anbeterin hatte seine schönen Beine gelobt und ihr zu Gefallen stolperte er in hohen Stiefeln umher. »Der gestiefelte Kater«, das war er und den las ich damals mit besonderer Vorliebe, hatte auch gerade eine Serie kleiner Stammbuchbilder mir erschmuggelt, in denen das Märchen schön bunt dargestellt war.

Nun ist die Sache klar: Für den, der in der Kastrationsangst steckt, ist der Vater schlimmer als der Bruder, das Katzentier, das er täglich sieht, schlimmer als der Wolf, den er nur vom Hörensagen aus »Märchen« kennt. Und dann, der Wolf frißt nur Schafe, und für dumm hielt ich mich weder damals noch jetzt, der Kater aber frißt Mäuse – auch in der Reineke-Fuchs-Sage tut er es –, und der kastrationsbedrohte Teil, das Schwänzchen, ist eine Maus, die ins Loch schlüpft, die Angst jeder Frau vor der Maus beweist das; die Maus kriecht unter die Röcke, will in das dort verborgene Loch.

Hinter dieser Angst, daß der gestiefelte Vater mein Mäuschen fressen könnte, ist noch etwas anderes verborgen, etwas Teuflisches, Furchtbares. Jener »gestiefelte Kater« bezwingt den Zauberer, der sich in einen Elefanten verwandelt und dann in eine winzige Maus. Die Symbole der Erektion und Erschlaffung sind deutlich, und da ich in jenem Alter, wo ich das Märchen las und die Kaulbachsche Illustration des Reineke sah, gewiß nicht aus eigener körperlicher Erfahrung diese Phänomene kannte, liegt mir der Schluß nahe, daß der Zauberer, der sich in Rüsseltier und Maus verwandelt, mein Vater war, sein Schloß und Reich die Mutter und der gestiefelte Kater ich selbst, so wie ich selber auch der Besitzer des Katers, der jüngste Sohn des Müllers, war. Da ich einsah, daß ich den ganzen Menschen in seiner Elefantengröße nicht vernichten könne, schien es mir ratsam, wenigstens das symbolische Väterchen, die Maus, das Glied des Vaters, zu verschlingen. Und wirklich schwebt mir vor, als ob ich in jener Zeit die ersten Stulpenstiefel in meinem Leben getragen hätte. In dem Märchen sowie in dem Bild lag für mich die eigene Kastration und, viel gräßlicher noch, der verbrecherische Wunsch, die Maus des Vaters zu verschlingen, um in den Besitz der Mutter zu gelangen; beides wurde verdrängt, und übrig bleibt die harmlose Rivalität mit dem Bruder Wolf. Damit kommt auch die Verwandlung des Pfarrers-Pater in den Bauer-Georg in ein neues Licht. Der Wunsch, den Pater, den Vater zu kastrieren, wird sicher mit der eigenen Kastration bestraft. Mein Es, das scheint's ein leidlich empfindliches Gewissen hat, verdrängte das Verbrechen und ließ die Sühne bestehen, machte also den Wunsch so gut wie möglich ungeschehen.

Darf ich Ihre Aufmerksamkeit nun noch einen Augenblick auf die Stiefel richten; sie kommen auch beim Däumlingsmärchen vor und sind wohl als das Symbol der Erektion zu betrachten. Nun dürfen Sie aussuchen, welche Deutung Ihnen behagt. Zunächst könnten die Stiefel die Mutter sein, sind es auch nach meiner Meinung, die Mutter, weiterhin das Weib, das in After- und Scheidenöffnung zwei Stiefelschäfte besitzt. Es können auch die Hoden sein in ihrer Paarigkeit, die Augen, die Ohren, vielleicht auch die Hände, die im vorbereitenden Spiel den Siebenmeilenschritt zur Erektion und zur Onanie ausführen.

Damit bin ich bei dem dritten Verdrängungsgrund, der Onanie, einem ganz persönlichen Verdrängungsgrund, der im Märchen keine Stütze findet, wohl aber im eigenen Erlebnis. In jener Zeit habe ich erfahren, daß der Kater ab und zu seine eigenen Kinder auffrißt. Bin ich der Kater, so ist mein eigenes Kind mein Schwänzchen gewesen, das durch das Stiefelspiel beider Hände bei der Onanie das Mäuschen dem Untergang weiht. Üble Gewohnheit.

Sie sehen, wenn ich mir Mühe gebe, kann ich leidlich scheinende Gründe für meinen Irrtum erfinden. Aber mir widerstrebt solches Verfahren. Ich nehme für mich das Recht in Anspruch zu irren, schon deshalb, weil ich die Wahrheit und Wirklichkeit für zweifelhafte Güter halte.

Alles Gute Ihnen und den Ihren

Patrik

29

Sie antworten nicht, liebe Freundin, und ich tappe im dunkeln, ob Sie böse sind oder, wie es so schön heißt, keine Zeit haben. Ich werde auf gut Glück fortfahren, Ihnen von den Tieren zu erzählen, wenn ich auch noch nicht weiß, ob Sie die Veröffentlichung der Briefe mit Fehlern billigen.

Ich berichtete Ihnen von Ihren Empfindungen beim Anblick einer Maus, habe aber nur die Hälfte davon gesagt. Wenn die Maus nur das Unter-die-Röcke-Fahren bedeutete, wäre die Angst nicht so über Maßen groß, wie sie wirklich ist. Die Maus ist als naschendes Tier das Symbolwesen der Onanie und folgerichtig auch das der Kastration. Mit anderen Worten, das Mädchen hat die vage Idee: Dort läuft auf vier Beinen mein Schwänzchen umher; zur Strafe ward es mir weggenommen, zur Strafe mit eigenem Leben beseelt.

Da haben Sie ein Stück Gespensterglauben, Aberglauben. Wenn man der Entstehung von Spukgeschichten nachgeht, stößt man sehr bald auf das erotische Problem und die Schuld.

Diese eigentümliche Symbolisierung der Maus als frei herumhuschendes Glied bringt mich auf ein der Maus verwandtes Tier, die Ratte, die neben Wolf und Kater als Kastratorsymbol auftritt. Merkwürdigerweise ist diese Symbolform die fürchterlichste und abstoßendste von den dreien. An und für sich ist die Ratte weniger gefährlich als der Wolf und auch als der Kater. Aber sie vereinigt in sich beide Kastrationsrichtungen, die gegen das Kind und die gegen den Vater. Weil sie in allem, was vorragt, herumknabbert, ist sie dem Kind für Nase und Schwänzchen gefährlich, nach Form und Wesen aber ist sie der personifizierte, abgeschnittene Schwanz des Vaters, das Gespenst des frevelhaften Wunsches gegen die Mannheit des Vaters. Und weil sie sich in alles einmischt und in jedes Dunkel eindringt, ist sie gleichzeitig die symbolische Schuld und die zudringliche Neugier der Eltern. Sie lebt im Keller, der Gosse, im Weib. Verhaßt, verhaßt.

Im Dunkel des Kellers lebt auch die Kröte, feucht anzufühlen und quabblig. Und der Volksglaube hält sie für giftig. Kleine Kröte, nette Kröte, das ist etwas, was nicht fürs Tageslicht taugt, das kleine Tierchen des älteren Backfisches, das noch nicht die stetige Wärme der Liebe hat, nur von versteckter Begierde feucht ist. Ihr reiht sich im Gegensinn des Symbols das naschende Mäuschen an, mit seinem samtenen Fellchen, das frühreife Mädchen, das dem Speck nachgeht. Und gleich daneben taucht, von allen Sprachen verwendet, das Wort Kätzchen auf als Bezeichnung des weichen Lockenpelzchens an der weiblichen Scham, als Ausdruck für den Schamteil selbst und für das schmiegsame Weib, chat noir, die Katze, die das Mäuschen fängt, damit spielt und es frißt, genau wie die Frau mit ihrem hungrigen Schamteil das Mäuschen des Mannes verschlingt.

Sahen Sie schon einmal die kindischen Zeichnungen des weiblichen Geschlechtsteils, die halbwüchsige Knaben an Wänden und Bänken in alberner Begierde anbringen? Da haben Sie die Entstehung des Ausdrucks »Käfer« für das liebende Mädchen vor Augen, aber auch das wird klar, warum die Spinne als Schmähwort für das Weib gebraucht wird, die Spinne, die Netze baut und der Fliege das Blut aussaugt. Das bekannte Spinnensprichwort: matin chagrin, soir espoir, malt die Stellung von Frauen zu ihrer Sexualität; je heißer die Glut der Liebesnacht ist, um so verzagter blickt sie beim Erwachen nach dem Mann, was der von dem Toben wohl denkt. Denn immer stärker zwingt das Leben dem Weib einen Seelenadel auf, der alle Wollust zu verdammen scheint.

Die Symbole sind zweideutig: Der Baum ist, wenn Sie den Stamm betrachten, Phallussymbol, ein sehr anständiges, von der Sitte erlaubtes; denn selbst das prüdeste Fräulein scheut sich nicht, den Stammbaum ihres Geschlechts an der Wand zu betrachten, obwohl sie wissen muß, daß ihr die hundert Zeugungsorgane all ihrer Vorfahren in strotzender Kraft aus dem Bild entgegenspringen. Der Baum wird aber zum Weibessymbol, sobald der Gedanke an die Frucht auftritt, wird »die Eiche«, »die Buche« – ehe ich es vergesse: Seit einigen Wochen betreibe ich den Spaß, alle Bewohner meiner Klinik zu fragen, was für Bäume neben dem Eingang stehen. Bisher habe ich noch keine richtige Antwort bekommen. Es sind »Birken«; an ihnen wächst das Reis, aus dem man die Rute bindet, die gefürchtete und noch mehr begehrte; denn in all den tausendfachen Unarten der Kinder und Großen lebt die Sehnsucht nach dem brennenden Rot des Schlagens. Und am Eingangstor, so daß jeder drüber stolpert, steht ein Eckstein, rund und ragend wie ein Phallus; den sieht auch niemand. Er ist der Stein des Anstoßes und Ärgernisses.

Verzeihung für die Unterbrechung. Auch andere Symbole sind doppeldeutig, das Auge ist es, das Strahlen empfängt und Strahlen ausschickt, die Sonne, die in Fruchtbarkeit Mutter, im goldgelben Strahl Mann und Held ist. So ist es auch mit den Tieren, dem Pferd vor allem, das bald als Weib gilt, auf dem man reitet, das in der Schwangerschaft die Frucht des Leibes fortbewegt, bald als Mann, der die Last der Familie mit sich trägt und auf dessen Schultern und Knien das jubelnde Kind dahintrabt.

Diese doppelte Symbolverwendung der Tiere unterstützt ein seltsames Verfahren meines Unbewußten, das dem Kastrationskomplex entstammt. Wenn ich an einem mit Rindern bespannten Karren vorübergehe und hinschaue, weiß ich nicht, sind es Kühe oder Ochsen, die da ziehen. Ich muß erst eine ganze Weile suchen, ehe ich die Unterscheidungsmerkmale finde. So geht es nicht nur mir, so geht es vielen, vielen Menschen, und die Leute, die erkennen können, ob sie einen männlichen Kanarienvogel oder ein Weibchen vor sich haben, sind geradezu selten. Bei mir geht es ein bißchen weit. Wenn ich einen Hühnerhof sehe, kann ich den großen Hahn von seinen Hennen unterscheiden, sind junge Hähnchen dabei, so gelingt mir diese Unterscheidung schwer, und wenn ich einem vereinzelten Huhn begegne, muß ich mich auf das Raten verlegen, was sein Geschlecht ist. Ich besinne mich nicht, jemals mit Bewußtsein einen Hengst, Bullen oder Widder gesehen zu haben, für mich ist ein Pferd eben ein Pferd, ein Ochse ein Ochse, ein Schaf ein Schaf, und wenn ich theoretisch weiß, was eine Stute oder ein Wallach, ein Schaf oder ein Hammel ist, so kann ich diese Kenntnis praktisch doch nicht ohne weiteres verwerten, vermag auch nicht festzustellen, wie und wann ich meine theoretischen Kenntnisse erworben habe. Offenbar wirkt da ein altes Verbot nach, das sich mit einer bewußtseinslosen Angst vor der eigenen Entmannung verbindet. Ich bin in dem stattlichen Alter von vierundfünfzig Jahren in den Besitz eines schönen Katers gelangt. Schade, daß Sie das Erstaunen nicht miterlebt haben, das mich beim Gewahrwerden seiner Hoden befiel.

Damit bin ich wieder bei der Kastration angelangt und

muß noch zwei Worte über einige symbolisch verwendete Tiere sagen, die im Dunkel der Menschenseele ein seltsames Leben haben. Besinnen Sie sich darauf, wie wir gemeinsam in Wannsee am Grab Kleists waren? Es ist lange her, wir waren beide noch jung und begeisterungsfähig und hatten uns wer weiß welche hohen Gefühle von diesem Besuch unseres toten Lieblingsdichters erhofft. Und während Sie voll frommer Scheu auf die heilige Stätte, von der ich ein Efeublatt pflückte, hinabsahen, fiel ein armseliges Räupchen in Ihren Nacken; Sie schrien auf, wurden blaß und zitterten, und Kleist und alles waren vergessen. Ich lachte, nahm das Räuplein fort und tat groß und gewaltig. Aber wenn Sie nicht selbst zu sehr mit Ihrer Angst beschäftigt gewesen wären, hätten Sie sicher bemerkt, daß ich die Raupe mit dem Efeublatt wegnahm, weil mir davor grauste, die Raupe mit den Fingern zu berühren. Was hilft auch Mut und Stärke wider das Symbol? Wenn beim Anblick solch vielfüßig kriechenden Schwänzchens die Masse des Mutterinzests, der Onanie, der Vater- und Selbstkastration über uns herfällt, werden wir vierjährige Kinder und können es nicht ändern.

Gestern ging ich quer über das Rondell mit der schönen Aussicht, dort wo stets die große Versammlung von Kinderwagen, spielenden Bälgern und Kindsmägden ist. Ein dick pausbäckiges Mädchen von drei Jahren brachte strahlend einen langen Regenwurm zu ihrer Mutter getragen. Das Tier wand sich zwischen den kurzen Fingerchen; die Mutter aber schrie auf, schlug das Kind auf das Händchen: »Pfui, bah, bah« rief sie und schleuderte den scheußlichen Wurm mit der Spitze des Sonnenschirms weit den Abhang hinab, schalt schreckbleichen Gesichts weiter und wischte mit Eifer die Händchen des heulenden Kindes ab. Ich hätte mich gern über die Mutter entrüstet, aber ich verstand sie zu gut. Ein roter Wurm, der in Löcher kriecht, was hilft dagegen alle Darwinsche Weisheit von des Regenwurms segensreicher Minierarbeit?

»Ăx, bah, bah«, darauf kommt die ganze Erziehungsweisheit der Mutter hinaus. Alles, was dem Kind lieb ist, wird ihm damit verekelt. Und es läßt sich ja auch nichts dagegen sagen. Die Freude am Wasserlassen und am Drücken kann nicht geduldet werden, sonst, denkt man – ob es wahr ist, weiß ich nicht –, bleibt der Mensch dreckig. Aber ich muß Sie doch bitten, im Namen der Forschung, sich einmal den Urin über Schenkel und Arme laufen zu lassen, sonst glauben Sie gar nicht, daß das Kind so etwas genießt, und halten auch fernerhin Erwachsene, die sich hin und wieder solchen Genuß verschaffen, für pervers, unnatürlich, lüstern, krank. Krank daran ist nur die Angst. Versuchen Sie es. Das Schwierige ist, es unbefangen zu tun. Das ist über die Maßen schwer. Man hat mir hier und da über das Experiment, das ich nicht erst Ihnen empfehle, berichtet, und soweit ich glauben darf, hat man durchweg zunächst sämtliche Lebewesen aus der Wohnung entfernt, sich in der Badestube eingeschlossen und nackt in der Wanne getan, was ich riet, damit man sich gleich reinigen könnte. Und man trägt doch die Flüssigkeit, die auf der Haut so schmutzig ist, dauernd in seinem Innern mit sich und denkt nicht einmal daran. Sind die Menschen nicht seltsam? Aber trotz all dieser Vorsichtsmaßregeln, die Angst, Verbotenes zu tun, blieb, aber der Genuß kam. Nicht einer hat zu leugnen gewagt, daß es genußvoll war. Welch ungeheures Maß von verdrängender Gewalt ist da tätig gewesen, um eine unbefangene Handlung eines jeden Kindes so mit Angst zu belasten. Und nun gar der Versuch, das Aa unter sich zu lassen und sich dareinzulegen. Schon wie man das machen soll, kostet tagelanges Kopfzerbrechen, und kaum drei oder vier von denen, die wissensdurstig die Entwicklung des Unbewußten unter meiner Führung erforschen wollten, haben den Mut dazu gehabt. Aber was ich behauptete, haben sie bestätigt. Ach, liebe Freundin, wenn Sie etwas Philosophisches lesen, tun Sie so, wie man die Aufsätze von Karlchen Mießnick las, auch wenn Sie meine Briefe lesen. Der Ernst ziemt sich nicht dem Unsinn gegenüber. Nur das Leben selbst, das Es versteht etwas von Psychologie, und die einzigen Vermittler durch das Wort, deren es sich bedient, sind die paar großen Dichter, die es gegeben hat.

Aber ich wollte davon nicht sprechen, sondern über die Wirkungen des »Äx, bah, bah« auf unser Verhältnis zum Regenwurm Betrachtungen anstellen, die Sie dann nach Gutdünken auf andere geächtete Tiere, Pflanzen, Menschen, Gedanken, Handlungen und Gegenstände übertragen mögen. Ich überlasse Sie Ihrem Nachdenken. Und vergessen Sie nicht, sich dabei die Schwierigkeit aller Naturforschung klarzumachen. Freud hat ein Buch über das Verbotene im Menschenleben geschrieben, er nennt es Tabu. Lesen Sie es! Und dann lassen Sie Ihre Phantasie eine Viertelstunde schweifen, was alles tabu ist. Sie werden erschrecken. Und werden erstaunen, was der Menschengeist trotzdem zustande brachte. Und schließlich werden Sie sich fragen: Was mag der Grund sein, daß das Es des Menschen so seltsam mit sich selber spielt, sich Hindernisse schafft, lediglich um sie mit vieler Mühe zu erklettern. Und schließlich wird Sie eine Freude ergreifen, eine Freude, Sie ahnen nicht, wie groß diese Freude ist. Ich denke mir, so ungefähr muß das Gefühl der Ehrfurcht sein.

Sie wissen, Erziehung beseitigt nichts, sie verdrängt nur. Auch die Freude am Regenwurm läßt sich nicht töten. Es gibt eine seltsame Form, in der sie wiederkehrt, in der Form des Spulwurms. Die Keime dieses Gasts unserer Eingeweide, stelle ich mir vor, sind überall, kommen in aller Menschen Bäuche hinein, oft und oft. Aber das Es kann sie nicht brauchen, es tötet sie. Eines Tages überfällt dieses oder jenes Menschen Es, das gerade Kind geworden ist und kindisch schwärmt, eine sehnsuchtsvolle Erinnerung an den Regenwurm. Und flugs baut es sich ein Abbild davon aus den Eiern des Spulwurms. Es lacht über das Bahbah der Gouvernante und spielt ihr einen Schabernack, und gleichzeitig fällt ihm ein, daß Wurm ja auch Kind ist; da lacht es noch mehr und spielt mit dem Eingeweidewurm Schwangerschaft, und eines Tages will es »Kastration« spielen und »Kinderkriegen« spielen. Und dann läßt es den Spulwurm – oder sind es die kleinen weißen Würmchen, mit deren Hilfe man sich die Erlaubnis verschafft, den Finger in den After zu stecken, Afteronanie in hohem Maß treiben –, dann läßt es diese Würmer aus der hinteren Öffnung hervorkommen.

Ach bitte, Liebe, lesen Sie doch diese Stelle dem Herrn Sanitätsrat vor. Sie werden einen seltenen Spaß haben, wie er diese ernsthaft gemeinte Theorie eines ernsthaften Kollegen über die Disposition zu Krankheiten aufnimmt.

Nun muß ich Ihnen noch eine Geschichte von der Schnecke erzählen. Sie betrifft eine gemeinsame Bekannte von uns, aber ich werde Ihnen den Namen nicht nennen; Sie wären imstande, sie zu necken. Ich ging mit ihr spazieren, da fing sie plötzlich an zu zittern, alles Blut wich ihr aus den Wangen, und ihr Herz begann so zu jagen, daß man die Schläge an den Halsadern sah. Der Angstschweiß trat auf die Stirn und bald folgte Erbrechen. Was war's? Eine Nacktschnecke kroch auf dem Weg. Wir hatten von der Treue gesprochen, und sie hatte über ihren Mann geklagt, den sie auf Seitenwegen vermutete. Der Gedanke war ihr schon lange gekommen, so sagte sie, ihm den Schwanz auszureißen und daraufzutreten. Die Schnecke aber sei dieses ausgerissene Glied gewesen. Das schien genug zu erklären, aber ich weiß nicht, weshalb ich ungenügsam war, ich behauptete keck darauflos, es müsse noch etwas anderes dahinterstecken. Um solche Wut der Eifersucht zu empfinden, müsse man selbst untreu sein. Das kam auch bald zum Vorschein, wie es denn keine Eifersucht gibt, wenn nicht der Eifersüchtige selbst untreu ist; die Freundin hatte nicht an das Glied ihres Mannes gedacht, sondern an meines. Wir lachten dann beide, aber da ich doch das Schulmeistern nicht lassen konnte, hielt ich ihr eine kleine Vorlesung. »Sie sind in einer Zwickmühle«, sagte ich ihr. »Wenn Sie mich lieben, werden Sie Ihrem Mann untreu, und wenn Sie zu ihm halten, betrügen Sie mich und Ihre starke Liebe zu mir. Was Wunder, daß Sie nicht weiterkönnen, da Sie vor sich die Notwendigkeit sehen, die Schnecke, das Glied des einen oder des anderen, zu zertreten.« So etwas ist nicht selten. Es gibt Menschen, die verlieben sich in jungen Jahren, behalten diese erste Liebe als Idealgestalt in ihrem Herzen, heiraten aber einen anderen. Sind sie nun mißgestimmt, das heißt, haben sie der anderen Ehehälfte etwas zuleide getan und zürnen ihr deshalb, so holen sie die Idealliebe hervor, stellen Vergleiche an, bereuen, den falschen geheiratet zu haben, und finden nach und nach tausend Gründe, um sich zu beweisen, wie schlecht der ist, den sie geheiratet und gekränkt haben. Das ist schlau, aber leider zu schlau. Denn die Überlegung kommt, daß sie dem ersten Geliebten untreu wurden, um den zweiten zu nehmen, und dem zweiten untreu sind, um am ersten festzuhalten. Du sollst nicht ehebrechen!

Solche Vorgänge, die von großer Tragweite sind, lassen sich schwer begreifen. Ich habe lange nach einer Begründung gesucht, warum solche Menschen – sie sind gar nicht selten – sich in diesen Zustand ununterbrochener Untreue hineinbringen. Jene Freundin hat mir das Rätsel gelöst, und deshalb eigentlich erzähle ich Ihnen die Schneckengeschichte. Sie hatte ganz dicht unter der Schenkelbeuge an der Innenseite des Oberschenkels einen kleinen, fingerlangen, schwanzförmigen Auswuchs. Der belästigte sie arg. Von Zeit zu Zeit ward er wund. Ein seltsamer Zustand wollte es, daß dieses Wundsein ein paarmal während meiner Behandlung auftrat und jedesmal verschwand, wenn verdrängte homosexuelle Regungen an die Oberfläche gekommen waren. Man hatte ihr schon lange geraten, sich das Ding abschneiden zu lassen; sie hatte es aber nicht getan. Ich habe ihr ein wenig auf die Seele gekniet, bis es in tausend Splitterchen zerstückt herauskam, daß sie das Schwänzchen ihrer Mutter zuliebe trug. Von dieser Mutter hatte sie stets behauptet, sie habe sie all ihr Leben lang gehaßt. Ich habe es ihr aber nie geglaubt, obwohl sie unermüdlich darin war, ihren Haß in vielen, vielen Geschichten kundzutun. Ich glaubte es deshalb nicht, weil ihre gewiß starke Neigung zu mir alle Zeichen einer Übertragung von der Mutter hatte. Es hat lange gedauert, aber schließlich ist ein Mosaikbild zustande gekommen, natürlich mit schadhaften Stellen, worin alles verzeichnet war, die heiße Liebe zur Brust, zur Mutter, zu deren Armen, die Verdrängung zugunsten des Vaters im Anschluß an eine Schwangerschaft, die Entstehung des Hasses mit seinen homosexuellen Resten. Ich kann Ihnen von den Einzelheiten nichts mitteilen, aber das Resultat war, daß jene Frau, als ich sie im nächsten Jahr wiedersah, operiert war, keine Untreue mehr und keine Schnecke mehr fürchtete. Sie mögen glauben, was Sie wollen, ich meinerseits bin überzeugt, daß sie das Schwänzchen der Mutter zuliebe wachsen ließ. Und nun darf ich noch hinzufügen, daß die Schnecke doppeldeutiges Symbol ist, der Phallus der Gestalt und der Fühler halber und das Weibesorgan um des Schleimes willen. Wissenschaftlich ist sie ja wohl auch doppelgeschlechtlich.

Auch vom Axolottl muß ich Ihnen ein Geschichtchen zum besten geben; Sie haben das Tierchen wohl im Berliner Aquarium gesehen und wissen, wie ähnlich es einem Embryo ist. Dort im Aquarium ist einmal vor dem Kasten des Axolottls eine Frau in meiner Gegenwart halb ohnmächtig geworden. Sie haßte auch ihre Mutter, angeblich, wie es immer der Fall ist. Sie war sehr kinderlieb, aber sie hatte die Mutter auch bei einer Schwangerschaft hassen gelernt, und sie hat keine Kinder bekommen, trotz aller Sehnsucht. Sehen Sie sich kinderlose Frauen aufmerksam an, wenn sie wirklich kindersehnsüchtig sind. Da ist Tragik des Lebens, die oft sich wandeln läßt. Denn alle diese Frauen – ich wage zu sagen, alle – tragen den Haß gegen die Mutter im Herzen, dahinter aber in eine Ecke gequetscht sitzt traurig die verdrängte Liebe. Helfen Sie ihr aus der Verdrängung heraus, und jenes Weib wird einen Mann suchen und finden, der mit ihr ein Kind zeugt.

Ich könnte noch eine Weile so fort reden, aber mich fesselt ein Schauspiel, von dem ich Ihnen berichten will. Das Beste kommt zuletzt. Sie müssen wissen, daß ich, während ich schreibe, auf jener Terrasse mit den vielen Kinderwagen sitze, von der ich Ihnen schrieb. Vor mir spielen zwei Kinder, ein Knabe und ein Mädchen, mit einem Hund. Der liegt auf dem Rücken, und sie kraulen ihn am Bauch, und jedesmal, wenn infolge des Kitzels der rote Penis des Hündchens zum Vorschein kommt, lachen die Kinder. Und schließlich haben sie es so weit gebracht, daß der Hund seinen Samen ausspritzte. Das hat sie nachdenklich gemacht. Sie sind weggegangen und haben sich nicht mehr um ihn gekümmert.

Haben Sie noch nie gesehen, wie oft Erwachsene mit der Stiefelspitze ihren Hund kraulen? Kindererinnerungen. Und da die Hunde nicht sprechen können, muß man sie beobachten und sehen, was sie tun. Es sind ihrer viele, die auf den Geruch der Periode reagieren, und viele, die an den Beinen des Menschen onanieren. Und wenn die Hunde schweigen, fragen Sie die Menschen. Sie müssen dreist fragen, sonst bleibt die Antwort aus. Denn auch die Sodomie gilt als pervers. Und was mit dem Hund erlebt wird, ist tief verdrängt. Denn er ist nicht nur Tier, sondern Symbol des Vaters, des Wauwaus.

Wollen Sie noch mehr von den Tieren wissen? Gut. Stellen Sie sich ein paar Stunden vor den Affenkäfig des zoologischen Gartens und beobachten Sie die Kinder; auch den Erwachsenen dürfen Sie ein paar Blicke gönnen. Wenn Sie in diesen Stunden nicht mehr von der Menschenseele kennengelernt haben, als in tausend Büchern steht, sind Sie der Augen nicht wert, die Sie im Kopf tragen.

Alles Gute von Ihrem getreuen *Troll*

30

Also das war der Grund Ihres langen Schweigens. Sie haben nochmals die Möglichkeit der Veröffentlichung erwogen, bewilligen für meinen Teil der Korrespondenz das Imprimatur und verweigern es für Ihre Briefe. Sei es denn! Und Gott gebe seinen Segen!

Sie haben recht, es ist an der Zeit, daß ich mich ernsthaft mit dem Es auseinandersetze. Aber das Wort ist starr, und deshalb bitte ich Sie, ab und zu um eins der geschriebenen Wörter herumzugehen und es von allen Seiten zu betrachten. Sie gewinnen dann eine Meinung, und darauf kommt es an, nicht darauf, ob diese Meinung richtig oder falsch ist. Ich will mich bemühen, sachlich zu bleiben.

Da muß ich nun zunächst die betrübliche Mitteilung machen, daß es ein solches Es, wie ich es vorausgesetzt habe, nach meiner Meinung gar nicht gibt, daß ich es selber künstlich hergestellt habe. Weil ich mich durchaus nur mit dem Menschen, mit dem einzelnen Menschen beschäftige und das bis an mein Lebensende tun werde, muß ich so tun, als ob es, losgelöst vom Ganzen Gottnaturs, Einzelwesen gäbe, die man Menschen nennt. Ich muß so tun, als ob ein solches Einzelwesen irgendwie durch einen leeren Raum von der übrigen Welt getrennt wäre, so daß es den Dingen außerhalb seiner erdachten Grenzen selbständig gegenübersteht. Ich weiß, daß das falsch ist, trotzdem werde ich eigensinnig an der Annahme festhalten, daß jeder Mensch ein eigenes Es ist, mit bestimmten Grenzen und mit Anfang und Ende. Ich betone das, weil Sie, verehrte Freundin, schon mehrmals den Versuch gemacht haben, mich zum Schwatzen über Weltseele, Pantheismus, Gottnatur zu verführen. Dazu habe ich keine Lust, und ich erkläre hiermit feierlich, daß ich es nur mit dem zu tun habe, was ich das Es des Menschen nenne. Und ich lasse kraft meines Amtes als Briefschreiber dieses Es beginnen mit der Befruchtung. Welcher Punkt des überaus verwickelten Befruchtungsvorgangs als Anfang gelten soll, ist mir gleichgültig, ebenso wie ich es Ihrem Belieben überlasse, aus der Masse der Todesvorgänge irgendeinen Moment auszuwählen und ihn als Ende des Es anzunehmen.

Da ich Ihnen von vornherein eine bewußte Fälschung in

meiner Hypothese gebe, steht es Ihnen frei, in meinen Auseinandersetzungen so viel bewußte und unbewußte Fehler zu finden, wie Sie wollen. Aber vergessen Sie nicht, daß dieser erste Fehler, Dinge, Individuen lebloser oder lebender Art aus dem All herauszuschneiden, allem menschlichen Denken anhaftet und daß unsere sämtlichen Äußerungen damit belastet sind.

Nun erhebt sich eine Schwierigkeit. Diese hypothetische Es-Einheit, deren Ursprung in der Befruchtung festgelegt ist, enthält tatsächlich in sich zwei Es-Einheiten, eine weibliche und eine männliche. Dabei sehe ich ganz von der verwirrenden Tatsache ab, daß diese beiden Einheiten, die vom Ei und vom Samenfaden herkommen, wiederum keine Einheiten, sondern Vielheiten von Adams und der Urtierchen Zeiten her sind, in denen Weibliches und Männliches in unlösbarem Gewirr, aber wie es scheint unvermischt nebeneinanderliegt. Daß beide Prinzipien nicht ineinanderfließen, sondern nebeneinander existieren, bitte ich zu behalten. Denn daraus folgt, daß jedes Menschen-Es mindestens zwei Es in sich enthält, die, irgendwie zu einer Einheit verbunden, doch in gewisser Weise unabhängig voneinander sind.

Ich weiß nicht, ob ich bei Ihnen wie bei anderen Frauen – und auch Männern natürlich – eine völlige Unkenntnis des Wenigen voraussetzen darf, was man über die weiteren Schicksale des befruchteten Eis zu wissen glaubt. Für meine Zwecke genügt es, wenn ich Ihnen mitteile, daß sich dieses Ei nach der Befruchtung daran macht, sich in zwei Teile zu zerlegen, in zwei Zellen, wie die Wissenschaft dieses Wesen zu benennen beliebt. Diese zwei teilen sich dann wieder in vier, in acht, in sechzehn Zellen und so fort, bis schließlich das zustande kommt, was wir gemeiniglich »Mensch« nennen. Auf die Einzelheiten dieser Vorgänge brauche ich Gott sei Dank nicht einzugehen, sondern kann mich damit begnügen, auf etwas hinzuweisen, was für mich wichtig ist, so unbegreiflich es mir auch bleibt. In dem winzig kleinen Wesen, dem befruchteten Ei, steckt irgend etwas, ein Es, das imstande ist, die Teilungen in Zellenhaufen vorzunehmen, ihnen verschiedene Gestalt und Funktion zu geben, sie dazu zu veranlassen, sich zu Haut, Knochen, Augen, Ohren, Gehirn und so weiter zu gruppieren. Was in aller Welt wird aus diesem Es im Moment der Teilung? Offenbar teilt es sich mit, denn wir wissen, daß jede einzelne Zelle eine selbständige Existenzmöglichkeit und Teilungsmöglichkeit hat. Aber gleichzeitig bleibt etwas Gemeinsames übrig, ein Es, das die beiden Zellen aneinanderbindet und ihr Schicksal in irgendeiner Weise beeinflußt und sich von ihnen beeinflussen läßt. Aus dieser Erwägung heraus habe ich mich entschließen müssen anzunehmen, daß außer dem individuellen Es des Menschen eine unberechenbar große Zahl von Es-Wesen, die den einzelnen Zellen angehören, vorhanden sind. Wollen Sie sich dabei gütigst daran erinnern, daß sowohl das Individualitäts-Es des ganzen Menschen wie jedes Es jeder Zelle ein männliches und ein weibliches Es und ferner auch noch die winzig kleinen Es-Wesen der Ahnenkette in sich bergen.

Verlieren Sie bitte die Geduld nicht! Ich kann nichts dafür, daß ich Dinge verwirren muß, die dem täglichen Denken und Sprechen einfach sind. Irgendein gütiger Gott wird uns, so hoffe ich, aus dem Gestrüpp, das uns zu umschlingen droht, herausführen.

Vorläufig ziehe ich Sie noch tiefer hinein. Es kommt mir vor, als ob es noch weitere Es-Wesen gibt. Die Zellen schließen sich im Lauf der Entwicklung zu Geweben zusammen, zu Epithelien, Bindegeweben, Nervensubstanz und so weiter, und jedes einzelne dieser Gebilde scheint wieder ein eigenes Es zu sein, das auf das Gesamt-Es, die Es-Einheiten der Zellen und die der anderen Gewebe einwirkt und sich von ihnen in den Lebensäußerungen bestimmen läßt. Ja nicht genug damit. Neue Es-Formen treten als Organe auf, als Milz, Leber, Herz, Nieren, Knochen, Muskeln, Hirn und Rückenmark, und weiter drängen sich uns in den Organsystemen andere Es-Gewalten auf, ja es scheinen sich gleichsam erkünstelte Es-Einheiten zu bilden, die ihr seltsames Wesen treiben, obwohl man annehmen könnte, daß sie nur Schein und Namen sind. So muß ich zum Beispiel behaupten, daß es ein Es der oberen und unteren Körperhälfte gibt, ein solches von rechts und links, eins des Halses oder der Hand, eins des Hohlraums des Menschen und eins seiner Körperoberfläche. Es sind Wesenheiten, von denen man fast annehmen möchte, daß sie durch Gedanken, Besprechungen, Handlungen entstehen, die man fast für Geschöpfe des vielgepriesenen Verstandes halten könnte. Aber glauben Sie das nur nicht! Solch eine Ansicht entspringt nur dem verzweifelten und hoffnungslosen Bemühen, irgend etwas in der Welt verstehen zu wollen. Sobald man das will, sitzt gewiß ein besonders schadenfrohes Es irgendwo im Versteck, spielt mit uns Schabernack und lacht sich halb tot über unsere Anmaßung, über das Gernegroßsein unseres Wesens.

Bitte, Liebe, vergessen Sie nie, daß unser Gehirn, und damit unser Verstand, Geschöpf des Es ist; gewiß eins, das wiederum schaffend wirkt, das aber doch erst spät in Tätigkeit tritt und dessen Schaffensfeld beschränkt ist. Längst ehe das Gehirn entsteht, denkt schon das Es des Menschen, es denkt ohne Gehirn, baut sich erst das Gehirn. Das ist etwas Fundamentales, etwas, was der Mensch nie vergessen dürfte und doch stets vergißt. In dieser Annahme, daß man mit dem Gehirn denkt, eine Annahme, die sicher falsch ist, ist die Quelle von tausend und aber tausend Albernheiten, freilich auch die Quelle für wertvolle Entdeckungen und Erfindungen, für alles, was das Leben verschönt und verhäßlicht.

Sind Sie mit der Wirrnis zufrieden, in der wir uns herumtreiben? Oder soll ich Ihnen noch erzählen, daß sich fortwährend in buntem Wechsel neue Es-Wesen zeigen, gleichsam als ob sie neu entstünden? Daß es Es-Wesen der Körperfunktionen gibt, des Essens, Trinkens, Schlafens, Atmens, Gehens? Daß sich ein Es der Lungenentzündung oder der Schwangerschaft offenbart, daß sich aus dem Beruf, aus dem Alter, aus dem Aufenthaltsort, aus dem Klosett und Nachttopf, aus dem Bett, der Schule, der Konfirmation und Ehe, der Kunst und der Gewohnheit solche seltsame Dinge bilden? Verwirrung, unendliche Verwirrung. Nichts ist klar, alles ist dunkel, unentrinnbare Verschlingung.

Und doch, und doch! Wir meistern das alles, wir treten mitten hinein in diese brodelnde Flut und dämmen sie ein. Wir packen diese Gewalten irgendwo und reißen sie hierhin und dorthin. Denn wir sind Menschen, und unser Griff vermag etwas. Er ordnet, gliedert, schafft und vollbringt. Dem Es steht das Ich gegenüber, und wie es auch sei und was auch sonst noch zu sagen wäre, für die Menschen bleibt immer der Satz: Ich bin Ich.

Wir können nicht anders, wir müssen uns einbilden, daß

wir Herren des Es sind, der vielen Es-Einheiten und des einen Gesamt-Es, ja auch Herren über Charakter und Handeln des Nebenmenschen, Herren über sein Leben, seine Gesundheit, seinen Tod. Das sind wir gewiß nicht, aber es ist eine Notwendigkeit unserer Organisation, unseres Menschseins, daß wir es glauben. Wir leben, und dadurch daß wir leben, müssen wir glauben, daß wir unsere Kinder erziehen können, daß es Ursachen und Wirkungen gibt, daß wir aus freier Überlegung heraus zu nützen und schaden vermögen. In der Tat wissen wir nichts über den Zusammenhang der Dinge, können nicht für vierundzwanzig Stunden voraus bestimmen, was wir tun werden und haben nicht die Macht, irgendwas absichtlich zu tun. Aber wir werden vom Es gezwungen, seine Taten, Gedanken, Gefühle für Geschehnisse unseres Bewußtseins, unserer Absichtlichkeit, unseres Ichs zu halten. Nur weil wir in ewigem Irrtum befangen sind, blind sind und nicht das geringste wissen, können wir Ärzte sein und Kranke behandeln.

Ich weiß nicht bestimmt, warum ich Ihnen das alles schreibe. Vermutlich um mich zu entschuldigen, daß ich trotz meines festen Glaubens an die Allmacht des Es doch Arzt bin, daß ich trotz der Überzeugung von der außerhalb meines Bewußtseins liegenden Notwendigkeit all meiner Gedanken und Taten doch immer wieder Kranke behandle und vor mir selber und vor anderen so tue, als ob ich für Erfolg und Mißerfolg meiner Behandlung verantwortlich sei. Des Menschen wesentliche Eigenschaft ist Eitelkeit und Selbstüberschätzung. Ich kann mir diese Eigenschaft nicht nehmen, muß an mich und mein Tun glauben.

Im Grund wird alles, was im Menschen vorgeht, vom Es getan. Und das ist gut so. Und es ist auch gut, einmal wenigstens im Leben stillzustehen und sich, so gut es geht, mit der Überlegung zu beschäftigen, wie ganz außerhalb unseres Wissens und Vermögens die Dinge vor sich gehen. Für uns Ärzte ist das besonders notwendig. Nicht um uns Bescheidenheit zu lehren. Was sollen wir mit solch unmenschlicher, außermenschlicher Tugend? Sie ist doch nur pharisäisch. Nein, sondern weil wir sonst Gefahr laufen, einseitig zu werden, uns selbst und unseren Kranken vorzulügen, daß gerade diese oder jene Behandlungsart die allein richtige sei. Es klingt absurd, aber es ist doch wahr, daß jede Behandlung des Kranken die richtige ist, daß er stets und unter allen Umständen richtig behandelt wird, ob er nun nach Art der Wissenschaft oder nach Art des heilkundigen Schäfers behandelt wird. Der Erfolg wird nicht von dem bestimmt, was wir unseren Kenntnissen gemäß verordnen, sondern von dem, was das Es unseres Kranken mit unseren Verordnungen macht. Wäre das nicht so, so müßte ein jeder Knochenbruch, der regelrecht eingerenkt und verbunden ist, heilen. Dem ist aber nicht so. Wäre wirklich ein so großer Unterschied zwischen dem Tun eines Chirurgen und dem eines Internisten oder Nervenarztes oder eines Pfuschers, so hätte man recht, sich seiner gelungenen Kuren zu rühmen und sich der Mißerfolge zu schämen. Aber dazu hat man kein Recht. Man tut es, aber man hat kein Recht dazu.

Dieser Brief ist, wie mir scheint, aus einer merkwürdigen Stimmung heraus geschrieben. Und wenn ich so weiter fortfahre, mache ich Sie aller Wahrscheinlichkeit nach traurig oder bringe Sie zum Lachen. Und weder das eine noch das andere liegt in meiner Absicht. Ich will Ihnen lieber erzählen, wie ich zur Psychoanalyse gekommen bin. Sie werden dann eher verstehen, was ich mit meinem Drumrumreden meine, werden einsehen, was für seltsame Gedanken ich über meinen Beruf und seine Ausübung habe.

Ich muß Sie zunächst mit dem Seelenzustand bekanntmachen, in dem ich mich damals befand und der sich in die Worte zusammenfassen läßt, daß ich abgewirtschaftet hatte. Ich kam mir alt vor, hatte keine Lust mehr am Weib oder am Mann, meiner Liebhabereien war ich überdrüssig geworden, und vor allem, meine ärztliche Tätigkeit war mir verleidet. Ich betrieb sie nur noch zum Gelderwerb. Ich war krank, daran zweifelte ich selber nicht, wußte nur nicht, was mit mir los war. Erst einige Jahre später hat mir einer meiner medizinischen Kritiker gesagt, woran ich litt. Ich war hysterisch, eine Diagnose, von deren Richtigkeit ich um so mehr überzeugt bin, als sie ohne persönliche Bekanntschaft lediglich nach dem Eindruck meiner Schriften gestellt worden ist; die Symptome müssen also sehr deutlich gewesen sein. In dieser Zeit übernahm ich die Behandlung einer schwerkranken Dame; die hat mich gezwungen, Analytiker zu werden.

Sie erlassen es mir wohl, auf die lange Leidensgeschichte dieser Frau einzugehen; ich tue das nicht gern, weil es mir leider nicht gelungen ist, sie vollständig wieder herzustellen, wenn sie auch im Lauf der vierzehn Jahre, die ich sie kenne und verarzte, gesünder geworden ist, als sie es selbst je erwartet hat. Um Ihnen aber die Sicherheit zu geben, daß es sich bei ihr wirklich um eine solide »organische«, also wirkliche Erkrankung, nicht bloß um eine »eingebildete«, eine Hysterie wie bei mir handelte, berufe ich mich auf die Tatsache, daß sie in den letzten Jahren vor unserer Bekanntschaft zwei schwere Operationen durchgemacht hatte und mir mit einem reichlichen Vorrat von Digitalis, Skopolamin und anderem Dreck als Todeskandidatin von ihrem letzten wissenschaftlichen Berater übergeben wurde.

Anfangs war unser Verkehr nicht leicht. Daß sie meine etwas gewalttätige Untersuchung mit reichlichen Gebärmutter- und Darmblutungen beantwortete, überraschte mich nicht: Dergleichen hatte ich bei anderen Kranken des öfteren erlebt. Was mir aber auffiel, war, daß sie trotz ihrer ansehnlichen Intelligenz über einen lächerlich armseligen Wortschatz verfügte. Für die meisten Gegenstände des Gebrauches benutzte sie Umschreibungen, so daß sie etwa statt Schrank das Ding für die Kleider sagte, oder statt Ofenrohr die Einrichtung für den Rauch. Gleichzeitig vermochte sie nicht bestimmte Bewegungen zu ertragen, etwa das Zupfen an der Lippe oder das Spielen mit irgendeiner Stuhlquaste. Verschiedene Gegenstände, die uns zum täglichen Leben notwendig vorkommen, waren aus dem Krankenzimmer verbannt.

Wenn ich jetzt auf das Krankheitsbild, wie es sich damals darbot, zurückblicke, wird es mir schwer, zu glauben, daß ich einmal eine Zeit gehabt habe, wo ich nichts von allen diesen Dingen verstand. Und doch war es so. Ich sah wohl, daß es sich bei meiner Kranken um eine enge Verquickung sogenannter körperlicher und psychischer Erscheinungen handelte, aber wie die zustande gekommen war und wie man der Kranken helfen sollte, wußte ich nicht. Nur das eine war mir von vornherein klar, daß irgendeine geheimnisvolle Beziehung zwischen mir und der Patientin war, die sie veranlaßte, Vertrauen zu mir zu fassen. Damals kannte ich den Begriff der Übertragung noch nicht, freute mich nur der scheinbaren Suggestibilität des Behandlungsobjektes und arztete drauf los, wie ich es gewohnt war. Einen großen Erfolg errang ich schon bei dem ersten Besuch. Bisher hatte sich die Kranke stets geweigert, mit einem Arzt allein zu verhandeln; sie verlangte, daß die ältere Schwester dabei sei, und infolgedessen ging jeder Verständigungsversuch immer durch die Vermittlung der Schwester vor sich. Seltsamerweise ging sie sofort auf meinen Vorschlag, mich das nächstemal allein zu empfangen, ein: Erst spät ist mir klargeworden, daß das an der Art der Übertragung lag. Fräulein G. sah in mir die Mutter.

Hier muß ich eine Bemerkung über das Es des Arztes einschieben. Es war damals meine Gewohnheit, die wenigen Anordnungen, die ich gab, mit absoluter Strenge und – ich muß den Ausdruck gebrauchen – Unerschrockenheit durchzusetzen. Ich gebrauchte die Redewendung: »Sie müssen eher sterben als irgendeine Verordnung übertreten«, und ich machte damit ernst. Ich habe Magenkranke, die nach bestimmten Speisen Schmerzen oder Erbrechen bekamen, so lange ausschließlich gerade mit diesen Speisen genährt, bis sie es gelernt hatten, sie zu vertragen, ich habe andere, die wegen irgendeiner Gelenks- oder Venenentzündung unbeweglich zu Bett lagen, gezwungen, aufzustehen und zu gehen, ich habe Apoplektiker damit behandelt, daß ich sie sich täglich bücken ließ, und habe Menschen, von denen ich wußte, daß sie in wenigen Stunden sterben würden, angekleidet und bin mit ihnen spazierengegangen, habe es erlebt, daß einer von ihnen vor der Haustür tot zusammenbrach. Diese Art, als kraftvoller, gütiger Vater autoritative, unfehlbare, väterliche Suggestion zu treiben, kannte ich von meinem Vater her, hatte sie bei dem größten Meister des »Arzt-Vater-Seins« Schweninger gelernt und besaß wohl auch ein Stück davon von Geburt her. In dem Fall des Fräulein G. verlief alles anders, von vornherein anders. Ihre Einstellung mir gegenüber als Kind – und zwar, wie sich später herausstellte, als dreijähriges Kind – zwang mir die Rolle der Mutter auf. Bestimmte schlummernde Mutterkräfte meines Es wurden von dieser Kranken geweckt und gaben meinem Verfahren ihre Richtung. Später, als ich mein eigenes ärztliches Handeln aufmerksamer prüfte, fand ich, daß derlei rätselhafte Einflüsse mich schon oft in andere Einstellungen zu meinen Kranken als die väterliche gedrängt hatten, obwohl ich bewußt und theoretisch fest davon überzeugt war, der Arzt müsse Freund und Vater sein, müsse herrschen.

Da stand ich nun auf einmal vor der seltsamen Tatsache, daß nicht ich den Kranken, sondern daß der Kranke mich behandelt; oder um es in meine Sprache zu übersetzen, das Es des Nebenmenschen sucht mein Es so umzugestalten, gestaltet es auch wirklich so um, daß es für seine Zwecke brauchbar wird.

Schon diese Einsicht zu gewinnen war schwer; denn Sie begreifen, daß damit mein Verhältnis zum Kranken gänzlich umgekehrt wurde. Es kam nun nicht mehr darauf an, ihm Vorschriften zu geben, ihm das zu verordnen, was ich für richtig hielt, sondern so zu werden, wie der Kranke mich brauchte. Aber von der Einsicht bis zur Ausführung der sich daraus ergebenden Folgerungen ist ein weiter Weg. Sie haben diesen Weg ja selbst beobachtet, selbst gesehen, wie ich aus einem aktiv eingreifenden Arzt ein passives Werkzeug geworden bin, haben mich oft deswegen getadelt und tadeln mich noch, bestürmen mich immer wieder und wieder, hier zu raten, dort einzugreifen und anderswo befehlend und führend zu helfen. Wenn Sie es doch lassen wollten! Ich bin für die Helfertätigkeit unrettbar verloren, vermeide es, einen Rat zu geben, gebe mir Mühe, jeden Widerstand meines Unbewußten gegen das Es der Kranken und seine Wünsche so rasch wie möglich aufzulösen, fühle mich glücklich dabei, sehe Erfolge und bin selbst gesund geworden. Wenn ich etwas bedaure, so ist es, daß der Weg, den ich gehe, allzu breit und gemächlich ist, so daß ich aus purer Neugier und füllenartigem Übermut davon abbiege, mich in Klüften und Sümpfen verliere und so mir selbst und meinen Schutzbefohlenen Mühe und Schaden bringe. Mir kommt es vor, als ob das schwerste im Leben sei, sich gehenzulassen, den Es-Stimmen des Selbst und des Nebenmenschen zu lauschen und ihnen zu folgen. Aber es lohnt sich. Man wird allmählich wieder Kind, und Sie wissen: So Ihr nicht werdet wie die Kinder, so könnt Ihr nicht in das Himmelreich kommen. Man sollte das Gernegroßsein mit fünfundzwanzig Jahren aufgeben; bis dahin braucht man es ja wohl, um zu wachsen, aber nachher ist es doch nur für die seltenen Fälle der Erektion nötig. Sich erschlaffen lassen und die Erschlaffung, das Schlaffsein, das

Schlappschwanzsein weder sich noch anderen zu verbergen, darauf käme es an. Aber wir sind wie jene Landsknechte mit dem Holzphallus, von denen ich Ihnen erzählte.

Genug für heute. Es drängte mich längst, einmal ein Urteil von Ihnen zu hören, wie weit ich im Kindwerden, in der Entichung gekommen bin. Ich selbst habe das Gefühl, daß ich noch in den Anfängen dieses meist Altern genannten Prozesses bin, der mir wie ein Kindwerden vorkommt. Aber ich kann mich irren; das Zornwort einer Kranken, die mich nach zwei Jahren der Trennung wiedersah: »Sie haben seelisches Embonpoint angesetzt«, hat mich etwas zuversichtlicher gemacht. Bitte geben Sie Auskunft Ihrem getreuen

Patrik Troll

31

Ich hätte nicht gedacht, daß Sie so schelten können, Verehrteste. Klarheit verlangen Sie, nichts als Klarheit. Klarheit? Wenn mir die Es-Frage klar wäre, würde ich glauben, Gott selbst zu sein. Gestatten Sie mir, bescheidener von mir zu denken.

Lassen Sie mich dazu zurückkehren, wie ich Freuds Schüler wurde. Nachdem mich Fräulein G. zu ihrem Mutter-Arzt ernannt hatte, wurde sie zutraulicher. Sie ließ sich alle möglichen Hantierungen, wie sie mein Gewerbe als Masseur mit sich brachte, ruhig gefallen, aber die Schwierigkeiten der Unterhaltung blieben. Nach und nach gewöhnte ich mir – aus Spielerei, wie mir schien – ihre umschreibende Ausdrucksweise an, und siehe da, nach einiger Zeit bemerkte ich zu meiner höchsten Verwunderung, daß ich Dinge sah, die ich früher nicht gesehen hatte. Ich lernte das Symbol kennen. Es muß sehr allmählich gegangen sein, denn ich besinne mich nicht, bei welcher Gelegenheit ich zuerst begriff, daß ein Stuhl nicht nur ein Stuhl, sondern eine ganze Welt ist, daß der Daumen der Vater ist, daß er Siebenmeilenstiefel anziehen kann und dann als ausgestreckter Zeigefinger Erektionssymbol wird, daß ein geheizter Ofen eine heißblütige Frau bedeutet und das Ofenrohr den Mann und daß die schwarze Farbe dieses Rohres unaussprechlichen Schrecken verursacht, weil in dem Schwarz der Tod ist, weil dieser harmlose Ofen den Geschlechtsverkehr eines abgeschiedenen Mannes mit einer lebendigen Frau bedeutet.

Was soll ich weiter davon sprechen? Ein Rausch kam über mich, wie ich ihn nie vorher noch nachher erlebt habe. Das Symbol war das erste, was ich von aller analytischen Weisheit lernte, und es hat mich nicht wieder losgelassen. Ein langer, langer Weg von vierzehn Jahren liegt hinter mir, und wenn ich ihn zu überschauen suche, ist er voll von seltsamen Funden der Symbolik, verwirrend voll, herrlich bunt und schillernd vom Wechsel der Farben. Die Gewalt, mit der mich diese Einsicht in die Symbole umänderte, muß ungeheuer gewesen sein, denn sie trieb mich schon in den ersten Wochen meiner Lehrzeit dazu, in der organischen Veränderung des menschlichen Äußeren, in dem, was man physische organische Krankheit nennt, das Symbol zu suchen. Daß das psychische Leben ein fortdauerndes Symbolisieren sei, war mir so selbstverständlich, daß ich ungeduldig die sich aufdrängenden Massen neuer, für mich neuer Gedanken und Gefühle wegdrängte und in toller Hast die Wirkung des Symbolzeigens in Organerkrankungen verfolgte. Und diese Wirkungen waren für mich Zauberwirkungen.

Bedenken Sie, ich hatte eine zwanzigjährige ärztliche Tätigkeit hinter mir, die sich – ein Erbteil Schweningers – nur mit chronischen, aufgegebenen Fällen beschäftigte. Ich wußte genau, was auf meinem früheren Weg zu erreichen war, und ich schrieb das Mehr, das nun entstand, ohne weiteres meiner Belehrung über die Symbole zu, die ich wie einen Sturmwind über die Kranken dahinbrausen ließ. Es war eine schöne Zeit.

Gleichzeitig mit den Symbolen lernte ich durch meine Kranke eine andere Eigentümlichkeit menschlichen Denkens praktisch kennen, den Assoziationszwang. Vermutlich haben dabei auch Einflüsse anderer Herkunft, Zeitschriften, mündliche Mitteilungen, Klatsch mitgewirkt, das Wesentliche aber kam von Fräulein G. Auch mit Assoziationen beglückte ich sofort meine Klienten, es ist mir auch genug davon in meinen ärztlichen Gewohnheiten haften geblieben, um damit Fehler zu begehen, aber damals schien mir alles sehr gut.

Solange es dauerte. Schon bald traten Rückschläge ein. Irgendwelche geheimnisvollen Kräfte stemmten sich mir plötzlich entgegen, Dinge, die ich später unter Freuds Einfluß als Widerstände zu bezeichnen lernte; ich verfiel zeitweise wieder in die Methode des Befehlens, wurde dafür durch Mißerfolge bestraft und lernte schließlich leidlich mich durchwinden. Alles in allem ging die Sache über Erwarten gut, und als der Krieg ausbrach, hatte ich mir ein Verfahren zurechtgebaut, das den Anforderungen meiner Praxis allenfalls entsprach. Ich habe dann während der paar Monate Lazarettätigkeit mein dilettantisches wildes Analysieren, das ich übrigens noch jetzt beibehalten habe, an Verwundeten erprobt und habe gesehen, daß die Wunde oder der Knochenbruch ebenso auf die Analyse des Es reagiert wie die Nierenentzündung oder der Herzfehler oder die Neurose.

Soweit schreibt sich das ganz nett und angenehm, und es klingt wahrscheinlich. Aber mitten in dieser Entwicklung steht etwas Rätselhaftes: ein öffentlicher Angriff auf Freud und die Psychoanalyse. Sie können ihn noch gedruckt lesen in einem Buch über den gesunden und kranken Menschen. Ich habe mir immer eingebildet, daß ich die Analyse von Fräulein G. gelernt habe, bilde es mir noch ein. Es kann aber nicht wahr sein; denn wie sollte ich sonst zu einer Zeit, wo ich angeblich gar nichts von Freud wußte, seinen Namen gekannt haben? Daß ich nichts Richtiges über ihn wußte, ergibt sich aus dem Wortlaut des Angriffs. Ich kann mir nichts Dümmeres denken als diesen Wortlaut. Aber wo in aller Welt haben die Glocken gehangen, die ich läuten körte? Erst vor ganz kurzer Zeit ist es mir eingefallen. Die erste Idee davon bekam ich viele Jahre, ehe ich Fräulein G. kennenlernte, durch einen Artikel der Täglichen Rundschau, und das zweitemal hörte ich Freuds Namen und den Ausdruck »Psychoanalyse« durch das Geschwätz einer Kranken, die ihre Kenntnisse irgendwo aufgelesen hatte.

Die Eitelkeit hat mich lange daran gehindert, mich mit der wissenschaftlichen Psychoanalyse zu beschäftigen. Später habe ich versucht, diesen Fehler wiedergutzumachen, hoffe auch, daß es mir leidlich gelungen ist, wenn auch hier und da unausjätbares Unkraut in meinem analytischen Denken und Handeln übriggeblieben ist. Aber der Eigensinn, nicht lernen zu wollen, hat auch seinen Vorteil gehabt. In dem blinden Dahintaumeln, das durch Kenntnisse nicht beschwert war, bin ich von ungefähr auf die Idee gestoßen, daß es außer dem Unbewußten des Gehirndenkens analoges Unbewußtes in anderen Organen, Zellen, Geweben und so weiter gibt und daß sich bei dem innigen Zusammenschluß dieser einzelnen Unbewußtwesen zum Organismus ein heilender Einfluß auf jedes dieser Einzelwesen durch Analyse des unbewußten Gehirns gewinnen läßt.

Sie müssen nicht denken, daß mir behaglich zumute ist, während ich diese Sätze niederschreibe. Ich habe das dunkle Gefühl, daß sie nicht einmal Ihrer liebenswürdigen Kritik standhalten, geschweige denn einer ernsthaften Prüfung der Fachwissenschaft. Da es mir immer leichter geworden ist, zu behaupten als zu beweisen, greife ich auch hier zur Behauptung und sage: Auf dem Weg der Analyse läßt sich jede Erkrankung des Organismus, gleichgültig, ob sie psychisch oder physisch genannt wird, beeinflussen. Ob man im gegebenen Fall analytisch oder chirurgisch oder physikalisch, diätetisch oder medikamentös verfahren soll, ist eine Zweckmäßigkeitsfrage. An sich gibt es kein Gebiet der Medizin, auf dem sich Freuds Entdeckung nicht verwerten ließe.

Ihr Hinweis, liebe Freundin, daß ich praktischer Arzt bin und mich Doktor nenne, ist so energisch gewesen, daß ich mich genötigt sehe, ein wenig mehr von Krankheit zu plaudern, wie ich mir ihr Zustandekommen und ihre Heilung vorstelle. Zunächst aber müssen wir uns darüber einigen, was wir Krankheit nennen wollen. Ich denke, wir kümmern uns nicht darum, was andere Leute darunter verstehen, sondern stellen unseren eigenen Begriff auf. Und da schlage ich vor, klar auszusprechen: Krankheit ist eine Lebensäußerung des menschlichen Organismus. Nehmen Sie sich Zeit, darüber nachzudenken, ob Sie dieser Formel zustimmen wollen oder nicht. Und gestatten Sie mir, währenddessen so zu tun, als ob Sie meinen Satz billigten.

Vielleicht halten Sie die Frage nicht für besonders wichtig. Aber wenn Sie, wie ich, sich dreißig Jahre lang Mühe gegeben hätten, Tag für Tag soundsoviel Menschen diesen einfachen Satz begreiflich zu machen und doch Tag für Tag dreißig Jahre lang die Erfahrung gemacht hätten, daß er durchaus nicht in die Köpfe der Menschen hineingeht, würden Sie mir beipflichten, wenn ich Wert darauf lege, daß Sie wenigstens ihn verstehen.

Wem, wie mir, Krankheit eine Lebensäußerung des Organismus ist, der sieht in ihr nicht mehr einen Feind. Es kommt ihm nicht mehr in den Sinn, die Krankheit bekämpfen zu wollen, er sucht sie nicht zu heilen, ja er behandelt sie nicht einmal. Es wäre für mich ebenso absurd, sie zu behandeln, als wenn ich Ihre Spottsucht dadurch zu beheben suchte, daß ich die kleinen Bosheiten Ihrer Briefe säuberlich in ebensoviel Artigkeiten umschriebe, ohne Ihnen auch nur Mitteilung davon zu machen.

Mit dem Augenblick, wo ich einsehe, daß die Krankheit eine Schöpfung des Kranken ist, wird sie für mich dasselbe wie seine Art zu gehen, seine Sprechweise, das Mienenspiel seines Gesichts, die Bewegung seiner Hände, die Zeichnung, die er entworfen, das Haus, das er gebaut, das Geschäft, das er abgeschlossen hat, oder der Gang, den seine Gedanken gehen: Ein beachtenswertes Symbol der Gewalten, die ihn beherrschen und die ich zu beeinflussen suche, wenn ich es für recht halte. Die Krankheit ist dann nichts Abnormes mehr, sondern etwas, was durch das Wesen dieses einen Menschen, der krank ist und von mir behandelt werden will, bedingt ist. Ein Unterschied besteht darin, daß die Schöpfungen des Es, die wir Krankheiten zu nennen pflegen, unter Umständen für den Schöpfer selbst oder seine Umgebung unbequem sind. Aber letzten Endes kann auch eine schrille Stimme oder eine unleserliche Handschrift für Mensch und Nebenmenschen unerträglich sein, und ein unzweckmäßig gebautes Haus bedarf ebenso des Umbaus wie etwa eine Lunge, die entzündet ist, so daß schließlich keine wesentliche Verschiedenheit zwischen der Krankheit und dem Sprechen oder Schreiben oder Bauen zu finden ist. Mit anderen Worten, ich kann mich nicht mehr dazu entschließen, mit einem Kranken anders zu verfahren als mit jemandem, der schlecht schreibt oder spricht oder schlecht baut. Ich werde versuchen, herauszubekommen, warum und zu welchem Zweck sein Es sich des schlechten Sprechens, Schreibens, Bauens, des Krankseins bedient, was es damit sagen will. Ich werde mich bei ihm, bei dem Es selbst erkundigen, was für Gründe es zu seinem, mir und ihm selber unangenehmen Verfahren hat, werde mich darüber mit ihm unterhalten und sehen, was es dann tut. Und wenn eine Unterhaltung nicht genügt, so werde ich sie wiederholen, zehnmal, zwanzigmal, hundertmal, so lange, bis dieses Es die Unterredungen langweilig findet und entweder sein Verfahren ändert oder sein Geschöpf, den Kranken, zwingt, mich zu entlassen, durch Abbrechen der Behandlung oder durch den Tod.

Nun gebe ich zu, es kann notwendig sein, ist es sogar meist, ein schlechtgebautes Haus so rasch wie möglich umzubauen oder niederzureißen, einen Menschen, der eine Lungenentzündung hat, ins Bett zu stecken, ihn zu pflegen, einem Wassersüchtigen etwa mit Digitalis das Wasser wegzutreiben, einen zerbrochenen Knochen einzurenken und unbeweglich zu machen, ein brandiges Glied abzuschneiden. Ja, ich habe sogar begründete Hoffnung, daß ein Architekt, dessen Neubau sofort nach der Übergabe an den Bauherrn umgebaut oder niedergerissen wird, in sich gehen, seine Fehler einsehen, sie in Zukunft vermeiden oder seinen Beruf ganz aufgeben wird, daß ein Es, wenn es sein eigenes Fabrikat, Lunge oder Knochen, geschädigt und dadurch Schmerz und Leid erfahren hat, vernünftig wird und für später etwas gelernt hat. Mit anderen Worten, das Es kann sich selbst davon durch Erfahrung überzeugen, daß es dumm ist, seine Kräfte in der Produktion von Krankheiten zu zeigen, statt sie zur Produktion eines Liedes, eines Geschäftsganges, einer Blasenentleerung oder eines Geschlechtsaktes zu benutzen. Aber das alles entbindet mich, dessen Es mich zum Arzt hat werden lassen, nicht von der Notwendigkeit, wenn Zeit dazu ist, die Gründe des krankheitssüchtigen Es meines Nebenmenschen anzuhören, sie zu würdigen und wo es not tut und möglich ist, zu widerlegen.

Die Sache ist wichtig genug, um sie noch einmal von einer anderen Seite zu beleuchten. Wir sind im allgemeinen gewöhnt, die Gründe für unsere Erlebnisse, je nachdem es uns gefällt, in der Außenwelt oder in unserer Innenwelt zu suchen. Wenn wir auf der Straße ausgleiten, suchen und finden wir die Apfelsinenschale, den Stein, die äußere Ursache, die uns zu Fall gebracht hat. Wenn wir dagegen eine Pistole nehmen und schießen uns eine Kugel vor den Kopf, so sind wir der Ansicht, daß wir das aus inneren Gründen absichtlich tun. Wenn jemand eine Lungenentzündung bekommt, so schieben wir das auf die Infektion durch Pneumokokken, wenn wir aber vom Stuhl aufstehen, durch das Zimmer gehen und aus dem Schrank Morphiumgift holen, um es zu nehmen, so glauben wir aus inneren Gründen zu handeln. Ich bin, wie Ihnen bekannt ist, stets ein Besserwisser gewesen, und wenn mir jemand die berühmte Apfelsinenschale entgegenhielt, die trotz aller Polizeivorschriften auf der Straße lag und den Armbruch der Frau Lange herbeigeführt hatte, bin ich hingegangen und habe sie gefragt: »Welchen Zweck verfolgen Sie damit, den Arm zu brechen?« Und wenn mir jemand erzählte, der Herr Treiner hat gestern Morphium genommen, weil er nicht schlafen konnte, habe ich Herrn Treiner gefragt: »Wie und wodurch ist gestern die Idee ›Morphium‹ so stark in Ihnen geworden, daß Sie sich schlaflos machten, um Morphium nehmen zu können?« Bisher ist mir immer Antwort auf solche Fragen geworden, was auch nicht allzu verwunderlich ist. Alle Dinge haben zwei Seiten, also kann man sie auch von zwei Seiten betrachten, und überall wird man, wenn man sich Mühe gibt, eine äußere und eine innere Ursache für die Geschehnisse des Lebens finden.

Dieser Sport des Besserwissenwollens hat nun seltsame Folgen gehabt. In der Beschäftigung damit bin ich immer mehr dazu verlockt worden, die innere Ursache aufzusuchen, teils weil ich in eine Zeit hineingeboren wurde, die vom Bazillus und nur vom Bazillus schwatzte, wenn sie nicht gar noch die Wörter Erkältung und Magenverderben anbetete, teils weil sich frühzeitig – aus Troll-Hochmut heraus – der Wunsch ausbildete, in mir ein Es, einen Gott zu finden, den ich für alles verantwortlich machen könnte. Da ich aber nicht schlecht genug erzogen war, um die Allmacht für mich allein zu beanspruchen, so vindizierte ich sie auch anderen Menschen, erfand auch für sie das Ihnen so anstößige Es und konnte nun behaupten: »Die Krankheit kommt nicht von außen, der Mensch erschafft sie selbst, benutzt die Außenwelt nur als Werkzeug, um sich damit krank zu machen, greift aus seinem unerschöpflichen Instrumentenlager der ganzen Welt bald die Spirochäte der Syphilis, heute eine Apfelsinenschale, morgen eine Gewehrkugel und übermorgen eine Erkältung heraus, um sich selbst damit ein Leid zuzufügen. Stets tut er es mit dem Zweck der Lustgewinnung, weil er als Mensch von Natur Freude am Leid hat, weil er als Mensch von Natur sich sündig fühlt und das Gefühl der Schuld durch Selbstbestrafung fortschaffen will, weil er irgendeiner Unbequemlichkeit ausweichen will. Meist ist ihm von all diesen Seltsamkeiten nichts bewußt, ja in Wahrheit wird alles in Tiefen des Es beschlossen und ausgeführt, in die wir nie hineinschauen können, aber zwischen den unergründlichen Schichten des Es und unserem gesunden Menschenverstand gibt es für das Bewußtsein erreichbare Schichten des Unbewußten, Schichten, die Freud bewußtseinsfähig nennt, und in denen lassen sich allerhand nette Dinge finden. Und was das Seltsamste ist, wenn man sie durchstöbert, geschieht es nicht gar zu selten, daß plötzlich das da ist, was wir Heilung nennen. Ohne daß wir das geringste davon verstehen, wie die Heilung zustande kommt, von ungefähr, ohn unser Verdienst und Würdigkeit.«

Zum Schluß alter Gewohnheit gemäß eine Geschichte oder lieber zwei. Die eine ist einfach genug, und Sie werden es wahrscheinlich albern finden, daß ich ihr Wert beimesse. Zwei Offiziere unterhalten sich im Schützengraben von der Heimat und wie schön es wäre, einen Schuß zu bekommen, der einem den nötigen Urlaub von einigen Wochen oder Monaten verschaffte. Einer von beiden ist damit nicht zufrieden, er wünscht sich eine ausreichende Verletzung, die ihn dauernd in die Heimat bringt, und erzählt von einem Kameraden, der durch das rechte Ellenbogengelenk geschossen und dadurch untauglich für den Felddienst wurde. »So etwas wäre mir ganz recht.« Eine halbe Stunde später ist sein rechtes Ellenbogengelenk durchschossen. Die Kugel traf ihn in dem Augenblick, wo er die Hand zum Gruß erhob. Hätte er nicht gegrüßt, wäre das Geschoß vorbeigeflogen. Und er hatte es nicht nötig zu grüßen, denn dem Kameraden, dem sein Gruß galt, war er in den letzten zwei Stunden schon dreimal begegnet. Sie brauchen der Sache keine Bedeutung beizulegen; es genügt, wenn ich mir meinen Vers darauf mache. Und da ich die wohlüberlegte Absicht gehabt habe, möglichst oft zwischen Verwundung und Verwundungswunsch des Es innere Zusammenhänge zu finden, ist es mir nicht schwer geworden, sie in die Leute hineinzureden. Basta.

Ein anderer Herr kam lange nach dem Krieg in meine Behandlung, es tut nichts zur Sache weshalb. Er litt unter anderem an kurzen epileptischen Anfällen, und bei der Beschreibung solcher Anfälle erzählte er mir folgende Geschichte: Er war auch felddienstmüde geworden und beschäftigte sich mit dem Gedanken, wie er wohl ohne allzu schwere Folgen glücklich aus dem Schlamassel herauskommen könne. Da fiel ihm ein – und auch dieser Einfall war nicht zufällig, sondern durch kurz vorhergehende Eindrücke bedingt, deren Aufzählung zu weit führen würde –, es fiel ihm ein, wie er als Sekundaner von seinem allzu strengen Vater gezwungen worden war, Schneeschuh zu laufen, wie unbequem ihm das war und wie er seinen Kameraden, der sich beim Skilaufen die rechte Kniescheibe gebrochen hatte und infolgedessen monatelang aus der Schule bleiben mußte, beneidet hatte. Zwei Tage darauf war er als Batteriechef in seinem Beobachtungsstand. Seine Batterie wurde von drei französischen Batterien beschossen, einer leichten, die zu kurz schoß, einer mittleren, die zu weit nach links schoß und einem schweren Geschütz, dessen Granaten in regelmäßigen Zeitabständen von genau fünf Minuten gerade zwischen der Batterie und seinem Beobachtungsposten einschlugen. Wenn der Herr von Soundso seinen Stand sofort nach dem Platzen der schweren Granate verließ, konnte er ohne jede Gefahr zu seiner Batterie hinübergehen, was er auch zweimal tat. Da kam ein Befehl von den Herren hinten im sicheren Posten, die Batterie des Herrn Soundso solle ihren Platz wechseln. Er ärgerte sich weidlich über den Befehl, sehnte sich wieder einmal nach dem Heimatschuß und verließ – ja, ich muß glauben, was er mir sagte, und ich glaube es auch –, verließ genau in dem Augenblick seinen geschützten Stand, in dem die wohlbekannte Pause zwischen den schweren Granaten abgelaufen war. Der Erfolg war befriedigend: Zwei Sekunden später lag er mit zerschmetterter rechter Kniescheibe am Boden, bekam seinen Anfall und wurde, zum Bewußtsein gekommen, hinter die Front getragen. – Natürlich ist es ein Zufall. Wer könnte daran zweifeln? Aber die Sache hatte ein kleines Nachspiel, dessentwegen ich Ihnen die Geschichte erzähle. Der Herr von Soundso hatte nämlich ein steifes Bein von jener Zeit zurückbehalten, nicht ganz steif, aber doch so, daß man beim passiven Beugen des Gelenks bei etwa 20 Grad auf einen Widerstand stieß, der nach Aussage von Leuten, die es wissen mußten, da sie gelernte Chirurgen und Meister im Röntgen waren, teilweise auch recht achtbare Namen trugen, auf einer Narbenverwachsung an der Kniescheibe beruhte. Am Tag nach jener Erzählung konnte der Herr von Soundso sein Knie bis auf 26 Grad bringen, am folgenden Tag noch etwas weiter, und nach acht Tagen fuhr er Rad. Und war doch nichts mit seinem Knie geschehen, als daß er davon gesprochen hatte und auf die seltsamen Heilkuren des Es hingewiesen worden war. Knien hat er aber nicht gelernt. Und das ist schade. Seine Mutter ist eine fromme Frau und möchte gern, daß er wieder beten lernt, was er als Kind mit vielem Eifer getan hat. Aber, es scheint, daß er mit seinem Vater, nach dessen Bild er sich Gott geschaffen hatte, noch allzu sehr zerfallen ist, um vor ihm die Knie zu beugen.

Ich muß Ihnen noch etwas erzählen: Ein junger Herr hat

mich neulich besucht, der war vor Jahr und Tag in meiner Behandlung. Er litt an einer entsetzlichen Angst, die ihn tagaus, tagein verfolgte. Als er zu mir kam, wußte er schon, daß es eine Kastrationsangst sei, erzählte mir auch gleich im Anfang einen Kindheitstraum, wie zwei Räuber in die Koppel seines Vaters gekommen seien und seinen Lieblingsrappen – der Herr hat im Gegensatz zu seinen beiden Brüdern ganz schwarzes Haar – kastriert hätten. Als halbes Kind noch – ich glaube mit neun Jahren – hat er sich einen Dauerschnupfen zugelegt, und es hat auch nicht lange gedauert, da hat man ihm ein Stück aus der Nasenscheidewand herausgeommen. Ich kenne das; das ist ein Kniff des Es, den Vater symbolisch zu kastrieren. Und zehn Jahre später hat er sich ohne jeden Grund beide kleinen Zehen abnehmen lassen, im Symbol beide Brüder kastriert. Es hat aber nichts geholfen, seine Angst ist geblieben. Er ist sie erst nach einer jahrelangen, mühseligen Analyse losgeworden. Komisch an der Sache ist, daß dieser Herr die lebhafte Lustphantasie hat, als Weib zu genießen, dabei aber doch heterosexuell in besonderem Maß tätig sein möchte. Er hat es vorgezogen, seinen Wunsch, kastriert, Weib zu werden, wie er sich im Traum ausspricht, gegen Vater und Bruder zu kehren, büßt diesen bösen Wunsch mit der Nasen- und Zehenoperation und mit der Angst.

Das Es macht wunderliche Streiche, macht gesund, macht krank, erzwingt Amputationen heiler Glieder und läßt die Menschen in die Kugel hineinlaufen. Kurz, es ist ein launisch unberechenbares, kurzweiliges Ding.

Herzlichst Ihr

Patrik

Nein, liebe Freundin, die Zehen sind jenem Kranken nicht wieder gewachsen, trotz Es und Analyse. Das schließt aber nicht aus, daß irgendwann einmal eine Methode gefunden wird, mit deren Hilfe das Es veranlaßt werden kann, amputierte Glieder neu zu bilden. Die Experimente über das Wachstum von Organteilen, die aus dem Organismus herausgelöst sind, beweisen, daß manches möglich ist, was man vor dreißig Jahren für unmöglich hielt. Aber ich habe vor, Ihrem guten Glauben noch viel Seltsameres zuzumuten.

Wie denken Sie zum Beispiel über das Ich, Ich bin Ich, das ist ein Fundamentalsatz unseres Lebens. Meine Behauptung, daß dieser Satz, in dem sich das Ichgefühl des Menschen ausspricht, ein Irrtum ist, wird die Welt nicht erschüttern, wie er es tun würde, wenn man dieser Behauptung glaubte. Man wird ihr nicht glauben, kann ihr nicht glauben, ich selbst glaube nicht daran, und doch ist sie wahr.

Ich ist durchaus nicht Ich, sondern eine fortwährend wechselnde Form, in der das Es sich offenbart, und das Ichgefühl ist ein Kniff des Es, den Menschen in seiner Selbsterkenntnis irrezumachen, ihm das Sichselbstbelügen leichter zu machen, ihn zu einem gefügigeren Werkzeug des Lebens zu machen.

Ich. Mit der Verdummung, die das Älterwerden mit sich bringt, gewöhnen wir uns so an diese uns vom Es eingeblasene Größenidee, daß wir die Zeit ganz vergessen, in der wir diesem Begriff verständnislos gegenüberstanden, in der wir von uns in der dritten Person sprachen: »Emmy unartig, muß Schläge haben.« »Patrik gut gewesen, Schokolade.« Welcher Erwachsene könnte sich solcher Objektivität rühmen.

Ich will nicht behaupten, daß der Begriff Ich, der Begriff der eigenen Persönlichkeit, erst in dem Moment entsteht, wo das Kind dieses Schibboleth der geistigen Verarmung aussprechen lernt. Aber so viel kann man doch wohl behaupten, daß das Bewußtsein des Ich, die Art, wie wir Erwachsenen den Begriff Ich gebrauchen, nicht mit dem Menschen geboren wird, sondern ganz allmählich in ihm wächst, daß er es erlernt.

Sie müssen mir schon gestatten, ein wenig über die Dinge weg zu schreiben. Kein Mensch kann sich in dem Wust des Ich zurechtfinden, auch in den fernsten Zeiten wird niemand das fertigbringen.

Ich spreche absichtlich von dem Ichbewußtsein, wie wir Erwachsenen es empfinden. Es ist nämlich durchaus nicht sicher, daß das neugeborene Kind des Bewußtseins, eine Individualität zu sein, entbehrt, ja, ich bin geneigt anzunehmen, daß es ein solches Bewußtsein hat, nur daß es sich nicht sprachlich äußern kann. Ich glaube sogar, daß ein solches Individualitätsbewußtsein auch dem Embryo zukommt, ja, selbst dem befruchteten Ei, dem unbefruchteten auch, ebenso wie dem Samenfaden. Und daraus ergibt sich für mich, daß auch jede einzelne Zelle ein solches Individualitätsbewußtsein hat, jedes Gewebe ebenso, jedes Organ auch, und jedes Organsystem desgleichen. Mit anderen Worten: Jede Es-Einheit kann, wenn sie Lust dazu hat, sich selbst weismachen, sie sei eine Individualität, eine Person, ein Ich.

Ich weiß, diese Betrachtungsart verwirrt alle Begriffe, und wenn Sie den heutigen Brief ungelesen fortlegen, so wundere ich mich nicht darüber. Aber ich muß es doch aussprechen, daß ich glaube, die menschliche Hand hat ihr eigenes Ich, sie weiß, was sie tut, und sie ist sich auch dieses Wissens bewußt. Und jede Nierenzelle und jede Nagelzelle hat ebenso ihr Bewußtsein und ihr bewußtes Handeln, ihr Ichbewußtsein. Beweisen kann ich das nicht, aber ich glaube es deshalb, weil ich Arzt bin und gesehen habe, daß der Magen auf bestimmte Nahrungsmengen in ganz bestimmter Weise antwortet, daß er in Art und Menge seiner Absonderungen bedachtsam vorgeht, erwägt, was ihm zugemutet werden wird und danach seine Maßnahmen trifft, daß er Auge, Nase, Ohr, Mund und so weiter als seine Organe benutzt, um damit festzustellen, was er tun will. Ich glaube es deshalb, weil eine Lippe, die nicht küssen will, während das Ich des Menschen den Kuß begehrt, sich wund macht, eine Blase bildet, sich entstellt, ihren eigenen gegensätzlichen Willen in nicht mißzuverstehender Weise, erfolgreich genug, äußert. Ich glaube es deshalb, weil der Penis gegen den vom Gesamt-Ich ersehnten Beischlaf mit Herpesbläschen protestiert oder sich für eine gewaltsame Überwältigung durch den begehrlichen Sexualtrieb dadurch rächt, daß er sich mit Trippergift oder Syphilisgift anstecken läßt; weil eine Gebärmutter hartnäckig die Schwangerschaft versagt, obwohl das bewußte Ich der Frau sie so innig wünscht, daß sie sich behandeln oder operieren läßt; weil eine Niere den Dienst versagt, wenn sie findet, daß das Ich des Menschen Unbilliges verlangt; und weil, wenn es gelingt, das Bewußtsein der Lippe, des Magens, der Niere, des Penis, der Gebärmutter zu dem Willen des Gesamt-Ichs zu überreden, alle ihre feindlichen Äußerungen, ihre Krankheitssymptome verschwinden.

Ich muß, um in meinen ohnehin unklaren Äußerungen von Ihnen nicht gänzlich mißverstanden zu werden, noch eines ausdrücklich betonnen: Dieses von mir für die Zellen, die Organe und so weiter beanspruchte Ich ist mir nicht etwa dasselbe wie das des Es. Durchaus nicht. Vielmehr ist dieses Ich nur ein Produkt des Es, etwa wie die Gebärde oder der Laut, die Bewegung, das Denken, Bauen, Aufrechtgehen, Krankwerden, Tanzen oder Radfahren ein Produkt des Es ist. Die Es-Einheit betätigt ihr Lebendigsein einmal auf diese, ein andermal auf jene Weise: dadurch, daß sie sich in eine Harnzelle verwandelt oder einen Nagel bilden hilft oder ein Blutkörperchen wird oder eine Krebszelle oder sich vergiften läßt oder einem spitzen Stein ausweicht oder sich irgendeines Phänomens bewußt wird. Gesundheit, Krankheit, Talent, Tat und Gedanke, vor allem aber das Wahrnehmen und Wollen und das Sichbewußtwerden sind nur Leistungen des Es, Lebensäußerungen. Über das Es selbst wissen wir nichts.

Das alles ist ziemlich verwickelt. Denn wenn Sie sich vorstellen, wie die Es-Einheiten und Gesamtheiten gegen- und miteinander wirken und wie sie sich bald hier, bald da, jetzt so und jetzt anders zusammenschließen und trennen, wie sie bald vom Gesamt-Ich Gebrauch machen, um etwas bewußtwerden zu lassen und zugleich dieses oder jenes ins Unbewußte zu verdrängen, wie sie einiges dem Gesamtbewußtsein zuführen, anderes wieder bloß dem der Teil-Ichs, wie sie wieder anderes in Kammern einschließen, aus denen es mit Hilfe der Erinnerung oder Überlegung herausgeholt und dem Gesamtbewußtsein zugeführt werden kann, während der weitaus größte Teil des Lebens, Denkens, Empfindens, Wahrnehmens, Wollens, Handelns in unerforschbaren Tiefen vor sich geht, wenn Sie das alles bedenken, werden Sie eine leichte Ahnung davon bekommen, wie anmaßend es ist, irgend etwas verstehen zu wollen. Aber Gott sei Dank ist ein Verstehen auch nicht nötig, das Verstehenwollen nur hinderlich. Der menschliche Organismus ist so seltsam eingerichtet, daß er – wenn es ihm beliebt, sonst nicht – auf ein leises Wort, ein freundliches Lächeln, einen Druck der Hand, einen Messerschnitt, einen Eßlöffel Fingerhuttee mit Leistungen antwortet, die nur deshalb nicht angestaunt werden, weil sie alltäglich sind. Ich habe mich in allerhand Arten ärztlichen Handelns betätigt – bald so, bald so – und habe gefunden, daß *alle Wege* nach Rom führen, die der Wissenschaft und die des Pfuschertums, halte es daher auch nicht für besonders wichtig, *welchen Weg* man geht, vorausgesetzt, daß man Zeit hat und nicht ehrgeizig ist. Es haben sich dabei in mir Gewohnheiten ausgebildet, denen gegenüber ich machtlos bin, denen ich folgen muß, weil sie mir lobenswert erscheinen. Und unter diesen Gewohnheiten steht obenan die Psychoanalyse, das heißt der Versuch, Unbewußtes bewußtzumachen. Andere machen es anders. Ich bin mit meinen Erfolgen zufrieden.

Aber ich wollte vom Ich reden und von seiner Mannigfaltigkeit. Man pflegt ja unter dem Wort Ich nur das zu verstehen, was ich vorhin das Gesamt-Ich nannte, dessen ich mich als Angriffspunkt bei meinen psychoanalytischen Experimenten bediene und auch einzig bedienen kann. Aber auch dieses Gesamt-Ich hat seine Sonderbarkeiten, die jedermann kennt, jedoch ihrer Selbstverständlichkeit halber selten beachtet. Das Gesamt-Ich – nennen wir es jetzt einfach Ich – ist kein leichtüberschaubares Wesen. Innerhalb weniger Minuten dreht es die verschiedensten Seiten seiner überaus zerklüfteten und schillernden Oberfläche uns zu. Bald ist es ein Ich, das aus unserer Kindheit stammt, bald eins der Zwanzigerjahre, bald ist es moralisch, bald sexuell, bald das eines Mörders. Jetzt ist es fromm, im Augenblick darauf frech, morgens das eines Offiziers oder Beamten, ein Berufs-Ich, mittags ist es vielleicht ein Ehe-Ich und abends das eines Kartenspielers oder eines Sadisten oder eines Denkers. Wenn Sie erwägen, daß alle diese Ichs – und man könnte ungezählte Mengen davon hersagen –, daß sie alle gleichzeitig im Menschen vorhanden sind, können Sie sich vorstellen, was für eine Macht das Unbewußte im Ich ist, wie aufregend seine Beobachtung ist, welche unsagbare Freude es ist, dieses Ich – mag es bewußt oder unbewußt uns gegenüberstehen – zu beeinflussen. Ach, liebe Freundin, erst seit ich mich mit Analyse beschäftige, weiß ich, wie schön das Leben ist. Und es wird täglich schöner.

Darf ich Ihnen etwas sagen, was mich immer wieder in Erstaunen setzt? Das Denken des Menschen – das Es-Denken oder wenigstens das unbewußte Ichleben – scheint sich in Kugelform zu bewegen. So kommt es mir vor. Lauter schöne runde Kugeln sehe ich. Wenn man eine Anzahl Wörter, so wie sie einem einfallen, hinschreibt und ansieht, fügen sie sich ganz von selbst zu einer kugeligen Phantasie, zu einer Dichtung in Kugelform zusammen. Und wenn man seinen Nebenmenschen dasselbe tun läßt, wird es auch eine Kugel. Und diese Kugeln rollen dahin, drehen sich rasch oder langsam und schimmern in tausend Farben; in Farben so schön, wie die, die wir mit geschlossenen Augen sehen. Es ist eine Pracht. Oder um es anders auszudrücken, das Es zwingt uns, in geometrischen Figuren zu assoziieren, die sich – farbig – ähnlich zusammenfügen, wie es bei den niedlichen optischen Instrumenten der Fall ist, bei deren Drehung aus farbigen Glasstücken sich immer neue Figuren bilden.

Nun sollte ich Ihnen etwas über die Entstehung der Krankheiten sagen, aber darüber weiß ich nichts. Und über die Heilung müßte ich auch sprechen, wenn es nach Ihnen ginge. Aber darüber weiß ich erst recht nichts. Beides nehme ich als gegebene Tatsachen hin. Höchstens von der Behandlung könnte ich etwas sagen. Und das will ich auch tun.

Das Ziel der Behandlung, jeder ärztlichen Behandlung ist, Einfluß auf das Es des Menschen zu gewinnen. Im allgemeinen ist es Brauch, zu diesem Zweck bestimmte Gruppen von Es-Einheiten direkt zu behandeln; man greift sie mit dem Messer oder mit chemischen Substanzen, mit Licht und Luft, Wärme und Kälte, elektrischen Strömen oder irgendwelchen Strahlen an. Mehr als irgendwelche Eingriffe versuchen, von denen niemand voraussagen kann, was die Folgen sein werden, vermag kein Mensch. Was das Es auf solchen Eingriff hin tun wird, läßt sich oft mit einiger Bestimmtheit sagen, oft nehmen wir nur infolge irgendwelcher vager Hoffnungen an, das Es werde artig sein, unseren Eingriff gutheißen und seinerseits die heilenden Kräfte in Bewegung setzen, meist aber ist es ein blindes Tappen, dem selbst die mildeste Kritik keinen Sinn anzudichten vermag. Immerhin ist dieser Weg gangbar, und die Erfahrungen von Jahrtausenden beweisen, daß dabei Resultate, günstige Resultate erzielt werden. Nur muß man nicht vergessen, daß nicht der Arzt die Heilung zustande bringt, sondern der Kranke selbst. Der Kranke heilt sich selbst, aus eigener Kraft, genauso wie er aus eigener Kraft geht, ißt, denkt, atmet, schläft.

Im allgemeinen hat man sich mit dieser Art der Krankheitsbehandlung, die man, weil sie sich mit den Krankheitserscheinungen, den Symptomen beschäftigt, symptomatische Behandlung nennt, begnügt. Und kein Mensch wird behaupten, daß man darin nicht recht getan hat. Aber wir Ärzte, die wir von Berufs wegen dazu verurteilt sind, Herrgott zu spielen und infolgedessen zu anmaßlichen Wünschen neigen, sehnen uns danach, eine Behandlung zu erfinden, die nicht das Symptom, sondern die Ursache der Erkrankung beseitigt. Wir wollen kausale Therapie treiben, so nennen wir es im medizinischen Latein-Griechisch. In diesem Streben hat man sich nun nach diesen Ursachen der Erkrankung umgesehen, hat erst theoretisch unter Aufwand von vielen Worten festgestellt, daß es zwei angeblich wesensfremde Ursachen gibt, eine innere, die der Mensch aus sich herausgibt, eine Causa interna, und eine äußere, Causa externa, die aus der Umwelt stammt. Und nachdem man sich so über eine reinliche Zweiteilung einig geworden ist, hat man sich mit einer wahren Wut auf die äußeren Ursachen gestürzt, als da sind: Bazillen, Erkältungen, zu viel Essen, zu viel Trinken, Unfälle, Arbeit und was es sonst noch gibt. Und die Causa interna, die hat man vergessen. Warum? Weil es sehr unangenehm ist, in sich hineinzuschauen – und nur in sich findet man einige Fünkchen, die das Dunkel der inneren Ursachen, der Disposition erhellen –, weil es etwas gibt, was die Freudsche Analyse Widerstand der Komplexe nennt, der Ödipuskomplexe, Impotenzkomplexe, Onaniekomplexe und so weiter, und weil diese Komplexe furchtbar sind. Allerdings hat es immer und zu allen Zeiten Ärzte gegeben, die ihre Stimme erhoben haben, um zu sagen: Der Mensch macht seine Krankheiten selbst, in ihm liegen die Causae internae, er ist die Ursache der Krankheit, und eine andere braucht man nicht zu suchen. Zu solchem Spruch hat man mit dem Kopf genickt, hat ihn wiederholt und ist wiederum den äußeren Ursachen zuleibe gegangen, mit Prophylaxe und Desinfektion und so weiter. Dann aber sind Leute gekommen, die haben eine starke Stimme gehabt und haben unablässig geschrien: Immunisieren! Das war nur eine Betonung der Wahrheit, daß der Kranke selber seine Krankheit schafft. Aber als es an die praktische Handhabung des Immunisierens ging, hielt man sich doch wieder an die Symptome, und aus der scheinbaren kausalen Behandlung war unversehens eine symptomatische geworden. So ist es auch mit der Suggestion gegangen, und um das gleich zu sagen, so ist es auch mit der Psychoanalyse. Auch die benutzt die Symptome, ausschließlich die Symptome, obwohl sie weiß, daß der Mensch allein Ursache der Krankheit ist.

Und damit bin ich beim springenden Punkt. Man kann gar nicht anders als symptomatisch behandeln, und man kann auch nicht anders als kausal behandeln. Denn beides ist dasselbe. Es existiert gar kein Unterschied zwischen den beiden Begriffen. Wer behandelt, behandelt die Causa interna, den Menschen, der die Krankheit aus seinem Es heraus erschuf, und um ihn zu behandeln, muß der Arzt die Symptome beachten, sei es, daß er mit Hörrohr und Röntgenapparat arbeitet, sei es, daß er zusieht, ob die Zunge belegt und der Urin trübe ist, sei es, daß er ein schmutziges Hemd betrachtet oder ein paar abgeschnittene Haare. Es ist im Wesen dasselbe, ob man mit aller Sorgfalt jedes Krankheitszeichen durchstöbert oder sich damit begnügt, einen Brief des Kranken zu lesen oder die Linie seiner Hand zu betrachten oder mit ihm somnambul zu verhandeln. Immer ist es ein Behandeln des Menschen und damit seiner Symptome. Denn der Mensch, seine Erscheinung ist Symptom des Es, dieses Gegenstandes aller Behandlung, sein Ohr ist ein Symptom ebenso wie das Rasseln in seinen Lungen, sein Auge ist ein Symptom, Äußerung des Es, so gut wie der Scharlachausschlag, sein Bein ist Symptom im selben Sinn wie das Knirschen der Knochen, das den Bruch dieses Beines anzeigt.

Wenn nun alles dasselbe ist, werden Sie fragen, was hat es dann für einen Zweck, daß Patrik Troll solch langes Buch schreibt, dessen Sätze so klingen, als ob sie beanspruchten, neue Gedanken zu sein. Nein, Liebe, sie beanspruchen das gar nicht, sie klingen nur so. In Wahrheit bin ich überzeugt, daß ich mit der Psychoanalyse nichts anderes tue als früher, wo ich heiße Bäder gab, Diäten verordnete, massierte und herrisch befahl, was alles ich auch jetzt noch tue. Das Neue ist nur der Angriffspunkt der Behandlung, das Symptom, das mir in allen Verhältnissen dazusein scheint, das Ich. Meine Behandlung, soweit sie nicht dieselbe ist wie früher, besteht in dem Versuch, die unbewußten Komplexe des Ich bewußtzumachen, methodisch und mit aller List und Kraft, die mir zur Verfügung steht. Das ist allerdings etwas Neues, aber es stammt nicht von mir, sondern von Freud, und was ich dazugetan habe ist nur, daß ich diese Methode auch bei organischen Leiden verwende. Da ich der Ansicht bin, daß der Gegenstand ärztlicher Tätigkeit das Es ist, da ich der Ansicht bin, daß dieses Es in selbstherrlicher Kraft die Nase formt, die Lunge entzündet, den Menschen nervös macht, ihm Atmung, Gang, Tätigkeit vorschreibt, da ich weiterhin glaube, daß sich das Es ebenso durch Bewußtmachen unbewußter Ichkomplexe beeinflussen läßt wie durch einen Bauchschnitt, so begreife ich nicht – richtiger begreife ich es nicht mehr – wie irgend jemand glauben kann, Psychoanalyse sei nur bei Neurotikern verwendbar, organische Erkrankungen müsse man nach anderen Methoden behandeln.

Gestatten Sie mir, daß ich darüber lache.

Immer Ihr

Patrik Troll

33

Das war ein erlösendes Wort: »Ich habe es satt, Ihre Briefe zu lesen«, schreiben Sie, und ich füge hinzu: »Ich habe es satt, sie zu schreiben.« Leider sprechen Sie noch den Wunsch aus – und Ihr Wunsch ist mir Befehl –, ich solle kurz und bündig sagen, was ich mir unter dem Wort »Es« vorstelle. Ich kann es nicht besser ausdrücken, als ich es schon früher getan habe: »Das Es lebt den Menschen, es ist die Kraft, die ihn handeln, denken, wachsen, gesund und krank werden läßt, kurz die ihn lebt.«

Aber mit solcher Definition ist Ihnen nicht geholfen. Ich will daher zu meinem bewährten Mittel greifen und Ihnen Geschichten erzählen. Sie müssen dabei nur bedenken, daß meine Erzählungen aus weitläufigen Zusammenhängen herausgenommen sind, daß es Zwischenfälle langwieriger Behandlungen sind. Sonst kommen Sie gar auf die Idee, daß ich mich für einen Wunderdoktor halte. Davon ist keine Rede: Im Gegenteil, je länger ich Menschen behandle, um so fester wurzelt sich in mir die Überzeugung, daß der Arzt verschwindend wenig zur Heilung seiner Kranken tun kann, daß der Kranke sich selbst heilt und daß der Arzt, auch der Analytiker, nur die eine Aufgabe hat zu erraten, welche List das Es des Kranken im Augenblick gebraucht, um krank bleiben zu können.

Es ist nämlich ein Irrtum anzunehmen, daß der Kranke zum Arzt kommt, um sich helfen zu lassen. Nur ein Teil seines Es ist willig zur Gesundheit, ein anderer aber will krank bleiben und lauert während der ganzen Zeit auf eine Gelegenheit, um sich vom Arzt schädigen zu lassen. Der Satz, daß die vornehmste Regel in der Behandlung ist, nicht zu schaden, hat sich mir mit den Jahren immer tiefer eingeprägt, ja ich bin geneigt zu glauben, daß in Wahrheit jeder Todesfall während einer Behandlung, jede Verschlimmerung des Zustands auf einen Fehler des Arztes zurückzuführen ist, zu dem er sich durch die Bosheit des kranken Es verleiten läßt. Ach, es ist nichts Göttliches in unserem Tun, und der Wunsch, wie Gott zu sein, der uns ja letzten Endes dazu treibt, Arzt zu sein, rächt sich an uns wie an unseren paradiesischen Voreltern. Strafe, Fluch und Tod ziehen in seinem Gefolge.

Hier ist ein jüngsterlebtes Beispiel dafür, welche Stellung das tiefverborgene Es eines Kranken gegen mich hatte, während sein bewußtes Ich bewundernd und dankbar auf mich blickte. Es sind zwei Träume einer Nacht, die des Lehrreichen genug enthalten. Zunächst sagte der Kranke, daß er vom ersten Traum nichts mehr wisse. Da er aber längere Zeit bei diesem vergessenen Traum blieb, ließ sich annehmen, daß in ihm der Schlüssel des Rätsels stecke. Ich habe eine lange Zeit geduldig gewartet, um zu sehen, ob nicht doch irgendwelche Erinnerung komme. Aber sie kam nicht, und schließlich forderte ich den Kranken auf, irgendein beliebiges Wort zu sagen. Solch ein kleiner Kunstgriff lohnt sich manchmal. Ich habe zum Beispiel einmal erlebt, daß bei einer ähnlichen Situation das Wort Amsterdam genannt wurde und daß um dieses eine Wort sich ungefähr ein Jahr lang eine erfolgreiche, erstaunlich erfolgreiche Behandlung drehte. Dieser Kranke nun nannte das Wort Haus und erzählte mir, daß er am vorhergehenden Tag sich mein Sanatorium von außen angesehen habe, daß ein gänzlich unmotivierter Turm da sei, eine Brücke als Notbehelf angebracht sei, weil das Haus an einem falschen Platz stehe und daß es ein häßliches Dach habe. Ich kann nicht bestreiten – und da Sie das Haus kennen, werden Sie mir beistimmen –, der Mann hatte recht. Und doch bezog sich seine Betrachtung auf ganz andere Dinge, auf viel wichtigere, auf Dinge, die für ihn und für meine Behandlung entscheidend waren. Das lehrte der zweite Traum. Der Kranke erzählte: »Es ist ein ganz dummer Traum«, und dabei lachte er. »Ich wollte einen Besuch in einem Haus machen, das einem Schuster gehörte. Vor dem Haus rauften sich zwei Knaben, der eine lief heulend weg. Der Schuster hieß Akeley. Kein Mensch war zu sehen, allmählich kamen einige Dienstboten, aber der Schuster, dem ich Visite machen wollte, ließ sich nicht sehen. Dagegen erschien nach einiger Zeit ein alter Freund meiner Mutter, sonderbarerweise mit einem schwarzbehaarten Kopf, während er in Wirklichkeit vollständig kahl ist.« Hätte der Kranke beim Erzählen nicht gelacht, hätte er nicht vorher den Tadel gegen das Äußere meines Sanatoriums vorgebracht, vielleicht hätte ich Wochen zubringen können, ehe die Deutung gekommen wäre. So aber ging es rasch. Das Wort Akeley gab die erste Aufklärung. Es war aus einem kürzlich erschienenen Werk von Arno Holz genommen, das den Titel *Die Blechschmiede* führt. Es sei höchst geistreicher, erotischer Blödsinn.

Der Hohn gegen meine Person lag auf der Hand, da der Kranke kurz vorher meinen vom gemeinsamen Freund Groddeck herausgegebenen Seelensucher gelesen hatte. Das also war die *Blechschmiede*, der Schuster Akeley war ich, das Schusterhaus mein Sanatorium. Das ging auch daraus hervor, daß der Kranke tatsächlich bei seiner Ankunft im Sanatorium eine ganze Weile im Korridor hat stehen müssen, ehe jemand ihm sein Zimmer anwies. Mich selbst hat er erst am nächsten Tag gesehen. Dergleichen Beurteilung des behandelnden Arztes ist in jedem Kranken immer da, und die Konstanz des abfälligen, nur verdrängten Urteils beweist, daß wir es verdienen. Ich würde den Traum nicht erzählt haben, wenn in ihm nicht auch der Grund angegeben wäre, warum der Kranke mich verachtet. Statt des Schusters erscheint im Traum ein alter Freund seiner verstorbenen Mutter, der seltsamerweise schwarzes Haar hat. Dieser Freund der Mutter stellt den Vater dar, der schwarz behaart ist, weil er ebenfalls tot ist. Der Haß gilt also nicht mir, sondern zunächst diesem Freund der Mutter und hinter dem dem eigenen Vater. Es ist eine Verdichtung dreier Personen, die deutlich zeigt, welches gerüttelte Maß von Widerstand mein Patient auf mich übertragen hat. Aber der Freund der Mutter ist auch der Kranke selber, der sich eines üppigen schwarzen Haarwuchses erfreut. Sein Unbewußtes erzählt ihm im Traum, wie ganz anders es sein würde, wenn anstelle des Schusters Troll er selbst die Behandlung leitete. Er hat so unrecht nicht, der Kranke weiß immer besser als der Arzt, was ihm frommt; nur leider vermag er sein Wissen nicht zu denken, sondern nur in Traum, Bewegung, Kleidung, Wesen, Krankheitssymptom auszudrükken, kurz in einer Sprache, die er selbst nicht versteht. Und freilich erzählt diese Identifizierung seiner selbst mit dem Freund der Mutter und mit dem Vater mehr, als der Kranke ahnte. In ihr steckt der Inzestwunsch, der Wunsch der Kindheit, Geliebter der Mutter zu sein. Und nun kommt eine seltsame Wendung. Mit einem heiteren Lächeln sagt der Kranke: Der Freund der Mutter hieß Lameer, er war Flame, sein Name hat nichts mit la mère, die Mutter, zu tun.

Wirklich nicht? Ich glaube doch. Und das ist tröstlich für die Behandlung; denn wenn der Kranke mich nicht nur mit dem Freund und Gatten der Mutter identifiziert, sondern mit der Mutter selbst, so hat er auch das Gefühl für sie auf mich übertragen, ein Gefühl, das sich seit seinem sechsten Jahr nicht mehr wesentlich geändert haben kann, da damals seine Mutter starb. Vielleicht ist das günstig, vorausgesetzt, daß seine Einstellung zur Mutter gut war, daß er von ihr Hilfe empfing. Aber wer kann das wissen? Es kann auch sein, daß er auch sie mehr haßte als liebte.

Da muß ich auf den Beginn des Traumes zurückgreifen, auf die beiden raufenden Knaben vor dem Schusterhaus. Sie sind leicht zu deuten. Sie stellen dasselbe in zwei verschiedenen Zeitfolgen dar, der eine den Phallus im Zustand der Erektion, der zweite, der weinend davonrennt, das Glied im Zustand der Ejakulation. Hinter dieser ersten Deutung steckt die zweite, nach der der eine Knabe der Träumer, der zweite, weinende der Bruder des Träumers ist, den er aus der Gunst der Eltern vertrieben hat. Und als dritte tiefstgelegene Deutung ist der eine Knabe der Träumer selbst, der den anderen, seinen Penis, masturbiert. Diese Selbstbefriedigung findet vor dem Haus des Schusters statt, die erotischen Phantasien des Träumers gelten aber, wie der weitere Verlauf des Traumes zeigt, nicht nur dem Schuster, sondern dem Freund der Mutter, das ist der Vater und hinter ihm, wohl versteckt, der Mutter selbst, Lameer.

Ich erzähle Ihnen den Traum, weil in ihm der Träumer die Angriffspunkte der Behandlung mitteilt, ohne es selbst zu wissen. Zunächst verkündet er dem aufmerksamen Zuhörer, längst ehe der Kranke es selbst klar weiß, daß ein starker Widerstand gegen den Arzt vorhanden ist, daß also wieder einmal der Punkt erreicht ist, der für die Behandlung, ich möchte sagen einzig und allein in Frage kommt. Denn im bewußten oder unbewußten Erkennen und Beseitigen des Widerstandes besteht im wesentlichen die Tätigkeit des Arztes, die um so ersprießlicher sein wird, je klarer der Arzt die Situation erblickt. Weiterhin erzählt der Traum, von wo der Widerstand übertragen worden ist. Er stammt aus der feindseligen Einstellung zum Freund und Gatten der geliebten Mutter und weiter vorher noch aus dem Rivalitätsstreit der beiden Brüder vor dem Eingang zur Mutter, die hinter mehreren Verschleierungen versteckt doch deutlich die eigentliche Besitzerin des Hauses, des Sanatoriums, in dem man gesundet, des Mutterschoßes, in den man eintritt, ist. Schließlich verrät der Kranke auch noch die Komplexe, um die es sich bei ihm handelt, den des Ödipus und den der Onanie.

Da haben Sie eine Probe von der Art, wie sich das Unbewußte, das Verdrängte verständlich zu machen sucht. Aber ich trage Eulen nach Athen: Denn Sie schreiben mir ja, daß Sie Freuds Traumdeutung gelesen haben. Lesen Sie sie noch einmal und noch mehrere Male; Sie werden belohnt werden, wie Sie es selbst nicht ahnen. Jedenfalls ist es überflüssig, daß ich mich weiter auf ein Gebiet begebe, das der Meister selbst und mit ihm Tausende seiner Gefolgschaft in immer neuen Schilderungen jedem, der es betreten will, dargestellt haben. Auch die folgende Erzählung bewegt sich in Bahnen, die Ihnen bekannt sind oder bekannt sein sollten.

Es handelt sich um ein kleines Mädchen von acht Jahren, das sich seit einiger Zeit vor der Schule fürchtet, während es früher gern dorthin ging. Das Rechnen und das Stricken machen ihr Pein. Ich fragte sie, welche Ziffer ihr die unangenehmste sei, und sie nannte sofort die Zwei. Sie mußte eine Zwei hinmalen und sagte dann: »Das Häkchen unten ist unbequem; wenn ich schnell schreibe, lasse ich es weg.« Ich fragte nun, was ihr zu diesem Häkchen einfalle, und ohne Besinnen erwiderte sie: »Ein Fleischhaken«, »für Schinken und Wurst« fügte sie hinzu, und als ob sie den Eindruck dieser seltsamen Antwort verwischen oder sie erläutern müsse, fügte sie rasch hinzu: »Beim Stricken lasse ich Maschen fallen, und dann entsteht ein Loch.« Wenn Sie von diesem Zusatz: »Es entsteht ein Loch« ausgehen, begreifen Sie, daß der Fleischhaken ein Haken aus Fleisch ist, daß also das Kind eine Zeit durchmacht, in der es sich gründlich mit der Tatsache der beiden Geschlechter auseinanderzusetzen versucht. Und in sehr gedrängter Form gibt sie durch Angst und Fehlhandlung des Häkchenweglassens und des Maschenfallens ihre Theorie kund, daß das Weib, die Zwei in der Familie, keinen Fleischhaken besitzt, ihn vielmehr durch allzu schnelles Schreiben, Onanieren, verloren hat, daß durch die rasche Bewegung der Stricknadeln, ihr Hinein und Hinaus das große Loch entsteht, aus dem das früh lüsterne Mädchen ihr Wässerlein sprudelt, während der Knabe den Strahl aus der engen Öffnung des Penis spritzt. Das ist wahrlich ein schweres Problem für ein Kleinmädchengehirn, und es ist kein Wunder, daß Rechnen und Stricken nicht flecken will. Am nächsten Tag demonstriert das Kind dann weiter seine Kenntnisse, die diesmal tröstlich genug sind. Sie klagt, daß sie beim Stuhlgang schreckliche Schmerzen habe, betont also, daß das Mädchen als Ersatz für das genommene Häkchen Kinder gebären kann, wenn auch mit Schmerzen. Und wiederum in dem dunklen Drang, sich deutlicher zu erklären, beginnt sie zum Staunen der Mutter, die ihr Kind unwissend glaubte, zu erzählen, wie sie dabeigewesen sei, als ein Kalb aus dem Bauch einer Kuh geholt wurde und wie drei niedliche Kätzchen von der Katzenmutter geboren wurden. Es ist drollig zu hören, wie es aus der Seele des Kindes hervorsprudelt, wenn die Schicht über dem Verdrängten irgendwo leck geworden ist.

In derlei symbolischen Handlungen oder Fehlleistungen äußert sich das Unbewußte gar oft. So traf ich neulich einen meiner Kranken – er gehörte zu den sogenannten Homosexuellen – verstimmt an, weil er seinen Klemmer zerbrochen hatte, ohne den er seines Lebens nicht froh sein könne. Er war ihm in dem Moment von der Nase gefallen, als er von einem Tisch eine Vase fortnehmen wollte. Als ich ihn nach anderen Gegenständen auf dem Tisch fragte, gab er mir die Fotografie seines Freundes an, die noch dort liege. Tatsächlich fand sie sich unter einem Haufen von Kissen und Decken vergraben, mit der Rückseite nach oben, so daß man das Bild nicht sehen konnte. Es stellte sich heraus, daß der Freund ihm mit einem Mädchen untreu geworden war. Da es nicht in seiner Macht stand, den Knaben von dem Mädchen fernzuhalten, wollte er wenigstens beide symbolisch trennen und nahm die Vase, die das Mädchen darstellte, weg. Dem folgte darauf automatisch das Umdrehen der Fotografie auf die Bildseite, das Zudekken mit den Kissen und das Zerbrechen des Klemmers. In die Sprache des Bewußten übersetzt heißt das: »Ich will den Treulosen nicht mehr sehen.« »Seine Rückseite bleibt mir doch immer, denn die weiß ein Mädchen nicht zu schätzen. So möge denn die Fotografie verkehrt liegen.« »Es ist doch sicherer, auch die Rückseite zu schützen. Decken wir sie mit Kissen zu.« »Das ist gut, nun sehe ich nichts mehr von ihm, zumal wenn ich noch eine Decke darauftue.« »Es genügt nicht: Ich leide zu sehr. Am besten ist, ich mache mich blind. Dann brauche ich seinen Treubruch nicht zu bemerken und kann ihn lieb behalten.« Und damit zerbricht der Arme seinen Klemmer.

Das Unbewußte experimentiert seltsam mit den Augen. Es schaltet Eindrücke auf der Netzhaut aus dem Bewußtsein aus, wenn sie unerträglich sind. Eines Tages forderte ich eine meiner Kranken auf, die Gegenstände auf ihrem Schreibtisch genau zu betrachten und sie sich zu merken. Als ich sie dann aufforderte, mir zu sagen, was auf dem Tisch stand, zählte sie alles auf, bis auf die Fotografien ihrer beiden Söhne, die sie trotz mehrfachem Hinweis, daß sie zwei Dinge unterschlage, nicht nannte. Als ich sie fragte, warum sie die beiden Bilder fortlasse, war sie verwundert: »Ich habe sie nicht gesehen«, sagte sie, »und das ist um so auffallender, als ich sie täglich und auch heute selbst abstaube. Aber freilich, Sie sehen ja, die armen Jungen stecken in der Uniform. Der eine ist schon gefallen, der andere ist mitten in den Kämpfen vor Warschau. Wozu sollte ich mein Leid, wenn ich es unterdrücken kann, durch meine Augen wecken?«

Ein anderer klagte darüber, ihm sei plötzlich schwarz vor den Augen geworden: Das geschehe häufig. Ich bat ihn, sich in Gedanken nochmals an den Platz zu stellen, wo ihn der schwarze Nebel überfallen hatte, und mir zu sagen, was er sehe. »Steine«, sagte er. »Ich ging eine Treppe hinauf, und es waren die steinernen Stufen, die ich sah.« Damit war wenig anzufangen. Aber da ich hartnäckig dabei blieb, daß der Anblick der Steine seinen Schwindel verursacht habe, versprach er darauf zu achten. Tatsächlich kam er am nächsten Tag damit hervor, daß er bei einem neuen Anfall wiederum Steine gesehen habe. Die Sache sei vielleicht doch nicht ganz von der Hand zu weisen, denn er wisse jetzt, daß er die ersten Beschwerden ähnlicher Art in Ostende gehabt habe, das ihm stets wie eine trostlose Anhäufung von Steinen und viel zu vielen kaltherzigen Menschen vorgekommen sei. Als ich fragte, was denn eine solche Anhäufung von Steinen und Menschen bedeute, sagte er mir, »einen Kirchhof«. Da ich wußte, daß er in Belgien erzogen war, machte ich den Versuch, ihn auf den Gleichlaut pierre und Pière hinzuweisen. Er erklärte aber, daß weder ein Peter noch ein Pière je eine Rolle in seinem Leben gespielt hätten. Am nächsten Tag kam er von selber auf die Sache zu sprechen. Ich könne doch wohl recht haben. Sein Elternhaus, in dem er schon mit sechs Jahren seine Mutter verlor und das kurz nach ihrem Tod verkauft wurde, weil der Vater nach Ostende übersiedelte, lag in der Rue St. Pière, und wenn auch die Mutter nicht auf dem Kirchhof St. Pière begraben sei, so habe doch seinem Kinderzimmerfenster gegenüber der riesige Steinhaufen der Kirche St. Pière gelegen. Er sei oft genug mit seiner Mutter in dieser Kirche gewesen, und die Steinmassen des Inneren mitsamt dem Gedränge der Andächtigen habe ihn stets verwirrt. Zu dem Wort Ostende fiel ihm dann Rußland ein, das Land des Rußes, das schwarze Land, das Land des Todes. Seit jenem Tag des Bewußtwerdens verdrängter Komplexe ist ihm nicht mehr schwarz vor den Augen geworden, dagegen hat sein Es eine andere Maßregel der Verdrängung nicht aufgehoben. Der Kranke, der von seiner Mutter streng katholisch erzogen war, hatte den Glauben unter dem Druck des Verdrängungswunsches aufgegeben: Er ist aber trotz der Aufhebung der Verdrängung nicht wieder zur Kirche zurückgekehrt.

Besinnen Sie sich auf Frau von Wessels? Wie kinderlieb sie ist und wie sie unter der Tatsache leidet, keine eigenen Kinder zu haben? Eines Tages saß ich mit ihr am Waldrand: Die Unterhaltung schleppte seit einiger Zeit und stockte schließlich ganz. Plötzlich sagte sie: »Was ist das mit mir? Von allem, was rechts von mir ist, sehe ich nicht das geringste, während links alles klar und deutlich ist.« Ich fragte sie, wie lange das Phänomen schon daure, und sie erwiderte: »Schon vorhin im Wald habe ich es bemerkt.« Ich bat sie, mir irgendeine Stelle unseres Spazierganges zu nennen, und sie gab eine Wegkreuzung an, die wir passiert hatten. »Was war an dieser Stelle rechts von Ihnen?« fuhr ich fort. »Dort ging die Dame mit ihrem kleinen Knaben an uns vorüber. Übrigens sehe ich jetzt alles wieder deutlich.« Und nun erinnerte sie sich lachend, wie sie mich den ganzen Weg vor der Kreuzung mit der Phantasie unterhalten hatte, daß sie ein kleines Häuschen fern von allen Menschen mit Hühnern und Enten und allerlei Getier hätte und dort mit ihrem Söhnchen hauste, während der Vater nur ab und zu auf einen Tag zu Besuch käme. »Wenn ich nicht längst wüßte, daß Sie recht haben mit Ihrer Behauptung, alle Krankheiten seien Schöpfungen des Es, zu irgendwelchen erkennbaren Zwecken, würde ich mich jetzt davon überzeugt haben. Denn meine halbseitige Blindheit kann nur dadurch hervorgerufen worden sein, daß ich den Anblick jener Mutter mit ihrem Söhnchen nicht ertragen konnte.«

Hysterisch? Gewiß, kein Arzt und kein Gebildeter wird mit der Diagnose zögern. Aber wir beide, Sie und ich, haben gelernt, auf die Bezeichnung Hysterie zu pfeifen, kennen beide Frau von Wessels und können höchstens aus Ehrfurcht vor der bebrillten Gelehrsamkeit zugeben, daß diese Frau für eine halbe Stunde hysterisch wurde. Aber was sollen wir uns mit solch erzdummem und teuflischem Wort wie Hysterie noch weiter befassen? Lassen Sie sich lieber erzählen, was einige Jahre später geschah.

Eines Abends traf ich Frau von Wessels nach dem Theater. Sie sagte mir, daß sie hergekommen sei, um vielleicht einen alten Bekannten zu treffen, dessen Namen sie vor einigen Stunden im Fremdenblatt gelesen habe. Mir fiel auf, daß ihr linkes oberes Augenlid stark gerötet und geschwollen war. Sie hatte es selbst noch nicht bemerkt, zog ihren Taschenspiegel hervor, besah sich das Auge und sagte: »Es würde mich nicht wundern, wenn das Es mich wieder einmal mit einer halben Blindheit narren wollte.« Dann fing sie wieder an, von dem unvermuteten Eintreffen des früheren Freundes zu erzählen, unterbrach sich jedoch plötzlich mit den Worten: »Jetzt weiß ich, woher das dicke Auge kommt. Es ist enstanden, als ich den Namen meines Anbeters in der Fremdenliste las.« Und nun berichtete sie, wie sie mit diesem Herrn während der langen Todeskrankheit ihres ersten Mannes kokettiert habe. Sie erzählte allerlei Einzelheiten aus jener Zeit und vertiefte sich immer mehr in die Idee, daß ihr Auge dick geworden sei, damit sie den beschämenden Namen nicht zu sehen brauche, akzeptierte auch meinen Gegenvorschlag, daß ihr Es sie noch nachträglich an dem Glied strafe, mit dem sie gesündigt habe. Der Erfolg schien uns recht zu geben, denn als die Freundin wegging, war die Geschwulst verschwunden. Am nächsten Tag hatte sie einen heftigen Streit mit ihrem zweiten Mann wegen ihrer Stieftochter. Beim Nachmittagstee war ich zugegen und bemerkte, wie sie die ganze Zeit über von der links sitzenden Stieftochter das Gesicht wegdrehte und wie langsam das Augenlid wieder anschwoll. Ich sprach später mit ihr darüber, und sie gab an, daß sie, die Kinderlose, den Anblick der Stieftochter nicht ertragen habe und wahrscheinlich deshalb das dicke Auge wieder bekommen habe. Das gab ihr einen neuen Gedanken ein, den sie eine Zeitlang verfolgte. Möglicherweise sei die Stieftochter auch gestern die Ursache der Lidschwellung gewesen. Bald darauf kam sie jedoch auf ihren alten Gedanken zurück, daß es der Name ihres alten Kurmachers in der Fremdenliste gewesen sein müsse. »In ein paar Tagen«, sagte sie, »jährt sich der Todestag meines ersten Mannes. Ich habe seit Jahren beobachtet, daß ich um diese Zeit stets irgendwie krank und elend werde, und ich glaube, daß ich den Streit mit Karl – das ist der Name des Herrn von Wessels – herbeigeführt habe, um einen Grund zum Weinen um meinen ersten Mann zu haben. Das ist mir um so wahrscheinlicher, als mir eben einfällt, daß ich vorgestern, also schon den Tag vor der Anschwellung, im Krankenhaus dabei war, wie ein Nierenkranker mit dem charakteristischen, urämischen Geruch, den auch mein Mann hatte, sich mit dem Spatel den Belag von der Zunge schabte, genau wie mein verstorbener Mann. Am selben Abend habe ich beim Anblick von Meerrettichsauce Übelkeit bekommen, die sofort verschwand, als ich mir die Ähnlichkeit der Sauce mit dem Zungenbelag klarmachte. Der Anblick der Stieftochter war mir unerträglich, weil sie mir die Tatsache des Treubruches gegen meinen ersten Mann durch ihr Dasein vor Augen führte. Denn Sie können sich denken, daß ich in jener Trauerzeit tausend Schwüre getan habe, nie wieder zu heiraten.« Wiederum war die Anschwellung des Auges während der Unterhaltung verschwunden.

Damit war die Entzündung des Augenlides endgültig erledigt. Statt dessen erschien jedoch am folgenden Tag Frau von Wessels mit einer halbzolldicken Oberlippe. Gerade über dem Zipfel der Lippe dicht am Rand hatte sich ein feuerroter Fleck gebildet, so daß das Lippenrot fast um das Doppelte breiter zu sein schien. Halb lachend, halb zornig gab sie mir einen Brief, den eine entfernte Bekannte an eine ihrer Freundinnen geschrieben hatte und den ihr diese Freundin voller Empörung zugeschickt hatte, wie es Freundinnen zu tun pflegen. In diesem Brief stand neben allerlei anderen Liebenswürdigkeiten zu lesen, daß Frau von Wessels mit ihrer, jedem Auge sofort erkennbaren, groben Sinnlichkeit eine echte Hexe sei. »Schauen Sie meinen Mund an«, sagte sie spöttisch, »kann es einen besseren Beweis für meine grob sinnliche Natur geben als diese schwellenden grellroten Lippen? Fräulein H. hat ganz recht, mich eine Hexe zu nennen, und ich konnte sie nicht Lügen strafen.« Die Sache interessierte mich aus verschiedenen Gründen, von denen ich Ihnen den einen nachher mitteilen werde, und ich verwendete einige Tage lang viel Zeit auf eine gründliche Analyse, deren Resultat ich Ihnen kurz mitteilen will.

Die Sache drehte sich weder um den Tod ihres Mannes noch um die Stieftochter, noch um den alten Anbeter, sondern der Angelpunkt war eben jenes Fräulein H., deren Brief ihr die dicke Lippe verschafft hatte. Diese, mit Frau von Wessels seit alters her verfeindete Dame – nennen wir sie Paula – war an demselben Abend – Freitag, den 16. August – im Theater gewesen, an dem die Lidschwellung des linken Auges zum erstenmal aufgetreten war, und zwar hatte sie links von Frau von Wessels gesessen. Genau acht Tage vorher, am Freitag, dem 9. August, war Frau von Wessels ebenfalls im Theater gewesen – wie Sie wissen, ist dieser mehrfache Besuch des Theaters etwas Unerhörtes bei ihr. – Ihr zweiter Mann war mit ihr gewesen, und links von ihr hatte dieselbe Paula ihren Platz, von der sie wußte, daß sie – vergeblich – Herrn von Wessels nachgestellt hatte. Frau von Wessels hatte an jenem ersten Freitag – dem 9. August – den haßerfüllten Blick aus den auffallenden grauen Augen Paulas aufgefangen, die unter Umständen einen eigentümlichen harten und stechenden Ausdruck haben. Dieselben grauen Augen hat die Frau jenes Nierenkranken, mit dessen Zungenbelag sie die Übelkeit am Donnerstag, dem 15. abends, in Zusammenhang brachte. Bei dem Besuch dieses Kranken, der mit seinem Uringeruch sie an den Tod des ersten Mannes erinnerte, war seine Frau mit den grauen Augen zugegen gewesen. Der Name dieser Frau ist Anna, Anna ist aber auch der Name der ältesten Schwester von Frau von Wessels, unter der sie als Kind über alle Maßen gelitten hat. Und diese Schwester Anna hat dieselben harten, stechenden Augen wie Paula. Und nun kommt das Seltsame: Frau von Wessels Schwester Anna hat am 21. August Geburtstag. Am 15. August hat Frau von Wessels den Kalender angesehen und beschlossen zu schreiben, am 16. hat sie schreiben wollen, ist aber statt dessen ins Theater gegangen, um ein Ballett, das heißt, schöne Beine, zu sehen, am 17. hat sie wiederum den Geburtstagsbrief aufgeschoben und erst am 18., dem Tag der dicken Lippe, gratuliert, und schließlich am 21., dem Geburtstag selbst, ist die Lippengeschwulst rasch verschwunden, und die bis dahin stockende Analyse floß plötzlich in raschem Lauf, und eine Menge wirrer Verknäuelungen lösten sich.

Frau von Wessels erzählte mir: »Als ich etwa mit vierzehn Jahren Näheres über die Schwangerschaft erfuhr, habe ich den Geburtstag meiner damals rechtschaffen gehaßten Schwester Anna mit dem Hochzeitstag meiner Eltern verglichen und bin zu dem Resultat gekommen, daß sie schon vor der Hochzeit entstanden sein müßte. Daraus zog ich zwei Schlüsse: Einmal daß meine Schwester nicht echtbürtig sei – das erscheint in meiner sonst gar nicht vorhandenen Abneigung gegen meine Stieftochter am 17. August wieder, denn diese Stieftochter stammt nicht von mir, ist also nicht echtbürtig, sondern vorehelich; – und dann, daß meine damals ebenso rechtschaffen gehaßte Mutter eine grob sinnliche Frau sei, eine Annahme, zu der ich mich zu jener Zeit um so mehr berechtigt glaubte, weil meine Mutter ein halbes Jahr vorher – also in meinem vierzehnten Lebensjahr – noch ein Kind bekommen hatte. Sie als Analytiker wissen ja, was für Neid sich bei so späten Schwangerschaften in den Herzen der älteren Töchter ansammelt. Ich habe stets dieses Nachrechnen der Schwangerschaftsdaten meiner Schwester Anna für die erbärmlichste Handlung meines Lebens gehalten, und auch jetzt wird mir das Geständnis schwer. Wie Sie an meiner Lippe gesehen haben, bestrafe ich mich für die Schandtat gegen meine Mutter damit, daß ich meine eigene Sinnlichkeit vor aller Welt offenbare, nachdem einmal der Vorwurf von Fräulein Paula erhoben worden ist. Nun weiter: Ich weiß, daß meine Schwester Anna darauf rechnet, in meinem Geburtstagsbrief für den Oktober hierher eingeladen zu werden. Ich will sie aber nicht hier haben, obwohl ich meine Abneigung dagegen als schlecht empfinde. Der Mund, der diese Einladung nicht aussprechen will, muß bestraft werden. Dieser selbe Mund muß aber auch dafür bestraft werden, daß ich ihn zur Zeit jenes Nachrechnens des Hochzeits- und Geburtsdatums einen frevelhaften Schwur tun ließ, ich wolle niemals ein Kind gebären. Dieser Schwur fiel in den Augenblick, wo ich zufällig das Schreien einer Kreißenden mitanhörte. Die Verbindung mit meinem Mund ist durch eine meiner Bekannten gegeben, die nach langer, langer Kinderlosigkeit schwanger geworden ist und deren früher zusammengekniffene Lippen jetzt voll und rot sind. Ich habe diese Bekannte am 15. August gesehen und eingehend mit ihr über das kommende Kind gesprochen. So viel kann ich zur Erklärung der Mundanschwellung angeben. Was das Auge betrifft, so ist das sehr einfach. Ich habe von den zahlreichen Schwangerschaften meiner Mutter nicht eine einzige erkannt, auch die des jüngsten Kindes nicht, obwohl ich schon dreizehn Jahre alt war und sehr gut wußte, wie die Kinder auf die Welt kommen. Der Versuch also, mich gegen Schwangerschaft blind zu machen, ist sehr alt, und daß ich jetzt gelegentlich zu dem bewährten Mittel greife, mein gutes linkes Auge – das rechte ist ziemlich unbrauchbar – auszuschalten, wenn der Schwangerschaftskomplex meiner Mutter an mich herantritt, wundert mich nicht. Es sind da aber noch andere Dinge. So weiß ich zum Beispiel jetzt, daß mich bei dem Besuch des Nierenkranken nicht der Uringeruch störte, sondern der nach Kot, das heißt, hinter der Erinnerung an den Tod meines Mannes versteckt sich die tief beschämende an einen Augenblick, wo meine Mutter mir die Backe streichelte und ich, statt mich der Zärtlichkeit zu freuen, dieser liebenden Hand einen Kotgeruch andichtete, mit anderen Worten ihr Gewohnheiten unterschob, denen ich als Kind selber gefrönt haben muß. Ich überlasse es Ihrem Scharfsinn, ob Meerrettich irgend etwas mit meiner Mutter zu tun hat. – Von dieser Erlaubnis mache ich Gebrauch. Meer scheint mir mit Mère zusammenzuhängen, und der Rettich ist ein bekanntes Mannessymbol. Der Spruch: Einen Rettich in den After stecken, führt zu dem Klosettgeruch. – Der Geruchseindruck führt mich nun wieder auf des Nierenkranken Frau, auf ihre grauen Augen, auf die harten Augen von Paula und auf die meiner Schwester Anna zurück. Die Angst vor Paula, die ich ganz gewiß habe, beruht auf diesen Augen, die eben Annas gefürchtete Augen sind. Wenn ich aber gesagt habe, daß ich meine Schwester Anna haßte, so muß ich diese Aussage einschränken. Etwas liebte ich an ihr über alle Maßen, das waren ihre Beine und ihre Unterhosen. Ich besitze noch jetzt eine ganze Sammlung von Annabeinen in Spitzenhöschen, die ich in meiner Schulzeit an den Rand meiner Hefte gezeichnet habe. Ihre Beine sind jedenfalls bei meiner Vorliebe für das Ballett stark beteiligt, und Sie wissen, daß ich am 16. im Theater war, um schöne Beine zu sehen. Und da ist gleich eine weitere Verbindung, die in die fernsten Fernen meiner Kindheit führt, von wo dann kein weiterer Weg mehr ist außer dem der Phantasie. Die Angst vor harten Augen geht nämlich auf meine Großmutter zurück, die ich entsetzlich fürchtete. Das erste, was sie tat, wenn wir zu ihr kamen, war, daß sie uns die Röckchen hochhob, um zu sehen, ob wir reine Hosen anhätten. Ich begriff schon damals, daß sich dieses Manöver nicht gegen mich, sondern gegen meine Mutter richtete, und wegen ihrer Feindschaft gegen meine Mutter war mir die Alte in der Seele zuwider. Trotzdem halte ich es für möglich, daß dieses Untersuchen der Hosen für mich lustvoll war. Aber bedenken Sie, den Vorwurf des Schmutzes, den ich der Alten so schwer anrechnete, erhob ich später selbst gegen meine Mutter bei Gelegenheit des Backenstreichelns. Das ist schlimm. Und noch etwas anderes. Eine Tante von mir wurde – in meiner frühesten Kindheit hörte ich davon – von meinen Großeltern verstoßen, weil sie vor der Hochzeit von ihrem Verlobten schwanger wurde. Wieder derselbe Tadel, den ich gegen die Mutter vorgebracht hatte. Die Großmutter war für mich die Hexe schlechthin. Und von diesem Wort Hexe geht nun wieder ein Weg zu Paula und den Erscheinungen der letzten Tage. Es war mir bekannt, daß Paula, deren Gehirn mit allerlei okkulten Phantasien spielt, mir telepathische Kräfte zuschrieb und mich Hexe nannte. Denselben Ausdruck habe ich oft für die Mutter meiner Stieftochter verwandt, die ich freilich nur vom Ansehen oder besser vom Sehen und Hören kannte. Als ich ihre Stimme zum erstenmal hörte, durchfuhr mich ein Eisesschrecken, ich fühlte, daß in dieser Stimme etwas Gräßliches aus meiner Kindheit war. Und als ich die

Frau dann sah, fiel mir sofort auf, daß sie meiner Schwester Anna harte Augen hatte, und nun wußte ich auch, daß ihre Stimme die der Großmutter, der Hexe war. Die merkwürdige Abneigung des 17., meine Stieftochter anzusehen, hing damit zusammen, daß ich ihre Mutter mit meiner Großmutter und meiner Schwester und meiner Gegnerin Paula identifizierte, daß sie also die schwersten, am tiefsten verdrängten Erinnerungen wachrief. Soweit ich die Sache verstehe, muß ich also die Ursachen für die Vorgänge an Auge und Lippe in Konflikten mit meiner Großmutter, Mutter und ältesten Schwester suchen, die durch das Geburtsdatum und die Begegnung mit Paula aus ihrem Verdrängungsschlaf wachgerufen wurden, während die jährlich hervorgeholte Trauer um meinen ersten Mann ein Versuch ist, diese unbequemen Komplexe zuzudecken. Die Erschwerung des Sehens durch die Lidgeschwulst ist derselbe Versuch zu verdrängen in anderer Form, im Krankheitssymptom: Ich will nicht sehen, und folgerichtig kommt dann, als das Sehen der Komplexe infolge der Häufung der Phänomene nicht mehr zu verhindern ist, der Wunsch wenigstens nicht davon zu sprechen, was sich in der Schwellung der Lippe und der damit verbundenen Unbequemlichkeit im Sprechen äußert. Beides sind zugleich auch Strafen für das Sehen nach schönen Beinen und das Verschwören jeder Schwangerschaft.«

Ich lasse es dahingestellt, liebe Freundin, ob Frau von Wessels mit ihren Betrachtungen recht hat. Sicher hat sie noch eine Menge Material unterschlagen und von dem, was sie gab, kaum die Hälfte gedeutet. Ich erzähle Ihnen die Geschichte, weil hier eine nicht dumme Frau in anschaulicher Weise erzählend schildert, wie ich mir die Äußerungsform des Es durch das Krankheitssymptom denke. Ich habe aber, wie ich schon vorhin andeutete, noch einen anderen Grund gehabt, diese Dinge so breit zu berichten. Zu jener Zeit, als Frau von Wessels ihre Augen- und Lippenerlebnisse hatte und mir vom Geruch der Urämischen sprach, befand sich in meiner Anstalt ebenfalls ein Nierenkranker, der diesen charakteristischen Geruch hatte. Ich bekam ihn in den letzten Stadien in Behandlung und übernahm es, sein Sterben zu beobachten und zu erleichtern, weil seine Mundform mit ihren scharf zugepreßten, dünnen Lippen mir eine Bestätigung meiner Annahme zu sein schien, daß das Es durch das Zurückhalten der Uringifte dasselbe aussagt wie durch die zugekniffene Form des Mundes. Für mich bedeutet die Urämie den tödlich gefährlichen Kampf des verdrängenden Willens gegen das immer wieder emporstrebende Verdrängte, gegen starke aus frühester Kindheit herrührende und in tiefsten Schichten der Konstitution liegende und wirkende Urinabsonderungskomplexe. Der Fall hat meine phantastischen unwissenschaftlichen Forschungen, für die ich durch mein eigenes Nierenleiden einen persönlichen Antrieb habe, nicht wesentlich gefördert. Ich müßte mich denn entschließen, einige seltsame Erscheinungen im Verlauf dieser Tragödie mit dem Versuch, das Es zu deuten, in Verbindung zu bringen. Da müßte ich erwähnen, daß bei dem Kranken schon nach den ersten Tagen der Analyse die jahrzehntealte Verstopfung in Diarrhöe umschlug, deren Gestank unsagbar greulich war. Man könnte, wenn man genügend närrisch ist, den höhnischen Ruf des Es daraus herauslesen: Ich will wohl den körperlichen Dreck hergeben, den ich sonst zurückhielt, den seelischen aber gebe ich nicht her. Man könnte das Erbrechen ähnlich deuten – allerdings pflegt das ja bei Urämie aufzutreten, ebenso wie die Durchfälle –, während man andererseits mit einigem Wagemut sagen könnte, der urämische Krampfanfall – und schließlich das Sterben – sind Zwangsmittel des verdrängenden Es, um das Bewußtwerden der Komplexe zu verhindern. Schließlich ließe sich auch eine merkwürdige, von mir sonst nicht beobachtete wassersüchtige Verdickung der Lippen, durch die der Mund all seine Verkniffenheit verlor, als spöttisches Zugeständnis des Es deuten, das dem Mund die Freiheit wiederzugeben scheint, während es ihm in Wahrheit durch das Ödem das Sprechen verbietet. Aber das alles sind Gedankenspiele, die ich mir leiste, für die ich aber nicht die geringste tatsächliche Gewähr habe. Dafür habe ich aber während jener Tage etwas Komisches erlebt, was ich kraft meiner Eigenschaft als persönlich Erlebender mit ziemlicher Gewißheit deute. In den Tagen, in denen ich mich infolge des Lippenabenteuers ernsthaft mit Frau von Wessels Analyse beschäftigte, traten die ersten urämischen Krämpfe bei meinem Kranken auf. Ich blieb über Nacht im Sanatorium und nahm, da es kalt war, eine heiße Gummiflasche mit ins Bett. Vor dem Einschlafen schnitt ich mit einem spitzen Papiermesser eine Nummer der psychoanalytischen Zeitschrift Freuds auf und blätterte darin. Unter anderem fand ich darin die Anzeige, daß Felix Deutsch in Wien einen Vortrag über Psychoanalyse und organische Krankheiten gehalten hatte, ein Thema, das ich, wie Sie wissen, seit langem in mir wälze und das ich unserem gemeinsamen Freund Groddeck zur Bearbeitung überlassen habe. Ich legte Zeitschrift und Papiermesser unter mein Kopfkissen und fing an, ein wenig über diesen Gegenstand zu phantasieren, wobei ich denn bald bei meinem Urämischen und meiner Deutung der Harnverhaltung als Verdrängungszeichen landete. Ich schlief darüber ein, wachte aber gegen Morgen mit einem seltsamen Gefühl der Nässe auf, so daß ich glaubte, ins Bett gepinkelt zu haben. Tatsächlich hatte ich im Schlaf mit dem Papiermesser die Gummiflasche angestochen, so daß das Wasser im kleinen Sprudel hervorquoll. – Nun, die folgende Nacht blieb ich wieder in der Anstalt, und weil ich gern nasche, hatte ich mir dieses Mal ein paar Stück Schokolade mitgenommen, wie ich es öfter tue. Was denken Sie, was passiert? Als ich am nächsten Morgen aufwache, sind mein Hemd und mein Bettlaken über und über mit Schokolade beschmiert. Es hatte eine verteufelte Ähnlichkeit mit Aa, und ich war so beschämt, daß ich sofort die Bezüge des Bettes eigenhändig abnahm, damit das Dienstmädchen nicht denken sollte, ich hätte ein großes Geschäft ins Bett gemacht. Gerade diese seltsame Idee jedoch, das Bett abzuziehen, weil sonst der Verdacht kommen könnte, ich hätte meine Notdurft darin verrichtet, brachte mich darauf, mich ein wenig zu analysieren. Da fiel mir denn ein, daß ich schon bei dem Wärmflaschenabenteuer empfunden hatte, es ließe sich als Bettnässen deuten. Und da ich so ganz und gar mit dem Gedanken bei dem Urämischen gewesen war, so erklärte ich mir die Sache so: Dein Es sagt dir, du brauchst, obwohl deine Nieren nicht sauber sind, keine Sorge zu haben, daß du je Urämie bekommst. Du siehst ja, wie leicht du Urin und Dreck von dir gibst, du hältst nicht zurück, verdrängst nicht, bist wie ein Säugling, schuldlos und offen mit Herz und Bauch. Wenn ich nicht wüßte, wie listig das Es ist, hätte ich mich wohl damit begnügt. Aber so gab ich mich nicht damit zufrieden, und auf einmal schoß mir der Name Felix durch den Kopf; Felix, so hieß der Herr, der über Psychoanalyse und organische Krankheiten gesprochen hatte. Felix Schwarz hieß aber auch ein Schulfreund, und dieser Schulfreund war an Urämie im Gefolge von Scharlach zugrundegegangen. Schwarz, das ist der Tod. Und in Felix steckt das Glück, und die Verbindung von Felix und Schwarz, von Glück und Tod, kann nur der Augenblick der höchsten Geschlechtslust verbunden mit der Angst vor Todesstrafe sein, mit anderen Worten, es ist der Onaniekomplex, dieser uralte Komplex, der immer wieder unterirdisch sich regt, wenn ich an meine Nierenkrankheit denke. – Damit schien mir die Deutung, die ich den beiden Unfällen gegeben hatte, nun bestätigt zu sein. Mein Es sagte damit: Sei ehrlich, verdränge nicht, und dir wird nichts geschehen. Zwei Stunden später wurde ich eines Besseren belehrt. Denn als ich an das Bett meines Urämiekranken trat, traf mich plötzlich der Gedanke: Der sieht aus wie dein Bruder Wolf. Noch nie hatte ich die Ähnlichkeit bemerkt, aber jetzt sah ich sie deutlich. Und dunkel erhob sich vor mir die Frage: Was hat dein Bruder Wolf oder das Wort Wolf mit deinen Verdrängungen zu tun? Immer wieder taucht es auf, so viele Analysen du auch angestellt hast, und nie findest du die Lösung. Auch die, die dir jetzt durch den Kopf schießt, ist nicht die letzte, tiefste.

Trotzdem will ich sie Ihnen nicht unterschlagen. Als ich ganz kleines Kind war – doch schon alt genug, um Erinnerungen zu bewahren –, lief ich mir oft die Kerbe zwischen den Popobäckchen wund, bekam also einen Wolf. Ich ging dann zur Mutter, und sie strich mir Salbe in die Kerbe. Das hat mir gewiß einen Anstoß zur späteren Onanie gegeben, war gewiß schon eine Form kindlicher Onanie, bei der ich in halbbewußter, fuchsschlauer List zur bösen Tat die Hand der Mutter benutzte, wohl in Erinnerung an die Wonnen, die jeder Säugling durch die Reinlichkeitssorge der Kinderpflegerin empfängt. Und als ich so weit mit dem Analysespiel war, fiel mir noch ein, daß ich am Tag vorher mir wirklich beim Radeln einen Wolf zwischen den Schenkeln geradelt hatte. Das ist also der Wolf, den du so lange suchtest, jubelte es in mir, und ich war freudig und half dem Weib meines Kranken über eine schwere Stunde hinweg. Aber als ich zur Tür hinaustrat, wußte ich: Auch das ist die Lösung nicht! Du verdrängst, und wenn dir dein Es und deine Freunde noch so sehr die Offenheit nachrühmen, du bist doch genau wie andere. Und anständig ist nur der, der ist wie jener Zöllner: Gott sei mir gnädig. Aber finden Sie nicht, daß selbst dies letzte, gerade dies letzte, pharisäisch ist?

Adjö, Liebe. Ich bin Ihr

Patrik

NACHRUF FÜR GEORG GRODDECK

von Hermann Graf Keyserling

Am 10. Juni 1934 verstarb in Zürich, in seinem siebenundsechzigsten Lebensjahr, der Baden-Badener Arzt *Georg Groddeck*, der einzige echte und berufene Fortsetzer der Schweningerschen Tradition. Mit ihm ist einer der allermerkwürdigsten Menschen dahingegangen, welche mir je begegnet sind. Er ist der einzige Mensch meiner Bekanntschaft, bei dem ich immer wieder an Lao-Tse denken mußte: Sein Nicht-Tun war in geradezu zauberhaftem Grad schöpferisch. Er stand auf dem Standpunkt, daß der Arzt gar nichts weiß, gar nichts kann, möglichst wenig tun soll: Er habe nur durch sein Dasein die eigene Heilkraft des Patienten herauszufordern. Natürlich konnte er sein Baden-Badener Sanatorium durch diese Technik bloßen Nicht-Wissens und Nicht-Tuns nicht im Gang erhalten. So heilte er durch eine Kombination von Psychoanalyse und Massage, bei welcher Weh-Tun eine nicht zu unterschätzende Rolle spielte: Aus der Abwehrbewegung gegenüber dem Schmerz wuchs bei seinen Patienten – denn zu ihm kamen nur solche, welchen Groddeck kongenial war – der Heilungswille, und zugleich fiel ihm beim akuten Schmerz, durch stichwortartige Fragen aufgerufen, allemal zur Kur Dienliches ein. So heilte Groddeck bei mir in weniger als einer Woche eine rückfällige Venenentzündung, an welcher ich nach dem Urteil anderer Ärzte lange Jahre, wenn nicht zeitlebens, hätte weiterkranken müssen. Doch das Wesentliche an Groddeck war seine schweigende Gegenwart. Wenn man bei ihm war und er nach gar nichts fragte, fiel einem mehr ein als sonst bei geschicktesten Analytikern.

Doch ich verehrte und liebte in Georg Groddeck weniger den Arzt als den paradoxalen Weisen. Keiner Schule hing er an; über alles hatte er striktpersönliche, meist höchst ketzerische Ansichten. Und alle waren, richtig verstanden, das heißt, wenn man ihn nicht zu sehr beim Wort nahm, tief. Wie kein zweiter mir bekannter Naturphilosoph der Geschichte verherrlichte er den Kindheitszustand; ja eigentlich war sein Ideal das Ei – denn was dieses vermag, vermöchte kein ausgestalteter Organismus. Wie kaum ein Zweiter war er restlos amoralisch in seinen Anschauungen. Er war exzentrisch durch und durch. Aber er hatte ein so unmittelbares Verhältnis zum schöpferischen »Es« in sich – der technische Ausdruck »Es« im Unterschied zum »Ich« ist von Groddeck geprägt worden –, daß alle seine Einfälle, in noch so bizarrer Ausdrucksform, tiefe Wahrheit spiegelten.

In seinen bisher erschienenen Büchern (»Der Seelensucher«, »Das Buch vom Es«) ist dieses Bedeutendste an Groddeck für den, welcher ihn nicht persönlich kannte, nicht leicht zu fassen. Aber einige Jahre lang gab er eine Privatzeitschrift, betitelt »Die Arche«, heraus, welche so interessant war, daß ich dringend hoffe, daß seine Erben ihren wichtigsten Inhalt gesammelt neu veröffentlichen werden. Im letzten Jahr schrieb er an einem Vermächtnisband. Aber wie es bei allen sehr lebendigen Menschen der Fall ist, war Groddeck als persönliche Gegenwart viel, viel mehr, als was er in Worten und Lehren herausstellte. Das haben zumal die Teilnehmer an den Tagungen der Schule der Weisheit zu Darmstadt spüren können. Mehrfach redete er auf diesen. Doch vor allem seine bloße lebendige Gegenwart machte Groddeck zu einem unersetzlichen Tagungsteilnehmer: Bald aufreizend, bald empörend, bald werbend zwang er alle zum Selbstdenken. Seine Schale war rauh; seine überverletzliche Seele bedurfte ihrer zum Schutz. Aber innerlich war er einer der wärmsten, gütigsten und aufs Wohl anderer bedachtesten bedeutendsten Menschen, die mir begegnet sind.

7-3-10-7-5